汉译世界文学名著丛书

# 昨日世界
一个欧洲人的回忆

〔奥〕斯蒂芬·茨威格 著

史行果 译

Stefan Zweig

**DIE WELT VON GESTERN:**

**Erinnerungen Eines Europäers**

Gesammelte Werke in Einzelbänden. S. Fischer Verlag 1982

©Bermann-Fischer Verlag A. B., Stockholm 1944

根据S.费歇尔出版社1982年版译出

# 汉译世界文学名著丛书
## 出版说明

1902年，我馆筹组编译所之初，即广邀名家，如梁启超、林纾等，翻译出版外国文学名著，风靡一时；其后策划多种文学翻译系列丛书，如"说部丛书""林译小说丛书""世界文学名著""英汉对照名家小说选"等，接踵刊行，影响甚巨。从此，文学翻译成为我馆不可或缺的出版方向，百余年来，未尝间断。2021年，正值"汉译世界学术名著丛书"出版40周年之际，我馆规划出版"汉译世界文学名著丛书"，赓续传统，立足当下，面向未来，为读者系统提供世界文学佳作。

本丛书的出版主旨，大凡有三：一是不论作品所出的民族、区域、国家、语言，不论体裁所属之诗歌、小说、戏剧、散文、传记，只要是历史上确有定评的经典，皆在本丛书收录之列，力求名作无遗，诸体皆备；二是不论译者的背景、资历、出身、年龄，只要其翻译质量合乎我馆要求，皆在本丛书收录之列，力求译笔精当，抉发文心；三是不论需要何种付出，我馆必以一贯之定力与努力，长期经营，积以时日，力求成就一套完整呈现世界文学经典全貌的汉译精品丛书。我们衷心期待各界朋友推荐佳作，携稿来归，批评指教，共襄盛举。

商务印书馆编辑部

2021年8月

# 译　　序

　　奥地利作家茨威格，是二十世纪全球范围内拥有最广泛读者的作家之一。上世纪二三十年代，他每部作品都是不折不扣的畅销书，不将其他语种计算在内，仅德语版，这些著作每一部都是以数十万乃至百万册的规模传播。遭纳粹封禁之前，他的书在德国每一家书店都能找到。

　　他以小说家和传记家扬名于世，亦事散文戏剧。他不是晦涩难懂的作家，作品中没有艰深的字词，也没有抽象思辨或超现实的幻想。他极少提及上帝，也不擅长鸿篇史诗。他只似一名微雕艺人，精选一方小料，摩挲把玩后巧加琢刻，方寸间便出现一个玲珑剔透的微缩天地。要说那是人的心灵缩影，也许夸张，也许并不夸张。人心世界重峦叠嶂，山高水落，四时四季乃至日日有别，将其赋形又需怎样一番才情？这真是一个谜。歌德曾向爱克曼提及一种感性魔力，称它在任何艺术中不可或缺。茨威格在写作中无疑精通此种魔术。

　　他的文字生涯早，中学就开始发表习作。成名也早，年仅二十六，德国岛屿出版社便青眼相加，聘其为固定作者。此乃无上的荣耀，须知这座书业重镇以高尚的艺术品质著称，备受德奥文化界推崇，巍然居其作家队伍之首的，是大诗人霍夫曼斯塔尔和里尔克。能与偶像齐肩，年轻的茨威格自然受宠若惊。他爱书，恨不得像专职员工那样为岛屿献策出力。"岛屿袖珍丛书"标新立异，是他当年苦劝岛屿负责人基彭贝尔格创建。他又进一步主动为这套丛书提出书目建议，不消说，就因为他博览群书且天性热情，便迫不及待要拿出来与人分享，助其传播。"岛屿袖珍丛书"自诞生便定位为世界文学，国界分野在此躬身礼让文学品质，与茨威格的主张和眼光分不开。他自己更是花大量时间做文学翻译，异邦的这些杰作，必须译出来而后快，他爱戴这些书的作者，必将他们介绍给更多人知晓而后快。比利时诗人维尔哈伦就是这样借由茨威格不遗余力的宣传介绍，在德国的声望一度比在自己的祖国还要高，他的代表诗集《生命礼赞》即便经历了一战，仍在德国热销四万册。与岛屿合作三十年，茨威格可谓是同代作家中通过出版媒介向世界传播德语文化，又将世界文化带进德语世界的最积极最有成效的一位了。他五十寿诞时（1931年），众多贺礼中只见来自岛屿的那一份非比寻常：那是他著译作的所有语种的总目录，赫然一册巨著。不愧是世界文化对他的最佳回报。

\*

我们眼前的这部回忆录，是茨威格六十岁时写成。在他绚丽多彩的著作当中，这一本的色调最为深沉。1941年，他已经从北半球流亡到南半球，最终落脚在巴西小镇彼得罗保利斯。载誉一生，可供他回忆的经历何其丰富，需要借助的资料何其繁杂，为何偏要在没有任何笔记、信件、书籍等任何资料帮助的情况下，在颠沛流离的流亡途中，就急着动笔？没有经历过穷途末路的人恐怕很难想象这份心情。

无须我在此过早述及茨威格的遭遇，阅读的过程理应留给读者自己。只是想把他写在前言末尾的几句话抄录一遍："我们这代人已经彻底学会不去缅怀业已失去的东西，也许文献和细节的缺漏正是我这本书的可贵之处。因为，我不认为我们的记忆只是偶然地记住此事，偶然地忘却彼事，它实则是一种用理性整理和删除的能力。在一个人的生活中被忘却的一切，实际是早已被他的内在直觉判定，它们必须被忘却。"

那些"细节的缺漏"，有意无意的剥离、裂痕和空缺，是难言之隐，是不愿说不能说不屑说不忍说出的话吧。那些被记忆主动删除的失去的东西，究竟是什么？这像是一道开卷题。

饿者乐于向同伴详述美食，渴者总禁不住望梅止渴。一位跌进绝望深渊的作者，也不会吝啬笔墨描画美好的过往，更何况文字丹青的高手茨威格，笔下从来鲜活。维也纳的太平盛世是他涂抹的第一笔重彩，美轮美奂，有温良仁义的好品质，也有假道德和真市侩，而后世的大奸大恶此时尚在意料之外。他保留了这份记忆，盖因上天赋予他这层生命底色，他是这个世界的产儿，乡愁浓烈。而无可奈何的，有些不妙的事情已经埋伏下来了。有的写进了回忆录，有的兴许被主动删除。有的话如果硬说出来，后面也就死路一条，自己都难以面对。有的事情，也不需要听众。只见他新曲未成先叹息：命该遭遇这个时代。

他是否私下还是不甘，在心底又将好些往事反复思想？自我追问往往在人失魂落魄时更加要命地如影随形。单说一件事，想来就令人愁肠百结：1940年，他五十八岁，奥地利政府开出一张列有171个姓名的黑名单，茨威格排在第170号，后面171号是他前妻弗丽德里克：他们被开除国籍。先不说这既可赏赐又可掳夺的公民身份，与他内心那个温热的身份认同，不可比拟。后者实在比官方一纸凭证要宝贵而深情。那是祖传的遗产，从他的父辈、从他国际化的外婆家承继下来。这种发自内心带有体温的认同，普遍发生在十九、二十世纪之交的奥匈帝国，当时以德语为文化载体、富有而受过高等教育的犹太人中，感觉维也纳比耶路撒冷更亲的人着实不少。历经数代的扎根和同化，这些移民与脚下的土地结为一体，全然不觉自己是外来户，德奥文化让他们欣然走进这个辉煌的客厅，他们不仅不想走了，甚至滋生出主人翁之感。从人心长出来的这种情感岂是纸上的170号就可以消灭的？而170号又偏偏出自他们深情认同的那个国家。至此，恐怕就要有"细节的缺漏"出现。亡命天涯自不用多述，也不必说起在欧洲（巴黎）最后一次公开演讲的主题即为"昨日维也纳"。而他想说并且确实说了出来的是，在维也纳，唯有艺术才给人真正的平等感。犹太人确实是在以艺术为首的精神生活中找到了融合与包容。此话不虚，世上若有理想国，恐怕得在艺术中吧。

多年后的流亡途中，茨威格在美国偶然认识了汉娜·阿伦特。在1951年的著作《极权主义的起源》中，阿伦特指出，富裕精英阶层的欧洲犹太人，尤其是二、三代的移民，以为自己无异于所在国的国民，这完全是一场"幻觉"。她是对的，现实冷酷，幻觉终将破灭。茨威格陶醉于艺术而不敏于现实的暗流，无疑活在

"幻觉"中。他最终被剥夺公民身份，被赶出欧洲，被自己深爱的文明抛弃，不仅失去它的护佑，更成为这个文明所滋生的恐怖势力的牺牲品。而他还心心念念不要只做犹太人，不要只做维也纳人、奥地利人，而要做欧洲人和世界公民。认同于人类大同，这是不是还是一种"幻觉"？"要摆脱狭隘"，我们在书中多次看到他这样写，这可谓是他的理想。

而直到一战爆发，他才生平第一次感受体会自己的犹太血脉。他写下剧作《耶利米》。耶利米是《圣经》中受苦受难的犹太先知，总是发出预言和警示，却悲剧性地无人听信。茨威格通过这位犹太先知发展出一个信念，那就是，不要受仇恨情绪摆布，要服从自身命运。他甚至接受人们贴在他身上的"失败主义者"标签。那时的国家机器将集体仇恨意识强加于个体，令他厌恶，他感到自己有责任像那位先知一样发出警告，让人们提防仇恨情绪和群体狂热。

他从未赞同和参与犹太复国运动。1920年7月，在给友人的信中，他说，"两千年来，我们用血和思想垦种全世界的土地。在此之后，我们不可能再把自己局限在某个弹丸之地，成为一个弹丸小国。我们的精神是世界精神——正因此，我们才成了现在的我们，如果要因此而吃苦，那就是命该如此。因为自己的犹太身份感到骄傲或羞耻都是无意义的，必须承认这现实，并且承担起命运。我们的命运就是在最高意义上的无家可归。"

他后半生越来越坚定的这种认识还是归结于一战经历。1914年秋，他应征供职于维也纳作战部的军事档案馆，隶属的部门负责编撰和宣传前线士兵的"英勇事迹"。在被派往前线战壕搜集资料后，血腥残酷的事实使原先也充满民族情绪的他恢复了冷静。反战剧《耶利米》是在这段时间动笔的。承担犹太命运，坚持世界精神，这些"不合时宜"的论调令他在自己的祖国和族群孤单下来。喧嚣中，无人倾听耶利米的悲叹。他很快被疏离在德奥知识界和犹太移民的任何阵营之外。

我们在回忆录中读到他对一战和二战间短暂和平的描写，他的事业此时如日中天。他兴高采烈地描写自己在新居中收到全世界的读者来信，接待来访的国外文化名流。至于人情的疏离和寂寞，就让它们归于"细节的缺漏"吧。他移居萨尔茨堡，与维也纳的朋友圈渐行渐远是主要原因之一。而他将多少笔墨贡献给了自己难忘的国际交游啊，我们可以看到他无微不至地描画与欧洲各国文化精英相遇、交谈和活动的细节。寻访维尔哈伦，初识罗丹，深夜探访拉特瑙，旁听叶芝朗诵晚会，在巴黎与里尔克为伴，造访流亡者高尔基，奥德翁咖啡馆邂逅乔伊斯，种种这些，何其生动地还原了一百年前欧洲文化的精神现场。受益于这些记忆，我们欣赏到承载永恒之美的瞬间。

赫尔曼·黑塞将茨威格称为"培育友情的大师"，罗曼·罗兰在日记中说："在朋友中，我没见过有人比茨威格更深切更虔诚地热衷于友情。友情就是他的宗教。"他的友人四散在相互敌对的不同国度，他于是面向所有方向发出和平的祈祷。比利时诗人维尔哈伦在此书中出现多次，自从青年时代，茨威格便将他奉为楷模，称他能为整个欧洲指出方向。但维尔哈伦在一战期间也曾遭战争谣言蛊惑，导致义愤填膺的爱国诗作显露一股从未有过的杀戾之气。茨威格手捧友人的作品，"如坠深渊"。后来维尔哈伦意外亡故，两人终未及再见一面。因此他无从知晓对方的精神状态，一想到维尔哈伦也许至死都被仇恨占据，他是难以忍受的。直到罗曼·罗兰以实言相告，维尔哈伦直至生命最后一刻，虽愤恨敌国，却丝毫没有背叛他们的友情，茨威格方长出一口气得以解脱。这些，都是别人在为他作的传记中写到的，我在此稍加复述，不过是想让读者多了解一点他本人也许不愿透露的痛楚。

"精神团结破裂后的人世间是地狱。"茨威格简要地这样表达。以他遭遇的孤立推想，越是昔日亲近的朋友，越有可能令他感受"地狱"冰寒。在纪念茨威格去世十周年的祭文里，托马斯·曼坦言自己曾多么抵触这位无条件提倡和平的友人。当年像他这样的反对者必定不少，毕竟主战和抗争是昔日主流，但事后有公开的反思毕竟不失君子之风。而依旧有人恶意毁谤茨威格的死，谴责他逃避，不负责任，指责他因自己的软弱削减了受难犹太人的骄傲和士气……这些无尽的裂痕，确实"必须被忘却"。

以下同样还是出自别人写他的传记：1917年，茨威格曾在瑞士将一份拟好的"良知的遗嘱"托付给罗曼·罗兰。面临被奥地利政府再次强行征兵的可能，他已下定决心拒绝服从，并做好遭军方处决的思想准备。可见，无论在前线还是后方，人类的互残比死亡本身更令他恐惧。

\*

读者只要痴迷一位作家，大致都渴望一览其回忆文字。盖因作者只有在这时候才会由幕后走到台前，并将平日虚构作品中的背景移至前景予以展示。茨威格的小说尤以曲折见长，数不尽的喜怒哀乐的身后，是数不尽的幻化的、分身的、变容的"我"。但此刻，这些"我"都尽可能地回返到一个真身，将平日埋在虚构作品中的"隐私"正大光明地公开，特别是当这样的机会只有一次的时候。他只说最想说的话，和最想让后人记住的事情。

从二十七岁开始，他与自己崇拜的弗洛伊德信件交往三十年，后者不仅读过他所有的作品，更在通信中进行点评，述其读后感想。四十五岁，他告诉弗洛伊德，心理学已成为他生活中真正的热情。罗曼·罗兰誉他为"获取弗洛伊德那把危险钥匙的诗人"。这把钥匙有多危险呢？有时候，人好像真的也不是知道得越多越好，这个问题太复杂。在自己不懂的事情面前，我最好还是止步。再看身为收藏家的茨威格，藏有多位文学家的手稿，以歌德为例，就多达十五件，他始终希冀从这些笔迹，从人类最高级的生命活动中，求证人性的智慧与光明。而1933年夏，他又秘密购得一份长达十三页的希特勒演讲手稿。在此他获得了什么发现和体验，我们无从得知。索性就让所有的留白待在书里书外吧。

这部回忆录完成的第二年，等不及书出版，1942年2月22日，茨威格和妻子绿蒂一道服毒自尽。他也许并不知道，就在1942年1月20日，德国万湖会议通过了"最终解决方案"，这个被阿道夫·希特勒称为"犹太人问题的最终解决方案"的周密计划启动了人类历史上绝无仅有的杀人机器，针对犹太人的种族屠杀开始系统地执行。茨威格想必也没听过奥斯维辛这个地名，但他出于本能直觉，在这本书的结尾发出耶利米式的预言，"现在，恐怖还没有完全显露。"

*

　　在最后的日子，茨威格还做了一件事。他把私人信件捐献给了以色列犹太国家与大学图书馆，那是犹太复国者建立的犹太人自己的家园。

史行果<br>2022年1月

# 目　　录

前言························································· 3

太平盛世····················································· 9
上个世纪的学校·············································· 36
情窦初开···················································· 73
人生大学···················································· 96
巴黎，永远青春的都市········································ 131
通向自我的曲折道路·········································· 166
走出欧洲···················································· 185
欧洲的光芒与阴影············································ 200
一九一四年战争的最初时日···································· 223
为精神团结而斗争············································ 247
在欧洲的心脏················································ 264
重返奥地利·················································· 291
重返世界···················································· 314
日落西山···················································· 336
希特勒上台·················································· 369
和平的垂死挣扎·············································· 400

我们命该遭遇这个时代。

——莎士比亚《辛白林》

# 前　　言

　　我从不这样器重自己，觉得非要向别人述说自己的经历。在鼓起勇气写这本以自己为主角——或者更确切地说，以自己为中心的书之前，所发生的种种事件、灾难和考验，都远远超过了以往任何时代。我根本无意跻身前台，我只是放映幻灯的解说员。时代给出画面，我只是为它们做注解。而且，我叙述的并非是个人的命运，而是整整一代人的命运——我们这代人遭遇了有史以来绝无仅有的命运磨难。我们中间的每个人，包括最年幼和最无足轻重的人，内心最深处都被欧洲大陆上连续不断的火山爆发般的动荡所震撼。在无以数计的人群当中，我知道自己最具备发言权，因为我是奥地利人、犹太人、作家、人道主义者和和平主义者。而且，我恰恰站在地震的中心地带。那些震荡三次毁灭了我的家宅和生活，使我变得一无所有，它们用戏剧性的动荡将我抛入一种我已太熟悉的虚空之中："不知何去何从"。但是，我并不抱怨，正是因为无家可归，我获得了一种新的意义上的自由，正是因为一无所有，我便无所羁绊了。因此，我希望自己至少能具备如实描绘历史的两个基本前提条件：公正和不抱偏见。

　　我脱离了所有的根源，甚至脱离了滋养这些根源的土地——

我确实是历史上绝无仅有的例子。1881年,我诞生在一个强大的帝国,哈布斯堡王朝。在地图上,人们已经找不到它了,它已经被干干净净地抹去了踪影。我在维也纳长大,这是个具有两千年历史的国际大都市。后来,我被迫像罪犯一样离开它,它随之也被降格为德国的一个省城。我的书曾和成千上万的读者成为朋友,而同样在这个国家,我用母语写就的文学作品在母语中被付之一炬。因此,我不属于任何地方了,在世界各地我只是陌生人,顶多也不过是过客。欧洲——我心所属的真正故乡,自从它第二次同室操戈,开始自杀性地自残时,我便失去它了。我无奈地见证了有史以来理智所遭遇的最惨痛的失败和野蛮获得的最疯狂的胜利。从未有人像我们这代人这样从精神的高处坠落,道德如此倒退——我指出这点,毫无得意,而深感羞耻。在我从乳臭未干的少年变成须发斑白的老人的短短时间里,半个世纪内发生的变迁远远超过十代人所经历的,我们都感觉到,变化太多了!太大了!我的今天与昨天是那么不同,我的得意与失意相差是那么大,我有时觉得自己不仅仅有过一个生活,而是有过许多种完全不同的生活。当我无心说出"我的生活"这个词的时候,我常常会不自觉地问自己:"你指的是哪个生活?"是指一战前的?二战前的?还是今天的?同样,当我说出"我的家"时,自己不知道指的是哪个家,是巴斯的?萨尔茨堡的?还是维也纳的老家?当我说"在我们国家"时,会吃惊地想起来,对于家乡的同胞而言,我早就不属于他们中的一员了,就像我不属于英国人或者美国人一样。我与故土已不存在任何有机联系,而在此地,我又从未真正融入。我在其中成长的世界、我如今身处的世界,以及两者之间的世界，它们在我的心目中越来越不一样，最后成为截然不同的世界。每当我与年轻朋友谈及一战以前那个时代的一些插曲逸事时，我总是从他们惊讶的问话中发现，有多少事情对他们而言已成了历史，或者是不可思议的，对我而言却依旧是不言而喻的事实。我内心有种隐秘的直觉告诉我，他们是对的。联系我们的今天、我们的昨天与我们的前天的桥梁已经全部断了。连我自己也不得不感到惊异，当年我们竟然把那样繁多丰富的内容塞进一代人短促的生活中——当然，这是一种无比艰难和险恶的生活。当我拿它和祖先的生活相比较时，这种感触就更深，我的父亲、我的祖父，他们都经历了什么？他们每人的生活都只有一种形式。他们自始至终只过一种生活，没有大起大落，没有震荡和危险，只有轻微的激动、毫不起眼的变化，节奏平稳宁静，时间的波浪将他们从摇篮带进坟墓。他们一生住在一个国家、一座城市，甚至一栋屋子里，外面世界所发生的一切，说实在的，只存在于报纸上面，不会碰触到他们的家门。在他们那时候，可能在什么地方也有过什么战争，但用今天的标准来看，那只是小仗，只在遥远的边境线上进行。人们听不见大炮轰鸣，半年之后，也就风平浪静了，被人们遗忘了，成为一页枯萎的历史，原先的一成不变的生活又在继续。而我们所过的生活根本没有重复，已逝去的一切再不返回，我们这代人最充分地经历了以往历史分摊在一个国家和一个世纪的一切。以往，这代人经历革命，下代人经历暴乱，第三代经历战争，第四代经历饥荒，第五代经历国家经济的崩溃——而有些有福气的国家和有福气的时代甚至不会有以上任何遭遇。可是我们，今天六十多岁的这代人，也许还有几天可活的这代人，我们什么没见过，什么罪没受过，什么没经历过？所有可以想到的灾难，我们都一一饱尝（而且根本没有尽头）。我本人就经历了人类两次最大的战争，而且，每次还在不同的战线，第一次是在德国前线，第二次是在反德国的前线。战前我曾目睹个人自由的最高形式，接着又看到百年来它遭遇的最低级状态。我曾受到称颂，又遭到贬低，我曾自由，又丧失自由，我曾富有，然后贫穷。《启示录》中的阴沉马匹①全部闯入并横扫我的生活：革命、饥荒、货币贬值、恐怖、瘟疫、流亡。我亲眼目睹群众性思潮的产生和蔓延，意大利的法西斯主义、德国的国家社会主义以及俄国的布尔什维主义，尤其是那瘟疫般的国家社会主义，毒害了我们欧洲的文化之花。我成了手无寸铁的见证人，面对人类不可想象的倒退无能为力。人类以反人道的教条有意识有计划地退回到早已被遗忘的野蛮状态。这使我们在几百年后又见到了不宣而战的战争、集中营、严刑、抢劫和对无抵抗能力的城市的轰炸。这一切，在我们之前的五十代人都未曾见过，也但愿我们的后人再也不会容忍这些。我目睹世界在这个时代倒退了一千年的道德，矛盾的是，就是这个时代，这样的人，在科技和智力方面取得未曾预料的飞跃，猛地一下超越了以往几百万年的所有成就：人类用飞机征服了太空，人类的语言在一秒钟就能传遍整个地球，人类因此征服了空间距离，原子的裂变，对最凶险疾病的战胜，人类几乎每天都在实现昨天还不可能实现的事情。在此之前，人

---

① 《圣经新约·启示录》第六节"羊羔揭开六个印"中，有黑、白、红、灰四匹马，可以从地上夺去和平，用刀剑、瘟疫、饥荒和野兽杀人。

类作为一个整体，还从未露出如此狰狞的面目，也从未做出如此令人惊叹的伟业。

我觉得，见证这种充满戏剧性的、令人惊愕的生活，是我的义务。因为，——我再重复一遍——每个人都是这种巨大转变的见证人，每个人都迫不得已成了见证人。对于我们这代人而言，没有任何逃避的可能，我们无法像前人那样把自己置身事外。归功于我们这个时代新的同步性联动，我们时时刻刻难以脱身。如果上海的房屋遭到轰炸，在伤员被抬出房屋前，我们在欧洲自己的家里就已经得知了。发生在几千海里以外的事情很快就印成图片生动地展现在我们面前。没有什么可以躲避和抵挡这种不断的沟通和介入，没有逃遁之处，人们买不到任何安宁，命运之手每时每刻、随时随地抓住我们，把我们拽回到它永不知足的戏弄中去。

人们必须不断服从国家的意志，甘愿充当最愚蠢的政治牺牲品，适应最离奇的变化，一个人的命运永远与人类整体的命运相连，尽管他极力反抗，共同的命运还是把他拉扯进去，不容抗拒。一个彻底经历了这个时代的人，或者更确切地说，一个被驱逐、被驱赶的人——我们没有什么喘息的机会——比他的任何一位祖先都具有更多的阅历。即使今天，我们依然处在一个转折点上，处在一个结束和一个新起点上。因此，我用一个固定的日期让自己的生平回顾暂时告一段落，并不是全无用意的。1939年的9月的那一天，造就并教育了我们六十几岁这代人的那个时代终结了。假如我们的见证能让下一代人对那个分崩离析的时代有哪怕一星半点的认识，我们也算没有虚度年华。

我清楚地意识到自己写下这些回忆的情境，它极端艰难，又最能代表我们那个时代。我是在战争期间写下这些文字的，流落在异乡，手边没有任何有助回忆的参考。我的旅馆客房里，没有我自己的任何一本著作，没有笔记，没有友人的信件。我与世隔绝，全世界国家之间的邮路或者全部中断，或者因为检查制度而遭到阻碍。我们每个人都像几百年前没有轮船、火车、飞机和邮电那样孤绝地生活着。关于我的从前的一切都只是凭我头脑里的回忆。其余一切，在这时对我而言都遥不可及，或者都已经失去了。不过，我们这代人已经彻底学会不去缅怀业已失去的东西，也许文献和细节的缺漏正是我这本书的可贵之处。因为，我不认为我们的记忆只是偶然地记住此事，偶然地忘却彼事，它实则是一种用理性整理和删除的能力。在一个人的生活中被忘却的一切，实际是早已被他的内在直觉判定，它们必须被忘却。只有自己想保留的一切，才要求为他人保留下来。因此，你们替我说吧，替我选择吧，我的记忆！在我的生命遁入黑暗之前，至少将它映亮一回！

# 太平盛世

> 静谧中被养育成人
>
> 忽被抛入滚滚红尘
>
> 千万股波涛在我们周遭席卷
>
> 一切感觉新鲜,时而欢喜
>
> 时而疲颓,时时刻刻
>
> 情感骚动摇摆
>
> 我们在感受,而那感受
>
> 又被纷繁心绪冲散
>
> ——歌德

若要简明扼要地描述第一次世界大战前的时代,即我自己长大成人的那个时代,我希望自己这句断言是最准确的描述:那是太平盛世。在我们那具有千年历史的奥地利王朝,一切都那样坚实,一切似乎都会永恒保留,而国家本身就是这种恒久存在的最高保障。国家赋予公民的权利是由国会这个人民自由选举出的代表机构用文件的形式确定的,每项义务也都得到明确规定。我们的货币,奥地利克朗,是以闪亮的金币形式流通的,这样保证了它的可靠性。每个人都明白自己有多少财产,自己能得到多少财产，什么可以做，什么不可以做。一切都有规矩，各有各的尺度和分寸。拥有财产的人能够精确计算出每年的赢利，公务员和军官可以在年历上准确地找到他升职和退休的年份。每个家庭都有固定的预算，人们知道吃住的开销、夏季旅行的开销、应酬的开销。另外，还有一笔小开支被小心地预留出来以备急需和医药之用。拥有房屋的人，将房屋视为儿孙的安乐窝，庄园和店铺世代继承下去，当一个婴儿还躺在摇篮里的时候，人们便开始往储钱罐里存钱，或者在银行为他今后的生活存下第一笔钱，这是为未来准备的一笔小小的"储备金"。在这个广阔的帝国，一切都那样稳固，在自己的位置上不可动摇。皇帝高高在上，他一旦逝世，人们知道（或者说，人们认为）会有新皇帝即位，在既有的秩序当中，一切都不会变。没人相信战争、革命和造反。在一个理智的时代，一切极端的、暴力的事情都不可能发生。

这种太平感觉是成千上万人最期望得到的东西，是大众一致的生活理想。只有这种太平才能赋予生活真正的价值，越来越广泛的人群渴望分享这宝贵的财富。一开始，只是有钱人庆幸自己遇上这样的太平盛世，渐渐地，更广大的群众也加入了分享的队伍。太平盛世于是成了保险业的黄金时代。人们为自己的房屋买了防火防盗险，为田地买了防雹防灾险，为防意外事故和疾病买了人身保险，为自己的晚年付养老金，为襁褓中的女婴也买一份保险作为以后的嫁妆。最后，甚至工人也组织起来为自己争取一份标准工资和医疗保险，用人们为自己存下养老金，并且还事先存好以后的丧葬费。只有对未来生活无忧的人，才能感觉良好地享受眼前的生活。

人们深信自己一生都能阻止任何厄运闯进生活，在这种令人动容的信念中，虽然含有克勤克俭的生活态度，却存在一种巨大而危险的自负。十九世纪怀着自由派的理想主义坚信，自己正沿着一条平坦的大道走向"最美好的世界"。人们怀着蔑视对待以往的世纪，那时还有战争、饥荒和暴动，人们觉得那时的人类还没有启蒙，没有达到充分的文明程度。但如今，一切邪恶和暴力均被消灭，这不过才几十年的事情，对于这种不断的"进步"的坚信在当时真是一种宗教信仰，人们相信这"进步"甚于相信圣经，而且，他们的神圣信条似乎正在被科学技术每天产生的奇迹所证实。事实上，在这个和平的世纪接近尾声的时候，普遍的繁荣已经越来越明显，越来越迅速，越来越丰富。夜晚的街道上不再有昏暗的油灯，明亮电灯取代了它们；从市中心一直到郊区，排满令人眼花缭乱的商店；距离遥远的人们已经可以用电话交谈；借助不用马匹的车辆，人们可以风驰电掣般行进；人类实现了伊卡洛斯[①]的梦想，终于可以飞上天。舒适的生活从贵族阶层蔓延到普通市民阶层，人们不必再从井里或渠里汲水，也不必再吃力地给炉子生火。人们开始讲究卫生，肮脏的现象消失了。自从人们开始体育运动，他们变得更加漂亮、强壮、健康，大街上很少再看见畸形、残疾的人。所有这些奇迹都是科学造就的，科学，它是进步的天使。社会方面也在不断进步，每年都赋予个人新的权利，司法变得越来越温和人道，就连劳苦大众的贫困问题，这个最复

---

① Ikarus，希腊神话中代达罗斯的儿子，他和父亲靠蜡制的双翼逃出克里特，他因为忘记父亲的嘱咐，离太阳太近，蜡翼熔化，坠海而死。

杂最尖锐的问题看起来也不是不可解决。越来越广泛的社会阶层获得选举权，从而有可能通过合法手段维护自己的利益。社会学家和大学教授们竞相努力，为使无产者享有更健康，乃至更幸福的生活而出谋划策。——因此，毫不奇怪，这个世纪会为自己取得的成就而自豪，并且觉得每隔十年，自己便更上了一层楼。就像不再相信女巫和幽灵的存在一样，人们也不相信欧洲各国还会发生战争，人们不相信还会倒退回野蛮状态。我们的父辈深信，宽容与和睦是不可缺少的约束力。他们真心认为，各国和各教派间的界限和分歧将会在共同的友善中消失，整个人类融为一体，和平与安定这两项最高的幸福将降临在每个人身上。

今天，我们不该去嘲笑理想主义泛滥的那一代人，嘲笑他们乐观主义的痴心妄想，以为科技的进步必然造成道德的迅猛提高。今天的我们早已把"太平"这个词从字典里抹掉了，对于我们，它是一个幻象。我们，我们这代人在新的世纪学会了不因人类集体的暴虐行为而惊讶，我们预料到未来的每一天都可能比前一天更无耻，对于人类的道德教养，我们是极为怀疑的。我们不得不同意弗洛伊德的观点，他将我们的文明和文化只当作薄薄一层纸，随时可能被潜意识里的破坏力量戳穿。我们不得不渐渐习惯悬在半空生活，脚下没有坚实的土地，没有权利、自由和安宁。为了自己的生存，我们早已背弃了父辈的信念，不再相信人性会迅猛而持续地提升。面对将人类上千年的努力毁于一旦的灾难，在我们这些有过惨痛教训的人看来，轻率的乐观主义是非常迂腐的。然而，我们的父辈为之献身的尽管只是一个幻觉，却也是高尚和美好的幻觉，比今天叫嚣的口号更人性和有益得多。虽然心中对它充满了认识和失望，叫人感到神秘的是，我内心深处仍然没有完全摆脱掉这种幻觉。一个人在孩童时代耳濡目染的东西是根深蒂固的。不管我每天的所见所闻，不管我自己和其他无数同命运的人所遭遇的一切挫折和磨难，我仍然不能完全违背青年时代的信仰，我仍然相信，无论如何，会有进步的那一天。即使今天我们怀着迷茫破碎的灵魂在恐怖深渊中瞎子般地摸索，我总是抬头仰望曾经照亮我年少时代的那些星辰，并且以从祖先那里继承下来的信念安慰自己，在永恒不断的向前的节奏当中，目前的倒退只是一个间歇而已。

今天，那个太平世界早已被暴风雨摧毁，我们终于明白，它只是一座空中楼阁。可是，我的父母在其中居住，就好像住在石头垒筑的屋子里一样。从来没有什么风暴或疾风闯进他们温暖舒适的生活。当然，他们还有一道特别的防风墙：他们是有钱人，他们逐渐富裕起来，直至非常富裕，在那个时代，财富筑成了可靠的墙壁和窗子。他们的生活在我看来是典型的"犹太富裕中产阶级"，这个阶层赋予维也纳文化相当重要的意义，而得到的回报是被彻底消灭。所以，我在这里讲述的我父母的舒适、低调的生活其实并非个人的私事，在那个价值得到保障的世纪，维也纳像我的父母一样生活的家庭就有一两万个。

我父亲的祖籍是摩拉维亚。在那面积不大的乡村，犹太人的世族与农民、小市民友好相处，他们完全没有受压抑的心情，同时，他们也不像东方的犹太人——加利西亚的犹太人那样显露出咄咄向前的急躁。乡村的生活使他们体格健壮，如同当地农民穿越田野一般，他们踏着坚实的步伐平静地走自己的路。他们早就摆脱了正统的东正教，成为热烈信仰"进步"这个时代宗教的信徒，在自由主义的政治时期，他们选举出国会里最受尊敬的议员。当他们从老家迁往维也纳，他们以惊人的速度适应了更高级的文化生活。他们个人的发达都与时代的普遍繁荣息息相关。在这种转变过程中，我家也是个典型的例子。我的祖父曾经做过手工纺织品的买卖。在上世纪下半叶，奥地利的工业开始昌盛。从英国进口的织布机和纺纱机，加上集约化生产，使得纺织品的价格比老式手工织物大大降低。出于天才的商业眼光和全球视野，犹太商人率先在奥地利认识到工业化生产的必要性，唯有工业化生产，才能获得丰厚利润。他们用极少的资本建立起那些仓促搭造的，最初只靠水力发动的工厂，这些工厂逐渐发展成为强大的波西米亚纺织工业中心，控制整个奥地利和巴尔干半岛。我祖父作为早期的典型代表，只倒卖纺织成品，我父亲则决心迈进新的时代，在他33岁的时候，在波西米亚北部创建了一个小型织布作坊，经过多年谨慎经营，小作坊慢慢变成了一家大企业。

这种在相当诱人的经济环境下仍旧小心谨慎地经营企业的方式完全是一种时代精神的表现。另外，这也特别符合我父亲节制、毫不贪婪的本性。他坚守那个时代的信条——"安全第一"，对他来讲，拥有一个以自己的资本建立起来的"实实在在"——这也是当时人们很爱用的一个词——的企业比借助银行借贷或者抵押手段扩建的大规模企业更加重要。他一生唯一引以为荣的是，自己的名字从未出现在欠条上、期票上，只出现在他自己的银行——当然是最可靠的信贷银行，罗特施尔德银行的贷方名单上。他厌恶任何投机行为，哪怕只冒一点点风险也不答应。他一生从来没参与过一笔自己不了解的买卖。至于他的逐步富裕，他根本不将它归功于大胆投机或特别有远见的行动，而归功于自己入乡随俗地运用了当时的普遍方法，即只消费收入的极小部分，用逐年递增的钱款注入资本。就像当时大多数人一样，我父亲会认为一个"不考虑未来"——这也是那时常见的句子——把自己一半的收入都毫不在意地挥霍掉的人是个不可信任的败家子。在那个经济繁荣的时代，对于慢慢富裕起来的人来说，这种致富其实还是被动的结果，因为当时的国家还没有想到要从巨额收入中多征收几个百分点的税，而国家有价证券和工业股票的利息相当高。不过，即使被动，这种生财之道还是值得的。当时还不像以后通货膨胀时期那样，勤俭的人遭到掠夺，规矩的人遭到欺骗，而是那些最有耐心的人、不搞投机倒把的人受益最多。我父亲由于顺应了那个时代的普遍规律，在他知天命的岁数，即使用国际标准衡量，也是一位富商了。尽管我家的资产增加得越来越快，家里的开销却迟迟不见涨。我们一点一点地让自己舒适，从较小的宅子搬进一座较大的；春天的时候，下午出门时雇辆车；出门旅行的时候，坐二等的卧铺车厢。我父亲五十岁的时候，才初次享受了一回奢侈的生活，他与我的母亲冬天坐火车前往尼斯，在那儿度了一个月的假。总而言之，持家的基本原则是，享受富裕，而非炫耀富裕。这个原则从来没有变过。身为百万富翁的父亲从来没吸过进口烟，——就像弗兰兹皇帝只吸他的弗吉尼亚雪茄一样——我父亲只吸普通国产的特拉布可牌雪茄。他打牌的时候，只下很小的赌注。他始终坚持着这种节制的态度，坚持过自己的舒适而极有分寸的生活。虽然他比大多数同行有教养得多、体面得多——他弹得一手好钢琴,写得一手好书法,能说法语和英语——却坚决地谢绝任何荣誉头衔和职位,他一生从未追求或接受过什么头衔和荣誉,像他这样的大企业家,经常会有头衔蜂拥而至。一生不求人,一生不欠人情,这种暗藏内心的骄傲对他而言比那些外在的风光重要得多。

每个人的一生中,都会出现这样的时期,让他在自己的性格中发现父亲的样子。我父亲那种低调、不事张扬的个性现在在我身上越来越明显地显现出来,虽然,他对我的职业是那样反感,因为作家不得不让自己的名字和自己抛头露面。出于同样的暗藏内心的骄傲,我拒绝了所有外在的荣誉,不要勋章,不要头衔,不在任何协会担任主席,不属于任何学院、委员会、评奖机构。就连参加一场欢宴,对我都是折磨。一想到出于某个原因必须和谁搭讪,我还没开口,就已经变得口干舌燥——即使我求人不是为了自己。我明白,在现今的世界,只有巧舌如簧、八面玲珑的人才能自由自在,就像歌德老人睿智地指出,"勋章和头衔能让人在倾轧中免遭打击",我的这些拘谨是多么不合时宜。但是,在我内心牵制我的,正是我的父亲和他的秘密的骄傲,我不能加以抵抗。我反而要感谢他,因为,他留给我一份可能是唯一牢靠的财产:一份内心的自由。

我的母亲娘家姓布莱陶尔,来自另一种国际化的家庭。她出生于意大利南部的安科纳,因此从小就像会说德语一样会说意大利语。当她要和我的外祖母或阿姨说些仆人们不该听见的事情时,她就用意大利语。我从小就熟知了意大利烩饭和当时还很稀罕的洋蓟，还有很多意大利特色菜，后来每次我去意大利，我都立即有回家的感觉。但我的母亲一家并非意大利人，而是有意成为的一个国际家族：布莱陶尔家族原先拥有一家银行（他们的榜样是犹太银行世家[①]，但是规模当然小得多），很早就从霍恩内姆斯——瑞士边境上的一个小地方，分散到世界各地。一部分来到圣加仑，另一部分来到维也纳和巴黎。我的外祖父去了意大利，我的一个舅舅去了纽约，这种国际性的联系使得他们更加体面，视野更加宽广，同时也产生了家族的自豪感。在这个家族里不再有小商人、小捐客，而只有银行家、经理、教授、律师和医生。每个人都会好几种语言，我还记得，在巴黎的阿姨家，人们如何自如地从一种语言换到另一种语言交谈。这是一个十分"自重"的家族，如果较穷的亲戚家有个姑娘到了婚嫁的年龄，整个家族就会为她筹措一笔丰厚的嫁妆，只是为了避免让她"下嫁"给穷光蛋。我的父亲身为大企业主，虽然受到尊敬，虽然我母亲与父亲的婚姻非常幸福，她还是不能容忍将父亲的家族与自己的家族相提并论。这种出身于"上流"家庭的自豪感，在布莱陶尔家族的所有人身上都是根深蒂固的。多年之后，当他们当中有人想向我表示特别的好感时，他倨傲地对我说："你真是布莱陶尔家族的人。"他好像是要给我一种认可："你算是投对胎了。"

一些发达的犹太家族为自己取得这种贵族地位，我和兄弟小时候常常为他们这种身份感到好笑或生气。我们总是听见人们议论这些人"高雅"，那些人"不高雅"，他们对每个朋友都要追究

---

① 指罗斯柴尔德家族。

人家的出身，看他是否出身上流，一直把人家的家庭成员、亲戚和财产情况都摸清为止。这种不断把人分成不同阶层的议论实际上构成家庭和社交谈话的主要内容，我们当时觉得可笑至极，因为，所有的犹太家族彼此差距再大，也不过是五十至一百年的事，大家原先其实都是从同一个聚居区迁来的。到了很久以后我才明白，这种"上流"家庭的概念——在我们男孩子看来完全是附庸风雅的装模作样——实际是犹太人最内在最神秘的一种本性表现。人们一般以为发家致富是犹太人的生活目标，没错，但这只是犹太人追求的一半，是他们通向真正目标的途径，绝非最终的目的。犹太人真正的愿望是提升自己的精神，进入更高级的文化层面。这种把精神视为高于纯粹物质利益的意志，早在东方正统东正教犹太人当中就表现得非常明显了，这个种族的优缺点在他们身上集中地反映出来：在他们当中，一个虔诚的教徒、一个圣经专家要比一位富翁有价值得多。就连最有钱的人，也宁愿把自己的女儿嫁给贫穷的有知识的人，而不会把她嫁给一个商人。这种对有知识者的敬重在全体犹太人那里都是一致的。即使那些在日晒雨淋中走街串巷的最穷的小贩，也会拼命让自己的至少一个儿子念上大学。假如家人中有谁当上了教授、学者、音乐家，成了有知识的人，那么全家人都会引以为豪，好像他为大家增添了光彩。在犹太人心中，暗暗地有一股力量，在极力避免自己成为狡诈、可厌、悭吝、浑身铜臭气的无知之徒，而努力想成为纯洁、不为金钱所动的有知识的人。说得直白一些，他们仿佛要把自己和整个种族从金钱的诅咒中拯救出来似的。因此，在犹太人的家族中，追求金钱的冲劲往往超不过三代。恰恰在家族最兴盛的时期，父辈就会发现下一代不愿意接手自己的庞大而兴隆的银行和商号了。于是,出现了鸟类学家罗斯柴尔德勋爵①、艺术史家瓦尔堡②、哲学家卡西尔③、诗人塞松④,他们都受到一个无意识的欲望驱使:要摆脱犹太血统造成的狭隘,从冷酷的金钱欲中解放出来。这其中可能正表达了他们那个隐藏的渴望:通过进入精神世界,由单薄的犹太人性进入普遍的人性。所以,所谓"背景良好"的家庭,并非仅指社会地位,而是指通过进入并融入另一种文化,乃至一种包罗万象的文化世界,从而摆脱从犹太出身带来的所有狭隘、缺陷、小气的犹太家庭。但是,正如先前局限于物质世界一样,后来这种对精神世界的追求造成的犹太人过多从事知识行业,又给犹太民族带来深重灾难。也许,这样的厄运就是犹太命运永远的困境吧。

在欧洲,无论哪座城市都不及维也纳这样热衷于文化。正因为哈布斯堡王朝的奥地利几个世纪以来在政治军事上均无野心和建树,所以人们的民族自豪感便转向艺术,希望在这方面独领风骚。在这个一度统治欧洲的哈布斯堡王朝中,那些最重要和最有价值的地区——德意志、意大利、佛兰德、瓦隆都已衰落,唯有维也纳这座都城,朝廷的宝地、千年传统的守护女

---

① Rotschild男爵,犹太银行世家罗斯柴尔德家族后裔,一八九九年至一九一〇年为英国下院议员,著有动物学论文。

② Aby Warburg,犹太银行世家瓦尔堡家族后裔,德国艺术史家,以研究欧洲文艺复兴时期艺术著称。

③ Ernst Cassirer,德国哲学家。

④ Siegfried Sasson,西班牙犹太巨富塞松家族的后裔。

神,仍保持依然的光辉。罗马人首先建造了这座城池,这是一处前哨,是一座堡垒,保护着拉丁文明,抵御着野蛮人。千年之后,奥斯曼人对西方的袭击摧毁了它的城墙。这里尼伯龙根人来过,这里曾闪耀七颗不朽的音乐巨星:格鲁克、海顿、莫扎特、贝多芬、舒伯特、勃拉姆斯、约翰·施特劳斯,欧洲的所有文化河流在此汇聚。在宫廷、贵族和平民当中,德意志文化与斯拉夫文化、匈牙利文化、西班牙文化、意大利文化、法兰西文化、佛兰德文化血肉相连,这座音乐之都的天才在于,将所有反差巨大的文化熔于一炉,成为一种新的独特的奥地利文化、维也纳文化。维也纳天生具备海纳百川的宽大胸襟和特殊的敏感,它吸引全然不同的人才前来,安抚他们,诱惑他们,使他们愉快。在这儿生活,处在这种精神融合的氛围,不胜温馨。这里的每位市民也不知不觉地变得国际化了,具备了宽广的视野,成为了世界公民。

  这种兼容并蓄的艺术,温柔的音乐般过渡的艺术,在城市的外貌上便已经表现得很显著。从内城有序地扩充,经过几个世纪缓慢的延伸,现在它拥有两百万人口,算得上人丁兴旺了,完全可以达到与一座大城市相配的消费和多方面指数。但是,它也不是过于庞大,还没有像伦敦或纽约那样脱离自然。城市边缘的房屋有的倒映在多瑙河的激流之中,有的远眺辽阔的平原,有的散落在园林与田野中,有的分布在阿尔卑斯山麓延绵平缓的绿荫里。人们几乎感觉不到哪儿是自然,哪儿又是城市,两者相互交融,非常和谐。在城内,人们又会觉得它像一棵树,有一圈一圈的年轮,可以看出它的成长过程。在古老的要塞遗址上,环城大道用华丽的建筑将城市最宝贵的核心围拢。里面是朝廷和贵族的古老宫殿，诉说着远古的历史。贝多芬曾在这里的利希诺夫斯基侯爵府弹奏过，海顿曾在这里的埃斯特哈齐侯爵府做客，当时，海顿的《创世记》正在古老大学①里进行首演。这里的霍夫堡宫②见过好几代皇帝，美泉宫③见过拿破仑，基督教世界的联手抗敌的诸侯曾在斯特凡大教堂④下跪，为从土耳其人手中救出欧洲而感恩。这儿的大学在围墙之内见过无数科学名人。在这些古老建筑之间，骄傲地屹立着新建筑，闪亮的街道和光芒四射的商店。而老建筑并不对新建筑抱有怨气，就像被凿下的石块不会怨恨巍然不动的大自然一样。生活在这座城市是愉快的，它接纳所有陌生人，热情好客，这里的气氛和巴黎一样充满欢乐，在如此的轻松愉快之中，享受生活就是最理所应当的事情了。众所周知，维也纳是一座享乐型的城市。而文化，不就是用艺术和爱情将生活中最粗糙的内容转化为最精致、纤柔和细腻的情节吗？人们享受美食，品尝葡萄美酒、新鲜干啤、丰盛的甜点和蛋糕，但不限于此，人们还追求更加讲究的享受，演奏音乐、跳舞、演戏、社交、完善自身修养和风度举止，在这里成为一种特殊的艺术。无论在个人生活还是公众生活中，军事、政治和商业都算不上头等大事。一个普通的维也纳人清晨看报时首先关心的不是国会的辩论或世界大

---

① 维也纳大学。
② Hofburg，维也纳著名的皇宫。
③ Schönbrunn，哈布斯堡王朝的夏宫。
④ Stefansdom，维也纳著名的大教堂，建于一一三七年。

事，而是剧院的演出剧目，这座皇家剧院，即城堡剧院①，在维也纳具有在别的城市无法想象的重要性。它对于维也纳人和奥地利人来讲，不仅仅是一个演员演戏的舞台，而是一个反映大世界的小世界，是社会的五光十色的反映，是真正具有高雅情趣的"宫廷侍臣"。观众从演员身上看到榜样，学习如何穿衣，如何进入房间，如何交谈，作为一个有修养的男性应如何注意措辞。舞台不仅供人娱乐，更是教人言谈举止的课堂，所有与城堡剧院有关联的人，即使只沾点边的人，都被笼罩着一种神圣光环，受人尊敬。在大街上，总理或最富有的豪绅可能都不会引人注目，但是，若有城堡剧院的话剧演员或女歌手走过，每个马车夫和售货员都会认出他们。当我们这些男孩子看见那些明星中的一位（他们的照片和签名大家都收集）从身边走过，我们就会得意扬扬地相互说个没完。这种近乎宗教式的崇拜甚至扩展到这些明星身边的人，比如索嫩塔尔②的发型师、约瑟夫·凯恩茨③的马车夫，他们都成了人们暗暗钦羡的对象。年轻公子以穿着与明星们相同式样的服装为荣，大明星的纪念日或葬礼成为压倒一切政治事件的头等大事。在城堡剧院上演自己的作品，是每个维也纳作家最大的梦想，因为这意味着终身的荣耀和随之而来的一系列待遇，比如他终生都不需要购买任何入场券，所有公演都将请他参加，他还会成为皇室家族的座上宾。我还记得自己亲历的一次隆重待遇。那天上

---

① Burgtheater，维也纳国家剧院，建于十九世纪。
② Adolf von Sonnenthal，奥地利著名男演员。
③ Joseph Kainz，奥地利著名男演员。

午,城堡剧院的经理将我请到他的办公室,首先向我表示祝贺,然后告诉我,剧院已经接受我的剧本。傍晚我回家时,发现他的名片已经放在我家。他对我这个二十六岁的年轻人已做了正式的回访,我因为成为皇家剧院的作者而一跃为一位"绅士",以至让皇家机构的经理如此看待。至于剧院发生的一切,都与维也纳的每个人间接相关,甚至还会涉及毫不相干的人。我记得一个例子,在我很小的时候,有一天,我们的厨娘含着眼泪闯进房间,因为有人刚刚告诉她,夏洛特·沃尔特——城堡剧院最知名的演员——去世了。这种疯狂的悲伤让人感到很荒谬,因为,这个大字不识几个的老厨娘根本没去过城堡剧院,既没在舞台上,也没在生活中见过这位明星。但在当时,全国闻名的大明星可是属于全城的共有财富,所以,连不相干的人都觉得她的死是一场灾难。每个受人景仰的歌手和艺术家的去世都会顿时引起全国的哀悼。当首演过莫扎特的《费加罗的婚礼》的"老"城堡剧院被拆毁时,维也纳整个社会如同参加一场葬礼,人们神情庄严而激动地聚集在剧院里,幕布刚刚落下,所有人都涌上舞台,希望至少能拾得一块他们钟爱的艺术家在上面演出过的舞台地板的碎片,作为珍贵的纪念带回家去。几十年之后,还可以看到这些不会闪光的木片在十几位市民的家中被珍藏在精致的小盒子里,好像神圣的十字架的碎片保存在教堂一样。而当那座伯森多夫音乐厅被拆毁时,我们自己的举动也未必理智多少。

这座专门演奏室内乐的小小的音乐厅本身其实非常平凡,建筑上没有什么艺术性。它以前是利希腾施泰因侯爵的骑术学校,后来改建成音乐厅时,也只不过在四壁镶上木板,以适应音乐的需要，毫不富丽堂皇。但是，它仿佛一把古老的小提琴一样具有魅力，对于音乐爱好者而言，它是一处圣地，因为肖邦、勃拉姆斯、李斯特、鲁宾斯坦都在这里举行过音乐会，很多著名的四重奏都在此首演。可是，它却要为一幢新的实用建筑让路，这对我们在那里度过难忘时刻的人来讲真是不可思议。当贝多芬的乐音在玫瑰四重奏小组最后最精彩的演奏中渐渐消失时，所有人都留在原位不动。我们喝彩，鼓掌，有些妇女激动地啜泣起来，没有人愿意承认，告别的时刻到了。大厅的灯熄灭了，为的是让我们离开。但是在场的四五百位乐迷无一人离开，我们继续在那里待了半小时、一小时，好像我们留在那里就能保住它，就能挽救这座神圣的古老建筑。而当我们还是大学生的时候，我们又曾怎样用请愿书、游行和檄文来反对拆毁贝多芬的临终寓所的啊！维也纳的这些老房子，每拆一座，就仿佛将我们的灵魂挖去一块。

　　这种对艺术，尤其对戏剧艺术的狂热遍及维也纳社会各阶层。维也纳本身因为上百年的传统，社会阶层非常分明，但正如我以上所述，各阶层相处得很融洽。社会舆论始终受宫廷的掌控。皇家城堡不仅具有空间上的中心地位，也是帝国各民族的文化中心。在城堡周围，是奥地利、波兰、捷克和匈牙利高级贵族的宅邸，形成仿佛第二道墙。在这道围墙外面，才是"上流社会"的较低的贵族、高级官吏、企业家和"名门世家"。在此之外，便是小市民和无产阶级。各个阶层都生活在自己的社交圈，住宅也有各自的区域。大贵族住在城市核心，外交使节住在第三区，工商界人士住在环城大道附近，小市民住在内城区，即第二区至第九区，最外面住着无产阶级。但是，所有的人都会在剧院里或盛大的节日里交往，譬如在普拉特①举行鲜花彩车游行时，十万民众会热情地朝着华丽彩车里的"一万名上层人士"欢呼三遍。在维也纳，任何事情都可以成为庆贺的理由，使之充满音乐和色彩。宗教游行、基督圣体节、军事检阅、皇家音乐节等，无不如此。即使出殡，也是热热闹闹。每个真正的维也纳人都讲求拥有排场的葬礼，灵柩要华美，送葬队伍要浩浩荡荡。真正的维也纳人，即使死了也要让别人大饱眼福。在对所有声色欢娱的追求之中，在戏梦人生，无论舞台还是生活中的表演乐趣，维也纳全城人都是一致的。

维也纳人对戏剧的这种癖好和执着，他们对所热爱的艺术与明星的细枝末节的追究，有时真发展到荒唐的程度，很容易遭到讥笑。和我们刚毅的邻居——德意志相比，奥地利对政治淡漠，经济也落后，不得不将部分原因归咎于这种对享受的过分追求上。不过，这种对艺术的过分重视倒使我们在文化方面拥有了独特之处：首先，我们对每种艺术成就都抱有敬意，其次，经过几个世纪的艺术熏陶，我们具备了无与伦比的艺术鉴赏力，正是由于拥有这种鉴赏力，我们在所有文化领域内达到了超群的水平。艺术家在维也纳始终是感觉最舒畅并且最受鼓舞的，因为那里的人们尊敬艺术家，甚至崇拜艺术家。艺术总是在那里达到它的巅峰，因为它成为全体人民的大事。正如在文艺复兴时期的佛罗伦萨和罗马，大批艺术家被吸引到此，人人都觉得自己必须在市民面前与别人进行竞争，必须不断超越自己，从而被培养成了大师，在

---

① 维也纳著名的绿化区，在多瑙河畔。

维也纳的音乐家和演员们也明白自己在这座城市里的重要性。在维也纳歌剧院和城堡剧院，容不得半点马虎。每个错误的音符都会立即被发现，加入合唱声部的时间不对，或者音符缩短，都会遭到斥责。这种监督不仅来自首演时的专业评论家，而且来自每天的观众，他们的耳朵敏锐，通过不断的比较而越来越机警。由于在政治、行政和风气方面一切都安定顺利，所以在这些方面即使有些"马虎"，维也纳人都能容忍，对于犯规，也可包庇。但是，他们对艺术上出的偏差可丝毫不放过，因为这关系到整个城市的荣誉。每一个歌唱家、每一个演员、每一个音乐家都必须每时每刻做到最好，否则，他就会被淘汰。能在维也纳成为明星是非常了不得的，但是，要保住明星地位可就不容易了。任何松懈都得不到原谅。维也纳的每位艺术家都清楚这种无休止的无情的监督，从而迫使自己精益求精，使得整个艺术水准达到卓绝的程度。我们每个人从青年时代起就都习惯用严格苛刻的标准要求每一次艺术演出。想当年，古斯塔夫·马勒[①]领导的歌剧院里的纪律严密如铁，交响乐团的音乐家们工作热情、一丝不苟，谁熟知这些，就会对今天的任何音乐和戏剧演出都不满意。不过，我们这样也学会了对自己的艺术要求严格，当年是那样辉煌，当年那些正在成长的艺术家被培养起来的素质是我们的榜样，这在全世界的城市里并不多见。同时，在广大群众当中，这种对正确节奏和速度的知识也非常普及了，即使一个坐在酒馆里的小市民，也会

---

① Gustav Mahler，一八六〇年至一九一一年在世，奥地利作曲家、指挥家，一八九七年至一九〇七年任维也纳皇家歌剧院经理。

要求乐队演奏出高水准的音乐，就像要掌柜给他端好酒一样。就连普拉特的民众也知道哪支军乐团演奏得"带劲"，不论他们是"德国的大师"还是匈牙利人，住在维也纳的人，仿佛都从空气中得到对音乐节奏的感知似的。所以，就像我们作家在一篇特别讲究的散文中表现出音乐性，其他人则在社交礼仪和日常生活中体现这种节奏感。在维也纳的"上流"社会，一个不具备艺术修养和礼仪的人是不可思议的。即使在社会底层，连最穷的人也具有对美的本能，这是自然景色和人生的快乐情景赋予他的。一个维也纳人，若失去了这种对文化的爱，失去了对生活中这一最神圣的多余之事的既享受又审美的意识，就不是真正的维也纳人。

因此，对于犹太人，适应民族环境，或者说，适应这块居住的土地，不仅是外在的一种保护措施，而且是内心的深层需要。他们对家乡、安宁、休息、稳定和亲近的渴望使他们热情地与周遭的文化紧密联系。除了15世纪的西班牙，这种本土文化与外来民族的结合只有在奥地利最愉悦和丰饶。犹太人在这座皇城定居二百多年来，遇到的是逍遥自在、愿意和睦相处的人民，虽然他们表面上看起来不拘小节，内心对于精神和审美却具有同样深刻的本能，这些对于他们也非常重要。犹太人在维也纳的际遇甚至可以说还不止于此。他们在这里找到了自己的一项使命。在上个世纪的奥地利，艺术曾一度失去原有的传统保护人和赞助者：宫廷与贵族。十八世纪的时候，玛丽亚·特蕾莎女皇[①]曾让女儿们跟

---

[①] Maria Theresia，奥地利女皇，一七四五年至一七六五年在位。

随格鲁克学习音乐,约瑟夫二世①曾内行地与莫扎特讨论他的歌剧,利奥波德三世②自己曾作过曲,但是后来的皇帝,弗兰茨二世③和费迪南一世④对艺术就丝毫没有兴趣了。而我们的皇帝弗兰茨·约瑟夫一世⑤,在他八十年的生涯里,除了军队的花名册外没有读过一本书,或者仅仅在手里拿过一本书。他甚至还流露出对音乐的反感。同样,大贵族也放弃了从前赞助艺术的态度。往昔的黄金时代一去不返了,那时,艾斯特哈齐侯爵让海顿留宿在家中,洛布科维茨家族、金斯基家族⑥和瓦尔德施泰因家族⑦争相要在自家府上首演贝多芬的作品,还有一位图恩伯爵夫人在这位伟大的半神面前下跪,请求他不要将《菲岱里奥》从歌剧院的节目单中撤出。但是后来,就连瓦格纳、勃拉姆斯、约翰·施特劳斯和胡戈·沃尔夫⑧都得不到贵族的一丁点赞助了。为了让交响音乐会保持在原有的高水准,为了使音乐家、画家和雕塑家能够维生,市民阶层不得不伸出救援之手,而犹太市民阶层恰恰以此为抱负并为此自豪,因为他们站在最前沿,将维也纳文化的荣誉和原有

---

① Joseph II,奥地利皇帝,一七六五年至一七九〇年在位。
② Leopold III,奥地利皇帝,一七九〇年至一七九二年在位。
③ Franz II,神圣罗马帝国最后一位皇帝,一七九二年至一八〇六年在位,一八〇四年至一八三五年为奥地利皇帝。
④ Ferdinand,奥地利皇帝,一八三五年至一八四八年在位。
⑤ Franz Joseph,奥地利皇帝,一八四八年至一九一六年在位,一八六七年开始兼任匈牙利皇帝。
⑥ Kindskys,波希米亚贵族世家,家族成员多在奥地利外交界。
⑦ Waldsteins,波希米亚贵族世家。
⑧ Hugo Wolf,一八六〇年至一九〇三年在世,奥地利作曲家。

的光彩保住了。他们一向热爱这座城市，打心眼里在此安居，但只有通过对维也纳艺术的热爱，他们才有真正的主人翁的感觉，成为百分百意义上的维也纳人。在公共生活中，他们原本的影响是很微弱的，皇室的显赫使得所有个人财富黯然失色。掌管国家公务的高级职位是世袭的，贵族把持着外交，古老的世族掌控着军队和高层政府机构。但是犹太人也并未雄心勃勃地打算要钻营进入这个特权层，他们彬彬有礼地尊重这种传统的特权，认为这是理所应当的。我还记得一个例子，我父亲一生都不去扎赫大饭店用餐，这并不是出于节省，——因为和其他大饭店相比，那里的价格根本贵不了多少，——而是出于自然的敬而远之的心理：他觉得，如果邻桌进餐的是施瓦茨贝尔格亲王或者洛布科维茨亲王，他会很不自在，感觉很不得体。在维也纳，只有在艺术面前人人平等，因为在维也纳，爱和艺术是人人应尽的义务。犹太资产阶级通过自己的资助方式，对维也纳文化的贡献是不可估量的。他们是真正的观众，他们坐满了剧院和音乐厅，购买书籍和绘画，参观展览，他们受传统束缚较少，思路灵活，处处成为一切新事物的促进者和先锋人物。几乎所有的十九世纪艺术珍品的巨大收集工作都由他们完成，几乎一切艺术实验也由他们来实现。若没有犹太资产阶级这种坚持不懈激励一切的兴趣，仅凭宫廷、贵族和那些宁愿养马打猎而不愿促进艺术的基督徒百万富翁的漠不关心，维也纳在艺术方面就会落后于柏林，正如奥地利在政治方面落后于德国一样。谁想在维也纳做一些创新，谁作为一个外来者想在维也纳找到理解和听众，就应当指望这些犹太资产阶级。在反犹太主义时期，维也纳有唯一一次艺术尝试，即想创建一座所谓的"民族剧院"。但是，当时既找不到编剧，也找不到演员和观众，不到几个月的工夫，这家"民族剧院"就惨然倒台，这个事件恰恰首次说明了一个事实：世界称颂的十九世纪维也纳文化，十分之九是由维也纳的犹太人扶持和培育起来的，甚至，也是由他们自己创造的。

因为，与正面临悲惨的没落的西班牙文化相似，在十九世纪的晚期，维也纳的犹太人在艺术方面相当活跃。但是，这种艺术不是以特殊的犹太面貌出现，而是通过惊人的方式，表达出最强烈的奥地利特色、维也纳特色。在音乐创作方面，卡尔·戈德马克[1]、古斯塔夫·马勒和阿诺尔德·勋伯格[2]成为国际性的人物，奥斯卡·施特劳斯[3]、列奥·法尔[4]、埃默里希·卡尔曼[5]使传统的圆舞曲和轻歌剧获得新的繁荣，霍夫曼斯塔尔、阿图尔·施尼茨勒、理查德·贝尔-霍夫曼[6]、彼得·阿尔腾贝格[7]等人使维也纳的文学获得欧洲声誉，这是弗朗茨·格里尔帕策[8]和阿达伯特·施蒂

---

[1] Karl Goldmark，一八三〇年至一九一五年在世，奥地利作曲家，祖籍匈牙利。

[2] Arnold Schoenberg，一八七四年至一九五一年在世，奥地利作曲家和音乐理论家，十二音体系写作法的奠基人。

[3] Oscar Strauss，一八七〇年至一九五四年在世，奥地利作曲家，创作轻歌剧和喜歌剧的乐曲。

[4] Leo Fall，一八七三年至一九二五年在世，奥地利作曲家，新轻歌剧作曲家的代表之一。

[5] Emmerich Kálmán，一八八二年至一九五三年在世，匈牙利轻歌剧作曲家。

[6] Richard Beer-Hofmann，一八八六年至一九四五年在世，奥地利作家。

[7] Peter Altenberg，一八五九年至一九一九年在世，奥地利散文家。

[8] Franz Grillparzer，一七九一年至一八七二年在世，奥地利剧作家。

夫特[1]代表的维也纳文学从来没有达到过的高度。索嫩塔尔、马克斯·莱因哈德[2]使这座戏剧之都再度名扬全球。弗洛伊德和科学界的泰斗使世人关注古老闻名的维也纳大学。——这些身为学者、艺术名流、画家、导演、建筑师和新闻工作者的犹太人,在维也纳的精神生活中处处无可争辩地占有高级或最高的地位。由于对这座城市的热爱和入乡随俗的愿望,他们完全适应了这里,并且因为可以为奥地利增添光彩而感觉幸福。他们将为奥地利做贡献视作自己的使命,——我们应该实事求是地再次指出这点——在当今欧美被称扬为再度繁荣的奥地利文化当中,在音乐、文学、戏剧和工艺美术领域,即使不是大部分,也有相当部分成就是犹太人做出的,他们自己通过这些成就在千年的精神追求中达到最高峰。一种几百年来无处发挥的智慧能量在此与一种稍显疲惫的传统相结合,前者以新的生机与无尽的活力滋养、激发并提升了后者,使之重新焕发了青春。而接下来的几十年将证明,在维也纳发生了什么样的暴行,这座在其最多元化之中、在超越民族的精神生活中彰显本质和文化的城市,被粗暴地民族化和狭隘化。维也纳的天才——一种特别的音乐天才,从来都是将民族和语言当中的一切对立融合在一起,维也纳的文化是西方文化的综合,凡是在那里生活和创作的人,都感觉自己摆脱了偏狭和成见。没有

---

[1] Adalbert Stifter,一八〇五年至一八六八年在世,奥地利小说家,早期受德国浪漫派影响,日后倾向古典主义。

[2] Max Reinhardt,一八七三年至一九四三年在世,奥地利著名演员,一九〇〇年任柏林德意志剧院领导人。

什么地方比在维也纳更容易让人成为一个欧洲人了,我知道,我之所以能够早早地学会把共同联合的理念作为自己心中最高的理想来加以热爱,在一定程度上应该感谢这座城市,早在马可·奥勒留①的时代,它就维护着罗马精神,一种包容的精神。

在那古老的维也纳,人们生活得很好,轻松自在,无忧无虑。北方的德国人恼怒而鄙视地俯视着我们这些多瑙河边的邻居,看着我们不讲究"能干",不在乎紧张的秩序,只是让自己享受生活,享受美食,用节日和戏剧来娱乐,还作出绝伦的音乐。比起德国人那种只会使所有人的生活变得无比痛苦和惊慌的"能干"来,比起那种要凌驾于所有人之上的野心和拼命向前的精神,维也纳人更喜欢舒心的闲聊、惬意的相聚,在和善、松懈的环境下,让每个毫无妒意的人各得其所。"自己活,也让别人活"曾是维也纳人的著名原则,这原则在我看来,至今仍比一切绝对的命令更富有人性,当初,它是那样顺利地被所有社会阶层遵循着。穷人和富人、捷克人和德意志人、犹太人和基督徒,均可和平相处,尽管偶尔也有相互嘲弄的时候。纵然政治和社会运动,也没有那种可怕的敌意存在。这种仇恨是作为第一次世界大战的余毒才侵入时代的血液循环当中去的。在以前的奥地利,人们在争斗时尚且有豪侠气概,人民在报纸上、在议会里相互攻击,但在经过西塞罗式的长篇演讲之后,这些议员还是会友好地坐在一道喝啤酒

---

① Marcus Aurelius,一二一年至一八〇年在世,一六一年至一八〇年任罗马帝国皇帝,新斯多葛派哲学的主要代表之一。

或咖啡，并且，彼此亲昵地以"你"相称。就连反犹太主义政党的领袖卡尔·卢埃格尔①当选维也纳市长的时候，在私人交往方面仍然没丝毫变化，我必须承认，作为一个犹太人，我当时无论在中学，还是大学和文学界，没有遇到任何麻烦和歧视。在当时的报纸上，并没有每天都充斥着国家与国家之间、民族与民族之间、派别与派别之间的仇恨，人与人、民族与民族还未被隔离，公共生活中的大众情绪也没有像今天这样激烈得令人厌恶。在那时，个人行为的自由是天经地义的，这在今天不可思议，人们并不像今天这样将宽容视作软弱，而将它尊为道德的力量。

因为我出生并成长的世纪并不是一个充满激情的世纪。它是一个阶级分明、井然有序的世界，一个从容不迫的世界。新的速度和节奏还没有从汽车、电话、收音机和飞机身上转移到人的身上，岁月和年龄仍旧有着另一种尺度。人们生活得相当悠闲。当我想回忆儿时大人们的样子时，我发现，他们当中的大多数都很早就呈现富态了。我的父亲、我的叔伯、我的老师们、商店里的营业员、乐谱架旁的交响乐团的团员，四十多岁就已大腹便便，呈现大男子的"气派"。他们行走缓慢，语调从容，言谈当中，抚摩着自己保养得很好的、多半已灰白的胡须。但是灰白的须发是尊严的新标志，一名"稳重"的男子则要有意识地避免那些年轻人的不得体的姿态和自负的神情。在我很小的时候，父亲还不到

---

① Karl Lueger，一八四四年至一九一〇年在世，奥地利政治家，基督教社会党人，反犹太主义者，一八九七年至一九一〇年任维也纳市长，反对大德意志主义和社会民主党。

四十岁，我从不记得他曾匆匆忙忙地上下楼，或慌慌张张地做过什么事。慌张不仅仅有失体统，而且根本就没有必要，因为在那个有着无数的保险和应急措施的稳定的市民世界，从来不会发生意外，外面世界发生的灾难，透不过这堵由"保险"的生活筑成的墙壁。布尔战争、日俄战争，即使是巴尔干战争，对我父母的生活都没有丝毫影响。他们不经意地翻过报纸上所有的战争报道，就像跳过体育专栏一样。而实际上，奥地利之外的事情与他们又有何干呢？会给奥妙的生活造成什么变化吗？在他们的奥地利，在那个风平浪静的时代，国家没有翻天覆地的变化，货币不会大幅度贬值。证券市场的股票一旦跌了四个或五个百分点，人们就说"破产"了，就会皱着眉头谈论这"灾难"。人们抱怨税收太高，这多半是出于习惯，而并非真正这样认为，与战后相比，当时的税收只不过是施给国家的一点小费。那时的人们还会详细地立下遗嘱，嘱咐孙子和重孙避免所有的经济损失，好像用一张看不见的债券就能够有效保证子孙们的安稳生活，于是，人们在世时生活得舒适自在，将小小的烦恼当作听话宠物一样抚摸，实际根本不担心它们会伤害自己。所以，当我偶尔得到一张当年的报纸，读到那些关于一次小小的区议会选举的激动文章时，当我回想起为了城堡剧院演出中微不足道的事情议论纷纷时，还有年轻时对一向根本无关紧要的事情进行没必要的激烈讨论时，自己就会忍俊不禁。当时的忧虑是多么微渺啊！那个世界是多么平静啊！我的父母和祖父母有幸遇到这样的时代，他们在其中平静、顺利和清白地度过一生。不过，我自己也不知道，我是否因此而羡慕他们。因为他们像生活在天堂里一样，所以对人间一切真正的痛苦、对命运的种种险恶和神秘力量懵懵懂懂，对一切令人焦虑的危机和问题视而不见，任它们无限扩展。他们沉浸在自己舒适富裕的生活中，根本不知道生活会变得紧张，成为负担，不知道生活中会不断出现意外和翻天覆地的变化。沉浸在他们那叫人感动的自由主义和乐观主义当中，他们很难预料得到出现在窗外晨光中的任意一个明天都可能将我们的生活彻底毁灭。即使在他们最黑暗的夜晚，他们也想不到人会变得多么可怕，也想不到，人会变得多么坚强，去战胜险恶，经受考验。我们这些被生活的激浪驱逐的人，我们这些被割断所有根源的人，我们这些总是被置之死地而后生的人，我们这些未知神秘力量的牺牲品和心甘情愿的奴仆，在我们看来，安逸已成为传说，太平已成为儿时梦想，——我们切身感受到极端对立的紧张关系和不断出现的新的恐惧，我们人生的每个时辰都与世界命运休戚相关，我们超越了自己狭隘的生活，分享着时代和历史的悲欢，而从前的先人们都只是局限在自己的小生活中。因此，我们当中的每个人，即使是最微不足道的人，都比我们祖先当中的圣贤了解现实千倍。不过，我们不是白白得来这些的，我们为此付出了完全的代价。

# 上个世纪[①]的学校

我小学毕业后直接念文理中学,这是很自然的事,即使只为了自己的社会尊严,每个富裕家庭也都会精心培养子女,使他们"有教养"。他们让子女学习法语、英语,让他们精通音乐,让女家庭教师和男家庭教师先后教给他们优雅的举止。但是,在那个"开明"的自由主义时代,只有让人进入大学的"学术"教育才有真正的价值。因此,"上流"家庭都渴望自己的儿子们当中至少有一个能够在名字前拥有博士头衔。可是这条通往大学的道路相当漫长,并且毫不令人愉快。五年小学、八年中学,每天坐五到六个小时的木板凳,课余时间被家庭作业霸占,除此之外,还要接受学校课程以外的"常规教育",即除了学习古典的希腊文和拉丁文,还要学几门"活"的语言——法语、英语、意大利语,这就是说,除了几何、物理和学校规定的其他课程外,还要学五门外语。学习负担沉重不堪,我们根本没有体育活动和散步的时间,更谈不上什么消遣娱乐。我今天还依稀记得,我七岁的时候非得学会一支什么"愉快幸福的童年"的歌,还要在合唱团里演唱。我至今还记得这首简单的小歌的曲调,但是当时我就是很难唱会

---

① 十九世纪。

它的歌词，更别提真心以为自己的童年就像歌词中唱的那样了。老实说，我对小学和中学生活始终感到厌倦，一年比一年感到不耐烦，希望早日摆脱这种枯燥乏味的生活。我根本想不出当时那种单调、冷漠、机械的学校生活有什么"愉快"和"幸福"，它彻底毁坏了我们一生中最美好、最无拘无束的岁月。坦白地说，当我见到本世纪的孩子们可以这样幸福、自由和独立地发展时，总是忍不住地羡慕。当我看见今天的孩子们可以这样自由地、几乎是平等地与老师聊天时，当我看见他们不像当年我们心怀隔膜感，而是毫无畏惧地奔向学校时，当我看见他们可以在学校和家里坦率说出自己的愿望和发自年轻、好奇的灵魂的爱好时，我总是觉得难以置信。他们是那样自由、独立、自然，不像我们，在未曾迈入可憎的学校大楼前，就得浑身紧缩，以免撞上那无形的樊笼。学校对我们而言，意味着强迫、荒漠、无聊，是不得不生吞活剥那些被精细切割好了的"毫无价值的科学"的场所。那些经院式或者装扮成经院式的内容让我们感到，它们和现实生活，和我们的个人兴趣毫不相关。那是一种百无聊赖的学习，不是为了生活而学习，而是为了学习而学习，是旧教育强加在我们头上的。我真正感谢学校的唯一幸福时刻，就是我永远离开它的那一天。

就奥地利学校本身而言，并没有什么不好。相反，所谓的"教学计划"是根据上百年的经验精心制订的，倘若教学方法活泼生动，是可以奠定一种相当广博而有成效的学习基础的。但正因为刻板的计划性和干巴巴的教条，使得我们的课程死气沉沉，毫无生气。学校成了冷冰冰的学习机器，从来不根据人的个性进行调节，它只是一台自动装置，显示出"良好、及格、不及格"的不同标码，以表明学生在多大程度上达到了教学计划的要求。正是这种冷淡、漠然和军营似的生活使我们不自知地饱受折磨。我们必须学习规定的课程，并且就学过的内容接受考试，八年中学生活中，老师没有问过我们一次对什么感兴趣，所有年轻人渴望得到的鼓励在那里都成了泡影。

这副老夫子面孔从我们学校教学楼的外表上就可看出。这是一幢典型的实用建筑，是五十年前用低廉的材料仓促盖起来的。墙壁粉刷得很糟糕，显得冷冰冰的，教室低矮，没有一幅画或任何令人愉快的装饰品，整栋楼都能闻到厕所的气味，这座学习的兵营仿佛一件旅馆的旧家具，被无数人用过多次，还将被无数人随意或违心地使用。我到今天还不能忘记楼房里那股在奥地利所有政府办公室里散发出来的霉味，我们当时把这叫作"国库"味，这种由于供暖过度、堆满什物，从不通风的房间里发出的气味，先是沾在人们的衣服上，然后便沾染在他们的灵魂上了。学生们像被判划桨的犯人一样两人一排地坐在低矮的木头板凳上，被迫弯腰曲背，直到骨头发酸。到了冬天，没有灯罩的煤气灯发出蓝幽幽的光，照着我们的书本，而在夏天，所有的窗户都被精心遮上窗帘，为的是不让学生看见那一小角的蓝天而思想开小差。上个世纪的人们还没发现，正在发育的孩子是需要空气和活动的。因此，校方以为，在一动不动地坐四五个小时当中，学生们只要在阴冷狭窄的走廊休息十分钟就够了。我们一星期有两次被带往体操房，那里窗户紧闭，我们在木地板上毫无意义地来回踏步走，每踏一步，灰尘扬起老高，就这样，学校在卫生保健方面算是尽了力，国家对我们也算尽到了"智育基于体育"的责任了。多年后，当我路过这栋衰败的楼房时，感到一阵轻松，终于不必再跨进这所青年时代的牢狱了。当这所显赫的学校举行五十周年校庆时，我作为以前的高材生受到邀请，并被要求在部长和市长面前致辞，我婉言谢绝了。因为我对这所学校不存任何感激，任何感谢的言辞不过是谎言罢了。

那种可恶的学校生活也不能怪我们的老师，他们不好也不坏，既非暴君，又非乐于助人的伙伴，而是一些可怜虫，是条条框框的奴隶，被束缚在官方规定的教学计划内，他们像我们一样，要完成自己的"课程"。我们清楚地感觉到，当中午的下课铃敲响，他们像我们一样快乐，获得了自由。他们对我们既无爱也无恨，因为他们对我们毫不了解，几年相处，他们只叫得出我们当中几个人的名字，就当时的教学方法而言，他们只关心在上次的作业中学生出了多少错。他们高高坐在讲台上，我们坐在下面，他们提问，我们必须回答，除此之外，我们之间没有任何关联。在老师与学生之间、在讲台和桌椅之间、在显著的高高在上和显著的位处下方之间，隔着一道看不见的"权威"的墙壁，阻碍任何接触。要让一位教师把学生当作一个有个性的人看待，让他关心学生特殊的性格，或者像今天惯常的那样，为学生写下基于观察的评语，对于当时的教师而言是超出他们的权限和能力的。另一方面，他们认为，与学生的私人谈话会降低他们的威信，让我们和身为"前辈"的他们平起平坐，这简直是太抬举我们了。我将这些老师的名字和面貌忘个精光，这再深刻不过地说明，我们与这些老师之间根本没有精神和灵魂上的联系。在我的记忆当中，讲台和课堂记事簿最清晰，我们总是想偷看一下记事簿，因为那里有我们的分数。在这本小小的红本子里,老师们先将分数分类,再用一支短短的黑铅笔记下分数。我还记得自己的练习簿,满是老师用红墨水批改的痕迹,但是我不记得他们任何人的脸,——可能是因为我们在他们面前的时候总是低着头或者漫不经心吧。

我这种对学校的反感并非是个人的成见,我们同学当中,我不记得有谁不对这种生活反感的,它压抑、阻碍并消磨了我们最美好的志趣。而我很久以后才意识到,这种冷酷无情的对青少年的教育方法并非是出于国家主管部门的疏忽,而是包藏着一种秘而不宣的既定意图。我们眼前的世界,或者说,凌驾于我们之上的世界,把一切理念都集中在追求太平盛世的偶像上,它不喜欢青年,说得更明白些,它不信任青年人。市民社会对自己稳步的"进步"和秩序感到骄傲,他们宣称,无论任何生活形态,中庸节制、从容不迫是人的唯一有益的德行,所有将我们向前推的急迫都应该加以避免。奥地利是一个古老的国家,由一位年迈的皇帝统治,受高龄的大臣们掌控,它没有野心,只是希望能够免受一切激进变革,在欧洲保住自己的地位。年轻人的天性就是趋向激烈迅猛的变革的,因此是可疑的因素,必须尽可能地加以清除和压制。因此,国家根本没有打算让我们的学生时代过得愉快,我们必须经过漫长的等待才能得到任何形式的进步。由于这种不断的后滞,当年对于年龄的概念与现在全然不同。一个十八岁的中学生被当作孩子对待,如果被抓到抽烟,便会受到惩罚,如果他因为想上厕所而离开座位,必须先恭恭敬敬地举手报告。即使一个三十岁的男人也仍旧被视作乳臭未干的小伙子,而四十岁的男子也仍然不够成熟,不足以胜任负责任的职务。当三十八岁的古斯塔夫·马勒被任命为皇家歌剧院的院长时，就好像发生了一桩惊人的意外事件，维也纳全城的人都惊诧不已，难以相信首屈一指的艺术机构竟然就这样交到一个"这样年轻的人"的手上（人们完全忘记了，莫扎特在三十六岁、舒伯特在三十一岁时就已经做出了成就）。这种将所有的年轻人都视为"不太可靠"的不信任感，在当时充斥各个阶层。我父亲从来都不会在自己的商行接待年轻人，谁如果面相年轻，就得处处克服这种不信任感。在今天看来，真是不可思议，年轻人在事业上处处碰壁，只有年长者才能够升迁。在今天这个完全改变了的年代，四十岁的人费尽心机，为的是让自己外表像三十岁，六十岁的人渴望像四十岁，年轻、活力、干劲和自信备受推崇。但在当时追求稳妥的年代，任何想进取的人，都要想尽办法使自己显得老一些。报纸上介绍让胡须加速增长的办法，二十四五岁刚从医科大学毕业的年轻大夫都蓄起大胡子，戴上金丝眼镜，也不管自己的眼睛是否真的近视，只为了让自己的第一批病人觉得自己"富有经验"。男人们都穿长长的黑色小礼服，步态从容，有可能的话，还要微微有点富态，以显示那种人们刻意追求的老成持重。有上进心的人，都竭力摆出已经脱离了靠不住的青年时期的样子，至少要在外表上如此。我们在中学六七年级的时候就不愿再背中学生的书包了，而用公文包，为的是不让别人看出我们是中学生。在那个只认可"老成持重"的时代，青年人的朝气、自信、大胆、好奇、欢乐，所有在今天看来最让人羡慕的年轻的资本，都只是靠不住的品质。

只有了解了以上这种奇特的观念，才能理解，国家为什么要把学校完全当作维护自己权威的工具。学校首先要教育我们，将现存的一切视为最完美的，并且尊重这一切，我们要把老师的话当成准确无误的，把父亲的话当成不可违背的，把国家的一切当成绝对明智和永恒的。这种教育的第二个原则也贯穿在家庭当中，即不能让年轻人太舒服。在赋予他们权利之前，年轻人必须懂得自己应该尽义务，特别是完全服从的义务。从一开始就应让我们牢牢记住，我们尚无任何贡献，也不具备任何经验，因此要为得到的一切而心怀感激，不能张口问什么，也不能张口要求什么。在我那个时代，孩子们很小的时候就受到这种愚蠢的吓唬人的方法的毒害。女佣和愚蠢的母亲吓唬孩子，如果不马上停止胡闹，就把警察叫来。中学的时候，如果我们在不甚重要的副课上得了坏分数，回家就会受到恫吓，家长会威胁我们再也不能上学，而被送去学徒——堕落到无产阶级当中去，这可谓是市民社会中最严重的威胁了。而当年轻人怀着最真诚的学习目的，要求成年人讲解重大的时代问题时，遭到的是盛气凌人的训斥："你不会懂这些！"无论在家里，还是在学校和政府机关，人们都采用这种手段。人们不厌其烦地提醒年轻人，他还没有"成熟"，他还很无知，他只有俯首帖耳的份，还轮不上他发言，更不许顶嘴。正是基于以上观念，学校里的可怜虫们，那些教师们便高高坐在讲台上，像不可亲近的泥菩萨，将我们的所有"情感"和"渴望"都囚禁在"教学计划"里。至于我们在学校是否感到舒服，是无关紧要的。根据时代精神，他们的真正使命，不是带领我们向前，而是阻止我们向前；不是培养我们的心灵，而是要它尽可能驯服地适应既定的框架；不是增长我们的能量，而是要对我们的活力加以约束，使之平庸化。

对青年人的这种心理压力，或者更加确切地说，这种非心理性的压力，只会产生两种截然不同的后果：他们不是变得麻木不仁，就是变得更加激奋。人们不妨去翻阅一下心理分析学家的文献，看看这种荒谬的教育方法导致了多少"自卑情结"。这种情结恰恰由经历过我们奥地利旧教育体制的人士发现，恐怕并非偶然。归功于这种压力，我很早便显现出对自由的热爱，这种热爱的程度是当今的年轻人无法了解的，同时，我又对一切专制的东西，对充斥我一生的居高临下的谈话方式深恶痛绝。我对所有武断、教条的说教的反感越来越强烈，后来简直成了本能的厌恶，连我自己都忘了，这种厌恶从何产生。有一次，在演讲旅行当中，人们为我准备了大学的大讲堂作为演讲地点，我突然发现自己必须从讲台上对着下面发言，而听众就像我们当年做学生时那样，乖乖坐在下面的板凳上，不能插嘴，不能反驳。我突然感觉不舒服。我回忆起自己在学生时代是多么受这样居高临下的讲话的折磨，它是那样专制、教条、毫无平等的亲切感。我感到一阵恐惧，我害怕这次在讲台上的发言会让我显得像当年的老师一样冷漠，正是由于这些顾虑，这次演讲成了我一生当中最糟糕的一次。

在十四五岁之前，我们还觉得学校相当不错。我们拿老师开玩笑，怀着纯然的好奇上课，但接着，我们就感到学校越发无聊和压抑了。不知不觉地，出现了一种奇怪的现象：我们这些十岁进入中学的男孩子在八年中学的前四年，精神方面就已经超越了中学水平。我们本能地感到，在中学已经没什么可学的了，对于我们感兴趣的课程，我们知道得比可怜的教师还多，他们自从毕业后就再也没有出于个人爱好而读过一本书。同时，我们还感觉到另一种矛盾：在我们原本就没用心坐着的课堂上，我们听不到什么新鲜的内容或者我们认为值得听的内容，而课堂外面却是一座充满吸引力的城市，有剧院、博物馆、书店、大学和音乐，每天都有新鲜刺激。于是，我们将被压抑的、在学校无法满足的求知欲，对于精神、艺术和享乐的好奇心统统交付学校外面的世界。我们当中最先只有两三个人发现自己在艺术、文学和音乐方面的兴趣，然后是十几个人，最后，几乎是所有的人。

在年轻人当中，热情会互相传染。它在一个年级里像麻疹或者猩红热一样从一个人身上传到另一个人身上。由于那些新加入的人都怀着天真的虚荣心，希望在知识方面迅速赶超，因此他们相互促进。至于这股热情向什么方向发展，一般说来都是偶然性所致。如果班级里出现集邮爱好者，那么他很快就会让十几个人也同样入迷；如果有三个人对女舞蹈演员称羡不已，就会有更多的人天天站在歌剧院的后台门前。比我们低三级的一个班级，完全为足球而痴狂，高我们一级的班则热衷于社会主义或托尔斯泰。我恰巧进入了一个对艺术产生狂热兴趣的班级，这也许是对我的一生具有决定意义的一件事。

就这种对戏剧、文学和艺术的热情本身而言，在维也纳是相当自然的。维也纳的报纸为文化界的所有事件腾出版面。无论走在哪里，在你的身边，都能听见人们谈论歌剧或者城堡剧院。在所有证券交易所的橱窗里，都挂着大明星的肖像。当时，体育运动被看作是粗野的行为，中学生是不好意思从事的，而符合大众理想的电影还尚未问世。即使在家里，我们这种热情也不会受到阻挠：与打牌和交女朋友相反，戏剧和文学是"纯洁无邪"的嗜好。再说，我父亲和维也纳所有的父辈一样，在青年时代也对戏剧情有独钟，就像我们去看理查德·施特劳斯和盖尔哈特·豪普特曼的首演一样，他也曾怀着同样的热情观看理查德·瓦格纳的歌剧《罗恩格林》。我们中学生觉得挤去看每场首演是理所应当的交情，如果谁在第二天不能在学校叙述首演的每个细节，面对比自己幸运的同伴们，他不知会感到多么的屈辱。如果我们的老师对我们不是那么漠不关心的话，他们就会发现，在每场盛大的首演之前的那个下午，有三分之二的学生神秘地病了——因为我们三点就必须去排队，去买我们只能买到的站票。假如他们严密注意的话，一定还会发现，在我们拉丁文语法书的封皮里，藏着里尔克的诗，而且，我们用数学作业本从借阅的书本里抄录最美的诗行。我们每天都有新的点子，利用无聊的上课时间看我们自己的书。当老师念着他的破讲稿，讲解席勒的《论素朴的诗和感伤的诗》时，我们在课桌下面读尼采和斯特林堡的作品，台上那位老夫子听都没听说过他俩的名字。我们像患了热病一样渴望知道一切，了解发生在艺术、科学领域的所有事情。我们常常在下午挤在大学生当中听讲座。我们参观每一次的艺术展览，走进解剖学的课堂去看尸体解剖。我们用好奇的鼻孔嗅闻一切。我们溜进爱乐乐团的排练场，到旧书店翻旧书，每天去浏览一遍书店，为的是立刻能知道一天之内又出版了什么新书。这其中对我们最重要的事情就是阅读。我们阅读到手的所有读物。我们从公共图书馆借书，并且互相借阅弄到的书。但是，让我们了解一切新鲜事物的最佳教养场所，始终是咖啡馆。

  为了理解这一点，必须明白，维也纳的咖啡馆是一种非常特别的所在,是世界各地的咖啡馆无法比肩的。它实际上是一种民主俱乐部,每个客人只要花一小笔钱,就能在那里坐上几个小时,和人讨论问题、写作、玩纸牌、看信,而最重要的是,可以在那里免费阅读无数的报纸和杂志。在一家比较好的维也纳咖啡馆,你能看到维也纳所有的报纸,而且不仅有维也纳的,还有整个德意志帝国的、法国的、英国的、意大利的、美国的,此外,还有全世界最重要的文学和艺术杂志,《法兰西信使报》《新观察报》《创作室》《伯林顿杂志》等等。所以,我们能知道世界大事,我们有第一手材料,了解新出版的每本新书,知道各地的每场演出,比较不同报纸上面的评论。奥地利人能够在咖啡馆了解到众多事件的丰富信息,并且可以马上与朋友们进行讨论,这可能是使他们思维敏捷、具有国际视野的最重要的原因了。我们每天在咖啡馆泡上几个小时,没有什么事不知晓的。我们依靠的是共同兴趣的集体力量,我们不是用两只眼睛去关注全球的艺术动态,而是用二十只、四十只眼睛。这个人忽视的事情,那个人就会提醒他。由于我们幼稚地想炫耀自己的知识,就像在体育竞赛中一样竞相要拿出最新、更新的知识来超过别人,我们实际上在不断追求耸人听闻的东西。比如当我们在谈论当时遭非议的尼采的时候,突然有个人摆出高人一等的姿态说:"不过在个体性方面,克尔凯郭尔[①]还要更胜一筹。"我们于是立刻便会变得很不安,"克尔凯郭尔何许人也?某人知道他,而我们竟然不知道!"第二天我们就

---

① Sören Kierkegaard,一八一三年至一八五五年在世,丹麦哲学家,存在主义先驱。

会拥进图书馆，翻阅这位不知何方神圣的丹麦哲学家的著作。假如别人知道的事情我们不知道，我们就会觉得很受贬低——而我们热衷于去发现的，恰恰就是那些尚未被人发现的、最终极、最新鲜、最怪异、最不同寻常的事物，最关键在于，它们不是四平八稳的官方日报的文学评论宣扬的那一套。抢在别人前面去发现是我们的热情所在（这种热情在我身上保留了很多年）。正是那些尚未被普遍承认的事情、那些难以理解、异想天开、新奇和极端的事物，引起了我们特殊的爱好。对于我们相互你超我赶的集体的好奇心而言，没有什么太偏僻而无法找到，太深奥而无法理解。在我们读中学的时候，斯蒂芬·格奥尔格[①]和里尔克的作品总共出版了两三百册，但是顶多只有三四册到了维也纳。没有一个书商的仓库里有他们的书，官方的评论家根本不知道里尔克是谁。但是我们这帮中学生凭借意志的奇迹熟稔他的每首诗、每行句子。我们这些嘴上没毛、发育未完全、每天还得猫在课堂里的男孩子们确实是一群理想读者，每位诗人都梦想拥有这样的读者。我们既好奇又有鉴赏力，并且充满激情。我们的狂热是无止境的，有好几年的时间，我们这些半大小子在学校里、在上学和放学路上、在咖啡馆和剧院、在散步的时候，除了讨论书籍、绘画、音乐、哲学，不干别的。无论是指挥家还是演员，谁经常登台，谁出版了新书或在报纸上发表了文章，都像星辰一样出现在我们的天空。多年之后，当我读到巴尔扎克描述他的青年时代的文字时，其中有

---

[①] Stephan George，一八六八年至一九三三年在世，德国诗人，德国"为艺术而艺术"文学潮流的代表。

句话让我吃了一惊:"我总以为名人像上帝一样,不似平常人那样说话、吃饭、走路。"我们当时也是这样想的。谁若在街上看见古斯塔夫·马勒,就是遇着了一件了不起的大事,在第二天早晨就会像打了胜仗一般扬扬得意地对同伴们描述。当我还很小的时候,被人介绍认识约翰内斯·勃拉姆斯,他和善地拍着我的肩膀,而我则好几天为之神魂颠倒。当时我十二岁,虽然不太清楚勃拉姆斯的具体成就,却被他的声望所震撼。在盖尔哈特·豪普特曼的戏剧准备在城堡剧院首演前,一连好几个星期,我们全班同学为之魂不守舍。我们悄悄溜到演员和没有台词的小配角的身边,为的是——抢在别人前面!——了解剧情和演员阵容。我们还到城堡剧院的理发师那里理发(我并不羞于说出当年干的荒唐事),仅仅为了探听一点关于沃尔特或索嫩塔尔的秘闻。如果某个低年级的学生有个舅舅在歌剧院当灯光监督师,他就会受到我们特别的照顾,因为我们通过他可以偷偷溜上舞台去看排练——而登上舞台时的紧张心情,胜过但丁进入天国圣界时心怀的恐惧。在我们看来,名人的声望真是威力无比,即使转过七道弯,仍然会令我们肃然起敬。某个贫穷的老太婆在我们眼中好像超凡脱俗,仅仅因为她是弗兰兹·舒伯特的侄孙女。就连在街上遇见约瑟夫·凯恩茨的男仆,我们也会向他行注目礼,因为他是那样幸运,得以接近这位最受爱戴、最有天分的演员。

今天的我当然很清楚,在这种盲目的狂热中带有多少荒唐的成分。我们像猴子一样模仿别人的举动,相互攀比,因为压住别人的气焰而扬扬得意。我们因为钻研艺术而自觉比亲人和老师这些门外汉品位高,又是多么幼稚的虚荣啊!可是,我在今天仍很惊讶，当时的我们出于过度的文学热情知道了多少事啊！通过不断的讨论和分析，我们这样早就具备了批判鉴别的能力。我十七岁的时候，不仅熟知波德莱尔和沃尔特·惠特曼的所有诗作，而且能把最重要的几首背下来。我相信，在后来的岁月中，再没有像在中学和大学时代那样博览群书了。那些数十年后才得以成名的人物，他们的名字对我们太熟悉了，因为我们当时以那样巨大的热情去阅读他们的作品，将它们牢记在心。有一回，我告诉我那尊敬的朋友保尔·瓦莱里[①]，我和他的文学作品神交多少年了，我在三十年前就读过他的诗句，并且热爱它们。瓦莱里笑着对我说："别开玩笑了，老伙计！我的诗1916年才出版哩！"但是当我分毫不差地向他描述了1898年我们在维也纳首次发现他的作品的那本小小的文学杂志的颜色和开本时，他感到无比惊讶："那本杂志在巴黎几乎没人知道！您怎么会在维也纳弄到它呢？"我回答他说："就像您上中学时在您家乡读到官方文学界很少提及的马拉美[②]的作品一样啊！"他赞同地说："年轻人能够发现自己的诗人，因为他们乐意去发现。"在风儿还没有吹过来之前，我们就感知了它，因为我们从来都是带着敏感的知觉生活着的。我们能够寻到新鲜事物，因为我们希冀它们，因为我们渴望得到只属于我们自己的东西——它不属于我们的父辈，不属于我们周遭的世界。年轻人

---

[①] Paul Valéry，一八七一年至一九四五年在世，法国著名象征主义诗人和文学评论家。

[②] Stephane Mallarmé，一八四二年至一八九八年在世，法国著名象征主义诗人和散文家、文学评论家。其作品《牧神的午后》在法国诗坛引起巨大轰动。

好比某种动物，对于气候的变化有特殊的敏感。在我们的老师和大学未尝觉察之时，我们这代人感觉到了，随着一个世纪的结束，某些艺术观念也告以终结，即将开始的是一场革命，或者，至少是价值观的改变。我们觉得，父辈那一代的艺术大师——文学界的戈特弗里德·凯勒[①]、戏剧界的易卜生、音乐界的约翰内斯·勃拉姆斯、绘画界的莱勃尔[②]、哲学界的爱德华·冯·哈特曼[③]——与那个太平时代一样，不紧不慢，从容不迫。尽管他们有高超的艺术技巧和强大的精神力量，我们对他们已经不再感兴趣。我们凭直觉感到，对于我们躁动的灵魂，他们那种冷静、中庸的节奏是不协调的，与时代的加速度也不甚合拍。这时，正是在维也纳，居住着德意志青年一代最机敏的才俊——赫尔曼·巴尔[④]，这名思想界的开路先锋，为一切正在转变和到来的事物勇猛地开辟道路。通过他的帮助，维也纳举办了"脱离派"展览，这个展览震惊了旧的画派，展出了来自巴黎的印象派和点彩派艺术、挪威蒙克[⑤]的艺术、比利时罗普斯[⑥]的艺术以及一切能够想到的激进艺术家的作品，从而也为他们不受人重视的先驱格吕内瓦尔德[⑦]、格列

---

[①] Gottfried Keller，一八一九年至一八九〇年在世，瑞士的德语作家。

[②] Wilhelm Leibl，一八四四年至一九〇〇年在世，德国画家。

[③] Eduard von Hartmann，一八四二年至一九〇六年在世，德国哲学家，代表作为《无意识的哲学》。

[④] Hermann Bahr，一八六三年至一九三四年在世，奥地利诗人、文学评论家。

[⑤] Edvard Munch，一八六三年至一九四四年在世，挪威表现主义画家。

[⑥] Félicien Rops，一八三三年至一八九八年在世，比利时画家、版画家，所绘女性裸体极具肉感。

[⑦] Mattias Grünewald，一四五五年至一五三八年在世，德国画家，他的不少宗教画是中世纪到文艺复兴时期德国祭坛画中的突出作品。

柯①和戈雅②铺平了道路。人们突然获得一种崭新的视野，同时，在音乐领域，由于穆索尔斯基③、德彪西④、施特劳斯和勋伯格，出现了新的节奏和音色；在文学领域，左拉、斯特林堡和豪普特曼开创了现实主义，陀思妥耶夫斯基带来了斯拉夫的群魔，魏尔伦⑤、兰波⑥和马拉美赋予抒情诗歌艺术前所未有的纯粹和精练；尼采使哲学发生革命性的变化；一种更加大胆而自由的建筑艺术摈弃了繁缛的古典主义风格，提倡朴素实用的建筑新风格。在突然之间，原来舒适的旧秩序被破坏了，迄今为止对它不可或缺的"审美的美"（汉斯利克⑦）受到质疑，"正统"的资产阶级报纸的官方评论家诧异于这些冒失的实验，企图用"颓废堕落"或"无法无天"这样的罪名来遏止不可逆转的时代潮流。我们年轻人则热烈地投身于这股潮流之中，在最汹涌的激流中弄潮。我们感到，我们的时代终于到来了，年轻人终于可以在这个时代获得自己的权利。我们那躁动不安的、四处寻觅和摸索的狂热之情猛然间获

---

① El Greco，一五四一年至一六一四年在世，西班牙画家，原籍希腊。所绘人物消瘦修长，色调阴暗，多为宗教题材。

② Francisco José Goya，一七四六年至一八二八年在世，西班牙画家。

③ Modest Mussorgski，一八三九年至一八八一年在世，俄罗斯作曲家，作品富有民族特色。

④ Claude Debussy，一八六一年至一九一八年在世，法国作曲家，开创音乐上的印象派。

⑤ Paul Verlaine，一八四四年至一八九六年在世，法国象征派诗人。

⑥ Jean-Arthur Rimbaud，一八五四年至一八九一年在世，19世纪法国象征主义代表诗人之一。

⑦ Eduard Hanslick，一八二五年至一九〇四年在世，维也纳著名的音乐评论家。

得了意义：我们这些坐在课堂里的年轻人可以加入到这场为新艺术而进行的疯狂的、往往不乏粗暴的战斗中去。凡是举办艺术性探索的地方，无论是魏德金德①的戏剧演出，还是新诗歌的朗诵会，我们都全身心地在场支持，不仅精神上全神贯注，两只手也不闲着。我亲眼见到，有一次，在年轻的阿诺尔德·勋伯格的十二音体系作品首演音乐会上，当一位绅士起劲地吹口哨，发出嘘声时，我的朋友布施贝克同样使劲地给了他一个耳光。我们到处充当一切新艺术的先锋突击队，只是因为，它们新，因为，它们愿意为我们改变世界，因为，我们觉得，它们是和我们相关的事情。现在，终于轮到我们过自己的生活了！

不过，我们之所以对这种新艺术如此热爱和着迷，还有另外一个原因：因为它几乎完全是年轻人的艺术。在我们父辈的时代，一位诗人、一位音乐家，只有"经过磨炼"和适应了市民阶级那种循规蹈矩的审美趣味后，才可以成名。看看人们教育我们加以尊敬的那些先生们，举手投足、面部表情都那样让人敬畏。他们都是美髯公，蓄着灰白的大胡子，穿着华美的丝绒短外套——维尔布兰特②、埃贝斯③、达恩④、保尔·海泽⑤、伦巴赫⑥——他们都是

---

① Frank Wedekin，一八六四年至一九一八年在世，德国剧作家。

② Adolf von Wilbrandt，一八三七年至一九一一年在世，德国作家，一八八一年至一八八七年任维也纳城堡剧院经理。

③ Georg Ebers，一八三七年至一八九八年在世，德国作家、埃及学研究者。

④ Felix Dahn，一八三四年至一九一二年在世，德国作家、历史学家、法学家。

⑤ Paul Heyse，一八三〇年至一九一四年在世，德国作家，1910年获诺贝尔文学奖。

⑥ Franz von Lenbach，一八三六年至一九零四年在世，德国写实主义肖像画家。

那个时代的宠儿，如今都销声匿迹了。他们拍照时作沉思状，摆出"尊贵的""富有才智的"姿态，一举一动都像枢密顾问和红衣主教，而且还像这些人物一样佩戴着勋章。而年轻的诗人、画家和音乐家最多只被当作"有希望的人才"而已，再进一步的肯定就得等上一阵子了。在没有见到一个人多年的"扎实"成绩，以证实他的实力之前，那个小心谨慎的年代不喜欢太早表露自己的好感。但是，新涌现的艺术家们都是年轻人，由籍籍无名而一鸣惊人的盖尔哈特·豪普特曼才三十岁就做了德意志戏剧的统帅，斯蒂芬·格奥尔格和莱纳·玛利亚·里尔克在二十三岁的时候——还未到奥地利法律规定的成年年龄——就获得了文学上的声誉并拥有狂热的追随者。在我们自己这座城市，一夜之间就出现了一个"青年维也纳派"，他们是阿图尔·施尼茨勒、赫尔曼·巴尔、里查德-贝尔·霍夫曼、彼得·阿尔腾贝格，经由他们细腻加工过的艺术手段，独特的奥地利文化第一次在欧洲取得影响。但是，最使我们迷恋、崇拜，让我们只想一味追随的，只有一个人，他就是举世无双的天才人物胡戈·冯·霍夫曼斯塔尔。在他身上，我们这些年轻人不仅见到了自己的理想，而且，在这个几乎和我们同龄的人身上，我们看见了完美的诗人。

年轻的霍夫曼斯塔尔是心智早熟的伟大奇迹，是一个里程碑。就我所知的世界文学范围内的早熟天才，除了叶芝和兰波，没人能像他这样完美无瑕地驾驭语言，没人能像他这样富有如此宽广的想象力，即便偶然写下的诗句也富有这样的诗意。这位天才在十六七岁时就写下了不朽的诗篇和至今仍无人企及的散文，被永远载入德语文学的史册。他的突然出现和一开始就显露出的成熟是一个奇迹，在整整一代人当中不会出现第二例。他的现身真是不可思议，简直成了超乎自然的事件，令那些最先知晓他的人瞠目结舌。赫尔曼·巴尔经常对我说起他当时的惊讶，有一天，他收到从维也纳发来给他的杂志的一份投稿，投稿人署名"洛里斯"。——中学生是不允许用真名在报刊杂志上发表作品的——从全世界的投稿中，他从来没见过这样优秀的作品，语言高贵典雅，富有想象，内涵深厚，笔法又那样潇洒、飘逸。这个"洛里斯"，这位陌生人究竟是谁呢，他问自己。无疑，一定是一位老人，历经数年，默默提炼自己的见解，在他那隐士的寒舍中，将语言中最纯粹的精华培育成一种接近肉欲的魔力。就在这座城市，竟然住着这样一位智者，这样一位天才诗人，而他竟从来没听说过！巴尔立刻给这位陌生人写了一封信，约在一家咖啡馆见面。——他将这次约会定在著名的格林斯泰特咖啡馆，这是青年文学的大本营。突然，一位身材颀长的中学生敏捷地走到巴尔跟前，他穿着童装短裤，下颌光溜溜地没有一根胡须。他鞠了一躬，用还未完全变声的略尖的嗓音简短而坚决地说："我是霍夫曼斯塔尔，我就是洛里斯。"多年之后，当巴尔说起自己当时的愕然时，仍旧忍不住地激动。他说自己简直不能相信，这样的艺术、这样宽阔的视野、这样深刻的认识，竟然出自一名中学生！在尚未经历生活之前，他竟然就将生活看透了！而阿图尔·施尼茨勒告诉我的话几乎和巴尔说得一模一样。当时，他还是一名医生，因为他最初的文学成就还不足以维持他的生计。但是，他当时已经是"青年维也纳派"的领袖，很多更年轻的人喜欢接近他，听取他的意见和建议。一次偶然的机会，他认识了这位高个子的中学生，这个孩子的机智聪明引起了他的注意。当这个中学生后来请求为施尼茨勒朗诵自己创作的一出诗剧时，施尼茨勒请他来自己的住处，但内心并未对此有多少期待，——他心想，一个中学生的作品，顶多不过是多愁善感或者是假古典主义一类吧。他约请了几个朋友一道来参加，霍夫曼斯塔尔穿着他的童装短裤出现了，有些紧张拘束，他开始朗读作品。"几分钟之后，"施尼茨勒这样告诉我，"我们突然都竖起了耳朵，互相交换着惊讶、甚至是惊恐的眼神。如此完美的诗句，形象巧夺天工，音乐性如此明晰，我们从来没有见过在世的任何人写过这样的杰作，我们以为，歌德之后，无人可出了。而比这无与伦比的形式感（在他之后再无人胜出）更加卓越而叫人惊叹的是对于世界的知识，这样一个天天坐在课堂里的孩子，他对世界的认识只能来自神秘的直觉。当霍夫曼斯塔尔朗诵完毕，所有人都悄无声息。施尼茨勒说："我觉得自己生平第一次遇见了一位天才，我后来的一生中再没有如此强烈地被震撼过。"一个在十六岁时就开始伟大成就——或者更准确地讲，不是开始，而是刚开始就已登峰造极——的人，肯定会成为歌德和莎士比亚的兄弟。事实上的确如此，这种完美愈发成熟：继这首部诗剧《昨日》之后，霍夫曼斯塔尔又创作了气势恢宏的《提香之死》的片段，他在其中使德语获得了意大利语般美妙的音韵。接着，他创作诗歌，他的每首诗对我们都至关重要，数十年后的今天，我还能一句一句地背诵那些诗。他还写短剧和散文，他的散文将丰富的知识、完善的艺术见解、宽广的眼光神奇地浓缩在十几页稿纸上。这位中学生、这位大学生所写的一切，犹如一颗水晶，从内在深处发出光彩，既璀璨又深邃。在他手中，诗歌和散文如同伊米托斯山上芬芳的蜂蜡①，糅合成为整体。他的每部作品各有不同的迷人之处，总是恰到好处，不多也不少。人们总是觉得，一定是有种神秘而不可知的力量引导着他踏上这条前无古人的道路。

我们当时已经领悟到真正的价值所在，我们很难描述霍夫曼斯塔尔这样的天才是多么让我们痴迷。对于年轻人而言，知道有位如此卓越、纯净的天才诗人就在自己身边，就在我们这代人当中，而且，只能把他想象成与荷尔德林、叶芝、莱奥帕尔迪②比肩的传奇人物，是那样高不可攀、似梦似幻的感觉，难道不是最让人陶醉的一种感觉吗？因此，我至今还清晰记得自己初次见到霍夫曼斯塔尔本人的那一天。当年我十六岁，由于我们密切注意这位理想中的良师的一举一动，所以藏在报纸角落的一条消息尤其令我兴奋，他将在"学术俱乐部"做一场关于歌德的报告。（我们觉得真不可思议，这样一位天才竟然在如此狭小的范围之内演讲，根据我们中学生的想象，霍夫曼斯塔尔公开露面时，最大的大厅也应是听众爆满才对。）而这件事再次证明了我们那帮小小的中学生的判断力和直觉——不仅只是对这件事的直觉，而是对所有具有生命力的事物的直觉——是多么正确，已经超过了大众和官方评论。在那个狭小的大厅里，总共只有一百多号人，我为了占座位，急不可耐地提前半小时出发，看来全无必要。我们等了一

---

① Hymettus, Mount, 希腊雅典东区的石灰岩山。罗马时代诗人奥维德曾描绘过。

② Giacomo Leopardi, 一七九八年至一八三七年在世，意大利诗人。

会儿，忽然有一位身材修长、并不起眼的年轻人穿过我们这排座位，向讲台走去。还不等我仔细端详，他直接就开始发言了。霍夫曼斯塔尔上唇蓄着柔软的还未完全成形的胡须，身材灵巧，比我想象的还要年轻。他的面庞轮廓分明，肤色如同意大利人一样有些深，神情严肃，有些紧张。他有一双漆黑、柔和的眼睛，近视得厉害，他的眼神中流露出的不安更加深了上述印象。他毫不犹豫地一下子就投身于演讲之中，仿佛游泳者潜入熟悉的波涛，他越讲神情就越放松，情绪就越镇定，思路一展开，他的拘束全消，取而代之的是轻松自如，他侃侃而谈，就像平日获得灵感时一样（我后来在和他的交往中发现他总是这样）。我只在他刚开始演讲时发现他的声音并不悦耳，有时近乎假嗓，很容易变得刺耳。但是他的演讲很快让我们兴奋和激动起来，我们就不再去注意他的声音和相貌了。他发言不用讲稿，也没有笔记，也许，连充分的准备也没有。然而，出于他天生具备的神奇的形式感，他的每句话都完美无缺，他提出最令人不解的反证命题，随后以清晰而令人惊异的陈述将它们阐释清楚。人们不禁觉得，他所说的只不过是他知识汪洋中的一小瓢，他的演讲如此轻松，着眼点如此之高，他完全可以接着再讲好几小时而不会让内容贫乏或水准降低。在后来的岁月中，当我私下和他交谈时，我感觉到他的魅力，诚如斯蒂芬·格奥尔格对他的称赞："他的话语如同气势恢宏的吟诵和妙语连篇的对话"。他是激动的、敏感的、灵巧善言。他对任何细微的压力都做出反应，在与人交往中往往郁郁寡欢，容易激动，与他交往不是件容易的事情。当一个问题吸引住他时，他就像一团火，仿佛夺目的烟花绽放那样，把所有讨论迅速而热烈地引入他自己的、只有他自己才能够进入的领地。除了有时和考虑问题更加稳重明晰的瓦莱里以及脾气急躁的凯泽林[①]的谈话之外,我还没有遇到过像和霍夫曼斯塔尔对话时这般具有思想深度的谈话。在这些真正的灵感迸发的时刻,他读过的每本书、见过的每幅画和每处风景都在他精灵般警醒的记忆中活起来;他的譬喻一个连着一个,像手牵着手一样自然流畅;他的论点那样突出鲜明,仿佛突兀地伫立在地平线尽头的幕布背景。——在那次讲座上,我第一次感受到了他身上的这种气息,一种令人振奋、激动的不可言喻的神秘气息,在后来与他的私人交往中,我也真切感受到它。

在某种意义上,霍夫曼斯塔尔再也没能超越他在十六至二十四岁创造的无与伦比的奇迹。他后来的某些作品我也同样赞赏,像优美的散文、《安德烈亚斯》的片段(这可能是德语语言的最美的长篇小说)以及戏剧的一些段落。但是,由于他比以前更倾向于现实戏剧和时代趣味,他的创作计划带有更强烈的野心和目的,先前的那种梦幻般的笔触消失了,少年时代的纯粹的灵感远去了,随之远去的,还有我们自己年轻时候的痴迷和沉醉。我们凭着孩童的神奇直觉,事先知晓了这个事实:我们青春时代的奇迹仅此一次,一去不返。

巴尔扎克曾独一无二地描述过,拿破仑这个人物是如何令法兰西整整一代人激奋起来。在他看来,波拿巴这个小小少尉竟然荣登帝王宝座,这让人瞠目的事件不仅是个人的胜利,而且是

---

[①] Graf Hermann Keyserling,一八八〇年至一九四六年在世,德国哲学家。

年轻人的思想的胜利。一个人不必出身皇族或侯门才能获得权力，即使出身于草根家庭甚至穷困之家，同样可以在二十四岁时当上元帅、三十岁时统治法国，继而还能统治全世界。这个举世无双的成功激励着成百上千的青年离开自己卑微的职位，离开小小的省城——波拿巴少尉使得整整一代青年头脑发热，他使他们越发野心勃勃，他造就了伟大军队中的将军们，造就了人间喜剧里的主人公。只要一个年轻人在某个领域里达到前人未达到的高度，这个成功的事实就会鼓舞他身边和后来的所有年轻人。在这个意义上，霍夫曼斯塔尔和里尔克对我们这些年纪更小的孩子来说，是对我们尚未成熟的力量的一个巨大推动。我们倒不是指望我们当中还会出现像霍夫曼斯塔尔这样的奇迹，但是，因他的存在，我们的力量就加强了。他本人证明了，在我们那个时代、在我们自己的城市里、在我们这样的环境下，同样可以有诗人。他那当银行经理的父亲，和我们的父亲一样，原来也是出身犹太市民阶层。这位天才和我们一样，在有着相似家具和相似的道德说教的屋子里长大。他念的课本与我们的相同，并且也在木头板凳上坐了八年。他和我们一样不耐烦，和我们一样渴望一切精神财富，但是瞧啊，他成功了，虽然要在硬板凳上磨裤子，在体操房里踏步走，他却跳出了狭隘的小圈子，摆脱了城市和家庭，一跃进入无垠的世界。霍夫曼斯塔尔的实例在一定程度上向我们显示了，即使在我们这样的年龄，在奥地利中学牢狱般的环境中，创作诗歌作品，乃至诗意地完成作品，原则上是可能的。当一个人在家里和学校还被当作未成年的、无足轻重的孩子看待时，他的作品就出版了，他已经受到赞誉了、成名了——对于幼稚的心灵来说，这是怎样的诱惑啊！

而里尔克对于我们又是另一种鼓舞，它用平和宽慰的方式补充了霍夫曼斯塔尔对我们的激励。因为即使是我们当中最狂妄的人，也觉得挑战霍夫曼斯塔尔简直就是大不敬。我们明白，他这种早熟的完美是举世无双的奇迹，是不可再得的。当我们这些十六岁的孩子将自己的诗句与他当年十六岁时写下的脍炙人口的作品相对照，我们真是既惊又羞，同样，与他读中学时就已具备的广博知识相比，我辈也只是鸿鹄脚下的燕雀而已。里尔克则不同，他虽然也早在十七八岁开始写作并发表作品，但他早期的诗作与霍夫曼斯塔尔的相比，或者绝对孤立地来看，还是幼稚、简单、不成熟的，只有以宽容的眼光，才能觉察出其中些微天才的光芒。这位受到我们无比热爱的杰出诗人直到二十二三岁才逐渐开始成形，这个事实对于我们就是巨大的安慰了。我们不必像霍夫曼斯塔尔那样在中学就达到完美，我们也可以像里尔克这样摸索前进，逐步成熟和进步。我们不必因为目前写出的东西不像样、不成熟、不具备责任感就马上放弃希望，也许，我们是不会再现霍夫曼斯塔尔的奇迹了，但是，我们还能像里尔克那样安静而平凡地获得成功。

这是因为，我们每个人都早早便开始了创作，写诗、创作音乐和朗诵，年轻人对于这些爱好，任何消极的态度都不可能有，因为他们的本性不满足于获得若干印象，而是对这些印象做出创造性的回应。热爱戏剧对于年轻人而言，至少意味着期望自己能登台表演或为剧院做些工作。他们崇拜所有的天才人物，这不可避免地导致他们回头审视自己，看看在自己未被完全开发的躯体和尚且蒙昧的灵魂中是否有一丝精华的痕迹。于是，与维也纳的气氛和那个时代的特殊性相吻合，艺术创作的欲望在我们的班级相当强烈。我们每个人都在自己身上寻找天赋，并想施展它。我们当中有四五个人想成为演员，他们模仿城堡剧院的演员们的腔调，锲而不舍地练习台词和朗诵，他们偷偷地去上表演课，在学校放假的时候，分配角色，表演整场古典戏剧，我们其他人则担任观众，既好奇，又挑剔。还有两三个人是相当有水平的音乐爱好者，但是他们还没有决定是否去当作曲家、演奏家还是指挥。我最初掌握的有关现代音乐的知识，应该归功于他们，因为官方的爱乐乐团的音乐会根本瞧不上新的现代音乐——虽然爱乐乐团总是向我们索要供他们演唱的歌词。我班上还有一位，他的父亲是当时非常出名的画家，他在上课的时候替我们在作业本上为未来的天才们画满肖像。而班级里最普遍的爱好就是文学了。我们通过互相激励，在文学方面成熟得越来越快，我们对每首诗都相互切磋，这使得我们这些十七岁的学生的水平远远超过业余爱好者的一般水平。我们当中的有些人取得了真正的成果，以下事实可以为证：我们的作品不仅仅被一些无名的地方小报采用，而且被新一代人创办的主流刊物登载，——并且，最过硬的证明是——我们因此获得了稿酬。我的一个同学Ph.A.，我曾将他当作天才崇拜，他的名字赫然出现在当时最出色的高档杂志《潘神》上面，与戴默尔、里尔克的名字一起排在前列。另一个同学A.M.，他曾经用"奥古斯特·厄勒"的笔名进入当时所有德语杂志中门槛最高、最古板的文艺刊物《艺术之页》，这可是斯蒂芬·格奥尔格专为自己精挑细选的小圈子精英保留的园地哦。我第三个同学在霍夫曼斯塔尔的鼓励下写了一部关于拿破仑的剧本，第四个同学提出了一种新的美学理论并创作了寓意深刻的十四行诗，而我自己的名字则登上了现代主流报纸《社会》和一份以德国政治和文化史为核心的重要刊物，马克西米利安·哈登[①]创办的《未来》周刊。我今天回首往事时，不得不客观地承认，就我们当时知识的广博、文学技巧的圆熟和艺术水准而言，在我们十七岁的年龄确实是惊人的。这种情况只能由霍夫曼斯塔尔早熟的神奇事例做解释，正是因为霍夫曼斯塔尔的天才在前，我们才发奋努力，不甘示弱。我们掌握语言的各种艺术，熟谙所有奇异古怪、不拘一格的用法，我们创作了数不清的诗篇，将各种形式诗歌的技巧、各种诗歌风格，从品达的激情到民歌的淳朴，全部演练了一遍。我们每天相互交换作品，指出不足之处，讨论每个韵律的细节。当那些夫子们还在用红笔画出我们作文中少了几个逗号时，我们早已相互展开批评，那种严格、仔细和内行，已是大报上那些官方文学评论权威对待古典大师们的作品所未有过的。由于这样的狂热，到了中学的最后几年，我们在专业眼光和修辞表达方面甚至已胜过那些职业评论家。

我这样如实描述我们在文学方面的早熟，也许会使人们以为我们是一班特殊的神童。但实际上并非如此。在当时维也纳的十几所邻近的中学里，同样可以见到这种对文学的狂热和文学上早熟的现象。这不可能是偶然的。它是一种极其幸运的氛围，这

---

[①] Maximilian Harden，一八六一年至一九二七年在世，德国政论家和作家，一八九二年创办政治周刊《未来》，个人经营，宣扬自己的政治和文化理念。

座城市的艺术沃土、不以政治为核心的年代、世纪交替时文学艺术日新月异的局面，这些因素和我们在那个年龄内心必然产生的巨大的创作欲相结合，形成了这一切。每个人在青春花季都有诗情，都会产生写诗的冲动，当然，对于大多数人，这只是心海表面泛起一丝涟漪而已，像如此持久地保持爱好是很少见的，因为，这狂热本身只是青春的一种表现。后来，我们课堂里的五位演员没有一个真正登上舞台成为演员。在《潘神》和《艺术之页》上留过名的那几个诗人[①]，也在那惊人的初啼之后变为庸碌的律师和公务员。也许，他们会对着自己当年的雄心伤春悲秋或付之一哂，——在他们当中，我是唯一保持了创作热情的人，使之成为一生的核心和意义所在。但是，我今天是多么感念这些昔日同窗啊！他们曾经给予我多少的帮助！那些热烈的讨论、那种你追我赶的劲头、那些相互的称赞和批评，使我的双手与精神早早地得到了锻炼，拓展了我的眼界，提升了我的眼光，我们大家就这样多么轻松地摆脱了学校的单调无聊啊！"你，迷人的艺术啊，总是在那无比空虚的时刻，让我们沉醉于更美的世界。"每当这首舒伯特的不朽歌曲在我耳边响起，我就仿佛看见，课堂的硬板凳上，当年的我们耷拉着肩膀可怜兮兮地端坐；而在放学路上，我们两眼炯炯，评判着诗歌，朗诵着诗歌，兴奋得完全忘记了时空，真是"沉醉于更美的世界"了。

这种对艺术的痴狂和对美的偏执，自然是以牺牲我们那个年

---

[①] 由于奥古斯特·厄勒英年早逝，此处作者可能记忆有误。——德文版原注

纪的一般兴趣为代价的。当我今天自问，当时我们每天的日程都被学校和家教挤得满满的，怎么还会有时间阅读那些书籍，我才意识到，那时自己很大一部分睡眠时间被占用，身体健康为之付出了代价。虽然每天早晨我必须七点起床，我在夜里一两点之前绝不会放下手里的书，从那时起，我就养成了一个坏习惯，即使睡得再晚，我也要先看一两个小时的书。因此在我的记忆当中，我永远都是睡不够，匆忙洗漱之后在最后一分钟被催促着赶往学校，一路上还啃着涂着黄油的面包。所以毫不奇怪，我们这帮小书呆子看上去都面黄肌瘦，活像青涩涩的水果，而且，衣着也相当不修边幅。我们把每分零用钱都用来看戏、听音乐会和买书，而且，我们也根本不在乎要得到女孩子们的青睐，我们这些人可是向往更高层次的器重啊。我们认为和女孩子散步是浪费时间，因为我们在学识方面很傲慢，抱持着一种偏见，认为女性在智力上低我们一等，所以不愿将宝贵的时间浪费在浅薄的闲扯上。现在的青年可能不太容易理解我们当年是多么冷淡体育运动，甚至还鄙斥它。在上个世纪，体育运动的浪潮还没有从英国冲击到我们欧洲大陆。当时，还没有这样的运动场，可以容纳成百上千的观众，让他们在看见拳击手将对手的下颚击碎时，兴奋地狂呼乱叫。报纸还没有派出记者，让他们以荷马史诗般的激情对一场曲棍球比赛做整栏的报道。在我们那个时代，摔跤比赛、体操协会、举重纪录等等，这一切都还只是发生在城市近郊，观众也尽是些屠夫和搬运工。吸引"上流社会"的运动顶多是比较文雅、高贵的赛跑，一年有几次而已，但我们这些将任何体力劳动视为浪费时间的人是绝不去的。当我十三岁开始染上对文学艺术的爱好，我就停止了溜冰，把父母给我用来学跳舞的钱全部用来买书。我到了十八岁还不会游泳、跳舞，也不会打网球。直到今天，我既不会骑自行车，也不会开车。在体育方面，任何一个男孩都能嘲笑我。即使在现在，一九四一年，我仍旧分不清垒球和足球，曲棍球和马球。报纸上的体育版对于我像是天书，一点也看不懂。我对所有体育运动的成绩，无论是速度还是技巧都一窍不通，就好像波斯的沙阿①，有一次，有人鼓动他去参加跑马比赛，他却以东方人的智慧回答："为什么？我本来就知道总有一匹马比另一匹跑得快，哪一匹跑得快，干我何事？"我们对锻炼自己的身体也同样报以轻视的态度，认为那是将时间都玩掉了。只有下棋得到我们几分垂青，因为它要动脑筋。而更加荒谬的是，虽然我们自认为正在成为诗人或者具备诗人的潜能，我们却很少关心身边的大自然。在我最初二十年的时间里，我对维也纳美丽的风光视而不见。当最迷人、最炎热的夏天来临，城里四处空荡荡的，我们却觉得特别好，因为我们可以趁机在咖啡馆读到更多的报刊杂志，到手快，种类也丰富。后来，我用了数十年的时间弥补无法避免的身体笨拙，调整这种幼稚、贪心的过度紧张的生活。不过，总的来说，我对中学时代的狂热，这种只用眼睛和脑筋生活的时期从未后悔过。它将一种求知热情注入我的血液，我永远也不愿失去这热情，我在此之后读到、学到的一切都建立在这几年奠定的坚实基础上。一个人如果没有锻炼过肌肉，以后还可以弥补，而智力的飞跃和心灵的内在理解力则不同，只在精神成形的那关键

---

① 古代波斯国王的称谓。

的几年得以实现，一个人只有早早地学会敞开自己的心灵，日后才能将整个世界装在心中。

那时我们正年轻，也正是艺术上酝酿着新生事物的时候，这些新的艺术比曾经满足过我们的父辈和当时社会需求的艺术更加热烈、不讲规矩，更具实验性。我们因为被生活的这部分内容深深吸引，没有注意到，美学范畴内的这种变化只是更广阔、更深远的巨变的先兆，而这巨变最终将动摇和毁灭我们父辈的世界，毁灭那个太平盛世。在我们古老的、昏昏欲睡的奥地利，一场令人瞩目的社会变革正在酝酿。几十年来默默将统治权心甘情愿地让给自由派资产阶级的广大群众突然不再沉默，他们组织起来，要求获得自己的权利。就在上世纪的最后十年，政治如同急风暴雨打破宁静安逸的生活，新世纪呼唤一种新秩序、新时代。

在奥地利声势浩大的群众运动中，首先兴起的是社会主义运动。在此之前，被我们错误地称为"普选权"的选举权利，实际上只是赋予了交纳了一定税款的有产阶级。然而，由这个阶级挑选出来的律师和农场主们却真诚地相信，自己在国会中充当的是"人民大众"的代言人。他们因为自己受过教育，尤其是受过高等教育而相当自豪，他们讲究尊严、体面和高雅的谈吐，因此国会开会时就像一家高级俱乐部的晚间沙龙。这些资产阶级民主主义者信仰自由主义，他们相信，凭借宽容和理性，世界必然进步。他们真诚地以为，通过小小的妥协和逐步的改良，全体民众的福利将以最佳方式得以改善。但是他们根本忘记了，他们自己只是代表着大城市里五万或十万名富裕居民，并不代表全国几十万、上百万的人民。此时，机器生产也开始起作用，它把以往分散的人群集中到工业中来，在一位杰出人士——维克多·阿德勒博士[①]的领导下，奥地利成立了一个社会主义政党，旨在实现无产阶级的各种要求，无产阶级要求有真正的普选权，要求人人拥有同等的选举权。这种选举权刚实行，或者更确切地说，等它刚被迫实行时，人们立刻发现，即使备受推崇，自由主义其实是一层多么脆弱的隔板。随着它的消失，政治生活中的和睦也不复存在。各种利益尖锐冲突，斗争开始了。

我现在还清楚地记得，在我很小的时候，奥地利的社会主义政党发生决定性转折的那一天。工人们头一次想显示自己的力量和声势，他们提出了一个口号，宣布五月一日是劳动人民的节日，并决定在普拉特区游行，而且游行队伍要进入那条主要的林荫大道。在平日，这条布满栗子树的宽阔、美丽的大道上，只有贵族和富人的香车宝马招摇过市。本分的自由派市民们听到工人们的这个决定都吓得目瞪口呆。在当时的德国和奥地利，社会党人这个词是带着血腥气的，有恐怖主义的味道，就像以前的雅格宾党和后来的布尔什维克一样。人们乍一听工人要进城游行，根本不相信这群来自郊区的赤色分子在进城后不会放火、抢劫，他们什么坏事干不出来呢。于是城内乱作一团。城区和周边地区的所有警察都被派往普拉特大街值勤，军队进入戒备状态，没有一辆私人马车或出租马车敢到普拉特附近，商人们放下商店门前的铁护栏。我记得，父母严厉禁止我们这些小孩在这一天上街，因为这

---

[①] Viktor Adler，一八五二年至一九一八年在世，奥地利社会民主党创始人。

一天维也纳将成为一片火海。但是,虚惊一场。工人们带着自己的妻小,列成四人一排的整齐队伍,十分守纪律地走进普拉特。他们每人在纽扣眼里插了一朵红丁香,这是社会民主党的标记。他们一边列队前进一边高唱《国际歌》,而当孩子们第一次迈进那"高贵的林荫大道"的美丽草地时,他们无忧无虑地唱起了学校里的歌曲。没有人骂人,没有人打人,也没有人挥拳头。警察和士兵都向游行的人们报以友善的笑容。由于工人们的行为无可指责,资产阶级后来也就不好再把他们斥为一群"革命的歹徒"。就像在古老和明智的奥地利通常做出的决定一样,无产阶级和资产阶级最终相互作了让步。当时还没有今天这样的大棒政策和彻底灭绝的制度,人道主义的理想(当然已经褪色了)在那些党派的领导者身上还有所保留。

红丁香作为社会民主党的标记刚出现不久,突然出现了另一种插在纽扣眼里的花——白丁香,这是基督教社会党的标记。(当时的人们不用战靴、短剑和骷髅作为党的标记,却选用了花,这怎叫人不感动?)基督教社会党完全是小市民阶级的政党,其实只是与无产阶级运动相对抗的一种组织运动,它与无产阶级运动一样,在本质上也是机器生产战胜手工业的产物。机器生产将大批人群集中到工厂,赋予工人地位和权力,同时也威胁着小手工业的生存。大商店和大规模生产使中产阶级和小作坊主面临破产。一位机灵能干、颇有人缘的领袖人物,卡尔·卢埃格尔博士利用他们的这种忧虑和不满,提出"必须帮助小人物"的口号,将整个小市民阶级和怒气冲冲的中产阶级笼络到自己的阵营,他们对自己将从有产者降为无产者的恐惧远远超过对有钱人的妒忌。也正是这个心怀恐惧的阶层，日后成为被阿道夫·希特勒最先收买的人群。除去在这一点上卡尔·卢埃格尔成为希特勒的榜样外，还有另外一点也为希特勒提供了先例，即随心所欲地高喊反犹口号，为满怀怨气的小市民阶级找出一个出气筒，将他们的仇恨悄悄地从大地主和封建权贵身上转移开去。而通过对这两个人物的比较，我们可以看出当今政治已变得彻底的庸俗和野蛮，我们这个世纪可怕地在倒退。卡尔·卢埃格尔留着金黄色的柔软的络腮胡，仪表不凡，——维也纳人都叫他"美男子卡尔"，他受过高等教育，不愧在一个奉精神文明为最高准绳的时代求过学。他口才极好，措辞激烈、诙谐，但即使在最激烈的演讲当中——或者说，被那个时代的人们视为激烈的演讲——他也从未失去应有的风度。他虽拥有一把利刃，一把可以干出咬肉饮血之类的荒蛮勾当的利刃，却从来小心谨慎地把握着它。他对自己的对手始终保持君子风度，他的私生活简朴而无可非议，他的排犹政策从未妨碍他对从前的犹太朋友表示善意和加以关照。当他领导的运动终于战胜了维也纳市议会，他被任命为维也纳市长后，——弗兰茨·约瑟夫皇帝对排犹倾向抱有反感，曾两度拒绝批准这个任命——他一直秉公办事，政绩无可指责，甚至称得上是民主的表率。在这个排犹主义政党胜利之前一度心惊胆战的犹太人继续生活得和从前一样，享有平等的权利，并且受到尊重。仇恨的毒素和互相灭绝的意志还没有侵入时代的血液中去。

这时，又出现了第三种花——蓝色的矢车菊。它是俾斯麦最喜爱的花，是德意志民族党的标志。这个党具有激烈的变革意识——当时的人们不明白这一点——它的目标是，用暴烈的冲击毁灭奥地利君主国,建立一个在普鲁士和新教领导下的大德意志国家——这比希特勒梦想得还早。当时,维也纳和乡村是基督教社会党的天下,社会主义政党扎根在工业中心,德意志民族党几乎只是在波西米亚和阿尔卑斯山区等偏远地带招募到党徒,他们虽然人数少,势力弱,却具有野蛮的进攻性和极端的残忍,令人不能轻视。这个党的一些议员后来成了奥地利议会暴政和耻辱(以传统的眼光来看)的代表。一个同样出身奥地利偏远地区的人,希特勒,在他们身上找到了自己思想和策略的根源。他从格奥尔格·舍纳雷尔[①]那里继承了"摆脱罗马统治"的口号——当时有数千名德意志民族党的党员忠诚地跟随着这口号,从天主教皈依到新教,激怒了皇帝和天主教的教士们。希特勒还从他那里学到反犹的种族主义理论,"一位高贵的前辈说过:'犹太鬼都是猪猡'!"但最主要的,是他学会了建立一支冲锋队,他们肆无忌惮,打砸抢杀,他的道理就是,通过恐怖暴力,让一小撮狼征服老实懦弱的一大群羊。为国家社会主义卖命的是冲锋队员们,他们用橡皮棍搅乱集会,在夜里袭击目标,将他们打倒在地;而为德意志民族党卖命的则是奥地利大学生联合会的会员们,他们依仗着大学的豁免权,野蛮斗殴,开了恐怖行为的先河。每当他们采取政治行动,总是像军人般列队前行,一边打着呼哨,一边高呼口号。他们自行组成"大学生团",脸上带着剑痕,酗酒闹事,控制着大学校园。他们不像别的大学生只戴袖章和学生帽,而是

---

[①] Georg Schönerer,一八四二年至一九二一年在世,奥地利德意志民族党的领袖,两度当选为奥地利国会议员。

手持又粗又沉的棍棒，四处寻衅，时而围攻斯拉夫学生，时而殴打犹太学生，时而挑衅天主教学生和意大利学生，把手无寸铁的这些人赶出校门。这些"大学生团"的人每次在校园"闲逛"（每周六举行一次的暴力巡视）一回，必然要发生流血惨剧。由于大学仍享有古老的特权，警察不得进入校园，所以警方只好眼睁睁地在外面看着那帮无赖行凶，他们能做的，只是等这些民族主义的群氓将受伤的人从楼梯口扔到大街上的时候，把伤员抬走。奥地利的德意志民族党虽然人数很少，却善于虚张声势，每逢它想达到什么目的时，总是先派出这些大学生团的成员当先锋。当巴德尼伯爵[①]在皇帝和国会的首肯下颁布一项语言法令，以为它会促成奥地利各民族和平共处，甚至还可能使帝国再延续几十年的寿命时，这些大学生团的成员已经被煽动起来占领了整个环行大道，政府不得不派出骑兵部队，用军刀和枪支镇压这次行动。但是，在那个软弱得可悲、极端讲人道的自由主义时代，人们那样憎恶任何的暴力冲突，却又对流血事件心怀巨大恐惧，政府只好在德意志民族党的暴行面前让步，总理下野，那项完全合法的语言法令也被取消。野蛮暴力第一次在政治生活中显示了它的胜利。宽容的时代曾经那样努力地去弥合各民族和阶层间的裂痕，而今，这些隐藏的隔阂一下子全部爆发了，变成了不可逾越的鸿沟。实

---

[①] Kasimir Felix Graf Badini，一八四六年至一九〇九年在世，一八九五年至一八九七年任奥地利总理，其主张的语言法令规定奥地利帝国所有官员都要通晓捷克语，遭到母语为德语的议员的激烈反对。动乱之后，奥地利皇帝下令暂时关闭议会，免去巴德尼伯爵的总理职务。

际上，在新世纪之前的那最后十年里，一场全面的内战已在奥地利拉开序幕。

然而我们这些年轻人还完全沉浸在自己的文学志趣之中，根本没察觉到自己国家发生的这些危险的变化，我们的眼睛里，只有书籍和绘画。我们对政治和社会问题根本不感兴趣，这些刺耳的争吵对我们的生活有什么意义呢？全城人皆因大选而激动不已，我们却只是在图书馆安坐。民众们纷纷集会和游行，我们还在写诗谈诗。我们见不到人们画在墙上的闪亮的标记，而是像古代的伯沙撒王①一样，逍遥自在地品尝着各种珍贵的艺术佳肴，根本不会担心地向前望一眼。直到几十年后，当我们头顶的房屋倾塌，我们才认识到，原来基石早已被挖空，随着新世纪的到来，个人自由也开始在欧洲消亡。

---

① Belsazar，巴比伦的最后一个国王。

# 情窦初开

在八年的中学期间,我们每个人都经历了极其私密的一件事情:我们从十岁的小孩子长成了十七八岁的半大小伙子,生理上开始出现自然需求。这种青春期的性觉醒以纯粹个人的形式出现,每个发育中的少年都必须以自己的方式解决这个问题,谁也不会在公开场合讨论它。但是,对于我们那代人而言,性成熟这个棘手的问题已经超出了它本身的范畴,它同时表现出了我们在另一方面的觉醒,因为,它使我们第一次开始以批判的眼光观察我们置身的世俗社会和它的风俗习惯。小孩子和年轻人一般在最初都会循规蹈矩,但是,他们必须看到其他人也在诚实地遵守这些规范。教师或父母的任何虚伪都必然使年轻人对环境产生怀疑,使他们用更加尖锐的目光打量这个世界。我们很快就发现,我们至今一直很信任的权威——学校、家长和公共道德,在对待性的态度上特别伪善——甚至比这还恶劣:他们竟然也要求我们在这件事上做出一幅见不得人的样子。

在三四十年前,人们对待性的态度与今天有所不同。在社会生活当中,没有什么领域像两性关系这样,在短短一代人的时间内发生了这么多的事——妇女解放运动、弗洛伊德精神分析学说、体育运动的兴起、青年人的个性解放,由此产生了巨变。十九世纪的市民道德基本上是一种维多利亚时代的道德，倘若要将它与当今自由得多的道德观念相比，说明两者之间的区别，就先得认清楚这个状况：十九世纪的人是因为内心对性的问题没有把握而只好胆怯地回避它。而更早时候，在人们虔诚信教的时代，尤其是严格禁欲的宗教时期，这个问题反倒容易解决。中世纪的宗教首领深信，感官欲求是魔鬼的毒刺，肉体的享乐是对神的亵渎，是罪孽。他们以粗暴的禁令和残酷的处罚贯彻这种僵化的道德——尤其在加尔文教统治的日内瓦。而到了我们所处的那个宽容的世纪，人们早就不再相信有魔鬼，甚至对神也不太信了，所以也不再敢采取如此严厉的手段。但是，我们那个世纪把性问题视作一种混乱的不安定因素，不合伦理道德，不可暴露在光天化日之下，因为，婚姻之外的一切自由爱情均为资产阶级的所谓"正派"所不容。在这两极之间，那个时代发明了一个奇特的折中办法。道德规范虽然不禁止年轻人有自己的性生活，却要求他们用不引人注意的方式做这件丢脸的事。既然性不能从世界上消失，那么至少不能让它出现在世俗的视野之内。于是，一种默契就这样产生，无论在学校还是家庭，以及在公共场合，谁都不谈论这个让人恼怒的问题，连同所有让人联想到性的念头，都要压下去。

弗洛伊德告诉我们，谁想故意去压抑自然的性冲动，反而消灭不掉它，只不过让它藏入潜意识之中，这是很危险的。所以我们很容易对这样掩耳盗铃的无知行为哑然失笑。但是十九世纪的人们可是完全陷于一种妄想，以为用理性能够解决一切难题，他们以为将人的自然本能隐藏得越深，那种令人焦虑的冲动就越能得到缓解；以为只要对年轻人缄口不提性，他们就会忘记自己身上的性欲。当时，社会各方面都抱着这种以沉默来克制性欲的妄想，共同组成一条封锁线，守口如瓶。校方、牧师、沙龙、司法机关、报刊、书籍和社会风气原则上都回避谈到性问题，甚至，科学界——它的任务本来应是对一切问题进行无拘束的探讨——也以可耻的方式加入到这个"naturalia sunt turpia"[1]的阵营当中。科学屈服了，它的借口是，研究这类污秽的课题有损科学的尊严。翻阅一下当时的书籍，哲学的、法学的甚至医学的，我们都会发现，凡是涉及性的地方都被小心翼翼地避开了。那些研究刑法的学者们在学术会议上讨论监狱里的人道主义措施和牢狱生活对人非人道的伤害时，对于性这个核心问题却草草绕开。神经科的医生虽然很多时候清楚知道某些歇斯底里症的病因何在，却同样不敢说出真相。我们今天仍可以在弗洛伊德的著作中读到，就连他所尊敬的老师夏尔科[2]，也曾私下向他承认，自己虽然知晓某些病人的病因，却从未公之于众。当时所谓"美"的文学，对性根本不敢做如实的描写，因为，它的特长只是表现美学的"美"。在更早的时代，作家都敢于为所处的时代描绘真实而广博的文化风景，在笛福、普累沃神甫[3]、菲尔丁、累蒂夫·德·拉布列塔尼[4]的作品

---

[1] "naturalia non (sunt) turpia"源自于古罗马文法学家塞尔维乌斯对诗人维吉尔《农事诗》的一句评语，意为"凡天然者均不肮脏"。茨威格在此反用了这句拉丁箴言，以"凡天然者均为肮脏"讽刺当时的科学界和文化生活中对性的忌讳。

[2] Jean Martin Charcot，一八二五年至一八九三年在世，法国著名精神病学家。

[3] Antoine Francois Prévost，一六九七年至一七六三年在世，法国作家。

[4] Rétif de La Bretonne，一七三四年至一八○六年在世，法国作家，用大众化的语言广泛表现下层人民的生活。

中看到完全忠于实际情景的描述。可是到我们那个年代,只允许表现"充满感情"和"高尚"的事,不允许表现任何难堪的真相。因此,都市青年面临的困惑和内心的阴暗,在十九世纪的文学中几乎看不到。即使有位作家大胆地触及"卖淫"这个话题,他也觉得必须将它精心美化一番,把女主人公装扮成"茶花女"。我们面临的是这样一种特殊的事实:今天的年轻人若想了解父辈和祖父辈的年轻人是如何奋斗的,即使翻遍那些时代最伟大作家,如狄更斯、萨克雷、戈特弗里德·凯勒、比昂松①的作品,——托尔斯泰和陀思妥耶夫斯基的作品除外,他们身为俄国人站在欧洲伪理想主义的对立面——仍会发现,书中描写的事件皆是经过润饰的,因为那整整一代人因为时代的压力都不能自由表达自己的思想。但文学即使已经克制如此,那个时代竟仍旧觉得不够,这恰恰最清楚地说明了那个时代对于古代的道德观近乎歇斯底里的痴狂,当时的气氛在今日几乎是不可想象的。现在的人们怎么能理解,像《包法利夫人》这样一部完全实事求是的小说竟然被法国的一家法院视为淫书而遭到查禁;左拉的小说在我年轻时的年代竟被视为色情小说;像托马斯·哈代这样平和的古典主义叙事作家竟会在英美引起轩然大波。这些作家的文笔即使再保守,却还是揭露了太多的现实啊。

而就在这充满香水味、叫人窒息的不健康空气中,我们长大了。这种对性讳莫如深的伪道德,违背人性,像一座大山压在我们年轻人身上。出于一致的缄默,也就不可能出现真正反映当时

---

① Bjørnstjerne Martinius Bjørnson,一八三二年至一九一〇年在世,挪威剧作家、小说家、诗人和社会活动家,诺贝尔文学奖得主。

实情的文学作品和文化史料，因此，若想对那些根本不可信的事情加以纠正，也很不容易。但是尽管如此，到底还是留了一条线索存在，我们只需看看当时的时尚就可明白，因为，每个世纪的时尚都以它有目共睹的审美取向反映了当时的道德观念。在今天，1940年，当电影银幕上出现1900年社交界的妇女和男子，当观众看见他们的服装时，无论欧洲或美洲的任何城市和乡村的人们都会不约而同地开怀大笑，这个现象可不是偶然的。今天即使头脑最简单的人也会笑话以前人的奇怪打扮——觉得他们的穿着那么不自然、不舒适、不卫生、不实用，简直像小丑一样。而我们自己呢，我们的母亲和姨妈，还有女朋友，以前都穿过这种滑稽的晚礼服，我们自己在小时候也穿过这样可笑的衣服，整整一代人都这样乖乖地接受如此愚蠢的服饰，这对我们真好像是一场噩梦。男人的装束就已经够好笑的了：僵硬的高领，叫人动弹不得，黑色的礼服好像拖着长尾巴，高高的圆筒形礼帽活似一根烟囱。而再看当时"淑女"的打扮，浑身上下，没有一处不糟蹋天然丽质，费尽心机，却可笑至极！她们腰间缠着鲸骨制成的紧身衣，弄成马蜂般的细腰，下面是鼓涨得仿佛一口大钟般的裙子，脖颈的纽扣一直紧紧地系到下巴下面，双足遮盖得严严实实，头发梳成无数的发髻、螺髻和辫子，盘得高高的，上面缀着沉重的饰物，双手即使在最炎热的夏天也捂在手套里。这些"淑女"在今天早已成为历史文物，她们虽然香风习习，穿金戴银，周身布满精美的蕾丝花边和流苏，却仍旧是叫人怜悯的可怜人。人们一眼便能看出，一个女人，一旦像骑士穿上盔甲一样披上这样一套行头，她就再不可能自由自在而举止轻盈了。她的每个行动、姿态，乃至她的气质都会因此而显得矫揉造作、毫不自然。且不论社交礼仪方面的教育，单是这一套淑女服的穿和脱，程序就已相当繁琐，没有旁人的协助是根本不可能办到的。首先，得把背后从腰部直至颈部的无数搭扣全部扣上，让侍女用尽全身气力将紧身衣束好；长长的头发要请每天来做头发的女理发师处理，用数不清的发针、发卡、梳子、烫发钳和卷发筒将头发烫成发髻，梳整齐，做成高耸的发型；——我想提醒今天的年轻人注意，三十年前，除了几十名俄罗斯女大学生，欧洲的妇女个个都留着齐腰的长发——然后，再像洋葱一般一件件地穿上衬裙、内衣、上衣和短外套，一直要将她打扮得连最后一点点女人样子消失掉为止。这样荒唐的事情其实是有着秘而不宣的含义在内的：一个女人的线条应该通过这种方式彻底掩盖起来，即使婚礼上的新郎也无法预知身边的未来伴侣究竟是不是驼背，是胖还是瘦，是长腿还是罗圈腿。这种为了顺应世俗的审美观和为了欺骗的目的，对头发、胸部以及身体其他部位进行的人为矫饰，在那个"讲究道德"的时代看来，根本没什么不可以。一个女人愈是渴望成为"淑女"，就愈不能让人看见自己的自然体形。其实，这种带有明显目的的社会风尚，完全是效劳于当时的道德观，因为那个时代最关心的事情就是：将性掩盖和隐藏起来。

但是这种智慧的道德完全忘记了，如果把魔鬼关在门外，它往往还会从烟囱或后门溜进来。在我们今天比较自由的眼光看来，那些挖空心思想掩盖裸露肌肤和真实身材的时尚，不见得有多么贞洁，它反而挑逗性地强调了两性的不同和异性的存在。在我们当今的时代，一名年轻男子和一名年轻女子，身材都修长挺拔，留着短发，没有胡须，在外表上一看就很相配。而在以前那个时候，两性却尽可能地拉开距离。男人以蓄髯为美，至少，要有一撮浓密的小胡子，不时捻一捻，作为男性气概的表现。女人则用紧身衣把胸部这个女性最主要的特征炫耀得让人一目了然。另外，在举止仪态方面也特别强调所谓的男性的坚强和女性的软弱。男子要求豪爽、好斗，有骑士风度，女子则要求害羞、温柔、小心谨慎。男子要像猎手，女子要像猎物，两者一定要有差别。由于仪表上这种人为的分别，那种内在的吸引力，即性的吸引也必然更加强烈。因此，当时社会试图将性掩盖和隐藏起来，最后恰恰适得其反。它唯恐出现有伤风化的事情，在生活、艺术、文学和穿着方面处处防范，杜绝任何会引起性兴奋的刺激，这反而使得它实际上时时刻刻都放不下伤风败俗的念头。它四处巡查有什么不得体的地方，自己于是患上了窥视癖。在当时的世界看来，"体面"始终岌岌可危，任何一个姿态、任何一句话，都有可能有失体统。当时的妇女在运动或打球时若穿长裤，简直是丢人现眼，这样的事情今天的人们也许还能理解，但是，当时的妇女连"裤子"这个词都不能说出口，这种怪事可就匪夷所思了。如果妇女不得已要提到一件有引起性欲嫌疑的物品，比如男子的内裤，她必须选择一个无邪的词来替代，例如"下装"，或者用一个出于此类忌讳而专门发明的词："不宜言说之物"。同阶层而不同性别的年轻人，根本别想在监护人不在场的情况下共同出行游玩，——说得更具体些，对于这样的事，人们第一个念头就是，"恐怕会闹出什么事来"。只有当充当监护人的母亲或家庭女教师寸步不离地陪在一旁，年轻人才可能被允许这样相聚一处。即使在最炎热的夏天，女孩子若想露着脚或光着臂膀打网球，都会被认为不成体统。

一个有教养的女子若在公共场合双足交叉，会被认为极不雅观，因为，她裙下的踝关节有可能因此而露出来。就连大自然的基本元素，阳光、水和空气，都没有一亲芳泽的权利。在辽阔的大海里，女子们穿着笨重的泳衣，吃力地朝前游着水。在寄宿学校和修道院，年轻女孩子从头到脚捂得密不透风，甚至在洗澡时还必须穿着长长的白色衬衣，为的是要忘却自己还有肉身。当年老的女性去世，在她的一生，除了接生婆、她的丈夫和洗尸体的人之外，没有第四个人见过她们的身体，哪怕只是肩部的线条或者膝盖，这是千真万确的事实，毫不夸张。在四十年后的今天，这些都不可思议，仿佛经过渲染的笑料。但是，这种对肉体和一切自然的东西的恐惧，确实贯穿了自上而下的整个社会，并且，还伴随着严重的神经过敏。今天的人们怎么能够想象，当年世纪之交时，当女性第一次鼓起勇气骑上自行车，甚至像男人一样以跨姿骑马时，农民会朝这些"大逆不道"的女子扔石块？怎么能够想象，当我还在上小学时，维也纳的报纸长篇累牍地讨论那次"有伤风化"的革新：皇家歌剧院的芭蕾舞演员们跳舞可不可以不穿针织长袜？又怎么能够想象，伊莎多拉·邓肯[①]在她极其古典的舞蹈表演中，就因为在白色的希腊式长衫下首次未穿传统的丝绸舞鞋，而赤着双脚舞蹈，便成为当时的头号丑闻？设想一下在这样的时代成长起来的年轻人，他们清澈的目光一旦发现那件人们用

---

[①] Isadora Duncan，一八七八年至一九二七年在世，美国著名舞蹈家，主张自然的表演和形体美的和谐，反对保守的舞蹈传统，是二十世纪初芭蕾舞改革派的代表。

来偷偷隐藏某些东西的"风化"大衣上面，竟然充满了破绽、漏洞和裂缝，便觉得这种认为体统永远受到威胁而产生的忧虑是多么可笑。不可避免的是，最终有一天，在五十个中学生当中，总会有一个学生发现自己的教授在一条阴暗的巷子里买笑；或者，在家人的谈话中，听说这个或那个在人前总是一本正经的人干了见不得人的事情。事实上，这种笨拙的掩饰最最激起我们的好奇，并使我们难以按捺，由于人们不让自然的本能自由、坦然地释放出来，好奇心便在大城市中替自己找到了秘密的、大多不甚洁净的发泄途径。由于年轻时受到性的压抑，社会各阶层都感受到一种隐藏的欲望，它只能通过幼稚的形式发泄，根本无济于事。在栅栏上和厕所内，到处都能看见胡乱涂写的不堪入目的内容。在所有游泳池的女子间隔板上，无一例外都有几处被捅破，作为窥探的小孔。那些在今天因为道德风气的自然倾向而日渐衰微的行当，在当时却悄然兴盛，尤其是人体裸体照片，在每个饭馆，都会有人从桌子底下掏出这些照片向青少年推销。还有"地下"色情文学——严肃文学不得不坚持理想主义的说教，言辞不得越轨——这些是最最低劣的书籍，纸张粗糙，文字下流，销量却奇大。色情杂志亦然，今天是再也见不到这样恶心、低级的东西了。城堡剧院是以表现高贵的精神和纯洁无邪的内容为宗旨的，但是，除了它，还有一些剧场和歌舞场所是专门演出低俗下流的滑稽戏的。当时的社会，处处都是受压制的欲望迂回发泄的途径。所以，那一代人被迂腐的社会道德剥夺了性启蒙，又被禁止享有与异性相处的一切机会，他们实际上比我们今天享有高度恋爱自由的青年人好色得多。愈是得不到的东西，愈是挑起人的欲望；愈是遭到禁止的，愈是渴望得到；愈是眼睛见不到，耳朵听不到的，围绕它的想象力就愈丰富。一个人接触空气和阳光越少，性欲就郁积得越多。总而言之，当时社会给我们年轻人的压力不仅没有提高道德水准，反而引发了我们内心对一切权威机构的不信任和怨怒。自从我们青春觉醒的第一天开始，我们就直觉地感受到，这种虚假的道德想通过沉默和欺瞒从我们身上夺走真正属于我们青春年华的东西，为了祭祀一种早已不再真实的习俗，它要牺牲我们诚实的态度。

这种"社会道德"，一方面在私下为性的存在和性的自然宣泄创造条件，另一方面又绝对拒绝对于性加以公开的承认，这简直就是双重的欺骗。因为，它这边对年轻男子睁一只眼闭一只眼，甚至还挤眉弄眼地示意某些人，用当时人们在家里戏谑的隐语说来，就是鼓励他们"再动点脑子"；而在那边，它对妇女则满脸愁容地紧闭双眼，装作什么也看不见。当时的社会习俗甚至都承认男子会有性的冲动，也允许有性的冲动。但是，假若老老实实地承认女子也会被性欲征服，大自然为了自身永恒的目的也需要阴性这一极，这就违背了"女性圣洁"这个观念。在弗洛伊德之前的时代，人们普遍信仰这条公理：女子在被男性引起性欲之前——当然是在正式的婚姻生活中才允许这样——自己不可以有肉体的欲望。而由于即使在讲求道德的年代，空气中仍旧充满各种危险的性欲传染元素——尤其是在维也纳——所以，一个出身好的姑娘，从诞生到她和丈夫一同离开婚礼圣坛的那一天止，必须生活在彻底消过毒的气氛之中。为了保护年轻的姑娘们，人们一刻也不让她们独处。她们都有一位家庭女教师，她看管着她们，绝不让她们在无人保护的情况下迈出家门一步。无论是上学还是去上舞蹈课、音乐课，姑娘们都有人接送。她们读的每一本书都经过检查，最关键的是，要让女孩子们忙个不停，让她们没有工夫胡思乱想。她们必须练习钢琴，学习唱歌、绘画、外文、艺术史和文学史。人们培养她们的教养，并且过分地培养着她们。而人们一面尽可能地将她们培养得知书达礼，另外一方面，却担心她们对最自然的那些事情一窍不通，她们的那种无知在今天的人们看来简直无法理解。一个出身上流社会的年轻女子不允许对男子的身体有丝毫的了解，也不许知道孩子是如何来到这个世界上的，因为，在结婚之前，天使般的女孩子不仅要身体未受到任何玷污，连灵魂也必须绝对的纯洁。当时，说一个年轻女子"受过良好教育"，无异于说她对于生活一无所知，而当时的妇女有时会将这种无知保持一生。我今天一想起一位姨妈的荒唐事还禁不住觉得好笑，她在新婚之夜的半夜一点钟突然回到娘家，大吵大闹地宣称再也不要见那个要她嫁的下流坏子，那男人简直是个疯子和混蛋，因为他想尽办法要脱光她的衣服，她费了好大气力才摆脱这个人的病态纠缠。

当然，我必须指出，这种无知在当时给了女子一种神秘的诱惑。这些羽翼未丰的年轻女孩子们猜测，在自己的天地之外，还有另外一个天地，关于它，她们自己一无所知，也不允许知道。这使得她们充满好奇、渴望和热衷，使得她们意乱神迷。当大街上有人朝她们打招呼时，她们会脸红——如今还有会脸红的女孩子吗？当她们私底下在一道的时候，她们会嘀嘀咕咕、互相咬耳朵，像微醺的人一样哈哈笑个不停。她们与世隔绝，对外面的世界充满期待，对生活充满浪漫的幻想，同时又满怀羞怯，害怕有人发现自己是多么渴望肉体的温存，虽然她们自己对此还一点都弄不清。一点点的想入非非就会使她们完全失态，她们走路的姿态和今天的姑娘们不同，今天的姑娘们经过体育锻炼，举止动作和小伙子一样轻松自在。而在当时，只要观察一个女子走数百步路，就能区分她是未婚姑娘还是已婚妇女。那时的未婚姑娘比如今的姑娘更有女性味，已婚妇女就要差一点。当时的女孩子本质上犹如温室的花朵，没有经过任何的风霜，完全在人工形成的温和环境下被呵护着长大，她们是特定的教育和文化背景下，被精心养育的产物。

当时的社会就是想把女孩子培养成这个样子，愚蠢而一无所知、受过良好教育却懵懂未开化、充满好奇同时又满怀羞涩、既不自信又不实际。这种叫人对生活一窍不通的教育注定了她们婚后要心甘情愿地受丈夫的摆布和指引。那种社会习俗似乎要把年轻女子当作它最隐秘的理想的象征，当作女性端庄、贞洁、神圣的象征来加以保护。而当一个年轻姑娘耽误了青春，直到二十五、三十岁还没结婚，境遇又是多么悲惨啊！因为社会习俗冷酷地要求一个三十岁的未婚女子仍旧保持与她的年龄不符的无知、无邪、无欲的状态，只是为了维护"家族"的荣誉和"习俗"的体统。而这些姑娘的娴弱形象日后往往会遭到残忍恶毒的丑化。未婚的女子成了"嫁不出去的"姑娘，"嫁不出去的"姑娘又成了"老处女"，无聊的小报对她们极尽挖苦之能事。今天若有人翻开从前的《飞页画报》[①]或当时的一份别的什么幽默刊物，他都会吃惊地发

---

① *Fliegende Blaetter*，一八四四年至一九四四年在慕尼黑由Braun&Schneider出版社出版的幽默杂志。

现，每一期上面都有对年纪偏大的女孩子的最恶毒的讽刺，嘲笑她们神经不正常，不知道掩饰自己的性欲要求。人们认识不到这些大龄女子的悲剧，体谅不到她们牺牲自身的存在，为了家庭和自己的名誉不得不压抑内心的自然要求，压抑对爱情的渴望，压抑生儿育女的愿望，反而对她们加以冷嘲热讽，在今天的我们看来，真是令人厌恶。当一个社会犯下违背自然的罪恶，一旦有人泄露了它的秘密并将之昭然天下，它必定会以最残忍的方式对付这些人，历史上向来如此。

如果说，当时的资产阶级社会道德竭尽全力想维持这样的神话：一个出身"上流社会"的女子，只要未婚，就不会有性欲，也不允许有性欲。——否则，她就是一个"没有道德的人"，将被逐出家门。——但是，同时它又承认年轻男子身上存在这样的性欲冲动。因为根据经验，人们是不可能阻止一个正在成为壮年男子的青年发泄自己的性欲的，所以，人们只是希望他们能在神圣化的道德藩篱之外完成自己那见不得人的享乐。正如大都市表面上街道洁净，高档商店美轮美奂，林荫大道高贵幽雅，暗中却隐藏着藏污纳垢之处，年轻人的性生活也全部隐于社会道德表层的下面，让人看不见。至于年轻人在这方面会遇到哪些危险，进入何种境域，人们就不管不问了，校方和家长都不敢对年轻人进行性启蒙教育，干脆就这样忽略掉算了。只是到了上世纪的最后几年，才偶尔有几位懂得未雨绸缪的父亲，用当时的话来讲，他们是比较"开明"的，一旦发现儿子开始长出小胡子了，就立刻想帮他在这方面走上正轨。于是，家庭医生被请上门来，他找机会将那年轻人领入房间，先慢条斯理地把眼镜擦干净，再开始长篇大论，讲述性病的危险，劝告那年轻人，要懂得节制，不要忽略安全措施，实际上，这些年轻人这时在这方面一般都早已经"自学成材"了。另外一些做父亲的使用更加奇特的方法，他们雇来俊俏的丫头，任务就是伺候少爷，教会他这些风月之事。这些父亲觉得，让儿子在自己家里做这些麻烦事情，既在外表上保持体面，又能防止孩子落入哪个"狡猾的女人"之手。综其种种，唯独有一种性启蒙的方式遭到社会各界的一致唾弃，即公开、坦诚的性教育。

那么，对于一个中产阶级社会的年轻男子，有什么样的途径发泄自己的性欲呢？对于下层社会而言，这根本不成为问题。在农村，十七岁的长工就已经和女佣睡觉了，如果这种关系有了后代，往后的日子也没什么羁绊。在我们阿尔卑斯山区的大多数村庄，非婚生的孩子数量远远超过婚生孩子的数量。在无产者当中，一个工人在结婚之前，可以和一个女工同居多次。在信奉东正教的加利西亚犹太人中间，小伙子在十七岁稚气未脱的时候就已经成亲了，四十岁的时候就当上了爷爷。唯有在我们资产阶级的社会，早婚这种用来解决性欲的手段受到鄙弃，因为，没有哪位父亲会把女儿交付给一个二十二岁或二十岁的小伙子，他们觉得这个年龄的年轻人远未成熟。这里，又一次暴露出一种本质上的虚伪，市民社会的日历与大自然的日历根本不一致。从自然的角度看，十六七岁就已经成年了，而对于社会而言，只有获得"社会地位"的年轻人才真正成熟，而这在二十五六岁之前是不可能的。于是，在身体的实际成熟与社会意义上的成熟之间，产生了为期六年、八年，或者十年的人为的间隔时间，在这段时间里，一个年轻男子不得不自己寻找解决性欲的"机会"，或为自己的"艳遇"操心。

那个时代可没有为他们提供多少这方面的机会，只有极少数非常富裕的年轻公子才能奢侈地"养"一个情妇，这意味着，为她提供一套住所，负担她全部的生活费用。同样，像当时文学中描绘的爱情典范一样，与一个已婚女子发生关系，——这是长篇小说里唯一可以描写的爱情——也只是极个别几个幸运儿才能碰上的事。大多数人是通过女售货员和饭馆女招待来解决欲望问题的，内心得不到什么满足。在那个年代，妇女解放运动尚未兴起，妇女尚未独立地参与社会活动，只有极贫穷的无产阶级出身的女孩子才会抛头露面，因为她们既不受什么清规戒律的约束，毫无顾忌，又有充分的自由可以草率地和人相好，不必认真考虑结婚。她们衣衫破旧，卖完十二小时的廉价劳动力之后，浑身一丝气力也没有了，蓬头垢面（当时，浴室尚属富裕人家的特权）。这些可怜的姑娘在狭小的天地长大，地位远远低于她们的情人，因此她们大多数都自惭形秽，不好意思公然叫人瞧见自己和情人在一起。虽然当时的习俗已费心地为这种窘迫发明了特殊的设备，即所谓的"单间"，在那里和一个小妞吃饭是不会被人看见的，而其他的事情则在偏僻街巷里的小旅馆里进行，这些小旅馆是专门用作这个目的的。但是，这所有的约会都很匆忙，毫无情趣可言，只是性交，没有性爱，只是仓促中秘密地完成，好像在做违禁的事情。除此之外，年轻男子还有一种机会，即和一半在社会内、一半在社会之外的所谓"两栖人"交往，她们是女演员、女舞蹈演员、女艺术家，是当时社会唯一"解放"了的女性。但一般说来，当时社会婚外的性生活还是以嫖娼为主。卖淫业是资产阶级社会这座华丽建筑的黑暗地下室的拱顶，在它上面，竖立着这个社会完美无缺的外墙，光彩夺目。

现今这一代人很难想象，二次大战之前，卖淫业在欧洲蔓延得多么广泛。现在的大街上很难再看见妓女，就像现在车行道上很难看见马车了，而当时，人行道上站满了妓女，找她们容易，躲开她们难。另外，还有无数个"不公开的场所"，如夜总会、歌舞场、有歌女、舞女的舞厅、有应召女郎的酒吧。当时，卖笑的女人是公开按小时出卖的，价格分成几等，男人就像买包香烟或一张报纸一样，毫不费力就能买来一个女人，消受一刻钟、半小时或一小时。而对于当今的年轻人，过去这些曾经这样必不可少的场所已经很自然地失去功效了，把卖淫从我们这个世界清扫出去的并不是警察和法律，这种伪善道德的悲剧性产物之所以基本消亡，完全是因为对它的需求减少了。我认为，仅上述事实，就有力地证实了现在的生活和恋爱比先前诚实和自然得多。

面对那些不光彩的事情，政府和社会道德观都觉得非常尴尬。从社会道德的角度出发，谁也不敢公开承认女性可以卖身，但是从生理需要的角度，卖淫又必不可少，因为它是人们发泄婚外性欲的渠道。于是，权威机构便开始求助于模棱两可的解释，他们将卖淫分为两类，一类是秘密的卖淫，国家不允许它的存在，斥它为不道德和危险的行业；另一类是国家允许的卖淫，有营业执照，向政府纳税。一个姑娘如果决心成为妓女，就从警察局领取一份特别许可和一本准予营业的证书。假如她愿意接受警方的监督，并且接受每周让医生检查两次身体的义务，她就有营业的权利了，可以将自己的肉体以她认为合理的任何价格出卖。这种合法的卖淫和其他职业一样，也被承认是一种职业，但是——这里露出了道德的马脚——它又不完全受到承认，比如，一个妓女将身体出卖给了一个嫖客，事后嫖客却拒绝按照约定付钱，这时她无权控告他。她的要求突然变成了不道德的，得不到政府的保护——因为按照法律的解释，这个案情可耻而不予接受。

从这样的细节可以看出来当时观念的矛盾性，一方面，它把这些妓女纳入国家合法的职业范围内，另一方面又视她们个人为无权享受公民权利的弃民。而实质上的不公是表现在分别对待上，所有这些限制只针对贫穷阶层。一个妓女一小时只值两个克朗，而一个芭蕾舞演员在维也纳可以一小时要价两百克朗，她可以把自己卖给任何一个男人，当然不需要什么营业执照。而那些大交际花们，她们的名字甚至被登在报纸上关于跑马或赛马会的报道里，和那些达官贵人的名字在一处，因为她们已经跻身"上流社会"。同样，一些为宫廷、贵族和富豪们提供奢侈享受的高雅的女皮条客也往往受到法律的庇护，而实际上，法律对拉皮条是加以重刑的。严酷的条例、无情的监督和社会的鄙斥，都只是针对成千上万的妓女大军罢了，它们要她们用自己的肉体和被玷污的心灵去维护那反对自由和自然的爱情的、早已腐烂的陈旧道德。

这支卖淫的大军——如同真正的军队分成骑兵、炮兵、步兵和要塞守卫兵团一样——也分成不同的种类。最早的妓女就像要塞守卫兵团，她们占据城里固定的几条街道，作为自己的大本营，这些地方一般是中世纪的刑场、麻风病地区或者墓地，几百年来，资产阶级一直避开这里居住，只有无业游民、屠夫和其他一些受歧视的社会底层的人才在这里栖身。当局在那里开辟了几条巷子作为皮肉生意的市场，在二十世纪，这些地方就像日本的吉原街和开罗的鲜鱼市场，青楼一幢挨着一幢，两百个或五百个妇女一个又一个地坐在平房的窗前，招揽着生意。她们身价低廉，分成日班和夜班，昼夜工作。

还有无数自己在街上揽客的妓女，组成流动卖淫大军，仿佛是骑兵和步兵。在维也纳，人们把她们称作"游荡女郎"。警方为她们划了一条无形的界限，只允许她们在某一段人行道上做生意。她们穿着好不容易弄到的一身假名牌，无论昼夜，甚至一晚到天明地在街上游荡，即使下雨、下雪，尽管妆容不整，满脸倦意，也要对着每个过往的行人，挤出卖弄风情的微笑。她们强颜欢笑地为别人提供欢乐，不停地从这个角落游荡到那个角落，但是结局却都一样：走进医院。自从大街上再见不到这些饥饿、悲惨的女人，我觉得今天所有的城市都比以前美丽和人道多了。

但是即便有了这么多妓女，仍旧是供不应求。有些男人不满足于在大街上追逐这种行踪不定的"夜猫子"和可怜兮兮的"天堂鸟"，他们想要更舒服、更隐秘的享受。他们希望更加惬意的爱情：要有灯光，要在温暖的屋子里，有音乐，能跳舞，还要有一副阔绰的派头。为了这些顾客，专门有"不公开的场所"，即高级妓院。在那儿，有一间用假冒侈奢品装饰成的所谓"沙龙"，一群姑娘聚在一起，有的身着贵妇长礼服，有的干脆只穿着睡衣。有个钢琴师负责弄出点音乐，客人们在里面喝酒、跳舞、聊天，然后再成双成对地偷偷溜进卧室。在某些比较高级的享有国际盛名的妓院，尤其是在巴黎和米兰，涉世不深的人往往会产生一种错觉，还以为自己被请进了某人的私宅，遇见了一群脾气乖张傲慢的贵妇人呢。这类妓院里的姑娘相貌比大街上拉客的姑娘俊俏些，她们不必冒着风雨在肮脏的街巷中游荡，她们坐在温暖的房间里，穿戴漂亮，食物丰富，尤其可以喝不少酒。但是，实际上，她们因此而成为鸨母的俘虏，鸨母让她们穿漂亮衣裳，是为了抬高她们的身价，供应她们膳宿，是为了让姑娘们永远背负还不清的债，即使最勤勉、最有毅力的姑娘，都永远无法按照自己的意愿离开这座妓院。

假如将几家这类妓院的秘史写出来，一定会引人入胜，而且会成为当时文化的重要文献。因为，它们隐藏着最奇特的秘密，而平日非常严厉的官府对这些秘密无疑是相当熟悉的。那里有秘密的后门和专用的楼梯，社会最上层的人物——民间是这样传说的——还有宫廷里的人，能够从此进入妓院而不被其他该死的人看见。那里有墙壁和天花板上都镶满镜子的房间，还有的房间，能够在那里窥见隔壁男女寻欢作乐。那里有专为有恋衣癖的性变态者准备的最怪异的化装服饰，从修女的长袍到芭蕾舞演员的裙子，统统锁在抽屉和箱子里。恰恰就是这座城市、这个社会、这个道德，看见年轻姑娘骑自行车，就大为光火；当弗洛伊德用冷静、清晰、透彻的理论揭示出它不想承认的真相时，就指责弗洛伊德有损科学的尊严。恰恰是这个激昂地要维护女性贞操的世界，却容忍了如此可怕的卖淫，甚至将这种行为加以组织，并从中获利。

但愿人们不会被那个时代多愁善感的长篇小说和中篇小说迷

惑，对于青年人来讲，那个时代非常糟糕，年轻的姑娘们在家庭的管束下，完全与现实生活隔绝，身心的自由发展都受到阻碍；男孩子们迫于那个没人相信、没人遵从的道德规范，不得不去干偷偷摸摸的事情。真诚的、无拘无束的两性关系，是自然规律赋予青年男女最美好的欢乐，在当时却难得一见。在那一代年轻人当中，谁也不记得，在和女性的初次接触当中，有多少值得怀念的插曲，有多少发自内心的欢愉。因为，除了始终逼迫着他们小心和保密的社会压力之外，还有另外一个因素使心灵蒙上一层阴影，即使在温存时刻也赶不走它，那就是：对性病的恐惧。在这一点上，那时的年轻人和现在的青年相比，也吃很多亏。不能忘记的是，四十年前，性病的传播程度比今天严重一百倍，更加重要的是，它的后果要比现在危险和可怕一百倍。因为，当时的医院对性病还是束手无策，没有今天这样的科学方法，能够又快又好地治疗它。现在，性病已经不是什么大不了的事，在中小型大学的校医院，用保尔·埃里希①的疗法，往往只需几个星期，性病就能被治愈，以至一个教授都来不及给他的学生们看病人刚传染上梅毒的初期病症。但在当时，根据军队和大都市的统计，十个年轻人当中，至少有一两个成为性病的牺牲品而丧命，因此，年轻人不断被警告提防这种危险。走在维也纳街头，每隔六七家门面，就能看见这样的招牌："皮肤病和性病专科医生"。当时的人们不仅是害怕性病，而且害怕那种令人丧失尊严的可怕的治疗性

---

① Paul Ehrlich，一八五四年至一九一五年在世，德国医生，发明了治疗梅毒的药物。

病的方法，现在的人们不再会知道那是什么情形。一个梅毒患者必须让人用水银涂遍全身，一连好几个星期，其副作用使牙齿脱落，身体其他部位也受到损害。一个偶然传染上这种恶疾的不幸的牺牲者会感到，不仅心灵，而且肉体也被玷污。即便经过这样的治疗，患者也不能一辈子肯定，可怕的病毒会不会从包囊中随时复发，会不会因为脊椎麻痹而全身瘫痪，会不会令前额后面的大脑软化。所以，毫不奇怪，当时有许多年轻人一旦得知自己被诊断患上梅毒，便立即举枪自杀，因为他们无法忍受，自己和自己的近亲被怀疑患有不治之症而受到别人的嫌弃。不仅如此，一种始终只能处于地下状态的性生活还会带来其他忧虑。当我仔细地回忆往事，我几乎不知道年轻时候的那些朋友们哪个没在我这里做过面色苍白、目光迷茫的不速之客，第一个是因为得了梅毒，或者说他担心自己得了梅毒；第二个是因为想让女方堕胎而遭到敲诈勒索；第三个是想背着家里人去治病，但是又缺钱；第四个是因为他不知道拿什么赡养女招待扔给他的孩子；第五个是因为钱包在妓院被偷了，但他不敢去报案。那个道德伪善的时代，年轻人的生活比御用文人在小说和戏剧里描写的要戏剧性得多，同时也紧张、压抑得多，就像在学校和在家里一样，他们在性爱方面没有得到任何自由和幸福，而这是他们那个年龄理应得到的啊。

我之所以强调这些，是想为那个时代提供一幅真实的画面，当我和战后出生的年轻人聊天时，我往往要强迫他们相信，与他们这代人相比，我们这一代根本谈不上幸运。诚然，从公民意义上来讲，我们比当今的青年享有更多的自由。今天的青年被迫接受兵役、劳役，在许多国家，人民还必须服从同一种意识形态，这实质上都是在受愚蠢的世界政治的摆布。而我们当时可以不受任何干扰，投身于自己的艺术和各种精神上的爱好之中，使得个人的存在更具个性和特色。我们生活得更富有世界性的眼光，整个世界对我们都加以开放。我们无需护照和通行证就能随意地四处旅行，没有人检查我们的思想、出身、种族和宗教信仰。我毫不否认，实际上，我们享有比今天多得多的个人自由，我们不仅热爱这自由，而且充分利用了它。但是，就像弗里德里希·黑贝尔[①]精辟的言说："我们一会儿缺酒，一会儿缺酒杯。"一代人能够同时拥有两者是很少见的，如果从社会风俗那里得到自由，就必须接受国家政府的约束，如果从国家这里得到自由，社会风俗又要设法奴役他。我们曾有过更好的生活，也见过更多的世面，而现在的年轻人生活得更丰富，而且是更加有意识地度过自己的青春年代。今天的青年从中学、大学校园里走出来的时候都兴致勃勃，昂着头，带着愉快的神情；男孩子、女孩子自由而无忧无虑在一起结伴，无论在学习、运动还是玩耍时都没有那种不自然的羞怯；他们一起在雪地里滑雪，在游泳池像古希腊时代那样自由自在地比赛，一起开着汽车四处兜风，像兄弟姐妹似的过着健康无忧的生活，没有内在或外在的任何压力，每当我看见这些情景，总觉得自己这代人和他们不是相隔四十年，而是隔了一千年，在我们那时候，无论是倾诉爱情还是接受爱情，都得找一个隐蔽之地。我欣喜地看到，社会风尚有了巨大的变革，对于青年人是多么有利。他们在爱情和生活方面重新获得了那么多的自由！他们

---

[①] Friedrich Hebbel，一八一三年至一八六三年在世，德国著名作家。

的身心在这自由当中变得非常健康。我感到，自从妇女可以行为自由以来，她们变得更加美丽了，她们昂首挺胸，眼睛明亮，言谈也不再做作。新一代的青年除了对自己的良心负责，不需要向任何人汇报每日的行动，他们摆脱了父母、亲戚和老师的监督，获得了另外一种自信心，以前阻碍我们发展的各种阻力、紧张和羞怯的情绪，对他们而言是那样陌生。我们当年为了做被禁止的事情必须拐弯抹角、偷偷摸摸，而如今他们不再会懂得这些，因为当初受到禁止的事情现在已经成为他们的权利。他们热情蓬勃，充满朝气，漫不经心、无忧无虑，他们享受着这一切，享受着自己的青春。不过，我觉得，这些幸福之中的最大幸福，还是不必在人前撒谎，而是可以忠实于自己，坦诚面对自己的自然情感和欲望。也许，今天的年轻人因为可以无忧无虑地过一生，他们会缺乏当年曾使我们在整个青年时代满怀鼓舞的那种对精神理想的敬畏之情。也许，由于现在能轻而易举地表达和得到爱情，他们会失去爱情当中对当年的我们尤其珍贵、尤其具有吸引力的东西，那是由胆怯、羞涩组成的神秘的阻力，那是温存时的多情。甚至也有可能，他们根本就不明白，正是对禁忌之事所抱有的恐惧，使得享乐的程度秘密地翻了倍。但是，所有这一切，在我看来都不值一提，面对如今这拯救性的转变，它实在太渺小了，今天的年轻人不再会有恐惧和压抑感，他们充分享有我们当年不曾有过的东西：无拘无束的自由之感与自信心。

# 人生大学

盼望已久的时刻终于来临,在上个世纪的最后几年,我们也终于迈出了讨厌的中学大门。好不容易通过了期末考试——我们实际对那些数学、物理和经院式琐碎的课程又掌握多少?——我们被迫穿上庄重的黑礼服,校长慷慨热烈地演说了一通,向这群毕业生表示祝贺,说我们已经长大成人,今后应勤奋努力,为国增光。于是,八年的伙伴纷纷分道扬镳,从那之后,我只见过少数几个当年风雨同舟的伙伴,我们中的大多数都进了大学,而那些不得不找份工作谋生的人就只有对我们抱以羡慕的目光了。

因为在那个已远去的时代,大学在奥地利具有一种很浪漫的、特殊的荣耀。当上一名大学生,就意味着拥有很多特权,使得年轻的学子们比其他所有的同龄人受到无比的优待。在德语国家之外,没有什么人了解这种古老的奇怪现象,所以,我必须对它加以解释,以便大家了解它的荒诞和不合时宜。我们的大学大多成立于中世纪,在那个时期,从事学术被视为不同寻常的事情,为了吸引年轻人前来上学,人们赋予他们一定的特权。中世纪的学者不受一般法律的约束,在大学校园,警察不得进入搜捕,或者找麻烦,大学生们有特别的制服,他们有权与人决斗而免受惩罚,他们组成封闭的圈子,有着自己的规矩或恶俗,这些都受到当时社会的认可。随着时代的进步，公共生活日益民主化，中世纪的所有社团和组织都已解体，在整个欧洲，这种学者的优越性已不复存在，唯独在阶级意识总是胜过民主意识的德国和奥地利，大学生们顽固地抱着这些早已失去意义的特权不放，甚至将它们扩大，使之成为大学生的特殊惯例。德国的大学生除了享有市民的荣誉和一般的其他荣誉之外，还专门拥有一种特殊的大学生的"荣誉"。谁要是冒犯了他，谁就必须答应"决斗"，这就是说，假如对方证明自己是"有权决斗"的，就要用武器一决胜负。所谓"有权决斗"，根据这种本身就自命不凡的说法，不是指商人或银行家，而仅仅是指受过教育的人、有学位的人或者军官，——芸芸众生之中，只有这些人配得上有这个荣誉，与一个愚蠢的嘴上没毛的年轻人击剑决斗。另一方面，为了说明自己是"真正的"大学生，为了"证明"自己的男子气概，他必须经过尽可能多的决斗，甚至在脸上留下"剑痕"，作为这种英雄行为的真正标志，光洁的面庞和没有一丝伤痕的鼻子简直就是一个真正的日耳曼大学生的耻辱。所以，大学联谊会的成员，也就是那些衣服上佩着彩色标记的大学生，为了不断挑起群殴，认为很有必要经常互相挑衅，或者去向安分守己的其他学生与军官们找碴儿。在联谊会的击剑场上，每个新入学的大学生都被迫领教过这种光荣的主要活动，并且通过仪式被命令加入到这样的学生会中。每一个"菜鸟"，也就是每一个新生，都要跟着一位师兄，做他的奴仆，师兄则教会他大学生活的那些高贵艺术，就是以下这些事：一口气喝干一大杯啤酒，点滴不剩，直到喝呕吐为止，可以证明自己不是"懦夫"；或者，在夜晚成群结队地穿过街道，大声地喧哗，嘲弄警察。这一切行为被冠之以"男子气概""学生气质""德意志气派"的美名，当每个星期六学生会的学生们戴着五颜六色的帽子和袖章，挥舞着旗帜出去"闲逛"时，这些头脑简单、盲目地以自己的行为骄傲的年轻人还觉得自己是青春精神的真正代表呢。对于那些根本不懂得赞美大学生文化和德意志男子气概的"贱民"，他们一概嗤之以鼻。

对于一个刚从省城来到维也纳的小中学生而言，这种自信而快乐的大学生生活就是一切浪漫的化身了。事实上，不少已经回到故乡的上了年纪的公证人和医生，还会数十年如一日地在仰望交叉挂在墙上的剑和彩色袖章时心潮澎湃，他们骄傲地将自己脸上的剑痕当作"受过高等教育"的标志。而在我们看来，这种头脑简单的粗暴行为真是叫人厌恶，因此，当我们遇见某个带有此类标志的人物时，我们便明智地退避三舍，对我们而言，个性自由是最高理想，而这种对于进攻和挑衅的公然的乐趣则是德意志精神中最糟糕和最危险的部分。况且，我们也知道，在这种做作和生硬的浪漫主义后面隐藏着精心算计过的、相当实际的目的。一个大学生一旦成为"好斗的"大学生联谊会的成员，就能保证得到这个组织的"元老"们的提携，日后将飞黄腾达，对今后的事业有不少好处。对于波恩的"普鲁士人"而言，这是进入德国外交界的唯一可靠途径，对于奥地利的大学生而言，参加信奉天主教的大学生联谊会，则是在执政的基督教社会党中谋求肥缺的捷径。大多数"好汉"心里都明白，他们拥有的各色袖章将来必然会弥补他们如今因为耽误了大学的紧张课程而造成的损失，而额头上的剑痕对他们的事业要比脑门里面装的内容更加管用。单是这副军国主义党徒的凶神恶煞的尊容，带着伤疤无耻寻衅的面孔，就已经让我在跨进大学校园时大失所望，其他有着求知欲的学生也同样尽量避开这些人，在去图书馆的时候宁愿走不显眼的后门，也不愿穿过大厅，为的是避免碰见这帮家伙。

我应该上大学，这是全家早已经商定的事情。但是我应该选择哪门学科呢？我的父母完全让我自己做主。我的兄长已经在父亲的企业里做事，所以，次子的事便可以不那么着急了。其实关键只是在于，为了家族的荣誉要弄到一个博士学位，无论什么专业都无所谓。奇怪的是，我自己对学什么专业也根本不在意，我早已将自己的灵魂奉献给了文学，所以，对我来讲，任何一门专业都不会引起兴趣了，甚至，我对于任何的学院，心底都暗藏着一种不信任，直到今天仍然如此。对我来说，那条爱默生[①]公理放之四海皆准：好的书籍胜过好大学。所以我至今仍然坚信，即使一个人没有读过大学，甚至没有念过中学，他还是有可能成为杰出的哲学家、历史学家、语言学家、法学家或其他任何什么家。在实际生活中，我无数次地证实了自己的观点，我发现，一个旧书店的店员对于书籍的了解常常胜过有关的教授，经营艺术品的商人总是比研究艺术的学者更懂艺术。各种领域的大部分重要的理论和发现，通常都是由行外人提出的。因此，即使大学对于素质的普遍提高有着实际的意义，是可行而且是有益的，但是对于那些有创造力的个人却是多余的，甚至还可能对他们起到阻碍作

---

[①] Ralph Waldo Emerson，一八○三年至一八八二年在世，美国著名哲学家、诗人。

用。尤其是像我们维也纳大学这样有着六七千名大学生的大学，人满为患，教师与学生之间那种有益的个人接触一开始就受到限制，而且，由于过于因循传统，它已经远远跟不上时代，在这里，我看不出有哪位教授的学问对我有吸引力。因此，让我做出选择的前提不是哪门专业吸引我，而正相反，是哪门专业最不使我头痛，能提供给我充分的时间和自由让我从事自己的爱好。最后，我决定选择哲学——或者按照我们旧有的概念说得更确切些，是"精确的"哲学。这实在不是出自我内心的爱好，因为我进行纯粹抽象思考的能力很差，我的思想都一律成形于事物、事件和形象，纯粹的理论和形而上我是学不会的。但是，毕竟这门学科的纪律限制是最小的，"精确"哲学的课程和讨论课是很容易蒙混过关的，唯一必须完成的事情，是在第八个学期末交一篇论文，参加唯一的一场考试，所以，我一开始就把时间都安排好了：在前三年，对大学的学习根本不闻不问！然后在最后一年全力以赴攻下讲义，草草写一篇论文交差！这样，大学给了我唯一想在那里得到的东西：在我的一生获得完全自由的几年时间，专心钻研我的文学艺术——这就是我的人生大学。

当我现在回顾自己的一生，没有什么时刻像我刚进大学又不用上课的那几年那样幸福。我当时年轻，没有什么责任感和事业心。我完全自由，一天二十四小时，全归我自己支配。我可以随心所欲地读书、写作，不需要向任何人汇报。大学考试的阴云还未出现在晴朗的天际，在十九岁的青年人看来，三年是多么漫长、多么丰裕的时间啊，在这段时间，可以得到多少意外的惊喜和收获啊！

我着手的第一件事情，就是筛选自己的诗作，形成一个集子——我当时的态度可是毫不留情的。我今天可以大言不惭地承认，对于我这样一个十九岁的中学毕业生而言，铅字的油墨味是世界上最好闻的气味，比设拉子①的玫瑰油还要好闻。不管哪家报纸刊登了我的作品，都会使我生来脆弱的自信心振奋一次。难道我现在不应该准备那质的飞跃，出版一本诗集吗？那些比我自己还要相信我的同学们纷纷赞叹，终于促使我下了决心。我莽撞地将稿子直接投寄给了舒斯特＆勒夫勒出版社，它是当时出版德语诗歌声望最高的出版社，出版了李利恩克隆②、戴默尔③、比尔鲍姆④、蒙贝尔特⑤等整整一代诗人的作品，同时也出版了里尔克和霍夫曼斯塔尔等人的新德语抒情诗。接着，奇迹和吉兆就出现了——令人难忘的幸福时刻接踵而来，这样的幸福时刻在一个作家的一生中只有一次，以后即使他获得了辉煌成就，也再不会体验到了。我收到一封盖有出版社印章的信，我把它捏在手中，心情激动，不敢拆开。当我读到，出版社决定出版我的诗集，并且提出要保留出版我今后作品的优先权时，我简直连气都透不过来了！接下来我又收到出版社寄来第一次清样的包裹，我无比激动地打开包裹，看着那排印的铅字、版式和书的样本。几周之后，第一批样书寄来了。我不知疲倦地看了一遍又一遍，反复抚摩着、

---

① Schiras，伊朗西南部城市，以盛产玫瑰花著称。
② Detlev Liliencron，一八四四年至一九〇九年在世，德国诗人。
③ Richard Dehmel，一八六三年至一九二〇年在世，德国诗人。
④ Otto Julius Bierbaum，一八六五年至一九一〇年在世，德国作家。
⑤ Alfred Mombert，一八七二年至一九四二年在世，德国作家。

比较着，然后，我还孩子气地去书店转悠，查看自己的书是否已经摆上柜台，看它们是被摆放在书店中央，还是怯生生地待在角落里。再接下来，我就等待着读者来信，等着最初的评论，期待从某个陌生人、某个料想不到的人那里得到回应——这所有的紧张、激动和振奋，每个第一次出版作品的年轻人都会有这样的感受，现在我心底对这一切是多么羡慕啊。不过，我的这种陶醉只是对最初时刻的迷恋，并不是自我满足。我以后不仅再没有重印我的《银弦集》（这是我那已消逝的处女作的名字），而且在我的《诗集》中也没有选其中任何一首诗，这个简单的事实就证明了我事后很快对自己的作品产生了不同于最初的看法。那些诗句只是一些模糊的预感和不自觉的模仿，并非出于自身的体验，而是出自对语言的热情。但是至少，它们表现出了一定的音乐性和形式感，引起了圈内人的注意。我不能抱怨我自己没有受到足够的鼓舞，当年诗坛的领袖人物如李利恩克隆和戴默尔，都衷心称赞了我这个十九岁的后生，将我视作他们的同行。我无比崇拜的里尔克，因为收到我送给他的"一本如此美好的书"，回赠给我他新近诗作的单行本，表示感谢。这本书是我青年时代最珍贵的纪念品，日后被我从奥地利的废墟之中抢救出来，带到了英国（它现在又在哪里呢？）。当然，我自己想想也觉得毛骨悚然，里尔克送我的这第一件礼物——这之后他还送过我很多礼物——距今已有四十年了，那上面熟悉的字迹已是来自冥府的问候了。当时最出乎我意料的惊喜来自马克斯·雷格尔[①]，他是当时与里查德·施特劳斯齐

---

[①] Max Reger，一八七三年至一九一六年在世，德国作曲家。

名的最伟大的作曲家，他亲自问我是否可以从我的诗集中挑选出六首诗谱成歌曲，从此，我便经常在音乐会上听到自己的这首或那首作品，——没想到这些连我自己都早已遗忘和舍弃了的诗句，却借助大师的音乐艺术一直流传下来。

这些出乎意料的赞许，当然还伴有坦率友好的批评，及时地对我产生了影响，使我有勇气又迈出一步，倘若靠我自己那无可救药的不足的自信心，我是永远，或者说，是不会这样快地迈出这步的。早在中学时代，除了诗歌之外，我还在《现代》文学杂志上发表过一些短篇小说和评论，但我却从来不敢向声望高、影响大的报纸投稿。其实，在维也纳只有一家大报，那就是《新自由报》。这份报纸格调高，关注文化，享有很高的政治威望，它对于整个奥匈帝国的影响，就像《泰晤士报》之于英语世界、《时代报》之于法语世界一样。而在德意志帝国，还没有哪家报纸为达到卓越的文化水准而如此努力过。《新自由报》的发行人莫里茨·贝内狄克特是一个具有非凡组织才能和不知疲倦的人，他使尽浑身解数，要使这份报纸在文学和文化方面超过所有的德文报纸。当他想向某位知名作家邀稿时，他会不惜任何代价地一连发出十份、二十份电报，他会预付所有的稿酬，在圣诞节和新年的节日版增加文学副刊，将当时最著名的文学家的所有作品目录都刊登出来。阿纳多尔·法朗士[①]、盖尔哈特·豪普特曼、易卜生、左拉、斯特林堡和萧伯纳就会借此机会在这份报纸上聚会。这份报纸为整座城市，乃至整个国家的文学导向做出了不可估量的贡献。不

---

① Anatole France，一八四四年至一九二四年在世，法国作家。

言而喻，它的世界观是"进步"的，是自由主义的，它的态度谨慎而有节制，在代表古老的奥地利的高度文化水准方面，这份报纸堪称表率。

在这座"进步"的圣殿内，还有一处特殊的神圣，那就是所谓的"副刊"。像巴黎著名的日报《时代报》和《论坛报》一样，副刊只登载有关诗歌、戏剧、音乐和艺术方面最精辟和最优秀的文章，和那些瞬息万变的政治新闻和日常通讯有"显著的"不同。只有长期经受住考验的权威人士才能在副刊上发言，一位作者，只有当他具有犀利的判断力、丰富的经验和娴熟的文笔，并经过几年试用之后，才能来到这神圣之地担任主笔。就像圣伯夫[①]以他的《月曜日》文学评论成为巴黎的绝对权威一样，小型舞台剧的大师路德维希·斯派达尔[②]和爱德华·汉斯立克是《新自由报》副刊上戏剧和音乐方面的权威，他们的一句赞赏或否定决定着一部作品、一出戏剧和一本书在维也纳是否能成功，从而也常常决定一个人的命运。副刊上的每篇文章都是当时知识界的每日话题，他们讨论、批判、惊叹或持敌对态度，一旦在那些早被人们承认的受到尊敬的"副刊作家"中冒出一个新名字，真是一件轰动的大事。年轻一代当中，只有霍夫曼斯塔尔以几篇精彩的文章偶尔在那里露一面，其他的年轻作家必须有自知之明，还是将自己的作品拿到文学刊物上去发表。谁如果能在《新自由报》的头版上

---

① Charles Augustin Sainte-Beuve，一八〇四年至一八六九年在世，法国文学评论家。

② Ludwig Speidel，维也纳戏剧艺术家。

发表文章,就是在维也纳为自己竖立了大理石丰碑。

在我的父辈眼中,《新自由报》是先知,是举行神圣仪式的圣殿,我今天已经不太清楚自己当初怎么会有勇气把一首小诗投给了它。但结果,我遇到的不是简单的拒绝。该报的副刊编辑每周只有一天对外接待的时间,而且是在下午两点至三点,在依次接待完那些著名的固定撰稿人之后,他只有极少的时间来处理一个外行的投稿。我顺着螺旋式楼梯来到他的办公室,心怦怦乱跳,我请人进去通报,几分钟之后,通报人回来了,告诉我,副刊编辑先生有请,于是我走进那间又窄又挤的房间。

《新自由报》的副刊编辑名叫特奥多·赫尔茨尔,这是我见到的第一位应当享有世界历史地位的人物,——当然他本人并不知道,他自己担负了多大的使命,使犹太民族的命运和我们时代的历史发生了多么重大的转折。他当时的态度还很矛盾,暧昧不清。他最初是尝试写诗,很早就显现出记者的才华,先是担任《新自由报》驻巴黎的通讯员,后来就成了《新自由报》副刊的编辑——维也纳读者最喜爱的人。他的文章富有敏锐的观察力,这种观察往往非常明智,他的文风优美,带有一种高贵的魅力,无论是写笔调轻松的文章还是写批判性的文章,均不失大家风范。他的文章是我们所能想象的记者文章中最有修养的,足教这座挑剔的城市为之倾倒。他也曾有一部剧作在城堡剧院获得成功,因此他成为名人,为青年们所崇拜,受到我们父辈的尊重,直到那一天,意想不到的事情发生。命运总是有办法找到它需要的那个人,要他完成那秘密的使命,哪怕这个人自己想躲起来也无济于事。

特奥多·赫尔茨尔在巴黎经历了一件事情,震撼了他的内心,在那个时刻,他的一生都被改变。他作为记者列席了对阿尔弗雷德·德雷福斯[①]的公开审判,他目睹人们将这个面色惨白的人的肩章撕下,而这个人却呼喊着"我没有犯罪!"在这一瞬间,他从内心知道德雷福斯确实是清白的,他之所以蒙受了那可怕的叛变的罪名,只是因为他是犹太人。特奥多·赫尔茨尔这个正直的男子汉在大学时代就已为犹太人的命运而忧虑,——虽然那时还未显现出厄运的端倪,他却凭先知的本能预先感知了犹太民族整个的悲惨命运。他感到,自己是天生的领袖,他的堂堂的仪表也一点不比他丰富的思想和对世界的认识差,所以,上大学时,他就提出过一个幻想计划,试图彻底解决犹太人的问题,也就是说,他想通过集体自愿受洗的仪式将犹太教和基督教联合起来。他总是沉浸在戏剧性的想象之中,幻想自己有朝一日带领着成千上万的奥地利犹太人走向斯特凡大教堂,用象征性的行为做出榜样,将这个没有国家的被驱逐的民族一举从歧视和仇恨中拯救出来。但是不久,他就意识到,这个计划无法实现,后来一年又一年的工作将他的注意力引开,使得他不再关注这个"最根本的问题",他原本认为"解决"它才是自己真正的"责任"。但是现在,当德雷福斯遭到贬黜的时刻,他想到自己的民族将永远受到歧视,这像一把匕首刺进他的胸膛。如果种族隔离势在难免,那么就彻底

---

[①] Alfred Dreyfus,一八五九年至一九三五年在世,法国军官,出身犹太中产阶级。曾任法军总参谋部大尉,被控向德国出卖情报,史称"德雷福斯事件"。

隔离好了，他这样想。如果遭到凌辱就是我们的命运，那么就骄傲地迎上去。既然我们饱尝没有祖国之苦，那就自己建立一个国家！于是，他出版了《犹太国》这本小册子，他在其中宣称，无论是寄希望于同化，还是渴望彻底的宽容，对于犹太民族都是虚妄。犹太人必须在自己古老的故乡巴勒斯坦建立起自己的新国家。

当这本极具穿透力的小薄册子问世时，我还在念中学，但是我却记得它当时在维也纳犹太人的资产阶级圈子里引起的普遍的震惊和愤怒。他们不悦地说，这样一位能干、风趣、有教养的作家到底想干什么？是什么让他写出这些蠢话？我们为什么要上巴勒斯坦去？我们说的是德语，不是希伯来语，我们的祖国是美丽的奥地利。在好心的弗兰茨·约瑟夫皇帝的统治下，我们不是过得很好吗？我们不是生活得越来越好，地位也很牢靠吗？我们难道不是与别人一样享有平等权利的公民吗？我们难道不是世代居住在这可爱的维也纳，是它的忠实市民吗？我们所在的时代难道不是一个进步的时代，再过几十年，一切偏见不是都会消除吗？为什么他身为犹太人，愿意帮助犹太民族，却要为我们最凶恶的敌人提供口实呢？他为什么试图把我们和这个德意志世界隔开呢，而我们每天都在和这个世界更紧密，更融为一体。于是犹太教的传教士激动得离开了布道坛，《新自由报》的负责人严禁在他的"进步"的报纸上出现犹太复国主义这个词。维也纳文学界的忒尔西忒斯[①]，最擅长恶毒讽刺的卡尔·克劳斯还写了一本名为《锡安

---

① Thersites,《荷马史诗》中的人物，希腊军队中最丑陋的人，多言、好斗。

山上的国王》的小册子,只要特奥多·赫尔茨尔走进剧院,人们就会一排一排地暗暗地发出嘲讽:"国王陛下驾到了!"

赫尔茨尔起初觉得自己受到了人们的误解,在维也纳,他长年受到爱戴,这是他认为最安全的地方,维也纳人怎么会背弃他,甚至嘲笑他呢?然而,他突然间得到这样愤怒激烈的回应,几乎惊呆了,他没想到自己这几十页的文章竟然在世界上引起了一场如此巨大的、远远超越了他本人的运动。这运动自然不是来自那些在西方过着舒适安逸生活的犹太资产阶级,而是东方的广大群众,来自加里西亚、波兰和俄国的犹太无产阶级。赫尔茨尔无意之中用自己的小册子重新唤起了流落异乡的犹太人心中暗藏的热烈向往,他们希望实现在《旧约》中说了千年之久的弥赛亚的复国梦想——这既是希望,又是宗教信仰,它让那些被践踏、被奴役的千百万人觉得人生尚有意义。在人类两千年的历史当中,只要一个先知或骗子触动了这根弦,整个民族的人心都会激奋起来,但是,这一次的声势最浩大、反响最激烈澎湃。光靠一个人的一支笔,互相争斗、一盘散沙似的民众就被联合为一体了。

这主张尚带着梦想色彩而未定型的最初时刻,肯定也是赫尔茨尔短暂一生中最幸福的时刻。一旦他开始在现实当中设定目标、联合力量时,他才发现,他的犹太民族分成了那么多不同的族群,各自有那么多不同的命运。这里的犹太人信教,那里的犹太人不信教,这里的犹太人信奉社会主义,那里的犹太人奉行资本主义。他们用各种语言互相争吵,都不愿意接受同一个权威的领导。当一九〇一年我见到赫尔茨尔的时候,他正处在这种斗争之中,而且,可能他本人也很矛盾,他还没有足够的勇气和信心,为了这场事业放弃维持他和家庭生计的职位。他还必须把精力分散在小小的记者事务上，完成报社的任务，这些才是他真正的生活。这就是当时接见我的副刊编辑特奥多·赫尔茨尔。

特奥多·赫尔茨尔站起身，向我问好，我不禁感到，"锡安山上的国王"这个带讽刺味的绰号还真有几分道理。他前额又宽又高，面部的线条很明朗，留着黑得发青的教士式的长须，深蓝色的眼睛带着忧郁，俨然一副国王气派。他那带有几分戏剧化的表情毫不做作，因为他有一种自然而然的高贵气质，而且他也不需要利用这特殊的场合在我面前故意装出威严的样子来。在这间空间异常局促、只有一扇窗户的编辑部小房间里，他坐在一张堆满了纸张的旧写字台前工作，好像一个贝督因人的部落酋长。即使身套一件贝督因人的白色宽大长袍，他也会和现在穿着精心裁剪的巴黎式样的深色燕尾服一样自然。在他有意做出的短暂停顿之后，——我后来经常看见他这样，他喜欢这种短暂停顿产生的效果，这大概是他从城堡剧院学来的，——他居高临下却满怀善意地向我伸出手，指着身边的椅子让我坐下，对我说："我相信，在什么地方听说过您的名字，或者看过您的诗作，您写过诗，对吗？"我只好点头承认。于是，他将身子向后一靠，问"那您这次给我带来了什么大作？"

我说，我很愿意请他看看我的一篇小散文，接着，我把手稿递给他。他看了看封页，然后一页一页地翻看，一直看到最后一页，估计了一下篇幅，再把身子更深地陷进椅子。我很惊讶地发现（我没有想到会这样），他已经开始阅读我的稿子。他读得很慢,一页一页地往下翻,根本不抬头看我一眼,当他看完最后一页,他慢慢地把手稿叠整齐,将它放进一个文件袋,并用蓝色铅笔在上面做上记号,却始终没有看我一眼,当他用这一系列的神秘动作将我长时间置于紧张状态后,他抬起头,用深沉的目光看着我,故意缓慢地、郑重其事地对我说:"我很高兴地告诉您,您的这篇美文将发表在《新自由报》上。"当时的情景简直就像拿破仑在战场上将一枚十字勋章佩戴在一位年轻的中士胸前。

这件事看起来就像是一段微不足道的插曲,但是只有那个时代的维也纳人懂得,他的这种提携意味着怎样的一步登天。就这样,我在十九岁那年一夜之间跻身名流行列。特奥多·赫尔茨尔自打这次见面起对我就倍加关照,同时,也借这个偶然的机缘写了一篇文章,告诉人们,维也纳的艺术并未衰微。相反,现在除了霍夫曼斯塔尔之外,年轻人中人才辈出,他们当中将会出现当代最优秀的作家。这时,他首先提到我的名字。像特奥多·赫尔茨尔如此重要的人物,第一个出面为我说话,意义重大,充满责任心,这始终让我感到特别的荣幸。然而,我并没有如他所愿,参加甚至共同领导他的犹太复国运动,做出这样的决定对于我而言的确非常困难,这让我看上去像是一个忘恩负义的人。

但是我没法和这个运动产生真正的关联,首先,赫尔茨尔自己党内的同志对待他那种不尊敬的态度就令我不能与他们接近,这种态度在今天真是很难想象。他在东方的同志指责他根本不懂犹太精神,甚至连犹太人的风俗都一窍不通。而国民经济学家仅仅将他视作副刊编辑,反正每个人都有反对他的理由,而且对他都不太有礼貌。我知道，恰恰是那个时候，他是多么需要有人全身心投入运动，尤其是年轻人啊，而这个圈子里的争强好斗的风气和缺乏真诚、正派的组织关系让我疏远了这场运动，我当初之所以好奇地接近它，只是为了赫尔茨尔本人的缘故。有一次，当我们说到这个话题，我坦率地告诉他我对他队伍中缺乏纪律的现象感到不满，他苦笑了一下，对我说："您要知道，几个世纪以来，我们已经习惯了这样摆弄问题反复务虚，在两千年的历史中，我们犹太人根本没有为世界创造出什么真正的东西。人们必须首先学会全身心地奉献，这一点连我自己在今天都还没有完全学会，因为我本人还得间或写些文章，我还是《新自由报》的副刊编辑，而我理应将精力专注于一点，一心不能二用，这本是我的职责。我已经着手准备这样做了，我自己要真正做到全身心的奉献，别人也许也会跟着学。"我至今还记得，他这番话给我很深刻的印象，因为，我们大家都不了解，为什么赫尔茨尔久久不能下决心放弃他在《新自由报》的职务，——我们当时认为，他是为了家庭的缘故。但实际上不是这样，他后来甚至为了这事业奉献了自己的财产，但大家是很晚之后才知道这件事的。不仅仅是当时与我的这番谈话，而且他日记中的不少内容也都透露出他当时是忍受着多么痛苦的矛盾煎熬。

在那之后我又见过他数次，但是，这其中只有一次是值得回忆和难忘的，也许，因为那是最后一次吧。我在国外待了一段时间之后——在此期间我和维也纳只保持着书信联系——回到维也纳，有一天，我在市公园遇见了他。他显然是从编辑部来，走得很慢，有些佝偻，不再像从前那样健步如飞了。我礼貌地和他打声招呼，就想与他擦肩而过，而他却迅速地向我迎过来，并且朝我伸出手，说："您为什么总是要躲着我？您根本没必要这样。"他非常赞赏我经常去国外，"这是我们的唯一出路。我所有的一切知识都是在国外学的，只有在那儿，人才会习惯独立思考，我相信自己在这里是不会有勇气产生建立犹太国的思想的，它在萌芽状态的时候就会遭到毁灭。但是感谢上帝，当我将它带回国时，这个想法已经成熟了，对于已经迈出的步伐，他们想阻止也已经无能为力了。"接着，他语气异常沉痛地说起维也纳，在这里他遇到了最大的阻碍，而且，这阻碍并非来自于外部。从外部而来的，尤其从东方，现今又从美国，来的都是促进力量。他说，他感到非常疲惫。"我的错误就是，开始得太晚。维克多·阿德勒在他精力和斗志都最旺盛的年华，三十岁就当上了社会民主党的领袖，而历史上的大人物就更不必提了。您知道吗，一想到逝去的光阴，我是多么的痛苦啊——我真应当早些从事自己的事业。如果我的健康状况像我的意志一样坚强的话，那还好些，但是岁月不饶人啊！"我一直陪他走了很长一段路，一直到他家门口，他在那儿停下来，和我握手告别："您为什么不到我家来做客？您从来没来过。下次您事先打电话来，我会空出时间等您的。"我答应一定去拜访他，却暗自决定不遵守这个诺言，因为，我越是爱戴一个人，就越珍惜他的时间。

但我最终还是去过他家一次，那是在几个月后了。上回我遇见他时他已经病魔缠身，这一次病情突然发作，我所能做的只是陪伴他走完去坟墓的路。那是一个不同寻常的日子，是七月的一天，当时在场的人都不会忘记这一天。因为，就在突然之间，到达维也纳所有车站的所有列车，无论昼夜，都载着世界各地的人前来为他送葬，东欧和西欧的犹太人、俄国、土耳其的犹太人，他们从大大小小的地方蜂拥而至，脸上还带着因为这噩耗而震惊的表情。现在人们发现了一个先前因为无休止的争吵和流言蜚语而被忽视的事实，那就是，此刻他们安葬的是一个伟大运动的领袖。送葬的队伍一眼望不到头，维也纳骤然发现，逝世的人不仅仅是一位作家和中流诗人，而是一位思想家，这思想在一个国家、一个民族当中要经过相当长的时间才以必胜的面貌显现出来。在墓地附近发生了一场骚动，太多的人扑向他的灵柩，哭泣着，号啕着，号叫着，一种疯狂的绝望情绪爆发了出来，那几乎是山崩地裂一般，一种强大的令人昏厥的悲哀冲破了一切秩序，这种景象真是空前绝后，我一生当中从未见过。看到由成百万民众组成的民族，集体从内心深处迸发出这样深切的悲痛，我才第一次知道，这个孤独的人通过自己的思想为这世界带来了多少热情和希望！

我有幸成为《新自由报》副刊的作者，这对我个人而言有着深远的意义。我没有想到自己通过这件事获得了家人的支持。我的父母对文学本来不甚热心，也没有自己的判断。和维也纳整个资产阶级一样，他们关心的是，什么在《新自由报》上受到了赞扬，而至于《新自由报》鄙斥和批判了什么，他们就根本无所谓了。他们觉得在《新自由报》副刊上发表的文章必然有绝对的权威，凡是在那上面发表过见解的人，仅凭这作者地位就会赢得人们的尊重。试想这样一家人，每天怀着崇敬和期待，看报总是最先看副刊这一页。突然一天早晨，他们简直不能相信自己的眼睛，坐在桌边的那个很不听话、在学校也不冒尖的十九岁的男孩子竟然被允许在这个至关重要的版面，夹在一群有经验的知名人士当中发表自己的观点，而他们一向只是善意地将他的写作当作是"无害的"儿戏（这总比打牌或和轻浮女子打情骂俏好），在家也不太重视他的想法。当时这件事情对家人的震动可真是不小，就算我写出了叶芝、荷尔德林和雪莱那样最美的诗，周围的人也不会像那样对我刮目相看。当我走进剧院的时候，总有人对我这个跻身于德高望重的老人行列中的无名小卒指指点点。由于我经常地、几乎是有规律地在《新自由报》副刊上发表文章，所以我很快面临成为受人尊敬的地方名人的危险。好在我及时地摆脱了这个险境，一天上午，我告诉父母，下个学期我将转到柏林去上大学，这在他们的意料之外，但我的家人尊重我的意见，或者更确切地说，他们是因为对《新自由报》怀有无比敬意，我头顶《新自由报》这块金字招牌，他们也就不好反对我的这个愿望。

当然，我想的可不是去柏林"上大学"。在那里，我和在维也纳一样，一学期只去学校两次，一次是为了去办听课注册，一次是让教务员在我的听课证上盖章。我在柏林所寻求的，既非学堂，也非教授，而是一种更加彻底、更加高级的自由。在维也纳，我总是感到自己受到环境的限制，和我往来的文学同行，几乎全部来自和我同样的阶层，都是犹太资产阶级。在这狭小的环境，同城的人彼此了解，我必须永远扮演一个"上流"家庭里的公子形象，而我已经厌倦了这所谓的"上流"社会，我甚至渴望起所谓的"劣等"社会来,去那里过一种自由自在的生活。在柏林的时候,我从来没去看过一眼课程表,根本不知道教哲学的教授是谁。我只想知道,这里的"新"文学比维也纳的更加活跃和繁荣,在柏林,可以遇见戴默尔和其他年轻的诗人,在柏林,不断有新的刊物出版,有新的歌舞剧院和戏院成立,简而言之,在柏林,用维也纳人的话来讲,就是"总有些新鲜事儿"。

实际上,我到柏林的时候,正值它很有趣的一个历史时刻。自从1870年,柏林从普鲁士王国的毫不富庶的务实的小都城变为德意志帝国的京城以来,这个位于施普雷河畔的不起眼的地方猛然间繁荣了起来。但它在文化和艺术领域还不具有领导地位,拥有众多画家和诗人的慕尼黑才是当时真正的艺术中心,而乐坛的领导地位则由德累斯顿的歌剧拥有,那些小州的首府也都各有所长;而维也纳尤其凭借它数百年的文化传统,精英荟萃,人才辈出,当时远远领先于柏林。不过,随着那几年德国经济的迅猛发展,历史翻开了新的一页。规模巨大的康采恩和豪门望族开始迁来柏林,新的财富和随之而来的巨大的冒险精神,为这里的建筑和剧院开辟了在德国其他大城市所没有的前景。在威廉皇帝的圣谕保护之下,博物馆纷纷开始扩建,剧院也找到了像奥托·勃拉姆[①]这样杰出的领导人。正因为柏林没有真正的传统,没有百年的文化,才吸引着青年人来尝试自己的想法。因为,传统往往同时

---

[①] Otto Brahm,一八五六年至一九一二年在世,德国文化历史学家和戏剧领导者,与易卜生、豪普特曼同是当时文学运动的先锋,一八八九年成立"自由舞台"组织并担任领导,一八九四年至一九零四年任德意志剧院负责人,后任莱辛剧院负责人。

意味着阻力，束缚于传统的维也纳，将自己的历史视为偶像，对青年人和他们的大胆尝试总是采取谨慎和观望的态度。而柏林正希望迅速为自己竖立起充满个性的形象，所以，在那里可以进行新的探索。因此，毫不奇怪，来自整个德国、甚至奥地利的年轻人都涌向柏林，其中天赋出众者自然便获得了成功。维也纳人马克斯·莱因哈德为了谋得一个职位，在维也纳不得不耐心等了二十年，而在柏林，他只用了两年就得到了。

当我到达柏林的时候，正赶上它由一座普通的都城转变为国际大都市的转折期。我从备承祖荫的美丽的维也纳来到这里，第一印象是相当失望的。向城区以西拓展开发的重要进程刚刚起步，在新开发区，要扩充新建筑，而不是要增加蒂尔加藤一带那样的炫富楼群，构成城市中心的仍旧是建筑单调乏味的弗里德里希大街和豪华得傻里傻气的莱比锡大街。要想去趟市郊，像维尔默村、尼克拉湖和施他格利茨这些地方很困难，只能坐有轨电车。要想去欣赏一下湖光山色，在当时就像去探险。除了古老的"菩提树大街"之外，市里面就再没有其他的中心区了，也没有像我们维也纳格拉本大街上的那种"彩车大队"，由于普鲁士古老的节俭精神，这里处处都缺乏优雅。妇女们穿着自家裁剪的毫无品位的服装去看戏，这里的人们没有那股子巧劲儿，缺乏像维也纳人和巴黎人那样的能耐，不懂怎样把一件便宜货变成一件迷人的奢侈品。从每一个细节都可以感受到弗里德里希二世时代那种近乎吝啬的勤俭持家的精神：咖啡又淡又难喝，因为每一颗咖啡豆都要节省；饭菜也寡淡无味，缺乏营养。在我们维也纳，处处充满音乐性的活泼的节律，而在柏林，处处都一丝不苟、井井有条。我觉得最有代表性的例子就是我的维也纳女房东和柏林女房东的不同了：维也纳的女房东性格活泼，很爱说话，虽然做不到将一切都打扫干净，而且会丢三落四，但是对人很热心。柏林的女房东做事一丝不苟，将一切都打理得无可挑剔，但是，在第一个月结账的时候，我发现她用清清楚楚的斜体字把账算得一分不差，每件小事情可都不是白干的：缝一粒裤子纽扣要三芬尼，除去桌子上的一块墨迹要二十芬尼，算到最后，她为我做的事情一共值六十七芬尼。我一开始觉得这很可笑，但是，更叫绝的是，过了几天，连我自己也向这种让人不舒服的普鲁士较真的精神屈服了，我平生第一次，但也是最后一次，记下了一份详细的现金支出账单。

我带来了维也纳的朋友们为我写的很多封介绍信，但是，一封也没有拿出去。我之所以这样超出常规地跑到柏林来，为的就是摆脱资产阶级安安稳稳的生活状态，完全独立自主地、无拘无束地生活。我只想认识一种人，就是我自己在文学努力的道路上结识的朋友——而且尽可能结识一些有趣的人物，毕竟，我可没有白读《波西米亚人》，当时二十岁的我不由得也相当地希望自己也能这样浪漫地生活。

我没花多长时间就有了一个放浪不羁、气味相投的圈子。早在维也纳时，我就和柏林的先锋报纸《现代人》——它自嘲似的称自己为"上流社会"——合作了。它的主编是路德维希·雅各博夫斯基，这位年轻的诗人在他早逝之前不久成立了一个社团，有个对于青年人很有诱惑性的名字——"后来者"。这个组织每周在诺伦多夫广场旁的一家咖啡馆的二楼聚会一次，在这个仿效巴黎的"丁香园"的大型聚会中，各色人物济济一堂。有诗人和建筑家、附庸风雅之徒和记者、打扮成工艺美术家和雕塑家的年轻姑娘、想来此提高德语水平的俄国大学生和满头金发的北欧女子，还有来自德国各地的人，骨骼健壮的威斯特法伦人、憨厚的巴伐利亚人、西里西亚的犹太人。大家挤在一起，激烈地讨论，完全不受任何约束。时而会有人朗诵诗歌或戏剧，但是对于每个人来讲，最重要的事情是相互认识。令人感动的是，在这群以波希米亚人自居的年轻人当中，还有一位酷似圣诞老人的灰胡子老者，他受到所有人的尊敬和爱戴，因为他是一位真正的诗人和一位真正的波希米亚人，他就是彼得·希勒①。这位七十岁的老人眯着他的蓝眼睛，慈祥地望着这群不寻常的孩子，他总是穿着一件灰色的风衣，藏着里面那件被虫蛀的西服和邋遢至极的衬衣。每当我们簇拥着他，要他朗诵点什么的时候，他总是很高兴地从上衣口袋里掏出一张皱巴巴的手稿，为我们朗诵自己的诗。那是完全与众不同的诗作，是天才抒情诗人的即兴作品，只是形式太松散、太出于偶然了。他在电车上或咖啡馆用铅笔写下这些诗句，然后就将它们抛至脑后，在给我们朗读的时候，他总是吃力地从那张涂鸦的纸条上辨认自己的字迹。他向来就没有钱，但是，他也无所谓有没有钱，他东家西家地去做客，他的出世和对名利完全的淡泊之中，含有一种真谛。人们根本不知道，这个不食人间烟火的好人是何时、怎样来到柏林的，也不知道他想在这里找寻什么。可是，他一无所求，既不想成名，也不想出人头地，由于他那种

---

① Peter Hille，一八五四年至一九〇四年在世，德国诗人。茨威格在此误以为他当时七十岁。

诗人的梦想,他反而更加无忧无虑,更加自由自在,这种情形我后来还曾在另一个人身上见到过。在他身边,野心勃勃的人们高谈阔论,大声喧哗,他总是温和地倾听,不和任何人争论,有时会向某人友好地举杯问候,但几乎不介入谈话之中。他给人这样的感觉:即使在这样一片喧嚣混乱之中,他仿佛还在顶着一蓬乱发的稍感疲惫的脑袋里搜寻着诗句,却始终不见它们的踪影。

也许是这位天真的诗人身上散发出来的真实和童心——他本人在德国几乎已被遗忘——分散了我对"后来者"社团选举出来的领导的注意力。但这位新领袖用自己的思想和话语后来决定了无数人的生活方式,他便是人智学的奠基人,鲁道夫·施泰纳[①],是我继赫尔茨尔之后遇见的又一个命中注定为千万民众指明道路的人,他的追随者为了发展他的学说创办了规模宏大的学校和研究院。他本人不像赫尔茨尔那样具有领袖风度,但是更加富有魅力。他的深色的眸子具有一种催眠的力量,当我眼睛不看他,只用耳朵听他说话的时候,能够更专心、更具有批判意识,因为他苦行僧般消瘦的面庞充满了激情,他的相貌那样英俊,为他着迷的绝不仅仅是女性。鲁道夫·施泰纳在当时并未创建自己的学说,他自己还不过是一个探索者和学习者,他有时教授我们歌德的色彩学说,歌德的形象在他的讲述中愈发显得像浮士德和巴拉塞尔士[②]。施泰纳说话总是那样引人入胜,他知识渊博,尤其和我们这

---

[①] Rudolf Steiner,一八六一年至一九二五年在世,人智学的奠基人。

[②] Paracelsus,一四九三年至一五四一年在世,德国自然科学家、哲学家、医生和神学家。

些仅限于文学领域的人相比，他的知识显得非常多样化。每次听完他的讲座，或者和他私下谈完话，我总是既兴奋又带几分压抑地回到住处。但是，当我今天扪心自问，当时自己是否预感到这个年轻男子以后会在伦理学和哲学领域发挥如此巨大的影响，我只能惭愧地回答说，没有。我只预计到他的探索精神将使他在自然科学方面获得巨大成就，如果我听说他凭那直观的智慧在生物学上获得了重大发现，我绝不会感到惊讶！但是，当数年之后，我在多纳赫见到那座雄伟的歌德大楼时，——这座"智慧学校"是他的弟子们捐赠给他的人智学的"柏拉图学院"——我真有点失望，没想到他的影响竟如此深入到现实生活之中，有时甚至显得庸常。我无意对人智学妄加评论，因为，直到今天，我还不甚清楚它究竟是什么，有什么意义。我甚至相信，这门学问之所以这样有诱惑力，关键不在它的思想，而在鲁道夫·施泰纳本人的个人魅力。但不管怎样，在这样一位极具魅力的人物尚未成名之时，当他还不以权威自居，还能以友善的姿态与青年人交谈时，我就有幸与他结识，这对我而言终究是不可斗量的财富。通过他那极富想象、同时又相当深奥的学识，我认识到，原来我们上中学时自负地以为自己已拥有的广博知识根本只是些皮毛，真正渊博的学问不是通过草草的阅读和讨论得来的，而是需要花数年的苦功和不懈的钻研。

但是，在那个很容易交朋友，政治和社会隔阂尚且不太严重的开明时代，年轻人要想学到真正的知识，最好和志同道合的伙伴相互促进，胜过跟一个有名望的人学习。我再次感到，——这次可在比中学的环境更加高级、更加国际化——志同道合的热情会结出怎样的硕果。我在维也纳的朋友们几乎都出身资产阶级，而且，十之八九都是犹太人。所以我们的爱好只能是大同小异，千篇一律。而在柏林这个新世界当中，年轻人来自截然不同、上下对立的阶层，这一位是普鲁士贵族，那一位是汉堡船业老板的公子，另一位则是威斯特法伦的农民。我突然置身于这样一个社交圈，其中还有人穿着褴褛的衣衫和破旧的鞋，这是我在维也纳从未接触过的社会阶层。我和那些酒徒、同性恋者和吸毒者同坐一桌，我很骄傲地和一个相当有名的、坐过牢的大骗子握手。（他出狱后出版了自己的回忆录，因此得以和我们交往。）我被带进的小酒馆和咖啡馆里，充斥着的人物都是我只在现实主义小说当中看见过的，而且我以前还不太相信真有这样的人，愈是声名狼藉之徒，我的兴趣愈大，愈想和他结识。这种对堕落之人的特殊爱好，或者说好奇，伴随了我的一生，即便到了该慎重择友的年龄，我的朋友们还往往责备我交友不慎，不该和那些缺乏道德、没有信誉、令人丢脸的家伙交往。可能正是因为我出身于正派体面的阶层，而"四平八稳"这个情结在某种程度上成了我的负担，而那些挥霍自己的生命、时间、金钱、健康和名誉的人则显得独具魅力，对于以上这些东西，他们的态度几乎称得上是蔑视。这些人是狂热分子，是没有目标、只为了生存而生存的人，也许，在我的长篇和短篇小说里，人们会发现我对他们这种不羁而浓烈的本性的偏爱。此外，还有来自外国友人具有异域色彩的诱惑，他们几乎每人都为我的强烈好奇心带来一份异国的礼物。画家埃·默·利林来自德罗霍毕茨地区，信奉东正教，是个穷工匠的儿子，他是我遇见的第一个真正的东欧犹太人，使我对于犹太精神的力量和顽强不灭的狂热有了第一次的了解。一位俄国的青年为我翻译了当时德国人尚不知晓的《卡拉玛佐夫兄弟》中最精彩的章节,一位年轻的瑞典女子让我头一次见识蒙克的作品,我在那些(劣等)画家的画室闲逛,为的是观察他们的技法,有个教徒还把我领进灵媒的圈子——这一切让我感到大千世界无奇不有,真令我兴味盎然。我在中学时代钻研形式、韵律、诗句、词语的那股劲头,现在转向了人群。在柏林,我从早到晚和各色人混在一起,时而兴奋,时而失望,甚至还会受骗。我相信,在柏林短短一个学期的时间内——完全自由的第一个学期,自己对精神交际的投入超过了以往十年的总和。

从道理上来讲,这些极丰富多样的启发自然会大大提升我的创作欲。但是实际却恰恰相反,我在中学时代通过伙伴间相互的激励而培养起来的高度的创作自觉令人忧虑地消失了。在我那本诗集出版四个月后,我简直弄不懂自己当初怎么会有勇气出版这样不成熟的东西。这些诗句在我看来仍然是优秀的、讲究技巧的,有的甚至称得上令人瞩目的艺术佳作,在形式上精雕细琢,但是,它们的情调是虚假的。自从接触现实之后,我对于自己的第一篇短篇小说也有同感,觉得带有脂粉气,是在对现实完全无知的情况下写成的,使用的是从别人那里模仿来的二手技巧。我来柏林时带来了一部长篇小说,只差最后一章未完成,原本想让我的出版人高兴高兴,这下也被扔进了火炉,因为,对于现实生活的这最初的认识已经严重打击了我原先对自己的那一点中学精英水平抱有的信心。我当时的感觉就好像自己在学校留了几级一样。事实上，我出版第一部诗集之后，间隔了六年时间才出版第二部诗集，我的首部散文集也是在那之后三四年出版的。我当时听从了戴默尔的意见，抓紧时间从事翻译工作。我至今仍然认为，从事文学翻译是让年轻作家更深刻、更创造性地了解母语的最好的途径。直到现在，我都为此感谢戴默尔。我翻译了波德莱尔的诗，还译过一些魏尔伦、叶芝、威廉·莫里斯①的诗，以及夏尔·范·莱尔贝尔赫②的一个小剧本和卡米耶·勒蒙尼耶③的小说《熟能生巧》。正由于文学翻译首先遇到的阻碍就是每种外语特有的惯用法，它要求译者具备丰富的表达能力，需要反复斟酌，才能运用得当。绞尽脑汁去发掘外语中这些最独特的表述方式，又在母语中找到与之对应并同样生动的用法，这种苦思冥想对于我而言始终是一种特殊的艺术创作乐趣。因为这种默默无闻、外人难以知晓其艰辛的工作要求译者具备耐心和毅力，这正是我在轻浮、鲁莽的中学时代所忽略的品德，所以我尤其珍爱这份工作。通过这种介绍不凡艺术财富的平凡工作，我平生第一次感到自己在做真正有意义的事情，平生第一次感到自己的存在有了价值。

在内心深处，我已经明白了今后的路该怎么走：多看、多

---

① William Morris，一八三四年至一八九六年在世，英国诗人、手工艺术家，反对用机器生产手工艺品，提倡手工制作实用性强、质地良好的家居用品。

② Charles van Lerberghe，一八六一年至一九〇七年在世，比利时象征主义诗人兼剧作家。

③ Camille Lemonnier，一八四五年至一九一三年在世，比利时作家，作品描绘比利时工人和农民的生活。

学，然后才开始动笔！不能急于发表作品，急于展现给这个世界看，——而应首先了解这个世界的本质！柏林仿佛为我打开五味罐，令如饥似渴的我更加胃口大开。我环顾四周，考虑暑期旅行可以去哪里，我选择了比利时。在十九和二十世纪交替的时候，这个国家在艺术上出现了不同寻常的飞跃，在势头上甚至超过了法国。在绘画界有克诺普夫①、罗普斯②，在雕塑界有康斯坦丁·默尼埃③、米纳④，工艺美术界有范·德·韦尔德⑤，文学界有梅特林克⑥、埃克豪特⑦和勒梦尼耶⑧，他们显示出欧洲巨大的新兴力量。但最令我着迷的是爱弥尔·维尔哈伦⑨，因为他为抒情诗指明了一条全新的道路。我对他的发现带有私密的性质，当时，德国人对他还一无所知，——官方的文学界一直把他和魏尔伦混为一谈，就

---

① Fernand Khnopff，一八五八年至一九二一年在世，比利时象征主义画家和版画家。

② Félicien Rops，一八三三年至一八九八年在世，比利时版画家。

③ Constantin Meunier，一八三一年至一九〇五年在世，比利时雕塑家，以劳动者为雕塑主题。

④ George Minne，一八六六年至一九四一年在世，比利时雕塑家和画家。

⑤ Henry van de Velde，一八六三年至一九五七年在世，比利时建筑家和工艺美术家。

⑥ Maurice Maeterlinck，一八六二年至一九四九年在世，比利时作家，一九一一年获诺贝尔文学奖。

⑦ George Eckhoud，一八五四年至一九二七年在世，比利时小说家、诗人、文艺评论家。

⑧ Camille Lemonnier，一八八四年至一九一三年在世，比利时小说家。

⑨ Emile Verhaeren，一八五五年至一九一六年在世，比利时诗人。

像把罗曼·罗兰①和罗斯丹②混为一谈一样。这样独自地爱一个人，往往意味着这爱具有双倍的浓烈。

也许有必要在这里做一点解释，我们那个时代经历的事情太多，变得也太快，所以我的记忆未必准确。我不知道爱弥尔·维尔哈伦这个名字在今天是否还有意义，在法语诗人中，是维尔哈伦第一个想将沃尔特·惠特曼③给予了美国的东西给予欧洲：对时间的认识，对未来的认识。他已经开始热爱现代世界了，并且希望将它变成诗歌的题材。就在其他人认为机器是恶魔，都市面貌丑陋，现代生活毫无诗意时，他却为每个新发明、每项机械成果而兴奋不已。他为自己的这种欢欣而欢欣，他是有意识地在这样做，为的是使自己在这样的激情中有更多的敏感。他最初的短诗最终发展成喷涌而出的伟大的赞美诗。《相互尊重，彼此友好》这首诗是他向欧洲人民发出的号召。我们这代人的乐观主义，在今天这个最最恐怖的倒退的年代不再被人理解的乐观主义，最早在他的诗歌中得到表现。在他的某些最优秀的作品中，还一直见证着我们当时对欧洲和整个人类生活的梦想。

我之所以去布鲁塞尔，其实就是想去认识维尔哈伦。但是，卡米耶·勒蒙尼耶，这位曾经写过《男人》，而今却被读者不公正地遗忘了的笔调强健的作家（我还翻译过他的一篇长篇小说）遗

---

① Romain Rolland，一八六六年至一九四四年在世，法国诗人、作家，一九一五年获诺贝尔文学奖。

② Edmond Rostand，一八六八年至一九一八年在世，法国戏剧家。

③ Walt Whitman，一八一九年至一八九二年在世，美国诗人，他的诗集《草叶集》是欧美现代抒情诗的里程碑。

憾地告诉我,维尔哈伦极少离开他所在的小村子到布鲁塞尔来,现在他也不在布鲁塞尔。为了安抚我的失望,他热心地为我引见了其他几位比利时艺术家。于是,我见到了年老的大师康斯坦丁·默尼埃,这位具有英雄气概的工人,最有力度地描绘劳动的雕塑家。然后,我见到了范·德·施塔彭[①],在今天的艺术史当中,他的名字已经完全消失了。但是,他是个多么友善的人啊,这个矮个子,双颊丰满红润的人和他的高大开朗的荷兰太太热情接待了我这个青年人。他给我看他的作品,在那个晴朗的上午,我们谈论了很久艺术和文学,这两位主人的善意很快将我的腼腆一扫而空。我毫不掩饰地告诉他们我的遗憾,我来布鲁塞尔其实就是为了见维尔哈伦,可是偏偏错过了。

也许是我太多嘴?也许是我说了傻话?反正,我注意到范·德·施塔彭和他的太太都微微一笑,并且互相交换了一下眼色。我觉得是自己的话引起了他们秘而不宣的某种默契,于是感到不自在,起身告辞。但是,他们执意留我吃午饭,并且,又流露出那种神秘的微笑。这让我感觉到,即使他们有什么秘密瞒着我,那也是善意的,于是便愉快地放弃了去滑铁卢的打算。

很快就到了中午,我们坐到饭厅,——和所有的比利时家庭一样,他们的饭厅在地面一层,透过饭厅的彩色玻璃可以看到大街上。这时,突然有个人影停在饭厅的窗前。有人用指节敲打着彩色玻璃窗,门铃同时也响了起来。"他来了!"范·德·施塔彭

---

[①] Charles Pierre van de Stappen,一八四三年至一九一〇年在世,比利时雕塑家。

太太说，站起来去开门。客人走了进来，脚步有力而沉重，是维尔哈伦，我一眼就认出了这副自己从照片上早已熟悉的面容。维尔哈伦是这家的常客，今天也正好前来做客，当他们听说我在布鲁塞尔到处找他而不得见时，迅速地交换了眼神，默契地什么都不告诉我，要我在他到来时得到一个惊喜。现在，他就站在我面前，因为施塔彭夫妇和我开的这个玩笑而微笑。我第一次握到他那只有力而敏感的手，触到他那清澈而善良的目光。他像往常一样走进家门，仿佛装了一肚子的故事，有满腔的热情要诉说。他一面大口吃着饭，一面就已经滔滔不绝了。他刚刚和朋友们在一起，在一家美术馆，还沉浸在刚才的激动情绪中。他总是这样，不管从哪里回来，总是为偶然的经历而兴高采烈，这已经成为他最宝贝的习惯了。他的欢乐从唇齿之中倾泻而出，他惟妙惟肖地描述着，寥寥数语就能把人紧紧抓住，因为，他这个人胸襟坦荡，对每个新认识的人都报以欢迎的态度，对人毫不拒斥。他将自己和盘托出，将真心奉献给对方。和这最初认识他的时刻一样，我在后来无数的时刻，都陶醉地见到过他这种巨大的感染力为别人带来的快乐。他当时还不了解我，却已对我毫无保留，仅仅是因为听说我喜爱他的作品。

午饭后，接着出现了第二个惊喜。很久以来就想为维尔哈伦和自己了却一个夙愿的范·德·施塔彭一连工作了好些天，为的是塑一尊维尔哈伦的胸像。今天，是维尔哈伦最后一次做模特了。范·德·施塔彭说，我的在场是上天给他的好运，因为，他需要一个人和这位闲不住的模特聊天，让他的面容在谈话中生动起来。于是，我盯着这张脸看了两个小时。这副面容真令人难忘，高耸的前额，无情的岁月在上面刻满了深深的皱纹，灰色的鬈发垂下几绺搭在上面，整个面庞的轮廓很硬，棕褐色的皮肤饱经风霜，下颚像岩石一样朝前凸起，薄薄的嘴唇上蓄着两撇很长的维钦杰托列克斯①式的八字须。他的神经质反映在手上，这双手修长、灵巧、细腻而有力，血管在薄薄的皮肤下面强烈地搏动。他全部的意志力量体现在他的双肩，相形之下，他的瘦削而精神饱满的头颅显得太小，只有当他迈开步子时，才能看出他的力量。当我今天看着这尊胸像，——这是范·德·施塔彭最好的作品——我才明白，它是多么真实，它紧扣住了他的性格的全部。它记录了一位诗人的伟大，为一种永不消逝的力量竖立起一座纪念碑。

在这三小时中，我已经热切地喜爱上了这个人，并且一生都这样热爱他。在他的秉性之中有一种稳重，从不自鸣得意的。他淡泊金钱，宁愿过乡村生活，也不愿卖文谋生。他淡泊功名，从不曲意迎合，或利用关系来取得名利，——拥有自己的朋友，拥有他们忠诚的友谊，这已经使他满足。他甚至摆脱了对人最危险的诱惑：荣誉，但是，荣誉最终还是在他最年富力强时降临到他身上。他在各方面都光明磊落，心中毫无块垒，丝毫没有虚荣心，完全是一个自由、欢快的人，很容易兴高采烈。和他在一起的时候，你会感觉自己被他独特的生机激活。

他那样生气勃勃地出现在我这个年轻人的面前，一位诗人，

---

① Vercingetorix，公元前八十二年至公元前四十六年在世，曾率领高卢人民抵抗恺撒入侵，失败后，为使人民免遭屠杀，自愿被恺撒斩首。

和我所想象的完全一样，和我期望的完全相同。就在这最初见面的一小时之内，我就已经打定主意：我要为这个人和他的作品效劳。这决心确实有几分大胆，因为，这位讴歌欧洲的诗人在当时的欧洲名气还很小。我也知道，翻译他的宏大诗篇和三部诗剧要花上我两至三年的时间。但是我决心将全副精力、时间和热情都付诸一部外语作品，由此我得到了最好的回报：这是在完成一项具有道义的工作。我原先那模糊的追寻和摸索现在有了意义。如果今天，我要对某位对自己的道路没有把握的年轻作者提出建议的话，我会告诉他，首先可以为一部重要作品效劳，去陈述或者翻译它。对于初出道的人来讲，所有这些自我牺牲的工作都要比自己本身的创作更可靠，最初奉献的一切都不会白费。

在随后两年，我埋首只做两件事，翻译维尔哈伦的诗集，以及为写他的传记做准备。在这期间，我经常出门旅行，有时是去做公开的演讲。翻译维尔哈伦的诗集看上去好像是吃力不讨好的事情，但是，我为此却得到了意外的回报：维尔哈伦在国外的朋友们开始注意我，不久，他们也成为了我的朋友。有一天，艾伦·凯[①]这位优秀的瑞典女性前来看我，她在那个目光狭隘、充满阻力的年代英勇地为妇女解放而斗争，在她的著作《孩子的世纪》中，她早在弗洛伊德之前就对童年时代的精神创伤提出过警告。我在意大利时，是她把我介绍给乔万尼·切纳[②]和他的朋友

---

[①] Ellen Key，一八四九年至一九二六年在世，瑞典著名女权活动家、作家、教育家。

[②] Giovanni Cena，一八七〇年至一九一七年在世，意大利作家。

们,并且也是通过她,我和挪威人约翰·伯耶尔①成为挚友。格奥尔格·勃兰兑斯②这位文学史上的世界级大师,对我也产生了兴趣。过了不久,由于我在德国的宣传,维尔哈伦的名声在德国比在他的祖国还响。伟大的演员凯恩茨和莫伊西登台朗诵我翻译的维尔哈伦的诗作,马克斯·赖因哈德将他的剧作《修道院》搬上了德国的舞台。我应该可以感到欣慰了。

但接下来,除了对维尔哈伦所尽的义务,我还不能忘记自己还有另外一项任务,那就是,必须大学毕业,带着哲学博士头衔回家。这意味着,我必须在短短数月之内吃透大学阶段所有的教材,一般的学生要在上面花四年时间才能啃完。我和一个年轻的文友埃尔温·吉多·科本海伊尔③一起开夜车,死记硬背,他如今可能不愿再提往事,因为他已经是纳粹德国的官方作家和普鲁士艺术研究院的院士了。但是,学校没有用考试为难我,那位因为我公开的文学活动对我了解颇多的好心的教授和我开了个小玩笑,他在考前的一次私下谈话中对我说:"我知道您可是最怕考数理逻辑哦!"但实际上,他后来只轻描淡写地问了我他知道我能答上来的问题。这是我头一回以优异的成绩通过的考试,而且如我所愿,这也是最后一次。从那时起,我从外表上看获得了自由。此后直至今日的全部岁月,我只是在为取得内心的自由而斗争,这在我们这个时代变得越来越艰难了。

---

① Johan Bojer,一八七二年至一九五九年在世,挪威小说家和剧作家。
② Georg Brandes,一八四二年至一九二七年在世,丹麦文学史家。
③ Erwin Guido Kolbenheyer,一八七八年至一九六二年在世,德国诗人、剧作家,后为纳粹文人。

# 巴黎，永远青春的都市

在获得自由的第一年，我送了一件礼物给自己，那就是，去巴黎旅行。以前，我虽曾两次到过这座具有无穷魅力的都市，但每次都是行色匆匆。我知道，谁年轻时曾在巴黎生活过一年，从此他的一生都将拥有无可比拟的幸福回忆。哪里都难以和巴黎相比，只有在巴黎这样的气息当中，一个人才会深深地感到自己的年轻与这儿是多么合拍。巴黎将自己奉献给了所有人，但是，没有人能够彻底看透它。

我现在很清楚，我年轻时生活过的那个欢快的、令人心旷神怡的巴黎已经一去不复返了。自从它的土地被全副武装的侵略者打上征服的烙印，它那种美妙的怡然气息也许永远消失了。现在，当我写下这些句子时，德国的军队和坦克正像一群白蚁一样涌向巴黎，想彻底毁掉它和谐的景象，将它的斑斓、欢快、柔媚和永不凋谢的繁盛连根拔掉。如今，终于出现了这样的景象：埃菲尔铁塔上面，纳粹的旗帜在飘扬；身穿黑衫的冲锋队挑衅地列队踏过拿破仑的香榭丽舍大街。身在远方的我这时也能感同身受，我知道，当侵略者的铁靴践踏着那些舒适的酒吧和咖啡馆时，待在屋里的巴黎市民的心是如何揪作一团，这些好心的市民的目光又是多么屈辱。我个人所受的任何不幸都从未像这座城市所遭受的侮辱那样令我震惊、悲伤和绝望。这是一座独一无二的城市，只有它能做到令每个接近它的人感到幸福。它给了我们最智慧的教导，教会我们同时具备自由和创造力，并且为我们做出了最卓越的榜样，它向每个人敞开大门，而这种美妙的挥霍只让它越来越富有。它还能将这些曾赐予我们的财富留给后人吗？

我明白，我很清楚，如今在受苦受难的不仅仅是巴黎一座城市，欧洲其他城市在今后几十年内也不会再出现像第一次世界大战之前的那种面貌。一战前，欧洲的地平线曾经那样明朗，而在那之后，有一种阴影就再也没有完全消失过。国与国之间、人与人之间的怨恨和猜疑像毒素一样残留在欧洲伤残的肌体之中，还在破坏它的健康。虽然两次世界大战之间的二十五年之内，社会和科学技术有了巨大的进步，但是，在我们这个狭小的西方世界，又有哪个国家没有大把地失去过去曾拥有的生活乐趣和悠然自得的气氛呢？以前，意大利人像孩子一般欢快，对人充满信任，即使在极度贫穷的时候，他们也是这样，又唱又笑，戏谑地说着政府的笑话。——这样的事我可以说上几天几夜。而现在，他们不得不高昂着头，内心充满忧郁地行军打仗。现在还能想象奥地利人和以前一样舒舒服服、吊儿郎当吗？和以前一样对皇帝和赐予他们幸福生活的上帝充满了虔信？还有俄国人、德国人、西班牙人，他们都不知道自己灵魂深处有多少自由和欢乐被"国家"这个张开血盆大口的残忍怪物吸榨掉了。各国的人民都感到，有一片巨大、浓重的陌生阴影笼罩着他们的生活。我们还曾见识过个人享有自由的世界，我们这些人知道，也可以做证说，欧洲曾经无忧无虑地玩着自己的万花筒,而今,这个世界充满了自我毁灭的怒气,变得暗无天日,到处都是奴役和牢狱,真让我们毛骨悚然。

不管怎么说,最能感受到逍遥自在这个最单纯、最智慧的生活真味的地方,莫过于巴黎了。它的形式优雅,气候温和,同时具有财富和传统,这些都证明了它的特质。我们每个年轻人都吸取了它的一部分逍遥,同时,又反过来让自己为它增添一份逍遥。中国人、斯堪的纳维亚人、西班牙人、希腊人、巴西人和加拿大人都觉得塞纳河畔就是故乡。这里没有任何压力,人们可以说话、思想、欢笑、咒骂,做什么都行,每个人按照自己喜欢的方式生活,可以合群或者不合群,可以挥霍或者节俭,可以奢侈,也可以像波西米亚文人那样简朴,每样特性在巴黎都有空间,巴黎具有一切的可能性。巴黎的豪华餐厅有各种美味佳肴,有价值两三百法郎的各种葡萄酒,还有马伦哥[①]和滑铁卢时代酿造的价格惊人的干邑。但是,在旁边街角的任意一家小酒馆,也可以吃到同样丰盛的菜肴,同样可以畅饮。在拉丁区的人头耸动的学生餐馆,只需花上几个小钱,就能吃上最美味的小菜,再加上汤汁肥厚的牛排,还有红葡萄酒或白葡萄酒,再来一条扁担似的香喷喷的白面包。人们还可以随意地穿衣打扮。大学生们头顶俏皮的四方帽,在圣米歇尔大街上闲逛;而那些画家们打扮起来可不含糊,他们头戴宽边礼帽,身穿带有浪漫气息的黑色天鹅绒外套;工人则穿着蓝色的上衣或者衬衫在最幽雅的林荫大道上悠闲地漫步;奶妈

---

[①] Marengo,意大利地名,一八〇〇年拿破仑在此大胜奥军。

们戴着宽大的具有热带风情的女帽，侍应生则围着蓝色的围裙。假如深夜还有年轻的情侣在大街上跳舞，那也未必就是法国国庆日，警察会笑着在一边旁观，因为，大街属于每个人！在巴黎，谁也不会在谁面前不自在，漂亮的女孩子手挽着肤色漆黑的黑人小伙子的胳臂走进最近的一家小旅馆，一点也不会不好意思。——在巴黎，谁去管什么种族、阶层、出身？这些无稽之谈都是后来被捏造出来的。人们和自己喜欢的人一起走路、交谈、睡觉，压根就不会去关心别人的闲事。咳，假如谁曾在柏林待过，就绝对要爱上巴黎。他必须体验过那种刻板、残酷划分的等级观念和德国绝对的服从精神，他要知道在那里，一位军官的太太不会同一个教师的太太"交往"，教师的太太不会同商人的太太"交往"，而商人的太太又不会同一个工人的老婆"交往"。可是在巴黎，大革命的遗风犹存。一个无产阶级的工人觉得自己和老板一样，是享有自由、地位重要的公民；在咖啡馆，侍者像对待老相识一般地和穿镶金边军服的将军握手；勤劳、规矩、整洁的小市民主妇不会看不起同一楼道里的妓女，她倒是每天都会和那妓女在楼梯上聊天，她的孩子们还会送花给那妓女。我有一次看见一群诺曼底的富农参加完洗礼后走进一家高级餐馆，——那是马德林附近的拉律餐馆，他们穿着笨重的鞋，踩在地上像钉了马掌一样响，他们一个一个村里人打扮地走进来，头发上抹了厚厚的发油，连厨房的人都闻得到那气味。他们大声地说话，喝得越多，话音越响，一边还肆无忌惮地拍着自己的胖女人的屁股。这些地道的村夫坐在身穿笔挺燕尾服的绅士和盛装的淑女中间，丝毫不感到拘束，而且，那个下巴刮得锃亮的侍者也没有对他们冷脸，对待他们像对待部长或国王一样礼貌和周到。这要在德国或英国，服务员早就鼻孔朝天了。而巴黎的梅特大酒店甚至特别乐意热情接待这样有些粗野的客人，还将这当成一种乐趣。巴黎只知道对立事物可以并存，没有高级和低级之分。在豪华街区和肮脏的小巷之间没有明显界限，处处都是一样的热闹，一样的快乐。在市郊的农家院落中，卖艺人在演奏乐曲，在女缝工的窗前，可以听见她们边干活边哼着歌。空气中总是洋溢着笑声，还有一声声亲切的呼唤。如果两个马车夫"吵架"了，事后他们还会握手言欢，相邀同去小酌一杯葡萄酒，再吃上几枚相当便宜的牡蛎。没有什么困难、棘手的事情叫人为难。和女人的关系也是一样，大家好聚好散，每个人都找得到自己的意中人，每个小伙子都可以有一个思想开放的活泼女友。啊，在巴黎的生活是多么轻松和美好啊！尤其是当你还年轻的时候！光是闲逛就已经乐趣无穷，同时也好像在上课学习，因为一切都向任何人敞开：你可以走进一家旧书店，翻上一刻钟的旧书，店主人不会在一旁嘟囔埋怨；你也可以去参观几家小美术馆，在旧货商店内磨磨蹭蹭地挑来选去；你还可以在德鲁奥特大饭店单靠拍卖维生，或者在花园里和女管家们聊天。一旦开始闲逛，想停下来可不容易，大街上具有磁铁般的吸引力，不断有新鲜玩意儿出现，令人眼花缭乱。如果逛累了，你可以在巴黎上万个咖啡馆中找一家坐在它的平台上，在免费提供的信纸上写信，一边听任街头摊贩兜售那些愚蠢无用的劣质品。只有一件事难以办到，那就是，宅在家里，或走回家去。特别是当春天来临的时候，塞纳河上波光粼粼，林荫道上的树木开始泛出新绿，年轻姑娘们个个都佩戴着一束只花一个铜币的紫罗兰。不过，在巴黎，如果想要好心情，也并非一定要在春天。

当我初到巴黎之际，这座城市还没有完全像今天这样成为一个整体，因为当时还没有地铁和汽车。当时的主要交通工具还是马车，由浑身冒着热气的、强健的马来拉动。但是，坐在这种厢式马车的顶层，或者坐在跑得不太快的敞篷马车上游览巴黎是最方便不过的了。当然，那时想从蒙马特去一趟蒙巴拿斯，可就算是一趟小小的旅行了。因此，我认为那些关于巴黎小市民如何节俭的传闻是可信的，那些传闻说，有些住在塞纳河左岸的巴黎人从来没有去过塞纳河的右岸；有些小孩子只在卢森堡公园玩过，却从来没有去过图勒里公园和蒙梭公园。真正的巴黎市民和看门人更乐意待在家里，待在自己的小天地里，在大巴黎之中，他为自己营造出一个小巴黎来。而且，巴黎的这些区域都具有自己的鲜明特色，甚至带一点地方性的特征。所以，一个异乡客在决定在哪里住宿的时候是面临一番选择的。拉丁区已不再吸引我了，当年我二十岁在巴黎做一次短暂旅行的时候，一下火车便直奔那里，当天晚上就已坐在瓦歇特咖啡馆，满怀崇敬地听人告诉我哪个是魏尔伦的位置，哪张大理石桌子总被喝醉酒的他为了自己的尊严用沉重的拐杖狠砸。出于对他的尊敬，我这个滴酒不沾的晚辈还灌下了一杯苦艾酒，尽管我觉得那发绿的味道怪异的液体一点也不好喝，但是对法国抒情诗人满怀敬意的年轻的我还是认为自己应该在拉丁区遵守诗人们的这个仪式。按我当年的感觉，我最愿意住在索邦区的一栋六层住宅的阁楼里，以便能对自己从书上看来的拉丁区的气氛真正有所感受。二十五岁时，我已经不再那样幼稚地认为那里浪漫了，我反而觉得大学生区过于国际化，太缺乏巴黎味。最主要的原因是，我已不再出于文人的怀旧情怀选择住处了，而是要尽可能让自己便于工作。我迅速地环视周遍地区，从工作考虑，香榭丽舍大街根本不适合，和平咖啡馆附近一带就更不适合了，所有来自巴尔干的有钱的外国人都在那里约会，除了侍者，那儿没人说法语。倒是里尔克和絮阿雷斯[①]曾中意地居住过的圣绪尔比斯一带很吸引我，那儿密布着教堂和修道院，非常清静；而我最希望居住的地方，则是在连接塞纳河两岸的圣心岛上。但是没想到，在第一周的时候，我在散步途中发现了比这些都更美的地方。当我在罗亚尔宫的画廊里闲逛时，我发现，在十八世纪由平等公爵建造的这一大片清一色的房屋中，有一座当年建筑高雅的宫殿现在降格成为了一家设备简陋的小旅馆。我请求看了看其中的一间房间，惊喜地发现，从窗子向外看，正好就是罗亚尔宫花园，随着暮色降临，花园已经关闭了。市内的喧嚣在这里只隐隐听得见些许，若隐若现，好像汹涌的海浪有节奏地拍打着远方的堤岸。月光下，雕塑闪着光亮，清晨的时候，风有时会把附近"大厅"里菜肴的浓郁香味吹过来。在罗亚尔宫这座具有历史意义的方形建筑中，十八、十九世纪的诗人和政治家曾在此居住，在它的正对面，是玛塞利娜·代博尔德-瓦尔莫[②]的旧居，巴尔扎克和维克多·雨果都曾登上成百级的狭窄楼梯，到阁楼去拜访这位我非常热爱的女诗人。在罗亚尔宫，卡米耶·德穆

---

[①] André Suarés，一八六八年至一九四八年在世，法国诗人、评论家和剧作家。

[②] Marceline Desbordes-Valmore，一七八六年至一八五九年在世，法国女诗人，诗歌风格忧郁，同时受到浪漫派和象征主义诗人的推崇。

兰[①]号召人民进攻巴士底狱,当年那个历史场所至今仍闪耀着冷峻的光芒;在铺着地毯的走廊上,德行不太端庄的贵妇人悠闲漫步,可怜的小少尉波拿巴曾在她们之中寻找自己的恩主。这里的每块石头都述说着法兰西的历史,而且,国家图书馆与它也只有一街之隔,我上午的时间都在那里度过,附近还有藏有无数名画的卢浮宫,以及人流如梭的林荫大道。我终于住进了我最期望的地方,几百年来,那里始终是法兰西的心脏,可以感受到它均衡有力的脉搏,那里是巴黎的中心。我还记得,有一次,安德烈·纪德[②]前来看我,他惊讶于巴黎深处这个宁静的所在,对我说:"我们自己城市最美的地方还得让外国人指给我们看啊。"确实,在这座世界上最有活力的都市的最繁华的中心,我再也找不到比这间浪漫的书房更具有巴黎风情、同时又更加僻静的地方了。

我当时热切地穿街走巷,对急不可耐的我来说,巴黎有多少要看,有多少要寻找的内容啊!我不仅要看见一九〇四年的巴黎,我还要全身心地去寻找亨利四世、路易十世、拿破仑和大革命的巴黎,雷蒂夫·德·拉布列塔尼、巴尔扎克、左拉和夏尔-路易·菲力普[③]笔下的巴黎,我要找到他们笔下所有的街道、人物和

---

[①] Camille Desmoulins,一七六〇年至一七九四年在世,法国资产阶级革命时期的政治活动家。一七八九年七月十二日,他在罗亚尔宫发表演说,号召群众起义,攻打巴士底狱。

[②] André Gide,一八六九年至一九五一年在世,法国作家,一九四七年获诺贝尔文学奖。

[③] Charles-Louis Philippe,一八七四年至一九〇九年在世,法国小说家。

事件。我在巴黎和在法国其他地区，始终深切地感受到，忠于现实的伟大文学赋予了人民多么永恒的力量，因为，在我亲眼目睹巴黎的一切之前，它们早已通过诗人、小说家、历史学家和风俗画家的描绘，在我心目中变得非常熟悉了。在实际的接触中，它们只是更加生动起来，实际上，肉眼的观看已经变成了一种"再相认"，这种希腊悲剧中故人重逢的乐趣，被亚里士多德誉为一切艺术享受中最美妙和最神秘的。但是，当然，对一个民族或一座城市最本质的面目和最隐秘性格的认识，不是通过书本就能得到的，即使整日到处游荡，也未必能获得，这种认识只能通过与这个民族最优秀的人物交往得来。只有通过与活生生的人结成友谊，才能真正认识到这个民族与其乡土之间的关系，假若只停留在外部旁观，只会得到虚假草率的结论。

我有幸获得了这种友谊，其中，我与莱昂·巴扎尔热特[①]的友情最为深厚。亏得我和维尔哈伦关系密切（我每周要去圣克卢大街拜访他两次），我幸免于像很多外国人那样陷到由各国画家和文人组成的浮华的小圈子里去，他们一般都在穹隆咖啡馆聚会，而且，这样的圈子无论在哪儿都一成不变，在慕尼黑、罗马和柏林，都一样。我和维尔哈伦去拜访的画家和诗人却是另一种艺术家，繁华闹市之中，他们却因埋首于工作而仿佛置身孤寂岛屿。我还见过雷诺阿的画室和他的弟子中的佼佼者。这些作品在当今都以数万美金出售的印象派画家们，他们的生活与一个小市民或者一个靠养老金度日的人的生活并无二致。他们住的房子不

---

① Léon Bazalgette，法国翻译家。

大，旁边有一间另外搭建的画室，不像慕尼黑的弗朗茨·冯·蓝巴赫[1]和其他一些著名画家一样讲究气派，仿照庞贝式的豪华别墅来炫耀。诗人的生活也同样简朴，我和他们很快就熟悉起来。他们大多数都有一份事务不算多的公职，由于法兰西上上下下都对文学创作相当尊重，所以，多年以来就形成了这样一种聪明的方法，为从创作中所得菲薄的作家和诗人们准备一些不太重要的闲差，比如说，让他们当海军部或者参议院的图书馆管理员。那种差事薪水不多，工作也少得很，因为参议员们难得才去借本书，因此，干这份差事的幸运儿就可以坐在那幢窗前就是卢森堡公园的寂静古老的参议院大楼里，在上班的时间安安静静、舒舒服服地写他的诗，根本不必为稿酬而分心，这种微薄的收入保障对于他们而言已经足够。另外一些诗人的职业是医生，像后来的乔治·杜阿梅尔[2]和吕克·杜尔丹[3]；有些诗人开了间小小的图画商店，像夏尔·维尔德拉克[4]；有的是中学教师，像儒勒·罗曼[5]和让-里夏尔·布洛克[6]；有的在哈瓦斯通讯社打发时间，像保罗·瓦

---

[1] Franz von Lenbach，一八三六年至一九〇四年在世，德国写实主义肖像画家。

[2] Georges Duhamel，一八八四年至一九六六年在世，法国作家，法兰西学院院士。

[3] Luc Durtain，一八八一年至一九五九年在世，法国小说家、评论家。

[4] Charles Vildrac，一八八二年出生，逝世年代不详。法国诗人、小说家、评论家、剧作家。

[5] Jules Romains，一八八五年至一九七二年在世，法国作家，法兰西学院院士。

[6] Jean-Richard Block，一八八四年至一九四七年在世，法国小说家、评论家、剧作家，与罗曼·罗兰长期保持通信，一九六四年发表了他们的《通信集》。

莱里;还有的做出版商的助理。他们没有人像他们的后辈那样自以为是,那些后辈被电影和作品的高印量毁了,在初次显露艺术的天赋之后,便立即想过一种随心所欲的生活。而当初这些诗人之所以做这些朴实平凡的工作,只是为了让生计有一点保障,让自己可以毫无牵挂地去从事精神劳作。多亏有这层保障,使得他们能够不去理会腐朽的巴黎大报,却无偿地为自己的小刊物写文章,而为了维持这些刊物,需要不断做出个人牺牲。他们可以听任自己的作品只在文学性的小剧场上演,自己的名字最初也只有圈内人才知道,保罗·克洛岱尔[①]、夏尔·贝玑[②]、罗曼·罗兰、絮阿雷斯、瓦莱里,他们的名字在数十年当中,只有少数的文学精英才知晓。在匆忙焦躁的城市里,唯独他们不慌不忙,他们认为,宁静地生活,为一个远离"尘嚣"的团体安静地创作,比出去风光更加重要。他们一点都不觉得自己的小市民生活有什么不好,生活上安贫乐道,是为了在艺术上自由和大胆地思想。他们的妻子亲自下厨,掌管家里的油盐酱醋,晚上朋友们聚会的时候,招待都很简单,但因此也更显亲切。他们围坐在桌前,桌上随意铺了块格子桌布,坐的是廉价的草编圈椅——家里的摆设不比同楼的技工阔气,但是大家都感到很自在,无拘无束。他们没有电话,没有打字机,没有秘书,他们避而不用任何机械设备,以及政治

---

[①] Paul Claudel,一八六八年至一九五五年在世,法国诗人、戏剧家。他和瓦莱里在文学史上都被认为是后期象征主义最重要的诗人。

[②] Charles Péguy,一八七三年至一九一四年在世,法国作家。一九〇〇年创办《半月丛刊》,在法国思想界和文学界影响很大。

宣传的任何精神装备。他们像一千年前的人一样手写自己的作品，即使在像"法兰西信使"这样的大出版社，也没有口授打字，没有复杂的人员机构。他们不慕虚荣，不为任何名誉和排场而浪费时间和精力。这些年轻的诗人和法兰西整个民族一样，是为了生活的乐趣而活着，当然，是通过他们最高尚的形式，即怀着对创作的喜悦而生活。我结交的这些新朋友用他们无瑕的人格纠正了我心目中原有的法国诗人的形象，他们的生活方式和保罗·布尔热[①]及其他著名的时代小说家所描绘的生活方式是多么不同啊！那些小说家还以为"沙龙"就是整个世界呢！而这些诗人的妻子则纠正了我以前通过阅读得到的有关法国女性的错误印象，我以前以为法国女人只是满脑子艳遇的骄奢女子，光想着挥霍，不明事理。而这些诗人的妻子勤俭持家，性情质朴，即使家境窘迫，她们也能在小小的灶台创造出小奇迹。她们相夫教子，在精神方面与丈夫心心相印，我确实没见过比她们更贤惠、更温良的家庭主妇了！只有成为这些充满友情的艺术家的朋友和伙伴，才能了解真正的法兰西是什么模样。

我是通过朋友认识莱昂·巴扎尔热特的，在关于新的法兰西文学的大多描述中，他的名字都被不公正地遗忘，但是在那一代诗人当中，他的名字却具有特殊的意义，因为他将全副身心都倾注在翻译外国作品上，为自己所热爱的作家奉献了全部的才华。我在这位天生的"战友"身上头一次见到自我牺牲的活典型，他做到了真正的奉献，他认为自己毕生的任务就是让那个时代最有

---

[①] Paul Bourget，一八五二年至一九三六年在世，法国小说家，文学评论家。

价值的作品充分展现价值，而他自己从来不以发现者或者推动者而自居，但实际上，这些荣誉对于他都是理应得到的。他的这种积极和热情完全是道德自觉的自然作用。他虽然是个激烈的反军国主义者，在外表上却颇有军人气质，在和人交往的时候，他身上流露出一个真正战友的诚挚。他随时都乐于帮助别人，为别人出谋划策，他为人一向诚实不二，并且像时钟一样准时，他对别人的一切遭遇都予以关心，唯独从来不考虑自己的利益。假如有朋友需要他的帮助，他舍得任何的时间和金钱，世界各地都有他的朋友，人数不多，但是个个都是真正的朋友。他为了让法国人了解沃尔特·惠特曼，花了十年的时间将这位诗人的全部诗歌译成法文，还写了一部关于惠特曼的丰碑式的传记。他以这位精神自由、热爱世界的诗人为榜样，引领自己的民族让思想跨越国界，让自己的人民胸怀更宽广，更加团结协作，他一生致力于这个人生目标。他是最优秀的法国人，同时也是一个最热忱的反民族主义者。

我们很快就成了亲密的兄弟般的朋友，因为我们俩都不唯独惦念自己的祖国，而且我们都愿意不计个人得失地全力翻译国外的作品，我们都把精神的独立视为生命中最重要的事情。我从他身上第一次了解到所谓的"地下"法兰西，当我后来在罗曼·罗兰的《约翰·克利斯朵夫》中读到奥里维是如何反对德国人约翰·克利斯朵夫时，我觉得，他简直就是在描写我和巴扎尔热特的亲身经历。我们的友谊当中，最美好、最令人难忘的一点，就是它始终都必须克服一个棘手的问题，这个顽固难题的存在，在一般情形下，是必然会损害两个作家之间的真诚情谊的。这个棘手的难题是，巴扎尔热特对我当年创作的所有作品都抱以无比诚实的拒绝态度。他喜欢我这个人，他对我倾注精力翻译维尔哈伦的作品表示极度的尊重。我每回来巴黎，他总是在车站迎候，第一个向我问好。凡是能帮我的地方，他都一定尽力。我们在一切重要事务上的看法比亲兄弟还要一致。但是，他就是拒不接受我的作品，他读过昂利·吉尔波（他后来在战争期间成为列宁的朋友，起过重要的作用）翻译的我的诗歌和散文，随后便直率而严厉地加以批驳，他毫不留情地指责说，那些作品与现实毫无关系，都是些玄秘文学（这是他相当厌恶的一种文学形式），让他生气的是，偏偏是我创作了这些作品。他为人一贯耿直，在这点上从来没有商量，也根本不顾及情面。比如说，在他负责一家杂志的时候，他曾经向我请求帮助——所谓的帮助，指的是让我替他从德国物色一些优秀的撰稿人，也就是说，要我帮他找比我自己的作品更好的稿子。而我本人，他的最亲密的朋友的作品，他却坚持不予发表，也不向我要一篇稿子，但同时，他又出于珍贵的友谊，充满奉献精神地为一家出版社校订我的一本著作的法文版，并且分文不取。正是由于在十年当中，我们之间手足般的友谊根本没有因为这怪异的情况有丝毫的削减，我才更加觉得这友情的珍贵。后来，在一战期间，——我自己宣布早年的作品一律作废，——我在创作上终于寻找到了自己的表达方式，而最令我高兴的，莫过于巴扎尔热特的赞许了，因为，我明白，他对我的新作品的赞许，和他那坚持了十年的严厉否定一样，是真诚的。

莱纳·玛利亚·里尔克，虽然他是一位德语诗人，我之所以在回忆巴黎生活的这个章节提到这个尊贵的名字，是因为，我在巴黎时与他相伴的次数最多，和他在一起时最愉快，我总是看见他的容貌出现在这座城市的背景前，仿佛老照片一样，他是如此热爱这座城市，胜过其他地方。今天，当我想起他和其他锤炼语言的大师时，当我想起这些可敬的名字，它们曾像不可企及的星河一样照亮我的青春，我就不由自主地想到这个叫人伤感的问题：在我们这个动荡不安、充满惊恐的乱世，还有可能出现这样只专注于抒情诗的纯粹的诗人吗？这些我怀着热爱不胜哀悼的诗人啊，难道他们不是一个消亡了的族群吗？当今的岁月惨遭命运的各种风暴侵袭，这些诗人已经后继无人了。——这些不贪图任何浮华的诗人，不是一般的凡夫俗子，他们淡泊名利，只是追求在平静而热情的创作中完成一段又一段的诗行，让每句诗充满音乐的韵律，闪耀丰富的色彩，充盈生动的画面。他们形成了一种行会，在我们日常的喧闹生活之中，他们简直像一个僧侣团。他们有意地远离日常的一切，对于他们而言，普天之下，最重要的，莫过于那些温柔的、却比时代的轰鸣更富有生机的音响。当一个韵脚妥帖地配合上另外一个时，一种无以言喻的律动得以传达，它比风中的一片落叶还要轻，却能以自己的回响触动最遥远的心灵。对于我们这些年轻人，他们这些忠实于本我的人是多么崇高啊，这些一丝不苟的语言的守护者真是我们的榜样，他们的爱只奉献给诗歌语言，这语言不属于时代和报纸，它们是永恒的、不灭的。仰望这些大师，我们真是自惭形秽，他们是那样默默无闻，活得那样低调，那样不事张扬。他们有的在乡村过着农夫的生活，有的干着一份简单的工作，有的是热情的朝圣者，云游四方。知道他们的人很少，但是，这些知道他们的人是那样热烈地爱着他们。

他们有的在德国，有的在法国，有的在意大利，但是，他们共有一个故乡，因为，他们只活在诗歌当中，他们决绝地舍弃了世上一切如朝露般易逝的东西，通过艺术创作，将自己的生活也塑造成了艺术品。我始终认为，在我们的青年时代，身边能够有这样纯洁的诗人，这是多么美好啊！但是，我也始终怀着隐隐的忧虑自问：在我们现今的时代，在现在新的生活方式下，就像野兽被森林大火从最隐秘的藏身角落驱逐出森林一样，人们内心的专注也遭到灭顶之灾，那么，像这样全心奉献给抒情诗歌艺术的人还会存在吗？当然，我知道得很清楚，每个时代都会有一位诗人创造出奇迹，歌德在为拜伦写的挽歌中说的那句感人的安慰人心的话语永远正确："因为大地母亲还会生育出新人，就像她曾经生育出他们一样。"在天赐的循环往复中，这样的诗人一批接着一批出现，因为，即使在最糟糕的年代，不朽的艺术也还是会偶尔在人间留下它的珍贵信物。而我们这个时代不就是我说的最糟的年代吗？即使是最纯洁、最与世无争的人，在我们这个时代都得不到安宁，得不到酝酿、成熟、思索和专注所需的宁静。而在战前的欧洲，在那个还比较友善和冷静的年代，诗人们是能够得到这种安宁的。我不知道，所有这些诗人，瓦莱里、维尔哈伦、里尔克、乔万尼·帕斯克里[1]、弗郎西斯·雅姆[2]，在当今还有多少价值，今天这一代人听惯了两次世界大战的隆隆炮声，耳朵里不是被柔

---

[1] Giovanni Pascoli，一八五五年至一九一二年在世，意大利诗人，对意大利现代诗歌有重大影响。

[2] Francis Jammes，一八六八年至一九三八年在世，法国诗人和小说家。

美的音乐，而是被喋喋不休的政治宣传磨出老茧，不知对于他们，这些诗人还有多大价值。我只知道一点，而且我觉得有义务怀着感激之心将它说出来，那就是，在一个越来越机械化的世界里，这些毕生追求尽善尽美的诗歌艺术的神圣的奉献者，他们的存在对我们曾是一种多么深刻的教诲，又是怎样一种幸运啊！回首我的一生，我觉得自己拥有的最有价值的财富，莫过于有机会亲自结识他们当中的一些人，并且能够从早年的崇敬之情中发展出与他们持久的友谊。

这些诗人当中，生活得最隐秘、最不张扬、最不显山露水的就是里尔克。但是，他的这种寂寞不是斯蒂芬·格奥尔格在德国刻意为之的那种孤寂，不是被逼无奈、牧师般装饰性的孤寂。无论他走到哪里，无论他身在何处，这寂寞仿佛围绕着他生长。他避开一切喧闹，甚至连同自己的名誉，——如同他对此绝妙的描述，名誉只是"围绕着一个人的名字聚集起来的所有误解的总和"。——因此，那种发自好奇心的汹涌而来的虚荣的波浪只打湿了他的名字，并没有沾湿他本人。里尔克是难以靠近的。他没有屋宅，没有地址可以让人找到他，他也没有家，没有固定的住处，没有工作单位。他总是在世界各地漫游，没有人事先知道他下一个目的地是哪里，就连他自己也不知道。对于他那无比敏感、极其多愁善感的灵魂而言，任何死板的决定、计划和预告都已是压力。所以，假如谁遇见里尔克，那只可能是偶然。那一次，我站在一间意大利画廊内，忽然感觉到有人在对我友善地微笑，但还没有看清楚到底是谁。当我认出他那双蓝眼睛，我才知道是里尔克，他的眼睛在注视别人的时候，原本不引人注意的容貌因为他那含蓄的眼神变得分外有神采。而正是这种低调才是他性格中最深的秘密。这个年轻的男子留着金黄色的髭须，它略微下垂，显得几分忧郁。他的面部轮廓不甚显著，脸型有点像斯拉夫人，千百个人从这个年轻人面前走过，根本不知道他是一位诗人，而且是本世纪最伟大的诗人之一。他的独特之处，他内心巨大的克制，只在更为亲密的交往中才流露出来。他的言谈举止都难以形容的斯文。当他走进一个众人聚会的房间，形容是那样轻盈，几乎没人发现他的到来。他接着坐下静静倾听，当他若有所思的时候，有时会无意识地抬起额头。当他开始发言，他从来不会装腔作势或者语气激烈，他就像一位母亲给孩子讲童话故事一样，语调自然、朴素，却那样亲切。听他说话真是享受，即使再一般的话题，他都能讲得生动活泼，富有深意。但是，一旦他发觉自己引起了更多人的注意，成为众人瞩目的对象，他便停止发言，重新回到沉默的倾听当中去。他的一举一动、一颦一笑都是如此轻柔，即使发出笑声，也就是点到为止。轻言细语对于他是一种需要，没有什么比噪音和激烈的情感更侵扰他了，"那些像吐血一样要把自己的感受一吐为快的人，让我感觉很疲惫"。有一次他这样对我说，"所以，我对待俄国人，就像喝利口酒，要用极小的酒皿啜饮。"除了举止斯文，整齐、干净和安静也是他生理上的需求。如果不得不搭乘拥挤的电车，或者坐在一家嘈杂的饭馆里，都会使他郁闷好几个时辰。任何粗野庸俗他都不能忍受，虽然生活并不宽裕，他还是很讲究衣着，穿戴总是很精心，既洁净又富有品位。他的穿着也同样是煞费苦心却又不露痕迹的艺术杰作，而且总是附带着一个不显眼的个性化的标记，一个他暗自得意的小饰物，比如戴在腕子上的一个细细的银手镯。这是因为他对完美和匀称的审美要求一直深入到了他内心最深处和个人生活之中。有一回我在他的寓所看他出门前如何整理行李箱，——他不让我帮忙，觉得我帮不上他。他简直就像镶嵌马赛克一样，以近乎轻柔的动作将每样东西都放在精心预留好的位置。我几乎觉得，倘若自己前去插上一手，破坏了这一片花团锦簇，无异于作孽。他这种爱美的秉性一直贯穿到最无关紧要的小事上，他在最漂亮的纸张上用整严的书法精心地誊抄稿件，行与行之间的距离就像用尺丈量过一样均匀，而且，就连写一封最普通的信，他也要挑选一张好纸，他那书法般的字体工整、清晰，每个字绝不会越出所在那一行的界限。他从来不允许自己涂改一个字，即便匆匆写一张便函，一旦觉得有句话或者有个词表述得不恰当，他都立刻以极大的耐心将整封信重新写一遍。不完美的作品，里尔克是绝对不拿出手的。

他的这种慢条斯理，同时又专心致志的性情对于接近他的每个人都具有抑制性。我不能设想里尔克本人会情绪激烈，我也不能设想，在他身边，在他周身散发出来的宁静气息当中，还会有人喧哗、激动。因为他的举止本身就是一种神秘推进的道德力量和教育力量。在经过和他的长谈之后，我总有几小时、甚至几天的脱俗之感。当然，另一方面，他这种一贯克制的性格，这种从不愿将自己和盘托出的风格，也事先限制了尤其诚挚的情感，我相信，只有极少数人才可以自夸是里尔克的"朋友"。在他已出版的长达六卷的书信集里，几乎看不见这样的称呼，而自从他的中学时代，他就难得再用兄弟般亲切的"你"来称呼任何人了。对于他那异乎寻常的敏感神经来说,让某人或某件事情离自己太近,都是无法忍受的,尤其是强烈的男子气会引起他生理上的不适。他觉得和妇女交谈要轻松些。他给女性写了很多信,也喜欢和她们通信,在女性身边,他觉得自在多了。也许,这是因为她们没有喉音,使他感觉舒服,因为,他恰恰不能忍受不悦耳的嗓音。我见过他和一个大贵族交谈的情景,他全身紧缩着,肩膀很紧张,眼睛根本不朝上看,以免泄露他因为听到对方的尖嗓子是多么难受。但是,如果他喜欢某个人,和他在一起便会是多么愉快啊!这时就会感受到他内心的善意,虽然这种善意在他的言语和表情中流露不多,但它还是像一道温暖的阳光,直射入对方灵魂的最深处,治疗其中的伤痛。

在这座令人心胸开阔、世界上最开放的城市,里尔克生活得很隐避,这可能也是出于他的名字和作品在这里还不被人知道的缘故,而且,他始终认为,不出名会更自在、更快乐。我曾经拜访他两次,在他租用的不同居所。每一处的陈设都很简单,没有任何装饰,但是,由于他那美感的布置,让人一进去立刻就感到它的风格和宁静。他从来不租用房客嘈杂的大楼房,而宁肯去寻一幢老屋,即使不甚方便,却也可以让他布置得很温馨。他无论住在哪儿,都深谙室内布置之道,能够马上将一间居室收拾得井井有条,并且完全吻合他的性情。他的家什一贯很少,但是,花瓶中或者碗里总是有鲜花,这花儿也许是女子送给他的,也许是他自己小心带回家的。墙边总放着悦目的书籍,装订得都很漂亮,或者精心用纸包着书封,因为,他爱书,把它们当作不说话的动物。书桌上,笔直并列着铅笔和羽毛笔,没有写过字的纸叠成整齐的四方形，房间里还有一张俄罗斯圣像和一尊十字架上的耶稣像，虽然里尔克的宗教情绪与任何教条无关，但它们还是为这间工作室蒙上了一层淡淡的宗教气息，我相信，他无论去哪儿旅行，随身都带着这两样东西。这每个细节都可以让人感到，这儿的一切都是精挑细选过的，都受到了主人用心的呵护。倘若有人借给他一本没有读过的书，那么书还回来的时候，是包在一层光洁的丝绸书封里的，并且系着彩色带子，仿佛一件礼物一般。我还记得，他当初是怎样把《旗手克利斯朵夫·里尔克的爱与死》的手稿当作一件贵重的礼物带到我这里来的，我至今还保留着当时系在稿子上的带子。而最惬意的事情是和他在巴黎散步了，因为，这意味着，用一双慧眼去发掘最不显眼处的风景。他什么细微的地方都注意得到，就连公司招牌上的名字他也要念出来，因为他觉得那个音富有韵味。他有心将巴黎这座城市的每个角落都看遍，这几乎是我在他身上发现的唯一热情。有一次，我们在一个朋友家邂逅，我告诉他，前一天我偶然走到了皮克鲁斯公寓的旧"栅栏"旁，这里掩埋着断头台上最后一批牺牲者的遗骸，其中有安德烈·谢尼耶①。我向他描述了那块叫人兴叹的小小绿地，上面遍布荒冢，无人问津，我还告诉他，在返回的路上，我从路旁一扇敞开的大门望见一座修道院里的情景，一群在俗修行的修女手中握着十字架念珠，默默地在院内转圈，仿佛正沉浸在一个虔敬的

---

① André Chénier，一七六二年至一七九四年在世，法国诗人，最初赞同法国大革命，后来暴露出"温和"派的政治立场，一七九四年被判以"人民的敌人"而被送上断头台。

梦中。我难得有几次看见平日那样沉静、克制的他几乎迫不及待的样子，这是其中一次。他告诉我，他一定要去看看安德烈·谢尼耶的墓地和那座修道院，问我能不能带他去。我们第二天就去了。在那座孤寂的坟茔前，他默立、出神，后来他称此地为"巴黎最富有诗意的地方"。但是，在回来的路上，那座修道院大门紧闭，这回我可以考验一下他那沉静的耐心了，他在生活中，和在自己的作品中一样，是很有耐心的。"让我们等待巧合吧。"他说，然后，他略微垂着头，找好一个位置站好，以便大门一打开他就能看见里面的情形。我们大约等候了二十分钟，从街道的一头走来一位修女，拉响了门铃。"时机来了。"他悄声说，人也变得激动起来。那修女发觉了他在注意这边的动静，——我前面说过，人们从远处就能感觉到他身上的气息——向他走过来，问他是否在等人。他对她报以他那温和的微笑，——这笑容令人马上产生信任感，坦诚地对她说，他很想看一眼修道院的长廊。那修女却微笑地对他说，对不起，她不能让他进去。可是她随即又为他出了个主意，告诉他可以到旁边的园丁小屋去，从那里楼上的窗子可以很好地望见院内。这个小小的建议仿佛给了他巨大的恩惠。

我们后来还多次邂逅，但是，只要我想到他，就会想到在巴黎的他，而巴黎最悲惨的日子他已不用再经受了。

对于一个初出茅庐之辈，遇见这样非凡的人物，确实受益匪浅。但是这时，我还未获得那个让我终身受益的重要教义，它是一次偶然事件带来的礼物。有一天，在维尔哈伦家，我们和一位艺术史家讨论起来，那位艺术史家抱怨说，产生伟大雕塑和绘画的时代已经逝去了，我激烈地表示反对。我们这个时代不是还有罗丹吗？作为一位雕塑家，他并不比以往的大师逊色。我开始列举他的作品，并且变得怒气冲冲起来，我在反驳一个观点时，总是那样。维尔哈伦在一旁暗自发笑，他最后说："你这样热爱罗丹，真应该去认识他。明天我要去他的工作室，你要是愿意，我就带你一块去。"

还问我愿意不愿意？我简直高兴得睡不着觉。但是，在罗丹面前，我笨口拙舌，说不出话来。我没有对他说一句话，站在那些雕像当中，我自己也仿佛其中一员。奇怪的是，他好像很喜欢我这副傻样，因为，在告别时，这位老人问我是否愿意去他在默东的工作室看看，甚至还请我一起用餐。我通过这一次得到了第一个教诲：伟大的人总是最善良的。

而第二个教诲是，伟大的人在生活上几乎总是最简朴的。这个人名扬四海，我们这代人是那样熟悉他的作品，几乎每根线条都认识，和它们就像老朋友一样。而在他家吃饭的时候，饭菜简单得好比一个中农家的伙食，一块厚实的肉、几颗橄榄、丰富的水果，还有本地产的葡萄酒。但这一切都让我渐渐放松下来，最后，我终于能毫无拘束地聊天了，好像和这两位翁媪已是多年相识一样。

吃完饭，我们走进工作间，这是一间大厅，里面聚集了他最重要作品的复制品，另外还有上百件珍贵的单个习作，或立或卧，——一只手、一条胳臂、一束马鬃、一只女人的耳朵，大多数由石膏制成。他自己出于造型练习画的草图，其中一些我至今还记得很清楚。关于在他工作室参观的这一小时，我可以说上好几个小时哩。最后,大师把我带到一座摆放台前,上面是他的新作,被一块湿布蒙着,那是一尊女性塑像。他用那双满是折褶的农夫般厚重的手揭开湿布,向后退了一步。我一直屏着呼吸,这时,终于禁不住喊出来:"太棒了!"但立刻为自己平庸的评价感到羞愧。而大师一面打量着自己的作品,一面冷静客观地、不带任何虚荣地轻轻应了我一声道:"是吗?"随即却又迟疑了,"在肩膀那里还是有点……等一下。"他说着脱去上衣,穿上白色工作服,拿起一把刮铲,在塑像肩头娴熟地抹了一下,使那生动得好像有呼吸的女人的肌肤变得平滑起来。他又向后退了一步,"还有这里。"他又轻声说了一句,他又修改了一处微小的细节,使塑像更显生机。接着,他不再说话,一会儿趋向前,一会儿退后,从一面镜子里端详塑像,喃喃自语,发出别人听不懂的声音,再修改,再润色。刚才用餐时,他的眼神是那样悠然自得,现在却闪烁出奇特的光芒,他仿佛变得更高大、更年轻了。他工作着,工作着,以他那魁梧身躯内的全部热情和力量工作着,他每次用力地向前迈进或者向后退时,地板都被踩得吱吱直响,可是他充耳不闻。他没有察觉到,在他身后,有个年轻人的心已经提到了嗓子眼,这个年轻人静静地伫立着,因为可以如此旁观一位举世无双的大师工作而欣喜若狂。他已经全然将我抛在脑后了。在他眼中,只有那尊雕塑,只有作品,而在作品的身后,是那无法看见的完美的幻象。

一刻钟过去了,半个小时过去了,我已经不记得那天我在罗丹的工作室待了多久,伟大的时刻总是逾越了时间的概念。罗丹是那样深地沉浸在自己的工作当中,哪怕在他耳边响起一声炸雷都未必能惊动他。他的动作变得越来越激烈，带着愈来愈猛的怒气，他身上出现了一种野性，或者说，出现了一种迷狂状态，他干得越来越急促了。接着，他的双手渐渐变得迟疑起来，它们仿佛发现自己已无须再做什么。他一而再再而三地向后退步端详，没有再做任何修改。最后，他唇间轻轻嘟哝了一句，轻柔地用那块湿布将塑像围好，好像为爱人在肩头搭上披巾。他深深地松了口气，神态重新变得庄重起来，刚才的激情消退了。接着，出现了不可思议的情景，这对我也是很深的教益：他脱下工作服，穿好外套，转身准备出门。在精神高度集中的这些时间内，他已经把我忘个精光。他压根就不知道自己带进工作室参观的这个年轻人正感动地站在自己身后，连大气都不敢出，像他的雕塑一样一动都不动。

　　他朝大门走去，在关门的时候发现了我，几乎满脸怒容地瞪着我看：这个偷偷溜进他工作室的陌生人何许人也？但随即，他把什么都想起来了，他向我走来，显得很不好意思地对我说："对不起，先生。"我没有让他继续说下去，只是心存感念地握住了他的手，我真想俯身亲吻这双手！在这一段时间内，我亲眼目睹了一切伟大艺术的永恒的秘密，也就是所有艺术家成就事业的要义：专心致志。将所有的精力和思想都集中于一点，彻底忘我，忘记整个世界。我那天学到的东西让我终身受益。

　　我原本打算五月底从巴黎去伦敦，但是，我后来不得不把行程提前了两周，因为我本来非常得意的住处由于一个意外情况而变得很不叫人愉快了。这是一个很奇特的插曲，让我感觉非常有趣，同时也给了我一个教训，让我更加了解到法国环境下与自己截然不同的思维方式。

在圣灵降临节的两天时间里，我离开巴黎，和朋友们去参观那座尚未有机会谋面的壮丽的沙特尔大教堂。周二回到旅馆，我在房间里正要更衣，却发现几个月来一直安然无恙立在角落的行李箱不见了。我下楼去找旅馆老板，他每天和老板娘轮流坐在小小的门房值班。他是一个矮胖的马赛人，面颊总是红红的，我常常和他开玩笑，有时甚至还同他在街对面的咖啡馆玩他最喜欢玩的十五子游戏。他听我一说这事，马上变得怒火冲天，狠狠地用拳头擂桌子，大声嚷道："原来如此！"让我摸不着头脑。他一边匆匆套上外套，——他像往常一样在门房间只穿着衬衣，——换下舒服的拖鞋，穿好皮鞋，一边向我述说原委。要说清楚这件事，有必要先解释一下巴黎住房和旅馆的一个特点。在巴黎，较小的旅馆和大部分私宅都没有大门钥匙，一旦外面有人敲门，楼管员就从门房操作让大门自动开启。在小旅馆和住宅楼，房东或者楼管员不会整夜待在门房看门，他们会睡在床上按一下按钮为客人开门，——大多数时候还处在半梦半醒的状态——如果谁要外出，就喊一声"请开门"，同样，为了防止陌生人在夜晚进入，每个从外面进来的人都要先自报一声家门。这天的凌晨两点，我住的这家旅馆的门铃被人拉响了，进来的人也报了自己的名字，听上去像是旅馆的一位住客，于是他取走了在门房里挂着的房间钥匙。实际上，看门人应该透过窗子证实一下来客的身份，可是，很显然，他当时太困了。可是，一个小时后，里面有人喊"请开门"，要出去，这时，已经开过一次门的看门人本应该警觉起来，凌晨两点钟以后，谁还会出门呢？据旅馆老板自己说，他是起床了，往街上查看，看见一个男人提着一只箱子离开，他马上穿上睡袍和拖鞋，跟踪这个可疑的人。但是当他看见这人拐一个弯，走进小田园街的一家小旅馆，便马上不再怀疑他是贼，便重新回去睡觉了。

现在，他对自己犯下的错误感到很懊悔，带着我急匆匆地去最近的警察局报案。警方随即到小田园街的那家小旅馆查问，很快便发现了我的箱子，但是那贼却不见踪影，显然，他是去附近的小饭馆吃早点去了。于是，两名便衣在那家小旅馆门房间里等着那个贼，半小时后，他毫无提防地回来了，马上遭到了逮捕。

接下来，旅馆老板和我必须去一趟警察局履行公务程序。我们被领进警长办公室，警长是一位胖得要命的和善的先生，留着小胡子，外套敞开着，坐在写字台后面。他的写字台上乱七八糟地堆满了各种文件，整间办公室弥漫着烟味，桌子上还放着一大瓶酒，说明此人绝非冷酷的警署公仆，而对生活充满热爱。他先命人将箱子拿进来，让我检查一下有没有丢失贵重物品。我唯一好像值点钱的东西就是一张总额为两千法郎的存折了，但是我来巴黎的几个月里，里面的钱已经花去了不少。而且，谁都知道，这样的存折对别人是毫无用处的，实际上，它仍然纹丝未动地放在箱子的底层呢。等到做完笔录，我承认这箱子是我的财产，并且没有损失任何物品，警长便命令把那个贼带进来。我带着不小的好奇等着瞧他到底属意于什么。

这回真是值了。两名健壮的警察押着小偷进来了，他本来就很瘦弱，被夹在他们当中就显得更加怪模怪样，活像个可怜鬼。他的衣衫相当破旧，连领子也没有了，看得出来，因为饥饿，那张面黄肌瘦的脸尖得像只老鼠，还挂着两撇鼠须。要我说啊，这个贼真不怎么样,手段一点也不高明,早晨偷到箱子之后竟然没有马上溜走。他站在警长面前,两眼低垂,好像很冷似的微微打着寒战。我这样说很难为情,但我不仅为他感到难过,甚至对他产生了一丝同情。当一名警察将搜身得来的东西郑重其事地放在一块大木板上时,我的同情心变得更强烈了。我简直想不出比这些东西更稀奇古怪的玩意儿了:一块非常脏、非常破的手帕、一串挂在钥匙串上叮当作响的各种尺寸的万能钥匙和撬锁钩、一只破钱包,但好在没有凶器,这至少证明,这个贼虽然以惯犯的方式行窃,但是没有用暴力。

当着我们的面,最先被搜查的是那个钱包,结果真是让人吃惊。在那里面找到的不是千百块的钞票,也不是银行支票,——却是二十七张著名女舞蹈演员和女演员的袒胸露背的照片,还有三四张裸体照。无需再加以深究,很明显,这个瘦弱、忧愁的小伙子是一个美的热烈崇拜者,他只求将这些可望而不可即的巴黎戏剧舞台的明星们的相片放在心窝处。虽然警长用严厉的目光一张一张地检视这些裸体照片,但我也看得出来,他和我一样,对这个事实很感兴趣:这样一个落魄的违法者竟然会有此类独特的收藏癖。我因为看到这个可怜的罪犯对美有这样的爱好,对他的同情再次明显地增加了。所以,当警长煞有介事地问我是否"要起诉"时,——我知道他也只是拿笔装装样子——也就是问我是否要对那罪犯提出控告时,我当然立即就说"不"。

为了弄明白这里面的究竟,也许还需要再做些补充说明。在奥地利和在很多其他国家,凡是遇到犯罪事件,都是由官方起诉,国家将司法权掌控在自己手中。但是在法国,受害人有权自主决定是否要对罪犯提出指控。我个人认为，这种法制观念比那种所谓固定的法律更加公正，因为它提供了一个机会，让受害人有可能原谅另一个人犯下的罪行。比如说，在德国，有个女人出于嫉妒用手枪打伤了自己的情人，无论她的情人如何哀求，都无法使她免遭审判。国家介入了这件事情，将这女人从她的情人身边强行夺走，将她投入监狱，而实际上，她由于激动而击伤的情人可能会因为她热烈的感情而反倒更爱她呢。这事如果发生在法国，这对情人就可以在道歉之后手挽手地回家，视这场风波已经平息。

我刚把"不"字说出口，立刻出现了三种反应。夹在两名警察中间的那个瘦弱的人马上直起了身子，向我投来一种无以描述的感激的目光，这目光真叫我难忘。警长满意地将笔搁下，很显然，他也对我不予追究表示满意，因为这省却了他不少案头工作。但是我的房东可不乐意了，他满脸涨红地对我大声嚷嚷，说我不能这样办，这种无赖、"坏蛋"非得灭绝不可。他还说我不会想到这类货色会干出什么坏事来。他说，正派人必须每天都提防着这些坏蛋，今天放走了一个，就等于纵容了一百个。这个觉得自己的生意受到了侵扰的小市民此刻爆发了胸中所有的诚实、正派和狭隘。为了避免和自己有牵连的麻烦，他用威胁的语气毫不客气地要求我收回成命。但是我不为所动。我坚决地说，我已经拿回了自己的箱子，而且没有任何损失，对我来说，一切都已经解决了。我一生当中从来没控告过什么人，当我今天中午大嚼牛扒的时候，如果想到有人因为我的缘故不得不咽下牢狱里的伙食，我就会很不愉快。我的房东一再坚持他的主张，并且情绪越来越激动。警长声明说，此事做决定的人是我，而不是他，既然我决定不控告，事情也就了结了。他听警长这样说，便突然转身，气愤地离开了警署，将门摔得山响。警长站起身，微笑地望着那愤怒的房东离去，心照不宣地与我握手告别。这样，公务程序终于完成了，我拎起箱子，准备回旅馆。但此时又发生了奇特的事，那个小偷快速地向我凑过来，以谦卑的口吻对我说："哦，不，先生，我来给您送回去。"就这样，身后跟着这个拎着箱子的感恩的小偷，我走过四条马路，回到自己的旅馆。

这场一开始很叫人恼火的风波似乎便这样以最愉快的方式收场。但是，一波刚平，一波又起，紧接着发生的两件事情使我深刻地了解了法国人的心理。当我第二天去维尔哈伦家时，他带着一丝别有用意的微笑向我问好，开玩笑地说："你在巴黎经历了特别的奇遇啊！我可压根不知道，原来你还是个阔绰公子啊！"我一时还不能明白他在说什么，他递给我一份报纸，原来，上面长篇累牍地对昨天那件事情加以了报道，当然，在这篇肆意渲染的文章中，我已找不到任何事实真相。这篇报道以新闻记者的卓越技巧这样描述道：一位下榻在市中心旅馆的高贵的外国人的行李被盗，——为了更吸引人，我变成了"高贵的"外国人——箱子里有很多贵重物品，其中有一张两万法郎的存折，——一夜之间，两千法郎变成了两万法郎——还有其他价值昂贵得无法补偿的东西（实际上只是些衬衫和领带）。报案后，起初几乎找不到任何线索，因为那窃贼手法非常老练，而且看上去对本地情况非常熟悉。但是警察分局的警长，"某某"先生，以他"众所周知的破案能力"和"非凡的洞察力"立即采取了一切措施，他给巴黎所有的客栈和旅馆打电话，在一小时之内，对这些地方统统进行了最严密的搜查。由于他采取的措施一贯周密，因此在极短时间内捕获了那个罪犯。警察局长当即对这位优秀警长的出色表现予以了表彰，因为他用自己的能力和远见再次为巴黎警察局树立了光辉的榜样，——这篇报道当然没有一句话属实，那位警长根本没离开自己的写字台一分钟，是我们自己将箱子和小偷一同送进他的警察局的。不过，他倒利用了这次良机，为自己做了一次宣传。

如果说，这个小插曲对于那小偷和崇高的警察署都以欢喜结局，那么对我可就完全不同了。因为，从这时开始，原先对我那样和气的房东对我处处为难，想方设法阻止我在他那里继续住下去。我走下楼梯，向坐在门房间里的老板娘打招呼，可她根本对我不理不睬，生气地把那小市民的脑袋扭向一边。那个小学徒不再认真地收拾我的房间，我的信件也往往莫名其妙地丢失。甚至在隔壁的几家店铺和那家专卖烟草店里，我也遭遇冷眼，而在以往，我因为大量消费烟草，在那家烟草店是相当受欢迎的，被当作老"朋友"。受伤的小市民道德不仅使那幢房子里的人与我对立，而且整条街的居民，甚至全区的人，都一致反对我，因为我"帮助"了那个小偷。我最后没有办法，只好带着那只被找回来的箱子灰溜溜地离开那家舒适的旅馆，好像我自己成了罪犯一般。

伦敦给我的感觉，与巴黎比较起来，就犹如从炎炎烈日之下猛然进入阴凉世界，在最初的刹那，不禁要打个冷战，但是很快地，眼睛和各种知觉都会恢复适应。我原本打算在英国好好待上两三个月，不这样似乎有悖情理，因为，我们的世界在几百年来都沿着这个国家的轨道前进，假如不了解这个国家，又怎能理解我们的世界和评价它呢？并且我还希望通过大量的对话和频繁的社交好好练习一下我的蹩脚的英语（我的英语说得从来不流利），但是，遗憾的是，我的目的没有达到，我和我们所有从欧洲大陆去的人一样，和英吉利海峡彼岸的文学界接触很少。在各种早餐对话以及我们那个小出租公寓里的所有关于宫廷、赛马和社交晚会的简短交谈中，我总觉得自己完全是局外人，和这些都格格不入。当人们谈论政治的时候，我无法参与，因为他们说的那个"乔伊"，我不知道指的就是"张伯伦"，他们称呼那些爵爷的时候也统统只称其名，而不提姓氏。另外，面对马车夫的俚语，我也几乎聋了一般。所以我在英语方面的进步并没有像希望的那样快。我曾试图从教堂的传教士那里学到文雅的措辞，我也曾旁听过两三回法庭审理，为了听到正确的英语，我还去戏院看戏。——但是，无拘无束的往来、交情和欢笑，这些在巴黎是那样唾手可得的东西在伦敦却需要我费力地去寻求。我找不到人和我讨论那些在我看来最重要的话题，由于我对于体育、娱乐、政治以及他们平日关心的事抱着完全无所谓的态度，所以在那些好心的英国人看来，我可能是一个相当没有教养的呆子。我从来没有成功地使自己发自内心地和某个环境或某个圈子打成一片，所以，我在伦敦的绝大部分时间其实是待在自己的房间或者在大英博物馆度过。

当然，我起初希望通过闲逛来好好了解伦敦，在最初的八天，我在伦敦的大街小巷穿行，直到脚底生疼为止。我以大学生的心态认为自己必须跑遍导游手册上陈列的所有景点，于是，从杜莎夫人的蜡像馆到国会大厦，我都跑了个遍。我学会了喝英国淡啤酒，并且用风靡整个英伦的烟斗替代了巴黎的烟卷。从成百件的小事着手，我竭力去适应新环境，但是，无论在社交方面还是文学方面，我都没有和英国人有真正的接触。谁如果只从外表上看英国，那么他就忽略了真正重要的内容，这就像从城中那些拥有百万巨资的公司门前走过，只见到大门前一律擦得锃亮的黄铜招牌，而不知个中奥秘一样。当别人把我领进一家俱乐部，我不知道里面的人正在做什么，但那深深的皮椅和周遭的氛围已经让我昏昏欲睡，因为我无法像其他人那样通过集中精力做某件事或者通过体育运动来休闲放松，我消受不了这样的休闲方式。一个闲荡的人、一个纯粹的旁观者，如果他不懂得将休闲提升为一种高雅的社交艺术，伦敦这座城市就会坚决地将他视作异类而排斥在外，相反，巴黎则会愉快地将他容纳进自己热闹的生活中来。当我认识到自己的这个错误，已经为时晚矣。其实，我实在应该找一份事情做，以此来消磨在伦敦的两个月时间，或者去店家当实习生，或者去报馆当文秘，这样，至少我还可以对英国人的生活有一定的管窥。而当时我只在其外部旁观，自然所知甚少，只是到了数年后的战争时期，我才对真正的英国有所了解。

英国的诗人我只见过阿瑟·西蒙斯[①]，通过他的帮助，我弄到了一张叶芝的邀请函，我非常喜欢叶芝的诗，而且完全是出于自己的乐趣，我还翻译了他那部柔美的诗剧《水影》的一部分。我没有想到那次邀请是朗诵晚会，应邀而来的是经过挑选的少数几个人，我们挤坐在并不宽敞的房间里，有人甚至坐在搁脚凳上和地板上。叶芝在一张黑色的（或者是铺着黑布的）斜面桌的两旁

---

① Arthur Symons，一八六五年至一九四五年在世，英国诗人、文艺评论家。

点燃两支胳臂一般粗大的圣坛蜡烛之后，终于开始朗诵。房间里其他的灯火都被熄灭，在微弱的烛光下，叶芝那留着黑色鬈发、线条强健的头部显得像一尊雕塑。他朗诵得很缓慢，嗓音低沉而忧郁，没有显出丝毫的慷慨激昂，每句诗行都饱含金属般的质感。他朗诵得很美，确实极其庄重肃穆。唯一让我感觉不舒服的，是他那身煞有介事的打扮，那身袈裟似的黑色长袍使叶芝看上去像修道院的神甫，还有那两支燃烧着的粗大蜡烛，散发出一股淡淡的香味，使得这次文学欣赏活动不像是自发的诗歌朗诵会，而更像是一次祭诗仪式，——但在另一方面，这一切对于我又有一种新奇的诱惑力。与之对照，我不自觉地想起维尔哈伦朗诵诗歌时的情景：他穿着衬衫，为的是让自己那强有力的胳臂更好地挥打出节拍，他不讲排场，也根本不刻意安排什么。还有里尔克朗诵诗歌的样子：他偶尔会朗诵他书中的诗句，简单、清晰，只是为了词语服务。在叶芝这里我是第一次参加被"导演"过的诗歌朗诵会，尽管我热爱他的诗歌，但对于这种仪式化的东西还是抱有怀疑的态度，当然，作为他的客人，我当时还是心怀感激的。

不过，真正称得上是我在伦敦发现的诗人，并不是在世的诗人，而是一位在当时已遭人遗忘的艺术家：威廉·布莱克[①]。这位孤寂的、饱受非议的天才，他的艺术结合了朴拙和细腻的完美，直到今天还令我心驰神往。有位朋友建议我去当时由劳伦斯·比尼恩负责的大英博物馆的印刷品陈列室，去看看那些有彩色插图

---

[①] William Blake，一七五七年至一八二七年在世，英国诗人、水彩画家、版画家。

的书籍:《欧洲》、《美国》、《约伯记》。这些书今天都已经成为古籍书店里的稀世珍宝,而它们确实也使我着了魔。在那里,我第一次看到他的作品,他是那样一群具有魔力般天赋人才中的一员,他们由幻想引领着,仿佛长着天使的双翼一般,穿掠过想象的整片荒原。我花了数周的时间,企图深入到这个稚纯却同时又带有邪气的灵魂的迷宫之中,并且想把他的几首诗歌译成德文。得到一幅他的亲笔画,这简直成了我的热望,但好像又那么难以企及,只是梦想罢了。有一天,我的一位朋友阿奇博尔德·G. B. 拉塞尔——他当时已经是最杰出的鉴赏布莱克作品的专家——告诉我,在他举办的展览期间,有一幅"梦幻般的肖像"将被出售,据他看(也是我的看法),这幅《约翰国王》是布莱克大师最美的一张铅笔画。他信誓旦旦地向我保证:"这幅艺术品您将百看不厌!"他说得完全正确。在我的书籍和绘画当中,只有这一幅陪伴了我三十余年。多少次,这位困惑的国王都用他那神奇闪烁的目光从墙上望着我,在我遗失和远在天涯的物品中,在漫游途中我最想念的就是它。我费力地在街头巷尾和都市之中寻找英伦天才而不得,他却突然以布莱克这个真正脱尘出世的形象出现在我眼前,于是,在我对世界的众多热爱中,又多了一份爱。

# 通向自我的曲折道路

巴黎、英国、意大利、西班牙、比利时、荷兰，这些充满新奇的四海为家式的漫游本身是令人愉快的，而且在很多方面我都受益颇丰。但是，一个人终归还是需要一个安定的家，——如今我最能体会这点，因为我现在的世界漫游已不再是出于自愿，而是被四处驱赶的流亡。——让他可以从家出发，再一次次地重返这个归宿。自从中学毕业后的这些年，我的藏书已经渐渐有了一间小图书馆的规模，还有众多的绘画和纪念品，手稿也已经堆成厚厚一堆，但这些让人欣喜的负担却不能总是装在箱子里到处拖来带去呀。因此，我在维也纳买了一套小小的公寓，它算不得是长久的居所，只是一个"临时歇脚的地方"，这是法国人干脆利落的说法。在一战以前，我的生活始终充满一种莫名的临时感，我在做每件事情的时候，都对自己说，这并不是我真正要的，——在写作方面，我只是将它当作真正创作前的试笔，而在和女性交往方面，我也不乏这种感觉。因此，我在年轻时候并不是极端有责任感的，我花起钱来毫无顾忌，无论在创作还是享乐方面，什么都想尝试，什么都想体验。当别人已经成家立业，有了孩子和地位，并且集中起所有的精力，准备进行人生的最后冲刺的时候，我还照样把自己当作年轻人、当作初出茅庐的新手看待，觉得自己来日方长，迟迟不想将自己固定在某个角色当中。于是，既然我的工作只是"真正"创作前的演练，只是预告我创作生涯开始的一张名片，所以，我的那套寓所也只不过是我的一个地址而已。我特意在郊区选了一套小寓所，这样不至于因为费用昂贵而妨碍到我的自由。我也没有买特别好的家具，因为我不想像我的父母那样精心"保养"它们，我的父母将每把扶手椅都套上罩布，只在接待来客时才取下。我有意识地避免自己在维也纳定居下来，这样就免得在情感上和一个地方难以割舍。我多年以来都觉得自己这种临时观念是一个错误，但是，后来，当我一次又一次地被迫离开自己筑造的家园，亲眼见到自己周遭的一切都遭到毁灭时，这种神秘的"无所牵挂"的生活理念对我帮助很大。我早已形成的这种生活观使我在每次遭受损失和被迫离别时都能多几分泰然。

在我这第一处寓所内，我还不想买太多贵重的物品。但是，那幅在伦敦买到的布莱克的画作已经挂在了墙上，还有一幅歌德的手迹，字体洒脱奔放，抄录的是歌德最美的诗篇之一，——我从中学开始收藏名人手迹，这一幅在当时算是其中翘楚了。就像当年我们整个文学小组都热衷于作诗一样，我们那时也处处收集诗人、演员和歌唱家的签名。后来毕业之后，我们中的大多数人都放弃了写诗和这项爱好，而我对收集天才人物的墨宝的兴趣倒是有增无减，并且也越发深入了。一般的签名对于我已经失去吸引力，连国际知名人物的名言或某人写的颁奖赞词也打动不了我，我搜集的只是诗人和作曲家的原稿和手迹，因为，我最关注的是一件艺术品的诞生过程，无论从传记的角度还是从心理的角度，都引起我极大兴趣。一句诗词、一段旋律，借由字迹的定型，从一位天才的不可见的想象和直觉之中化作尘世中的一分子，这个最最神秘的转化的瞬间，除了在大师们殚精竭虑、冥思玄想写下的原稿上，还会在什么地方更可琢磨，更可体味呢？一位艺术家，假如我只看过他完工的作品，不能称得上完全了解他。我信奉歌德的话，他说，为了充分领会伟大的作品，我们不仅要看到它们最终成形的样子，还必须仔细倾听它们在形成过程中发出的声音。一张字迹狂野、潦草的贝多芬的草稿，即使仅仅在视觉上，也给予我巨大的震撼，各种业已展开的和后来又被删去的主题怒气冲冲地胡乱纠缠在一起，那用铅笔草草画出的线条之中，凝聚着从他那丰富的天才当中喷涌而出的非凡创造力，恰恰因为这笔迹令我的精神极端的激奋，它在生理上也给予我相当的刺激。就像别人观赏一幅画一样，我可以对着这样一张天书般的旧手稿入迷地看上半天，对它爱不释手。还有一张巴尔扎克的校样稿，每一句话几乎都修改过，每一行字都涂涂画画，四周的空白处由于挤满了各种修改记号和字迹，已经变成了黑色，它简直叫我欣喜若狂。一首我多年一直热爱的诗，一旦我见到了它的手稿，见到它最初问世时的样子，我的心中便会升起一股敬畏的宗教情感，简直不敢用手去碰它。拥有这样的手稿，让我感到自豪，同时，还伴随着一种体育竞技般的热情，那就是在拍卖场或者通过拍卖清单追踪它们的行迹，最终将它们弄到手。这样的追踪让我经历很多惊心动魄的时刻，令人悸动的巧合真是太多了！有一回，我原本不幸晚来了一步，但结果出人意料，原先我孜孜以求的那件手稿竟被证实是件赝品。还有一回，出现这样的怪事，我原藏有一小件莫扎特的手稿，但遗憾的是，其中有一段乐谱被人剪掉了。但是，突然有一天，这段在五十年前或者一百年前被某个爱心过切的艺术破坏者剪去的乐谱在斯德哥尔摩的拍卖会上出现，我又可以将这部咏叹调重拼完整了，就和莫扎特在一百五十年前遗留下来的样子一模一样。那时候，我的稿费收入当然还不足以大批购买手稿，但是每个从事收藏的人都明白，当你不得不牺牲别的乐趣而致力于一件收藏品的获得时，他从这件物品身上获得的乐趣会是平常乐趣的多少倍。此外，我要求所有的作家朋友们捐献他们的手稿。罗兰给了我一卷他的《约翰·克利斯朵夫》，里尔克给我的是他最受爱戴的《旗手克利斯朵夫·里尔克的爱与死》，克洛岱尔给了我《圣母领报》，高尔基给了我大量的草稿，弗洛伊德给了我一篇论文的手稿，他们都知道，没有一家博物馆会比我更加精心地保存他们的手稿。但是如今，这些承载了我最大欢乐的手稿，连同其他微小的乐趣，统统都已飘散在风中了！

后来，我才通过偶然的机会发现，那件堪称最特别、最珍贵的值得珍藏的文学瑰宝虽然不在我的书架上，却藏在同样位于市郊的一所房子里。在我的楼上，在一套和我的居所同样简单的寓所内，住着一位头发花白的老小姐，她的职业是钢琴教师。有一天，她在楼梯上非常客气地和我攀谈，她说自己一直感到抱歉，因为我在工作时间不得不被迫听她的钢琴声，她希望我不至于因为她的学生们的不完美的弹奏技巧而深受困扰。在谈话中，她告诉我，她的母亲与她同住，那老人已经半瞎，不能再迈出房门一步，而这位八十岁的老妪不是别人，竟然是歌德的保健医生福格尔博士的女儿！一八三〇年，由奥蒂丽·冯·歌德[①]当着歌德的面受的洗礼。这真让我有些眩晕，到了一九一〇年，在这世界上竟然还有受过歌德的神圣目光注视的人！由于我始终对这位天才遗留人间的一切都怀有特别崇敬的心情，除了那些手稿之外，我还收集各种可以收集到的遗物，后来，——在我的"第二重生活"[②]当中，——我的居所的一间房间成了遗物保存室，那里有贝多芬的书桌和他的小钱匣，行将就木的他曾从床上伸出颤抖的手，从这个钱匣里取出小笔小笔的钱付给女佣；还有他家厨房账簿里的一页纸，以及一绺贝多芬那已经灰白的头发。我将歌德的一只鹅毛笔压在玻璃板底下保存了多年，为的是抵御诱惑，防止自己这只不般配的手去握它。但是现在，居然还有一个被歌德那双圆圆的黑眼睛带着爱意专注凝视过的人活生生地存在，那些没有生命的物件和这个人比起来简直不值一提。——这是最后一根脆弱的、随时可能断裂的线，它通过这位年迈的老妪，将魏玛的神界和我偶然撞上的科赫巷八号这幢市郊住宅联系在了一起。我请求见这位德梅丽乌斯老夫人一面，于是受到了老夫人亲切友好的接待。在她的小房间里，我见到了一些歌德用过的物品，那是老夫人童年的女友，歌德的孙女送给她的：有歌德书桌上曾用过的一对烛

---

① Ottilie von Goethe，歌德的儿媳。
② 茨威格认为自己的一生过了三种不同的生活：一战前的生活，一战至二战之间的生活，二战后的生活（见"前言"）。他最早曾以《我的三重生活》作为这本回忆录的书名。

台，还有几个有着相似造型的歌德的弗劳普兰①旧宅的宅徽。但是，这位老夫人本人不就是最大的奇迹吗？这位老人，头上戴着一顶毕德迈耶时代的家常小帽，盖住了业已稀疏的白发，嘴角四周遍布皱纹，但是非常健谈，她很愿意回忆自己在弗劳普兰的家中度过的十五年青春。那时，弗劳普兰还没有成为今天这样的博物馆，在那幢房子里，自从最伟大的德语诗人歌德永远地离开了这个家和这个世界，那里的每件东西都没有再被人动过。和所有老人一样，这位老夫人对自己的童年生活记忆最深，她因为歌德学会干了一件严重侵犯隐私的事情而愤恨不已，这令人感动。她说，他们竟然"现在就"出版了她的童年好友奥蒂丽·冯·歌德的情书，——"现在就"——哎呀，她忘了，奥蒂丽去世已经有半个世纪了！在她看来，歌德的这个宠儿还活着呢，还正当青春年华，那些在我们眼中早已成为陈年老账或者历史传说的事情，对于她却还是活生生的现实。和她在一起的时候，我总感到自己仿佛不在人间。在这幢砖石结构的房子里，人们可以用电话交谈，用电灯照明，用打字机写信，但是，再往上踏上二十二级台阶，便恍然进入了另一个世纪，被笼罩在歌德世界的神圣阴影之中了。

后来，我多次遇到过这样一些白发苍苍的老夫人，在她们的脑海中，还依旧保留着那个辉煌的充满神性的年代。她们其中有李斯特的女儿科西玛·瓦格纳②，她的神情激昂，严峻、肃穆却雍

---

① Frauenplan，位于魏玛，歌德故居所在地。

② Cosima Wagner，一八三七年至一九三〇年在世，音乐大师理查德·瓦格纳的妻子。

容大度；有尼采的妹妹伊丽莎白·弗尔斯特，她身材小巧玲珑，爱卖弄风情；还有亚历山大·赫尔岑[①]的女儿奥尔加·莫诺，她小的时候常常坐在托尔斯泰的膝上。我听老年的格奥尔格·勃兰兑斯对我讲述过他遇见惠特曼、福楼拜、狄更斯等人的情景，我也听过里夏德·施特劳斯向我描述他第一次见到瓦格纳的情景。但是这所有人都不如老态龙钟的德梅丽乌斯夫人那样叫我感动，她是还活在人间的被歌德的目光注视过的最后一个人了。而我自己或许也是今天唯一有资格说这么一句话的人：我曾认得一个人，歌德的手曾温柔地在她的头上抚摩过。

现在，在一个接一个旅程的中间，我终于找到了一个临时歇脚的地方，而比这更重要的是我同时找到的另外一个家——那就是三十年来一直维护和促进着我整个事业的出版社。选择哪家出版社，对于一位作家而言，是一生中相当重要的决定。而对我来讲，这是我一生中最开心的决定。若干年以前，有一位文化修养非常好的文学爱好者这样决定，他情愿将自己的财产花在一件文学作品上，而不花费在饲养赛马上。他就是阿尔弗雷德·瓦尔特·海梅尔，作为诗人，他本人并不算出色，但是，他决定在德国创办一家出版社。一反当时唯以赢利为基准的出版风气，他根本不注重是否赢利，甚至做好长期亏本的准备，只出版那些内在品质优秀的作品，而不以它们是否畅销作为限制。娱乐性的读物，即使再赚钱，他也不打算出版，相反，海梅尔要出版的是那些最深奥难懂的

---

[①] Alexander Herzen，一八一二年至一八七〇年在世，著名俄国作家、政论家，代表作有《往事与随想》。

作品。只出版艺术意愿最强烈、艺术形式最完美的作品，是这家孤傲的出版社的口号，它的读者群只限定在一小群真正识货的内行人当中，它很为这种特意的孤绝而自豪，将自己命名为"岛屿"，后来称为"岛屿出版社"。岛屿出版社从来不会模式化地印刷任何产品，而是精心设计每件文学作品，使之在形式上达到与内容一样的完美。因此，在设计每本书的书名字体和版心，确定其开本和纸张时都会遇到新的特殊问题，即便像广告册页和信笺这样的副产品，这家心性极高的出版社都很注重，制作起来颇费苦心。在三十年当中，我不曾在它出版的我自己的书里发现过一处打印错误，就连出版社给我的信件当中，也从来没有过修改的痕迹。事无巨细，即便最小的细节，都反映出岛屿出版社争当楷模的雄心。

霍夫曼斯塔尔和里尔克的抒情诗都是由岛屿出版社结集出版的，由于有了这两位诗人，出版社从一开始就为自己的作家队伍定下了最高的标准。因此，你完全可以想象，当二十六岁的我荣幸地入选岛屿出版社的固定作者时，我是多么欣悦和自豪！从外表上看，这个身份提高了我在文学界的地位，但实际在我内心，它也加强了我的责任感。一旦成为这个精英人群的一员，就必须慎言慎行，绝不能潦草马虎，或者像新闻记者那样只求速成。因为，一本书一旦打上了岛屿出版社的标志，对于它的数千名读者，以及后来扩充到的数十万名读者而言，就是一个强有力的保证，无论书籍的内涵，还是印刷的质量，都肯定是一流的。

对于一个年轻作家来讲，遇见一家年轻的出版社，和它一道发展成长，真是再幸运不过的事情了。只有这样的共同发展才能真正使得作家、他的作品和这个世界有机地相连。我和岛屿出版社的负责人，安东·基彭贝尔格①教授很快地建立了诚挚的友谊，由于我们双方都热衷于收藏，这友谊因此进一步得到加强。在合作的三十年当中，基彭贝尔格收藏的歌德遗物和我收藏的名家手迹并驾齐驱，达到一个私人收藏家所能达到的顶峰。他给了我很多宝贵的建议和劝告，而我对国外文学的了解也给他不少重要的启发。就这样，在我的提议下，岛屿丛书诞生了，它以几百万册的出版物在原先的"象牙塔"周围建立起一座宏大的世界都城，使岛屿出版社成为德国最具代表性的出版社。三十年后，出版社和我景况都已今非昔比了：原先的小企业已经跻身德国规模最大的出版社的行列，而我这个原先只在极有限的读者圈里有影响的作家，成了德国拥有最多读者的作家之一。说实在的，要摧解我和岛屿出版社之间如此愉快又默契的关系，也只能是一场世界性的灾难和最严酷的苛令暴行了。我必须承认，再也见不到我书上那个熟悉的岛屿标志，真让我比背井离乡还要难受。

现在，我的道路已经畅通无阻。我虽然在相当早的时候就开始出书，但内心一直认为自己二十六年来没有创作出真正的作品。在青年时代和当时最杰出的艺术家交往并和他们结下友谊，这本是我在年轻时的最大收获，但奇怪的是，它却使我的创作面临危险的障碍。我见识得太多，反而使我弄不明白自己哪些作品真正有价值，这很叫我犹疑。由于缺乏勇气，我在此之前于翻译以外发表的作品，均谨慎地限于较小的篇幅，都是些中篇小说和诗歌。我迟迟提不起勇气创作长篇小说（这种状况一直延续到我三十

---

① Anton Kippenberg，一八七四年至一九五〇年在世，德国出版家和收藏家，一九〇五年开始任岛屿出版社社长，一九三八年至一九五〇年任歌德学会会长。

岁），我第一次敢于尝试较大的篇幅，是在戏剧方面。初次的尝试之后，一些好兆头促使我对戏剧创作产生很大兴趣并投身于其中。在一九〇五或者一九〇六年的夏天，我写过一部剧作——按照我们那个时代的风格，自然是一部诗剧，而且是古典风格的。这部诗剧叫作《忒尔西忒斯》，至于我今天怎么看待这部只有形式还说得过去的作品，以下事实可以说明：它以及我在三十二岁之前出版的几乎所有作品，我统统再没有让出版社重印。但是，这部诗剧至少显示出了我内心情怀的一个个性特征：我从来不会去对"英雄人物"歌功颂德，而始终只是关注失败者的悲剧。在我的中篇小说当中，吸引我自己的始终是遭到命运挫折的主人公。在我的传记作品中，我的主人公不是在现实中取得胜利的人，而是在道德意义上立于不败之地的人物，是伊拉斯谟[①]，而不是马丁·路德，是玛丽亚·斯图亚特[②]，而不是伊丽莎白[③]，是塞巴斯蒂安·卡斯特利奥[④]，而不是让·加尔文[⑤]。因此，我在这部诗剧中，不是以

---

[①] Erasmus von Rotterdam，一四六九年至一五三六年在世，尼德兰文艺复兴时期的人文主义者。他是欧洲人文主义最杰出的代表，著有《愚人颂》。

[②] Maria Stuart，一五四二年至一五八七年在世，苏格兰女王，因为王位纠纷被其表姐伊丽莎白一世处死。

[③] Elisabeth I，一五三三年至一六〇三年在世，英国都铎王朝女王。

[④] Sebastian Castellio，一五一五年至一五六三年在世，瑞士人文主义者和宗教改革家。一五四五年因为宗教意见分歧和加尔文分裂。他主张宗教信仰的宽容，是现代宽容思想的主要代表。

[⑤] Jean Calvin，一五〇九年至一五六四年在世，十六世纪欧洲宗教改革领导人，加尔文派创始人。他树立宗教权威后，敌视其他教派，曾以"异端"罪名火刑处死西班牙科学家塞尔维特等五十多人。

阿喀琉斯为英雄式的主人公，而将笔墨放在他对手中最不起眼的忒尔西忒斯身上，——我笔下的主人公都是历经苦难的人，而不是凭借自己的武力和明确的野心给别人造成痛苦的人。我没有把完成的剧本交给任何一位演员看，包括熟稔的演员朋友，毕竟我还是有些自知之明，明白像这样用无韵诗写成的剧本，再加上古希腊的道具服装，即使出自萨福或莎士比亚之手，也很难在现实的舞台上创造票房收入。只不过为了走一下形式，我才给几家大剧院寄去了几份脚本，然后就将此事忘个精光。

因此，当三个月后，我收到一封印有"柏林皇家剧院"字样的信时，惊讶极了。我寻思道，这家普鲁士国家剧院想要我做什么呢？出乎意料的是，剧院经理路德维希·巴尔奈[1]——他以前是德国最著名的演员之一——在信中告诉我，我的这部诗剧给他留下了相当深刻的印象，而且，尤其让他高兴的是，阿喀琉斯正是演员阿达尔贝尔特·马特考夫斯基[2]一直以来非常想扮演的角色，因此他希望我能将此剧在柏林的首演机会付与柏林皇家剧院。

我简直被这惊喜吓呆了，德意志民族在那时只有两位最伟大的演员，一位是阿达尔贝尔特·马特考夫斯基，一位是约瑟夫·凯恩茨。前者出身北德，气质雄浑，激情澎湃，无人可比；后者是我们维也纳人，气质优雅，台词处理时而婉转，时而铿锵，高超的语言能力天下无双。现在，马特考夫斯基将出演我剧中的人物，念我写的诗句，德意志帝国首都最有声望的剧院将对我的剧本大

---

[1] Ludwig Barnay，一八四二年至一九二四年在世，德国著名话剧演员。
[2] Adalbert Matkowsky，一八五七年至一九〇九年在世，德国著名话剧演员。

力扶植，——这一切都让我觉得自己的戏剧前程无限美好，实在是天赐良机。

但是，这一次我得了一个教训：在大幕尚未真正拉开之前，不要为演出高兴得太早。虽然排练已经开始，而且一次接着一次，并且，我的朋友们也都向我证实说，马特考夫斯基排练念我的那些诗句台词的时候，那气势和派头是从来没有过的。然而，当我订好去柏林的卧铺车票，最后时刻却接到一份电报，上面写道：由于马特考夫斯基病倒，演出推迟。我原以为那是剧院惯用的一种借口，当他们不能按期举行演出或者不能守约时，他们经常使用这样的借口。可没想到，八天之后，报纸上竟然刊登出这样的消息：马特考夫斯基病逝。我的台词竟成了诵读功夫一流的他最后吟出的诗句。

我心想，算了，到此结束。虽然此时又有两家顶级的宫廷剧院希望排演我的剧本，德累斯顿剧院和卡塞尔剧院，但是我内心已兴味索然。马特考夫斯基之后，我想不出谁能扮演我的阿喀琉斯。但随后，又传来一个更加令我惊诧的消息：一天早晨，有个朋友前来拜访，把我从睡梦中唤醒，他告诉我，是约瑟夫·凯恩茨派他来的。凯恩茨很偶然地看到我的剧本，认为其中有个角色非常适合他，那不是马特考夫斯基想扮演的阿喀琉斯，而是命运悲惨的忒尔西忒斯。凯恩茨会立即和城堡剧院的经理联系此事。当时城堡剧院的经理是施伦特[①]，他是当时正处在高潮的现实主义的

---

[①] Paul Schlentherl，一八五四年至一九一六年在世，德国著名戏剧评论家。一八九八年至一九一〇年任维也纳城堡剧院经理。

先驱人物,从柏林来到维也纳,以标准的现实主义者的态度领导着城堡剧院(这让维也纳人非常生气)。施伦特很快给我回音了,他说,他在我的剧本中看到颇为有趣的内容,但是,很遗憾,他认为,除了首演,这部剧不会取得更大的成功。

我再次对自己说,算了吧,对于自己和自己的文学作品,我向来持有怀疑态度。但是凯恩茨却愤愤不平,他马上邀我去见他。这样,我第一次见到了这位自己在年轻时崇拜得五体投地的偶像。那时,我们这帮中学生恨不得能够亲吻他的手和脚呢!他虽然年届五十,却身体轻健,充满机智,黑色的眼睛炯炯有神,使得整个人都显得神采奕奕。听他说话,真是一种享受。即使在私人谈话中,他吐出的每个词都字正腔圆,每个辅音干脆利落,每个元音饱满清晰。我至今还一直不能朗诵某些诗篇,只因为我曾听他朗诵过,而今,没有他陪我一道吟诵,没有他那样的铿锵完美的节奏和汹涌的激情,我无法再诵读。此后,我再也不曾觉得德语如此悦耳了。这位曾被我奉若神明的人,竟因为没有为我的剧本争取到演出机会而向我这位晚辈致歉。他强调说,我们再不能错过彼此了。又说,他其实有一事相求,——我简直喜形于色,凯恩茨竟有求于我!——他现在有很多场访问演出,为此他已准备了两部独幕剧,但是他还需要一部。他倾向于要一出短剧,以诗剧的形式,最好带有大段的抒情性台词——凭借他卓越的语言技巧,他能一口气将珠玉般的辞藻畅快淋漓地倾泻在屏息聆听的观众面前。他问我是否能为他写一部这样的独幕剧。

我答应试试。正如歌德所言,意志有时能"指挥诗意",我完成了一部独幕剧的初稿,《改头换面的喜剧演员》,这是一部洛可风格的非常轻松的作品，其中有两大段戏剧化的抒情独白。我全力体会着凯恩茨的气质，就连他说话的方式，我也细加斟酌。这样，在构思每句话时，我都不由自主地从他的意志出发，所以，这部应命之作幸运地成为一部佳作，不仅技巧娴熟，而且充满激情。三周之后，我将半成品的草稿给凯恩茨看，其中还外加一首"咏叹调"。凯恩茨兴致勃勃，立即将每段长篇独白都朗读了两遍，第二遍的时候，已经是精彩绝伦，让人难忘了。他问我还需要多长时间才能写完，显然，他已经迫不及待了。我告诉他还要一个月。太棒了！时间正合适！他说。现在，他要去德国做为期数周的访问演出，等他回来，就马上排演我这部短剧，因为，这部剧将在城堡剧院上演。接着，他又向我许诺说：不管他到哪里演出，都会把这部剧当作保留节目，因为它对他来说简直就像手套一样合适。他握着我的手，由衷地晃了三下，一边还不停地重复这句话："像手套一样合适。"

显然，在凯恩茨动身之前，城堡剧院就已被他弄得心神不安了。剧院经理亲自给我打电话，用很亲切的语气告诉我，请我把这部独幕剧的草稿先拿给他看。之后，尽管剧本还没有写完，他便提前接受了。围绕着凯恩茨的其他角色内容已经分别交给城堡剧院的演员们阅读了，——这一次，我好像又不费吹灰之力地成了最大的赢家。——我们维也纳人最引以为傲的城堡剧院终于要上演我的作品，而且，与埃莱奥诺拉·杜塞[①]并列齐尊的当代最伟大的演员将出演我的角色：这一切对于一个新手而言真是承受不起的

---

[①] Eleonora Duse，一八五八年至一九二四年在世，著名意大利悲剧女演员，演过《娜拉》和《茶花女》。

荣耀!现在,我只面临一种危险,就是在剧本完成之前,凯恩茨改变主意,而这完全不可能发生!如今,轮到我变得迫不及待了。终于,我在报纸上看到:约瑟夫·凯恩茨结束访问演出回国。出于礼貌,我等了两天,不想在他刚回国之际就立刻去打扰他。到第三天,我终于鼓起勇气,把名片递交给凯恩茨栖身的扎赫尔饭店那位我非常熟悉的老看门人,请他进去通报。我对他说:"请交给宫廷演员凯恩茨先生。"那老头透过夹鼻眼镜惊讶地看着我,说:"您真的不知道吗?博士先生?""什么?不知道什么?""凯恩茨先生今天一早就被送进了疗养院。"这时,我才得知:凯恩茨回国时已身染沉疴,面对毫不知情的观众,他强忍病痛,最后一次出演了那些伟大的角色。接着,他被确诊为癌症,做了手术。根据当时报纸上的报道,我们还期望他能康复。我前往他的病房去探望他,只见他满脸疲惫地躺在病榻上,形容憔悴,在皮包骨的脸上,那双黑眼睛显得比平日更大。我被惊呆了,在他那永远年轻的、具有雄辩口才的双唇上,第一次出现了灰白的胡须。在我面前,俨然是一个行将就木的老人。他苦笑着对我说:"上帝还会不会让我演出咱们的那部剧?那会让我好起来的。"但是,几周之后,我们已经伫立在他的灵柩旁。

你们现在可以理解,再继续坚持戏剧创作对于我会多么不愉快,每当我将新作交给剧院,我立刻便会忧心忡忡。由于德意志的两位最伟大的演员都是在排演了我的剧本之后去世的,我不得不承认,这让我变得迷信起来。若干年之后,我才重新振作精神写作剧本。就在城堡剧院的新任经理、杰出的戏剧专家和演讲大师阿尔弗雷德·贝格尔男爵很快采纳我的剧本后,我几乎是心有余悸地浏览了一遍演员名单,然后才心情矛盾地松了口气:"谢天谢地!没有一位是著名演员!"厄运这一次没有了用武之地。但是,不可思议的事情还是发生了,真可谓防不胜防啊!我只想到了演员,而没有考虑到剧院经理阿尔弗雷德·贝格尔男爵,他将亲自导演我的悲剧作品《海边的房子》,而且已经写好了导演脚本。而果不其然:就在排演前十四天,他去世了。看来,附在我的戏剧作品上的诅咒依然存在。即便十多年之后,《耶利米》和《沃尔波内》在战后的舞台上被人们用各种语言演出,我仍旧有不安的感觉。于是,当我一九三一年完成新剧《穷人的羔羊》时,我有意和自己对着干。将手稿寄给我的朋友亚历山大·莫伊西[①]后,有一天我收到他的电报,问我是否可以把首演的主角留给他。莫伊西从故乡意大利把一副悦耳的嗓音带到德国的舞台上来,起初籍籍无名,而后成为约瑟夫·凯恩茨唯一优秀的继承人。他的外表充满魅力、聪明、富有活力,并且心地善良,相当热诚。他表演任何角色时,都赋予这个角色他自己的个人魅力,我确实想不出比他更适合扮演主角的人选了。但是,当他提出这个建议时,我却想起马特考夫斯基和凯恩茨来,我找了个托词,拒绝了莫伊西,没有告诉他真正的原因。我知道,他从凯恩茨那里继承了那枚伊夫兰德指环[②],德国最伟大的演员总是将这枚指环传给他最出色的继

---

[①] Alexander Moissi,一八七九年至一九三五年在世。

[②] 伊夫兰德是德国十八至十九世纪的著名演员,伊夫兰德指环是一枚刻有他头像的指环,传说由伊夫兰德捐赠,一代代传给最优秀的德语演员。

承人。难道他最终还会继承凯恩茨的命运吗？无论如何，我不能再第三次让德国最伟大的演员遭遇这样的厄运。因此，出于我这个迷信的想法，也出于我对他的爱，我放弃了对于我这部剧作至关重要的完美表演。然而，尽管我选择了放弃，尽管我拒绝了他出演这个角色，尽管在此之后我再也没有上演新剧作，我还是没能保护他。虽然我这次没有丝毫的过错，却依然被卷入那莫名的厄运之中。

我明白，别人会以为我在讲鬼故事。马特考夫斯基和凯恩茨的遭遇可以解释为意外的厄运。但是，至于莫伊西，我不仅拒绝了他出演主角，而且在此之后再也没有上演过新剧作，他的命运又如何解释呢？事情是这样的：几年之后，即一九三五年的夏天，——此处我没有遵照时间顺序来叙事，而是把事情提前来讲了——毫不知情的我正在苏黎世，突然收到亚历山大·莫伊西从米兰发来的电报，他说，当天晚上要来苏黎世找我，请我务必等他。我觉得有些蹊跷。他为何那样着急呢？我并没有写什么新剧，多年来对戏剧已经无所谓了。当然，我还是很高兴地等他到来，因为我确实很喜欢这个热情亲切的人，将他视为兄弟。他一出车厢便朝我奔过来，我们以意大利人的方式互相拥抱，还在离开火车站的路上，他就迫不及待地在轿车里告诉我，因为什么事要求我帮忙。他告诉我，他要请我帮他一个忙，一个很大的忙。路易吉·皮兰德娄[①]赋予了他一项殊荣，将自己的新作《修女高唱五月

---

① Luigi Pirandello，一八六七年至一九三六年在世，意大利小说家、戏剧作家。一九三四年获诺贝尔文学奖。

之歌》交予他首演,而且,不仅仅是意大利的首演,而是举办一次真正全球性的首演,第一站是维也纳,用德语演出。像皮兰德娄这样一位意大利大师让自己的作品优先在国外演出,这还是首次。以前,就连巴黎这样的城市都不在他的考虑范围之内呢。现在,皮兰德娄因为担心自己的作品在翻译过程中丧失音乐性和感染力,所以抱有一个殷切的愿望,希望不要随随便便找个译者,而是请我将他的作品译成德文,因为他对我的语言艺术青睐已久。当然,皮兰德娄又颇费踌躇,担心这翻译工作会耽误我的时间。于是,莫伊西便自告奋勇地前来将皮兰德娄的愿望传达给我。而确实,多年以来,我一直没有再从事翻译了。但是我很敬重皮兰德娄,与他曾经有几次友好的邂逅,让他失望我于心不忍,更何况,我很愿意通过此事向知心好友莫伊西表示我对他的友情。于是,我将自己的工作搁置了一到两周。几周之后,我翻译的皮兰德娄的作品在维也纳开始世界性的首演,加之当时某些政治背景,该剧一定会相当轰动。皮兰德娄答应亲自前来参加首演,而且由于当时墨索里尼是奥地利公开的保护人,因此以首相为首的官方高层人物全部都答应出席。首演的那天晚上应该成为奥意两国友谊的政治秀(实际上,意大利以保护的名义凌驾于奥地利之上)。

在原定排演的那段日子,我正巧在维也纳逗留。我很高兴与皮兰德娄重逢,而且我一直盼望着能听见莫伊西用音乐般的语言朗读我译的台词。但是,二十五年之后,好像有鬼怪作祟一般,那同样的事情又发生了。当我清早打开报纸,看到有报道说,患了重感冒的莫伊西从瑞士前来维也纳,因为他的病情,排演不得不延期。我当时想,一点感冒没什么要紧。但是当我去探望生病的莫伊西，走近饭店大门时，我的心仍然跳得很猛烈。——我自我安慰道，感谢老天，这次不是扎赫大饭店，而是格兰特大饭店！——当年我去看望临终的凯恩茨那一幕情景仍旧历历在目。而同样的厄运在二十五年后又在这个时代最伟大的演员身上重演了。我没有再被允许去探望莫伊西，由于高烧，他已经陷入昏迷。两天之后，就像上一次发生在凯恩茨身上的情景一样，我没能在排演现场见到莫伊西，而是站在他的灵柩旁。

我这里是提前讲到那神秘阻力的最后一次应验，它始终和我的戏剧创作联系在一起。当然，当我现在重述往事，我只认为这一切纯属偶然。但在当时，马特考夫斯基和凯恩茨接连去世，对我的人生方向毫无疑问地产生了影响。假如当时二十六岁的我的处女剧作在柏林由马特考夫斯基上演，在维也纳由凯恩茨上演，我将借由他们二位化腐朽为神奇的艺术一夜成名，——这样的名声可能来得太快——而不再有时间慢慢地学习，逐步了解世界。可想而知，我认为这一切都是命运的安排，戏剧界在最初时候提供给我想都不敢想的诱人的大好时机，却又在最后时刻残酷地将它们从我手中夺走。但是，一个人只是在非常年轻的时候才把偶然的事件同命运等同起来。后来，我明白过来，一个人真正的生活道路是由他的内心决定的，无论我们的道路偏离愿望多远，无论这种偏离是多么莫名而没有意义，它最终还是会把我们引向那看不见的目标。

# 走出欧洲

那个时代充满了改变,将我们的世界从头到脚彻底改变若干个世纪,那时的时间莫非就因此比现在过得更快?在第一次世界大战之前的日子里,在我青年时期的最后几年,我一心埋首于规律的写作,是否因此而使得我现在对那时的记忆相当模糊呢?我写作、发表,在德国和其他国家渐渐有点名气,我有了自己的崇拜者,而且,——这更说明问题——也有人反对我。德意志帝国的各大报纸任我发表文章,我不必再投稿,而是这些报社向我约稿。但是现在我心里很清楚,我在当年写的东西和做的事情,在今天看来都无关紧要。我们当年所有的抱负、忧虑、失望和怨恨,在今天的我看来都那样微不足道。现在这个时代的概念强硬地使我们改变了目光。假如我早几年开始写这本书,我会记录下与盖尔哈特·豪普特曼、阿图尔·施尼茨勒、贝尔-霍夫曼、戴默尔、皮兰德娄、雅各布·瓦塞曼[①]、沙洛姆·阿施[②]、阿纳托尔·法朗士等人的对话(与法朗士的谈话实在是愉快,这位老先生为我们讲了一个下午的荒唐故事,却偏偏摆出一副相当严肃和极其高雅的姿

---

① Jakob Wassermann,一八七三年至一九三四年在世,德国作家。
② Schalom Asch,一八八〇年至一九五七年在世,犹太文学的杰出代表。

态),我会述说那些了不起的首演盛况,比如马勒的第十交响曲在慕尼黑的首演,《玫瑰骑士》[1]在德累斯顿的首演,塔玛拉·卡尔萨温娜[2]和瓦斯洛·尼金斯基[3]的首演,因为我作为一名相当热心的客人,见证了艺术界很多的"历史"事件。但是,用我们今天判断事物重要性的严厉标准来看,所有和我们今天的时代问题无关的事件,都是微不足道的。今天的我早已形成如下的观念:当年将年轻的我的目光引向文学的那些人,其重要性远远不及后来将我的目光引向现实的那些人。

那些将我的目光引向现实的人当中,我首先要提到的这个人,是在那个最悲惨的年代能够驾驭德意志命运的人物,他是纳粹最先暗杀的人物,在他死之后十一年,希特勒才当权,他就是瓦尔特·拉特瑙。我和他的友谊由来已久,而且相当诚挚,它是以一种非常特殊的方式开始的。马克西米利安·哈登[4]是我最先要感激的人之一,当我十九岁的时候,就受到他的扶植。他创办的政治刊物《未来》在威廉皇帝统治的德意志帝国的最后几十年中起过决定性的作用。哈登是由俾斯麦亲自提携进政治领域的,而他本人也很愿意充当俾斯麦的喉舌和挡箭牌。他攻击当时的内阁大臣,

---

[1] 里夏德·施特劳斯作曲,霍夫曼斯塔尔编剧的三幕歌剧,一九一一年首演。

[2] Tamara Karsawina,一八八五年至一九五〇年在世,俄国芭蕾舞女演员。和尼金斯基合作的表演有助于恢复西欧观众对芭蕾舞的热爱。

[3] Waslaw Nijinski,一八九〇年至一九五〇年在世,俄国著名芭蕾舞蹈家,有"舞圣"之称。

[4] Maximilian Harden,一八六一年至一九二七年在世,政治周刊《未来》的创办者,俾斯麦的支持者。

促使奥伊伦堡事件①的爆发，使得德国的皇宫每周都因要面对不同的攻击和揭露而如履薄冰。尽管政治上如此激进，哈登的个人爱好仍然是文学和戏剧。有一天，《未来》杂志上出现了一组格言，所署的笔名我已经不记得了，但是因为写得极其机智，语言也非常洗练，给我留下了深刻的印象。我当时是《未来》的固定撰稿人，我便写信问哈登，"这位新人是谁？我多年没有看到这样精辟的格言了。"

我并未从哈登那里得到答复，而是收到了一封署名为瓦尔特·拉特瑙的来信。从他的来信和其他的消息来源，我了解到，他正是声名显赫的柏林电气公司总经理的公子，而他本人也是一位大商人、大工业家，是无数家公司的董事，属于新一代"面向世界"（在此借用让·保尔②的一个词）的德国商人。他的信写得相当诚挚，带有感激之意，因为我写给哈登的信是他的文学尝试受到的首次赞许。虽然至少比我年长十岁，他仍旧很坦诚地对我倾诉了困惑，他不知是否现在就应该将自己的思想和格言结集成书出版。他说，毕竟自己是外行，至今为止一直将全副精力用在经济领域。我则真诚地鼓励了他，于是，我们一直保持着通信联系。当我再次来到柏林的时候，我给他打了电话，话筒那边传来一个迟疑的声音："啊，您来柏林了！但是，真遗憾，明天一早，六点我就要出发去南非了……"，我打断他的话，"那么，我们下次再

---

① 奥伊伦堡侯爵一八二二年出任普鲁士总理，因选举法的问题与帝国首相发生矛盾，一八九四年二人同时被德皇免职。

② Jean Paul，一七六三年至一八二五年在世，德国小说家。

见吧！"可他一边思忖着，一边慢悠悠地说道："不，您等等……我考虑一下……下午，我要开几个会……晚上，我得去部里，然后还要去俱乐部参加晚宴……十一点一刻，您能来我这里吗？"我同意了。这天我们一直聊到凌晨两点，六点钟，他就启程去南非和西非了，——后来我才得知，他这次是担负着德意志皇帝的使命。

我在此之所以描述这些细节，是因为它们充分说明了拉特瑙的性格，这位被事务缠身的人总是会挤出时间。在第一次世界大战最艰苦的日子里，我还曾见过他，就在热那亚会议前夕，也就是他遭暗杀的前些天。在那条我们前些日子共同驶过的大街上，就在我们会面的同一辆轿车里，他被人用手枪暗杀。他总是将自己的日程安排精确到每分钟，但随时都能毫不费劲地从一件事转到另一件事，因为他的头脑一直保持着应变的能力，就像一具精密而运转迅速的机器，这种情形我在别人身上从未见过。他说起话来口若悬河，仿佛在念一份看不见的讲稿，但他的每句话都是那样生动清晰，他的谈话一旦速记下来，就完全是可以立即付印的完整大纲。他的法语、英语、意大利语说得和德语一样流畅，——他的记忆力从来不会叫他难堪，他从来不需要为了某份材料做特别的准备。和他交谈的时候，面对他的冷静和清晰的思路，以及权衡一切利弊得失的理性，你会觉得自己很笨、缺乏教养、缺乏自信，思路混乱。但是，在他这样清楚透彻的思路和令人着迷的缜密思维之中，也有叫人感觉不舒服的地方。就好像在他的宅邸，家具是最讲究的，画也是最漂亮的，却也有地方让人不舒服一样。他的心智是一名天才发明的仪器，他的住宅俨然一座博物馆。但是在他那座曾属于路易莎皇后的王宫里，虽然一切都井井有条、一尘不染、视野无碍，却让人感觉不到家的温馨。在他的思想当中，有些东西像玻璃一样透明，却因此缺乏一种实质。很少有人像他那样让我深切地感受到犹太人的悲哀，尽管有着明显的优越，他却充满了深深的不安和犹疑。我的另外一些朋友，比如维尔哈伦、爱伦·凯、巴扎尔热特，他们虽然不及拉特瑙十分之一的聪慧，不及他百分之一的博学，不及他那样了解世界，却对自己充满了自信。而在拉特瑙身上，我始终感到，他虽然聪慧过人，却悬在半空，双脚没有踩着坚实的大地。他的生活是一个矛盾体，由各种各样的矛盾对立组成。他从父亲那里继承了所有可以想到的权利，却不想做父亲的继承人；他是一名商人，却希望自己成为艺术家；他拥有百万资产，却奉行社会主义理念；他知道自己是犹太人，却去和基督教言欢；他心怀世界，却将普鲁士主义奉若神灵；他梦想一种人民民主，但每次受到威廉皇帝的接见和过问时，又感到万分的荣幸；他虽然洞察皇帝的各种弱点和虚荣，却仍然克服不了自己的虚荣。因此，他忙忙碌碌，日理万机，也许只是给自己一种麻醉，为的是掩饰内心的焦虑，驱除盘踞在他内心最深处的孤寂。只是到了一九一九年，德国军队崩溃，历史赋予了他最艰巨的使命，要他在一片混乱之中重建被沦为废墟的国家，使它重现生机。在这个需要他担负重任的时刻，他蕴藏的所有潜力才一齐迸发出来。拯救欧洲成为他唯一的理想，他全身心地为之奋斗，因而也成就了自身，终于赢得了与自己天赋的才能相匹配的声名。

与拉特瑙交谈，令人开阔眼界，心情振奋，论思维的深度和明晰，可能只有霍夫曼斯塔尔、瓦莱里和凯泽林伯爵可以与之相媲美。拉特瑙令我开阔了视野，不再将目光局限在文学领域，而开始关注时事。除此之外，我还要感谢拉特瑙的是，是他首先鼓动我走出欧洲。他对我说："假如您只去过英伦三岛，您是不会了解英国的。如果您从来不曾离开过欧洲大陆，您也不会了解欧洲。您是自由人，充分利用你的自由吧！文学之所以是顶好的工作，因为它不要求赶时间。对一本真正的书而言，早一年晚一年完成没什么区别。您为何不去一趟印度或者美洲呢？"这句偶然说出的话打动了我的内心，我决定，立刻听从他的建议，走出欧洲。

印度给我的印象，比我事先想象的更加可怕忧郁。那里的人骨瘦如柴，黑眼睛里没有一丝欢乐，那里的景色常常是单调得可怕，还有严格的等级分别和种姓制度，都令我吃惊不小。当我还在轮船上的时候，就已经领教了种姓和等级制的厉害了。在我们的船上，有两位很可爱的姑娘，乌黑的眼睛，苗条的身材，待人谦虚，气质高雅，相当有教养、懂礼貌。但是，在头一天，我就注意到，她们俩有意与别人保持着距离，或者说，有一道我看不见的界限将她们隔离了起来。她们不去舞场，不参与到聊天中来，总是坐在角落里，读着英文或法文的小说。直到第二三天我才发现，并不是她们在回避英国人的社交圈，而是英国人在躲避着这两个"欧亚混血儿"，尽管这两个迷人姑娘的父亲是一位波斯血统的印度大商人，母亲是法国人。在洛桑上寄宿学校，以及在英国上女子家政学校的两三年里，她们曾被人平等对待。但是在这艘驶向印度的船上，这种冰冷的歧视便开始了，这歧视并不因为无形而不残酷。我第一次目睹种族纯粹的妄论如此嚣张，它像瘟疫一般危害着我们的世界，比几百年前的真正瘟疫更加危险。

通过这第一次的外界接触，我的目光变得敏锐起来。我怀着惭愧的心情享受着人们对欧洲人的敬畏之情，——由于我们自己的过错，现在这种敬畏之心早已不存在了——他们把欧洲人奉为白皮肤的神，当他要出门探险，比如去锡兰的亚当峰，必然要有十二至十四名用人跟随，这是他至高无上的"尊严"。我总也摆脱不掉这样可怕的感觉：未来的数十年和几个世纪，这种状况必将得到彻底的改变。在我们那个舒适的和自以为很保险的欧洲，我们对此是一无所知的。多亏有这样的观察，使我不像皮埃尔·洛蒂[①]那样，给印度涂上一层颇具"浪漫色彩"的粉红颜色，我看到的印度是一个警告。此行给我内心感受最深的不是辉煌的庙宇，不是饱经岁月侵蚀的宫殿，不是喜马拉雅山的风光，而是我在旅途中认识的、来自另一个世界、完全另一种类型的人，他们和一个作家在欧洲大陆惯常遇见的人完全不同。由于那个时代的人还很节俭，库克船长倡导的享乐旅游还没有开始，因此，凡是去欧洲之外的地方旅行的人，往往都是自己那个阶层里的另类人物。假若他是商人，那肯定不是目光短浅的小商贩，而必定是巨贾；假若是医生，那肯定是一个真正的研究者；如果是世袭的企业主，那必定是从事开拓的征服者：他们统统勇于冒险、慷慨豪爽、无所畏惧。纵然是一名作家，那肯定也是一个好奇心很强的人。在

---

[①] Pierre Loti，一八五〇年至一九二三年在世，法国海军军官和小说家，著有许多关于热带国家的小说和游记，一八九一年起任法兰西学院院士。

旅途当中漫长的日日夜夜里，当时还没有收音机可供消遣，我通过和这类人物打交道，了解到不少影响我们这个世界的力量和局势，真是胜读十年书啊。由于远离了故土，我内心的价值标准也随之变化。回国之后，原先我过于热衷的那些目光短浅的事情，开始被我视作不登大雅之堂，而且，我已早不再将我们的欧洲视作全世界的永恒轴心了。

在我的印度之行的旅途上遇见的人当中，有一个人对我们当代的历史产生了不可忽视的影响，即使这影响并不是公开明显的。在从加尔各答出发，沿着伊洛瓦底江驶向中南半岛的船上，我每天都要和卡尔·豪斯霍费尔①及其夫人共同度过几个小时，他当时正作为德国武官出使日本。他身材笔挺修长，面庞瘦削，尖尖的鹰钩鼻，我一眼便看出这位德国总参谋部军官具有非凡的素质和修养。在维也纳的时候，我偶尔和军界有过来往，他们大多是友好、热情、快乐的年轻人，由于家庭条件所迫而穿上军装，企图在服役的过程中找寻最舒适的生活。豪斯霍费尔却正相反，——我立刻就感到了这一点——他出身富裕的书香门第，他的父亲曾发表大量的诗歌，我相信，他父亲曾是大学教授。而且豪斯霍费尔在军事方面的知识也相当渊博。他被委任实地考察日俄战争，为此，他和他的夫人学习了日语，并对日本文学相当了解。在他身

---

① Karl Haushofer，一八六九年至一九四六年在世，德国地理政治学家。一九二一年至一九三九年在慕尼黑任地理政治学研究所所长，一九二四年至一九四四年主办《地理政治学杂志》。其思想对纳粹和第三帝国的外交政策产生过重要影响。一九四六年自杀。

上，我又再次验证了这一点：任何学科，即使是军事学科，如果想达到博大精深的境界，必须超越狭隘的学科界限，和其他学科联系起来。豪斯霍费尔在船上整天地工作，用双筒望远镜仔细观察每一处地方，记日记，写报告，研习辞典，我很难得见到他手里不拿本书。作为一名仔细的观察家，他善于描述，在和他的交谈中，我了解到很多东方之谜。回国之后，我和豪斯霍费尔一家保持着友好的联系。我们互通信件，并且也互相去彼此在萨尔茨堡和慕尼黑的家拜访。因为患上严重的肺病，豪斯霍费尔在达沃斯或者阿洛沙待了一年，离开军队的这一年，反而促使他去钻研军事科学。等他康复之后，便又能在第一次世界大战中当一名指挥官了。德国战败后，我经常怀着极大的同情想到他，我可以想象，他长年致力于建设德国的强国地位，即使在不显眼的隐退时期，他可能还一直参与战争机器的工作，可想而知，当他看见自己曾有很多友人的日本成为敌对的战胜国之一，会是多么痛苦。

随后的事实很快证明，他是系统和长远考虑重建德国强国地位的先驱人物之一。他出版了一份地理政治杂志，但是，正如经常发生的情形那样，在这次运动兴起伊始，我并不明白其深沉的含义，我单纯地以为，所谓地理政治，只是对国家间的势力均衡的游戏加以观察和研究而已，即使他谈到各民族的"生存空间"，——我相信，这个词是他首创的——我也只是按照奥斯瓦尔德·斯宾格勒[①]的意思，将它理解为在风水轮流转的时代循环过程

---

[①] Oswald Spengler，一八八〇年至一九三六年在世，德国历史哲学家，代表作有《西方的没落》。

中，每个国家都会焕发一次的轮回的活力。豪斯霍费尔还主张，要仔细研究各民族的个性，建立起学术性的常设指导机构，我认为这也是完全正确的，因为我认为，这样的研究对于民族间的接近是相当有益处的，也许，——这话我今天不能说了——他的本意也确实完全是非政治的。我当时怀着极大的兴趣阅读他的著作（有一次他还在其中引用了我的话呢），对他的思想根本没有任何怀疑。我听到的各方客观的反映，都赞誉他讲座相当有水平，没有任何人指责他的思想是用新瓶装旧酒，无非是为泛德意志的主张换了一种新说法，是为新的强权政治和侵略政策服务的。可是，有一天，当我在慕尼黑偶然提到豪斯霍费尔的名字时，有人用想当然的语气对我说："啊，那个希特勒的朋友？"当时我真是惊讶得不能更惊讶了。因为，首先，豪斯霍费尔的妻子根本谈不上是纯种的雅利安人，他的几个儿子（他们相当有天赋，也非常可爱）也根本经不住纽伦堡犹太人法[①]的究查。而且，一位是文化修养非常高、学识相当渊博的学者，另一个是以自己最狭隘和野蛮的想法去理解德意志民族性的疯狂的煽动家，我实在看不出这两者之间在思想上会有什么直接关联。但是，豪斯霍费尔有过一个学生，就是鲁道夫·赫斯[②]，是他在豪斯霍费尔和希特勒之间建立起了联系。希特勒对别人的思想是很少接纳的，但是，他自从开始政治

---

[①] 纳粹德国迫害犹太人的法律，一九三五年希特勒在纽伦堡纳粹党代会上宣布该法律，规定犹太人不再是国家公民，没有选举权和被选举权，严禁雅利安人和犹太人通婚，等等。德国从此展开全面排犹行动。

[②] Rudolf Hess，一八九四年出生，希特勒的秘书和侍卫长。曾替希特勒笔录《我的奋斗》，一九四六年作为战争罪犯被纽伦堡国际法庭判处终身监禁。

生涯，就有一种本能，凡是有利于他要达到的目的的一切，都被他占为己有。因此，"地理政治学"完全变成了纳粹的政策，他尽可能地利用这个学说，让它为自己的目标效力。国家社会主义一贯的伎俩就是，用意识形态将自己极端自私的强权欲望伪善地加以隐藏，"生存空间"这个概念终于为它那赤裸裸的侵略欲望披上了一层哲学的外衣，由于它定义模糊，表面上好像只是一个无害的口号而已，但是，它能为任意一种兼并做辩解，——即便是最最霸道的兼并行动——把它说成是符合人种学的需要，是合乎道德的。于是，我的这位昔日的旅伴，不得不为希特勒对他"生存空间"理论所做的危害世界的完全篡改承担责任，——我不知道，豪斯霍费尔对此是否明了，是否是有意听任希特勒篡改的。他的理论原先完全只限于民族和种族纯粹的范围，后来却蜕变为这样的一句口号："今天我们拥有德国；明天，我们拥有整个世界。"——这个例子清楚地说明，一种言简意赅的表述，有可能通过词语的内在力量，转化成为行动和灾难，就像以前百科全书派[①]关于"理性"统治的表述一样，最终却走向自己的反面，变成恐怖和群众激情的迸发。据我所知，豪斯霍费尔在纳粹党内从未担任过要职，甚至也许他从来没有加入过纳粹党。我压根看不出他像是给纳粹元首出谋划策的幽灵般的"军师"，躲在幕后策划最邪恶的阴谋，今天耍笔杆子的记者倒是这类角色。然而，不可否认的是，无论

---

[①] 十八世纪下半叶法国一部分启蒙思想家在编撰百科全书时形成的进步思想派别，提倡理性主义和批判精神，为法国大革命做了思想上的准备。但是在大革命期间，尤其在雅各宾专政时期，曾一度采用恐怖手段，处死大批持不同政见者。

是出于无意识还是有意，他的理论将国家社会主义的侵略政策从狭隘的国家范围推至全球范围，在这一点上，他的理论对纳粹的影响胜于希特勒所有最狡诈的谋士。我们这代人得到的资料有限，只有当后代人掌握了比我们更多的历史资料时，才能对豪斯霍费尔加以公正的历史评价。

在这第一次漂洋过海的旅行之后，过了一些日子，我又启程去美国。此行的目的也无非是想见识一下世界，以及看一看我们眼前的一小段未来。我相信，自己确实是极少数远涉重洋的作家中的一员，这些作家去美国不是为了挣钱或者贩卖美洲新闻，而纯粹是为了印证自己对这块新大陆的毫无把握的设想，去和那里的现实做个对比。

我毫不隐瞒地说，当时自己对美国的想象完全是浪漫的，美国对于我，是沃尔特·惠特曼，是一片韵律新颖的土地，是正在实现世界大同理想的土地。在我越过大西洋之前，我再次阅读了伟大的《伙伴》①那狂野如怒涛奔涌的长长的诗句，当我踏上曼哈顿的土地时，我完全没有欧洲人普遍带有的高傲，而是怀着兄弟般的情谊和宽阔的胸襟。我现在还清楚地记得，当我在旅馆第一次问守门人沃尔特·惠特曼的墓地在何处时，那位可怜的意大利人感觉相当尴尬，因为他从来没听说过这个人呢。

虽然纽约在当时没有现在这样迷人的夜景，它给我的最初印象还是很好的。那时，时代广场上还没有瀑布般的灯光照明，城

---

① 此诗完整标题为"As I Lay with My Head in Your Lap, Camerado"。

市上方也没有梦幻般的人造星空，那是数百万盏小星星灯和天空中真正的繁星交相辉映形成的景象。当时的市容和交通都不像今天这样有大胆的宏伟规划，因为新建筑还仅仅在一些高层建筑上进行没有把握的尝试。橱窗设计和装潢方面争奇斗妍的局面也才刚刚开始。但是，站在始终微微摇晃的布鲁克林大桥上俯瞰港口，或在形如石谷的街区内游荡，都足以让我感到兴奋和新鲜。当然，两三天之后，这种新鲜感就会被另一种强烈的感觉替代，那就是极度的孤独。我在纽约无所事事，一个没事可干的人最不该去的地方就是纽约了。当时，那里还没有电影院，可以让人在里面消磨一小时，也没有方便的小咖啡餐厅，没有像今天如此丰富的艺术商店、图书馆和博物馆，在文化生活方面，它比我们欧洲落后很多。当我两三天后仔仔细细地看完了所有的名胜和博物馆，我就像一艘没有舵的小船一样漂荡在纽约寒冷多风的街道上。终于，我觉得这样在大街上闲荡太没有意义了，因此，我只好想办法让自己这样的溜达变得有趣一点，于是，我发明出一种自己一人玩的游戏，我把自己想象成是众多离乡背井者当中的一员，在此举目无亲，口袋里只有七个美元，惶然不知所措。我暗自对自己说，他们不得不去做的事情，你可要自愿去做。设想一下，假如你被迫最迟在三天后就必须挣钱来糊口，那么考虑考虑吧，作为一个无依无靠的外国人，你怎样能够尽快找到差使。于是，我走了一家又一家职业介绍所，并且仔细研究贴在大门上的各种广告。有的地方在找面包师，有的地方需要精通法语和意大利语的抄写员，还有个地方招聘书店伙计。对于假设为异乡人的我来讲，这最后一个位置才算是第一次机会。我爬上三层的回转铁楼梯，问清楚了报酬是多少，同时把这报酬和报纸广告上的布郎克斯区的租房价格相比较了一下，经过两天的"求职"，我在理论上找到了五份可以维持生计的工作。这样，我比单纯的闲逛更加了解了在这个年轻的国家，每一个想工作的人会有多少机会和空间，这给我留下的印象很深刻。而且，通过这样从一家代理公司到另一家代理公司的奔波，通过在商店里的自我介绍，我得知了在这个国家的神圣自由，没人问我的国籍、宗教信仰和家庭出身，我四处走动而不必带护照——这对于我们今天处处要盖手印，要有签证和警察局证明的世界而言，简直不可想象。然而，在美国，却有工作在等着人去做，唯有这最重要。在那个已具有传奇色彩的自由时代，一分钟就能签好一份合同，没有国家、贸易联盟和烦琐手续来干预。多亏了这种"找工作"的方法，使我在初到美国的几天之内所了解的国情胜过后来逗留的几周——在后来的几周时间内，我舒舒服服地漫游了费城、波士顿、巴尔的摩和芝加哥。除了在波士顿，我在曾为我的几首诗谱过曲的查尔斯·莱夫勒家做过几小时客，在其他城市，我始终是独自一人。但唯独有一次，一个意外打破了我这种完全隐姓埋名的状态，我至今对这个瞬间还记忆犹新。我当时正在费城的一条南北向的宽阔马路漫步，在一间书店前停下，想至少看看那些书籍的作者名字，瞧一瞧里面有没有我认识和熟知的人物。突然，我惊呆了。在书店橱窗的左下角，有六七本德语书籍，其中有一本，上面赫然是我自己的名字。我像着了魔一般盯着它看，开始陷入沉思。我在这陌生的异国街道上漫无目的地游荡，谁也不认识我，谁也不注意我，看上去似乎毫无意义，但是，这个闲荡的我的一部分竟然早已来到这里了，我想，那位出版商一定是将我的名字记在一张纸条上，好让这本书用十天的时间远渡重洋来到这里。这时，我内心的孤寂感顿然间消失了。而当我在两年前再一次在费城行走时，我还情不自禁地寻找着这家书店的橱窗。

我那时的心情再也坚持不到前往旧金山，当时还没有好莱坞，但至少，我能够在另一个地方目睹太平洋，这是我盼望已久的事情了，自打童年以来，那些最初关于环球旅行的报道一直让我对太平洋很着迷。那一次我看太平洋的地方如今已经消失了，人们再也见不到它了，那是在当时正在开凿的巴拿马运河所处地面上的最后几个山丘之上。我是乘小船，绕过百慕大和海地到达那里的。——我们当时的那一代诗人，由于受维尔哈伦影响，对当时的科学技术也相当赞赏，那份热情正如我们的先辈对待古罗马文化一样。巴拿马运河本身已经是相当令人难忘的了，由机器挖掘出来的河床，一片赭黄色，即使戴着墨镜，还是觉得非常刺目。这项工程真是出于残忍的欲望，那里到处是成群的蚊子，密密麻麻，死于叮咬的工人就埋在公墓里，一排连着一排，没有尽头。为了这项由欧洲开始、美国完成的工程，多少人付出了生命啊！经过三十年的灾难和绝望，它现在总算完工了。手指一按电钮，相隔了千万年的两个海洋的海水永远地汇聚一处。但当时，我怀着清醒又饱满的历史感，作为那个时代仅有的几个人之一，亲眼见到它们仍然互相分离的情景。看一眼美国这项最伟大的创造性工程，是我与它美好的告别。

# 欧洲的光芒与阴影

现在，我已在新世纪生活了十年，见识过印度、美国和非洲的一部分，我怀着一种自觉的新的愉悦再来看我们自己的欧洲。以前，我对这片古老土地的热爱从来没有像一战前的这十年那样强烈，我从来没有如此渴望欧洲的统一，从来没有这样对它的未来充满信心，因为，我们那时都以为看见了新的曙光。但实际上，那是毁灭世界的大火，正在逼近。

今天这代人是在各种灾难、毁灭和危机中成长起来的，他们觉得战争随时有可能爆发，几乎每天都对它有所防备，所以，很难向他们描述我们那时的年轻人自从世纪之交以来是多么的乐观。四十年的和平使欧洲各国经济充满活力，科学技术加快了生活节奏，科学发现让那代人充满了自豪感。在欧洲的每个国家，几乎都普遍能感到繁荣的开始。城市变得越来越美丽，人口越来越多，一九〇五年的柏林已不能与我在一九〇一年见到的柏林相提并论，它已从一座首府一跃成为世界之都，而一九一〇年的柏林又大大超越了一九〇五年的柏林。维也纳、米兰、巴黎、伦敦和阿姆斯特丹——这些城市我每去一次，都会大吃一惊，欣喜不已。街道越来越宽阔，公共建筑越来越有气势，商店越来越奢华和精美。从点点滴滴当中，人们都能感受到财富在增长，在扩大。就连我们这些作家都从书籍的出版数量上觉察到这种情形,在世纪初的头十年,书籍的出版数量以三倍、五倍、十倍的比例不断增加。到处都有新建的剧院、图书馆和博物馆,先前属于少数人特权享受的方便设施,诸如浴室和电话,都开始进入小资产阶级的家庭。自从工作时间缩短以后,无产阶级的生活质量也迅速提高,至少也能享有生活中的一些小小的欢娱和方便了。生活处处都在进步。当时只要有胆量尝试,就会取得成功。谁若是买了房子、买了一本珍稀版本的书或者买了一张画,就眼瞅着它升值。谁越是大胆,越是舍得本钱创办企业,谁就越能赚到钱。整个世界,处处一派无忧无虑的欢乐景象,有什么会打破这种欣欣向荣呢?人们从这样的兴盛当中不断产生新的力量,又有什么会削减人们的这股干劲呢?欧洲从来没有这样强盛、富裕、美丽过,欧洲从来没有像当时那样对未来充满信心。除了几个老态龙钟的白发老人外,没有人再像以前那样感叹和怀念"过去的好时光"。

而且,不仅城市变得更美了,人本身也因为进行体育运动,因为有了更好的营养和更短的工作时间,以及与自然更紧密的联系而变得更加美丽健康。以前,一到冬天,生活便变得枯索无味,人们无精打采地在客栈里玩牌消磨时间,或者在暖烘烘的小屋子里面无聊地打发日子。而现在,人们发现山上的阳光可以令人呼吸舒畅,舒筋活血,而且,高山、大海和湖泊不再像以前那样离人遥远,自行车、汽车和有轨电车将距离缩短了,赋予了世界一种崭新的空间概念。一到星期天,成千上万的人身穿耀眼的滑雪服,乘着滑雪板和雪橇沿着雪坡嗖嗖地向下滑行,到处都新建了体育馆和游泳池。正是在游泳池,人们可以清楚地看到身体的变化。在我年轻的时候，男子们往往是粗脖子、塌胸脯、大肚子，身材健美的男子在当时是很少见的。而现在，人们用古典时期流行的令人精神勃发的体育比赛的方式来相互比试，看谁的身体更灵活，谁的皮肤晒得更黑，谁的身型更健美。除了极端穷困的人，没人在星期日的时候待在家里，每个年轻人都出去漫游、爬山和参加比赛，学习各种体育运动。度假的人都不再像我父母那代人那样只在城市周围转转，或者最远也就是跑到萨尔茨卡默古特①去玩，人们对这个世界好奇起来，纷纷出远门度假，去看看是否到处都如此美丽，还有别的美丽的地方没有？以前，只有特权阶层才能出国旅行，而今，连银行职员和小工商业者都去意大利、法国旅行。当然，旅行的费用变得更加便宜了，旅途也变得更加舒适了，但是最重要的还是这一点：人们心中产生了新的勇气，是这新的胆量使他们敢于去外界闯荡，在生活方面不再那么谨小慎微和勤俭节约了。是啊，当时的人们已经为自己的怯懦而不好意思了。那个时代的整整一代人都决心使自己更加富有青春的活力，和我父母那代人相反，这时的人个个都以年轻为荣。突然之间，首先是年轻人唇上的须髯不见了，然后，年长者也学他们的样刮掉了胡子，为的是让自己显得年轻一些。年轻、充满朝气和不再矜持成为当时的口号，妇女们丢弃了束胸的紧身衣，不再使用阳伞和面纱，因为她们不再害怕空气和阳光了。她们缩短了裙子的长度，以便在打网球时腿脚能更加轻便地活动，当她们露出姣好的身材时，也不再羞答答了。当时的风尚变得越来越合乎自然，

---

① Salzkammergut，位于萨尔茨堡附近，奥地利著名的风景区。

男子穿着马裤，女人们也敢于穿上男装，男女之间不再相互遮掩和隐藏什么。世界不仅变得更加美丽，而且也更加自由。

在我们之后出生的新一代人以自己的健康和自信改变了风俗，赢得了自由。人们第一次见到年轻的女孩子不要家庭女教师的陪伴，独自和年轻的男朋友一起出游，在体育运动中，她们也公开而自信地表现出相互的友情，不再羞怯和忸怩，她们明白自己要什么和不要什么。她们摆脱了父母出于担心的监督，自己赚钱养活自己，有的做秘书，有的当职员，获得了安排自己生活的权利。卖淫，这项旧世界唯一允许存在的色情交易，大大地减少了。由于这种健康的新自由，男女授受不亲的思想早已不合时宜。在游泳池，以前用来将男女泳池强行分开的厚木板日渐被拆除，男性和女性都不再羞于向对方展现自己的身体。在这十年期间，人们获得的那份自在和无拘无束比以前的一百年还要多。

这是因为，世界拥有了另一种节律。一年，现在一年当中能发生多少事情啊！一项发明接着一项发明，一种发现紧随着一种发现，而且，每项发明和发现都飞速成为公众的财富。当这财富成为公共财富时，各个国家都第一次感觉到彼此是多么息息相关。齐柏林的飞艇首次飞行的那一天，我凑巧正在前往比利时的途中，而且恰好在斯特拉斯堡稍事停留。我在那里见到了飞艇在大教堂上空盘旋，底下是热烈欢呼的群众，飘荡空中的飞艇仿佛想要向这千年的教堂鞠躬。晚上，我在比利时维尔哈伦的家里听说飞艇已在艾希特丁根坠毁，维尔哈伦眼含泪水，激动得不能自已。他不因为自己是比利时人而对德国的空难抱以无所谓的态度，作为一个欧洲人，作为时代的一员，他和我们分享战胜自然的共同胜利，也和我们分担必须经受的考验。当布莱里奥驾驶飞机穿越英吉利海峡时，我们在维也纳的人也欢呼雀跃，仿佛他是我们国家的英雄。我们大家都为科学技术取得的日新月异的进步感到自豪，欧洲第一次获得共同体的概念，我们第一次有了欧洲一家人的情感。我们心想，如果任意一架飞机都能轻而易举地飞越国界，那这些国界又有什么意义呢？这些海关壁垒和边防岗哨是多么狭隘和做作，是多么违背我们时代的精神啊！我们的时代所热切追求的，难道不是四海之内皆兄弟吗？这种叫人振奋的情感飞跃一点也不亚于飞机的腾飞，欧洲在那最后几年相互之间充满了信任感，没有在彼时彼地度过自己青春的人，我真为他们感到遗憾。我们身周的空气不是死的，不是空洞的，它携带着时代的振荡和节律。它将这节律暗暗地带入我们的血液之中，直把它带到我们的大脑和内心深处。在这些年，我们每个人都从时代的普遍繁荣之中汲取了力量，由于集体的自信，我们每个人的自信心也大增。人类是多么不知感恩啊，当时的我们身在其中，并不知道这时代的浪潮是多么强大，给了我们多少安全感。只有经历过这世界大同的年代的人才知道，自从那时以后，世界上所发生的一切，都只是倒退和破坏。

当时的世界充满力量，灿烂光明，这力量从欧洲的四面八方向我们的心脏席卷而来。但是我们不知道，这令我们感到幸福的一切同时也是危险。当时袭击了整个欧洲的自豪和信心的风暴，本身就携带着乌云。那种繁荣可能是来得太快了，欧洲的国家和城市都强大得太急速了，充满力量的感觉总是会诱导人和国家去运用或者滥用自己的力量。法国已经是财富满仓，但是它还想敛取更多的财富，尽管它已经没有多余的人口向老殖民地殖民，但它还想再要一块新殖民地，仅仅为了争夺摩洛哥，法国就差点大动干戈。意大利想占领昔兰尼加，奥地利要兼并波斯尼亚，塞尔维亚和保加利亚把矛头对准土耳其，暂时被排斥在外的德国，早已跃跃欲试，剑拔弩张。欧洲处处，各个国家都头脑充血，妄图侵略。为了有效地达成国家内部的巩固，它们仿佛都受到细菌传染一样，扩张的野心在同一时间开始膨胀。赚足了钞票的法国工业家把矛头指向同样肥得流油的德国工业家，因为两家公司——德国克虏伯公司和法国勒克勒佐的施奈德公司都要倾销更多的大炮。拥有巨额股票的汉堡海运公司与南安普敦的海运公司是对头，匈牙利的地主与塞尔维亚的地主是对头。这一个康采恩反对另一个康采恩，经济的繁荣使得这些人统统都变得疯狂，个个都想攫取更多的财富，欲壑难填。当我们今天平心静气地扪心自问：一九一四年欧洲为什么会爆发战争，我们找不出任何合情合理的原因，连个正当的动机都没有。这场战争与思想纷争无关，也不是为了争夺边境线上的几块小地方，我认为只能用"力量过剩"来解释它，四十年和平时期积聚的内在力量想要爆发出来，于是造成了这样悲剧性的后果。每个国家都突然感到自己强大了，却没想到，别的国家也会有同感，它们都想更加强大，都希望夺得别人的财富来充实自己的国库。最最糟糕的是，我们恰恰是受到了普遍的乐观主义——自己最热爱的这种感觉——的欺骗。因为每个国家都相信，在最后时刻，别的国家会让步的，所以，外交官们纷纷玩弄起他们互相恫吓的把戏。三番五次，在阿加迪尔，在巴尔干战争中，在阿尔巴尼亚，采用的都是这种恫吓的手段。

205

不过，两大阵营却越来越明显，也越来越军事化。德国在和平时期就开始征收战争税，法国也延长了服役期限，这些过剩的力量最终要爆发出来。巴尔干战争已经表明，大战的乌云已经朝欧洲移来。

当时还没有出现惊恐，但是，始终郁结着一种不安，当枪炮声从巴尔干那边传来，我们总是感到暗暗的不适。难道战争在我们还认识不到原因和意义的时候，就会降临在我们头上吗？反战的力量在慢慢地积聚，——正如我们今天所知，它来得太缓慢、太怯弱了。反战的力量当中有社会党，数百万的社会党党员在他们的党纲里否定了战争，有教皇领导下的强大的基督教社团，有若干国际康采恩，还有少数正派的、反对阴谋诡计和暗中勾结的政治家。作家也站在反战的一边，当然，和平时一样，大家依旧各自为政，既没有团结起来一致斗争，也不是那样坚定不移。很遗憾，大多数知识分子的态度是不闻不问，漠不关心。由于我们的乐观主义，我们的内心还没有真正认识到战争的问题，没有认识到战争引起的各种道义上的后果。在当时社会名流撰写的重头文章当中，没有一篇是专门论述战争的，没有一篇是大声疾呼，为人们敲响警钟的。我们觉得自己已经采取足够的行动了，我们以欧洲的立场思想，以国际的思维相互联系，组成兄弟般的关系，在我们的领域内，我们宣扬这样的思想：以和平的方式增进理解和思想上的团结，不分语言和国别，（对于当时的局势，我们只能这样发挥间接的影响。）我们以为这些就够了。而对于这样的欧洲思想最为拥戴的就是年轻一代了。我在巴黎看到一群年轻人团结在我的朋友巴扎尔热特的身边，他们与老一代完全不同，没有狭隘的民族主义和好侵略的帝国主义思想。儒勒·罗曼、乔治·杜阿梅尔、夏尔·维尔德拉克、杜尔丹、热内·阿科斯[①]、让·里夏尔·布洛克等人先是一起组织了"修道院"文学社，然后又组织了"争取自由"文学社。他们是为即将来临的欧洲主义开路的热情的先锋队员。欧洲一露出战争的苗头，他们就坚决地抱着憎恶的态度反对任何国家的军国主义。——他们是法国最勇敢、最有才华、道德最坚定的青年，没有比他们更优秀的了。在德国，为世界和平谱写出最具诗意的一章的是弗郎茨·韦尔弗尔[②]和他的"世界朋友"热内·席克勒[③]，身为阿尔萨斯人的席克勒命中注定要介于两个国家之间，他热情地为世界各民族的相互理解而工作着。朱塞佩·安东尼奥·博尔塞杰从意大利向我们发来同志的问候，从斯堪的那维亚和斯拉夫各国也纷纷传来对我们的鼓励。一位伟大的俄罗斯作家在信中这样写道："到我们这里来吧！给那些煽动我们加入战争的反斯拉夫主义者看看，你们奥地利人是不要战争的。"是啊，我们大家都热爱那个时代，它带着我们大家一道快速地发展，我们都热爱欧洲！我们相信，在最后关头，理智会阻止那恶意的玩笑。但是，对理智的这份信任正是我们自己唯一的错误。我们没有抱着足够的戒心观察出现的征兆，但是，心中始终怀着真诚的信任，而不是怀疑，难道不是真正的青春岁月该有的品质吗？

---

① René Arcos，一八八〇年至一九五九年在世，法国诗人。
② Franz Werfel，一八九〇年至一九四五年在世，奥地利作家、诗人。
③ René Schickele，一八八三年至一九四〇年在世，阿尔萨斯作家，其作品表现了阿尔萨斯-洛林这块德法相争的土地上的悲剧。

我们相信让·饶勒斯[①],我们相信社会主义国际联盟,我们相信,铁路工人宁愿把铁轨炸毁,也不愿送他们的伙伴去前线充当炮灰。我们将希望寄托在妇女身上,期望她们不会同意自己的儿子和丈夫去做战争的牺牲品。我们坚信,欧洲的精神和道德力量将在最危急的最后时刻获得胜利。我们共同的理想主义和在进步中必然产生的乐观精神使我们低估和忽视了我们共同面临的危险。

而且,我们缺乏组织,没有人把我们内心隐藏的力量朝向一个目标集中起来。我们中间只有一个人在提醒大家提高警惕,只有这样一个具有远见的人,但很奇怪的是,他虽然生活在我们中间,我们却长期对这位命运安排的领导人一无所知。我也是在最后关头才发现他的,这对我而言是最重要的幸运事件中的一件。要发现这人,不是容易的事情,因为他住在巴黎远离闹市的地方。如果今天有人想写一部二十世纪法国文学史,那他必然会发现这样一种令人惊讶的怪现象:在当时巴黎的各大报纸上,在受到大肆赞扬的一切可以想到的诗人和名人之中,恰恰没有这三位最重要的人物的名字,或者,即使提到他们,也缺乏恰当的内容关联。在一九〇〇年至一九一四年间,我在《费加罗报》和《马丁报》上,从来没有见人提起诗人保罗·瓦莱里的名字。马塞尔·普鲁斯特[②]被称为沙龙里的小丑,罗曼·罗兰则被介绍成知识渊博的研究

---

[①] Jean Jaurès,一八五九年至一九一四年在世,法国社会党领袖,一九一四年被人暗杀。

[②] Marcel Proust,一八七一年至一九二二年在世,法国小说家,代表作为《追忆逝水年华》。

音乐的学者。当荣誉的第一丝微弱的光芒照耀到他们的名字上时，他们都年近五十了，在这座全世界最富有好奇心和最具智慧的城市里，他们伟大的作品完成于一片黑暗之中。

我及时发现了罗曼·罗兰，这完全是一个巧合。一次在佛罗伦萨，一位俄罗斯女雕塑家邀我去喝茶，为的是要给我看看她的作品，并且还想给我画一张速写。我四点钟准时到她那里，却忘记她身为俄罗斯人，是不把时间和准时放在眼里的。一位俄罗斯老奶奶——她说自己还做过女雕塑家妈妈的保姆呢——把我领进她的工作室，请我在那里等候。工作室内，最具艺术家风格的就是杂乱无章。那里共放着四小件雕塑品，只花了两分钟，我就将它们看完了。为了不浪费时间，我拿起一本书，更确切地说，我拿起的是摆在那里的几本名叫《半月刊》的灰皮刊物。我当时记起来，在巴黎的时候对这份刊物有所耳闻。但是谁又会留心在意这些小刊物呢？它们都是短命的理想之花，一会儿遍布全国，一会儿又消失得无影无踪。我翻阅着其中一本，上面刊载着罗曼·罗兰的《黎明》，我开始读起来，越来越觉得惊讶和有兴味。这位对德国如此了解的法国人究竟是何许人也呢？我随即因为这发现而对这位可爱却不守时的俄罗斯女雕塑家心存感激了。当她终于回到家，我问她的第一个问题便是："这个罗曼·罗兰是谁？"她一时也说不清楚，直到我将其他几期杂志都弄到手后（罗兰那部作品的最后几章当时正在创作中），我才知道：现在终于有了这样一部著作，不仅是为一个欧洲国家，而是为欧洲所有国家而写。这是一部致力于欧洲各民族团结的著作，这位作家表现出各种道德的力量：怀有爱意去理解，真诚地希望理解，让正直经受考验和历练，以及对艺术所负的团结大众的使命抱有令人振奋的信念。当我们在为小小的声明分散精力时，他却默默地、锲而不舍地专注于将各民族的秉性揭示出来，指出他们性格中最可爱之处。这部正在创作中的小说是第一部有意识地具备欧洲意识的著作，它第一次提出了欧洲各国建立友好联盟的号召。由于它接触到的读者群更广，所以具备比维尔哈伦的赞美诗更广泛的影响。它比所有传单和抗议都更加有力，我们在无意识中盼望和渴求的一切在这部作品中都已不声不响地完成了。

我到巴黎后，第一件事情就是打听罗曼·罗兰，一面还想着歌德的这句话："他学习过，他能教导我们了。"我向朋友们打听他，维尔哈伦说，他能记起来的就是那部在社会党人的"人民剧场"上演过的戏剧《群狼》。巴扎尔热特听人说，罗兰是一位音乐学家，写过一本关于贝多芬的小书。在国立图书馆的图书卡片里，我共查到罗曼·罗兰写的十二本关于古典音乐和现代音乐的著作，还有七到八部戏剧作品，这些作品全部由几家小出版社出版，或者由《半月刊》杂志发表。最后，为了取得和他的联系，我给他寄去了自己出版的一部作品。不久，他便来信了，请我去他家做客，我们的友谊从此开始。除了弗洛伊德和维尔哈伦之外，罗曼·罗兰是最令我受益的朋友，在某些时候，他的友谊甚至决定了我的人生道路。

人生中值得纪念的日子比平常的日子具有更耀眼的光芒。对于这初次的造访，我至今仍记得特别清楚。那是蒙巴拿斯林荫大道附近的一幢不起眼的房子，走上五层狭窄的盘旋扶梯，我在他的房门口就已经感觉到了一种特殊的宁静。窗外是一座古老修道院的花园,在这里,听不见蒙巴拿斯的喧闹声,只能听见风儿吹拂园中树叶的沙沙声。罗兰替我开门,将我领进他的斗室,屋内,书籍一直堆到天花板。我第一次见到他那异常有神的蓝眼睛,这双眼睛是我见过的最清澈、最善意的眼睛了。在谈话的时候,它们反映出他内心丰富而热情的情感,在悲哀的时候,它们仿佛被蒙上一层阴影,当他陷于沉思,这双眼睛又那样深邃,而在他激动的时候,它们又闪耀着光芒。由于读书和熬夜,这双眼睛显得有些过度疲倦,眼圈略微发红,但是那一对瞳孔在他侃侃而谈、兴致勃勃的时候能够放射出奇妙的光彩。我有些胆怯地打量着他的身材,他身材非常高,很瘦削,走路的时候有点驼背,看起来像是长期伏案工作使他的脖子弯曲了。他的脸色苍白,瘦骨嶙峋,仿佛带有几分病容。他说起话来声音非常轻,那样子好像很在意自己的身体。他从来不去散步,吃得很少,从来不吸烟,不喝酒,避免任何肉体上的劳累。但是我后来发现,在这个苦行僧般的躯体内蕴藏着多么巨大的耐力啊!在看似虚弱的背后,是多么强大的精神力量!他在那张堆满了纸张书籍的小书桌旁,一坐就是好几个小时,他在床上看书,一看也是好几个小时。他那疲倦的身体得到的睡眠时间每天不超过四五个小时,他唯一的消遣和放松就是音乐。他的钢琴弹得棒极了,指法是那样柔和,简直是在爱抚着琴键,仿佛他不想强迫它们发出乐音,而仅仅是引诱着它们发出声音,那情景实在叫人难忘。以前,我在私人的狭小圈子里听过马克斯·雷格尔、费鲁乔·布索尼、布鲁诺·瓦尔特弹奏钢琴,但是,没有一位名家像罗兰这样让我有与敬爱的大师们直接沟通的感觉。

他的知识是那样渊博，令人折服。他的生活就是读书，他熟知所有国家和所有时代的文学、哲学、历史，他知晓音乐当中的每个节拍，就连巴尔达萨雷·加卢皮①和格奥尔格·菲利普·提勒曼②的最生僻的作品和三四流音乐家的作品，他也都熟知。同时，他还积极参与当时的社会大事。这间修道士小屋般的简朴斗室好像一间照相馆的暗房，反映着现实的世界。他与那个时代的很多伟人都很熟，他曾经是勒南③的弟子，是瓦格纳家的客人，是饶勒斯的朋友，托尔斯泰给他写过那封著名的信，在其中极力赞赏罗兰的文学作品。在他的房间里，我感到一种人性和道德的优越，——这令我感觉幸福——感到一种毫无骄傲的内心的自由，那是一个强大灵魂所拥有的不言而喻的自由。

看见罗兰的第一眼，我就认出，正是这个人，在关键时刻将成为欧洲的良知。——时间证明，我是对的。我们谈论起《约翰·克利斯朵夫》，罗兰对我解释过，他希望借此作品尽到三层责任，第一，向音乐表示他的感谢；第二，表白他对欧洲统一的信念；第三，唤起民众的思考。他说，现在，我们每个人都必须发挥自己的作用，在各自的岗位，在各自的国家，用各自的语言。现在应该清醒了，应该越来越清醒。煽起仇恨的那股力量，根据其低劣的本性，要比倾向和解的力量更激烈、更具有侵略性。在

---

① Baldassarre Galuppi，一七〇六年至一七八五年在世，意大利作曲家。
② Georg Philipp Telemann，一六八一年至一七六七年在世，德国巴洛克作曲家。
③ Ernest Renan，一八二三年至一八九二年在世，法国哲学家、历史学家。

这力量背后，隐藏着物质利益，因此这些人比我们要肆无忌惮得多。他说，在这部作品中，可以看见这种荒谬，而与这荒谬的斗争，甚至比我们的艺术更加重要。罗兰在《约翰·克利斯朵夫》整部作品里赞美了艺术的不朽，在他身上，我感到这世界的脆弱造成了他双倍的悲哀。他说："艺术可以给我们以安慰，慰藉我们这些个体，但是，它对现实无能为力。"

以上都发生在一九一三年。这是我和罗兰的第一次交谈，我从中认识到，我们的责任在于，面对可能爆发的欧洲战争不能毫无准备和无所作为。罗兰之所以在关键时刻在道义上远远超过我们所有人，是因为他事先已经痛苦地历练了自己的灵魂。我们同样在自己的领域做过一些事情，我翻译了不少作品，介绍了我们邻邦的诗人。一九一二年，我陪前来做旅行演讲的维尔哈伦走遍整个德国，这次旅行成为了德法和睦关系的象征。在汉堡，维尔哈伦这位最伟大的法语抒情诗人与伟大的德语抒情诗人戴默尔当众拥抱。我还为维尔哈伦的新剧本争取到了莱因哈德，我们之间的合作从来没有像这样诚挚、积极和热烈过。在热情澎湃的时候，我们误以为自己给世界指明了一条正确的拯救之路。但是，世界很少去关心这样一些文学家的宣言，它照旧走自己那条险恶之路。世界局势处于一触即发的边缘，隐形的摩擦总是产生一个又一个火花，——察贝恩事件、阿尔巴尼亚危机、一次不得体的答记者问——这每一个火花都可能引爆那堆炸药。特别在我们奥地利，我们感到自己处于动荡的中心。一九一〇年，弗朗茨·约瑟夫皇帝已经年过八十。这位已经成为帝国象征的老人是不会再统治多长时间了，一种神秘的不祥感开始蔓延，人们相信，在皇帝驾崩之后，千年帝国将无法挽回地分崩离析。在奥地利国内，各民族之间的矛盾在加剧，在国门之外，意大利、塞尔维亚、罗马尼亚，在某种意义上甚至还有德国，都在等待着瓜分奥匈帝国。克虏伯公司和勒克勒佐的施耐德公司正在巴尔干半岛互相用外国的"活人材料"试验着自己的大炮，在后来的西班牙内战中，德国和西班牙也如此试验自己的飞机。巴尔干战争将我们卷入惴惴不安的旋涡之中。人们总是担惊受怕，但是随后又重新长舒一口气："还好，这次还没打起来！但愿永远不要打仗！"

根据我的经验，原原本本地叙述一个时代发生的事情，要比再现当时的精神氛围容易得多。这种精神氛围并非表现在官方的大事件上，而是最先通过细微的个人琐事来表现。我想在此插叙的就是这样一些小故事。老实说，我当时并不相信会打仗。但是，有两件事情让我想到了战争，而且让我惊恐的心灵为之一颤。第一件事就是"雷德尔丑闻"，和历史上所有重要的有重重内幕的事件一样，很少人知道它的内幕。

这出相当复杂的间谍剧的主人公是雷德尔上校，我和他只是一般般地认识而已。他和我住同个街区，但是有一巷之隔。有一次，这位看上去和蔼可亲、颇懂得享受的先生正在咖啡馆吸着雪茄，我的朋友，检查长T先生把我介绍给他，从那以后，我们见面总是互相打个招呼。但是后来我才发现，生活当中有多少秘密在包围着我们，而我们对近在咫尺的人又了解得多么少。这位外表看上去和奥地利普通军官并无二致的上校，原来是奥地利王储的宠信，他被授予重要的职权，领导着军队的秘密情报局，并负责破坏敌国的情报机构。一九一二年，巴尔干战争危机期间，俄国和奥地利都针锋相对地进行着战争动员。这时，奥地利军方最重要的秘密情报"行军计划"被人出卖给了俄国。双方一旦开战，这将给奥地利造成史无前例的灾难，因为，这样的话，俄国人事前就会对奥地利进攻部队的每个作战部署了如指掌。由于这次的泄密事件，奥地利总参谋部内一片惊慌，身为军队情报部门最高负责人的雷德尔上校发出命令，一定要揪出这个叛徒，而这个叛徒只可能出在情报部门最高层的小圈子内部。外交部并不完全相信军事部门的能力，于是，它未通知总参谋部就秘密发出指令，要进行独立调查。——这是奥地利各部门之间相互争名夺利的典型例子。——外交部授意警察局，除了采取其他措施外，为了此项任务拆阅所有从国外寄来奥地利留局待取的信件，完全不顾忌公民私人信件的隐私权。

有一天，一家邮局收到一封从俄国边境站波特沃罗奇斯卡寄来的留局待取的信，收信人地址是一个暗号"歌剧舞会"。拆开信封，里面没有信纸，却有六到八张崭新的奥地利一千克朗的钞票。邮局工作人员很快便将这可疑的发现报告给警察局，警察局派了一名侦探守住领信处的窗口，一旦有人来查问这封可疑信件，就立即逮捕他。

这时，这出悲剧开始转变为维也纳风格的轻喜剧。中午的时候，来了一位先生，要求领取地址为"歌剧舞会"的信件。柜台上的职员马上向侦探发出秘密的报警信号，但是那名侦探恰巧刚刚走开去喝餐前酒，当他喝完酒返回邮局时，人们只能告诉他，那个陌生人叫了一辆马车，不知道往哪个方向去了。接着，这出维也纳轻喜剧的第二幕开场。在那个时代，时髦又漂亮的双驾马车的马车夫都将自己视作高贵人物，从来不亲手清洗马车车厢。所以，在每个马车场，都有一个所谓的"清洁工"负责喂马和清洗车厢。现在，幸亏这位清洁工记住了刚刚离去的马车编号，一刻钟之后，所有的警察岗哨都得到警报：那辆马车已经找到了。清洁工还描述了那位前往卡塞尔霍夫咖啡馆的先生的外貌，而卡塞尔霍夫咖啡馆正是我总是遇见雷德尔上校的地方。除此之外，还有人凑巧在车厢里找到一把小刀，那人正是用这把小刀开启了信封。密探们迅速朝卡塞尔霍夫咖啡馆飞奔而去，但是，人们描述的那位先生再次离开了。可咖啡馆的侍应生带着最大的自信对密探说，那位先生不是旁人，正是他们的老顾客，雷德尔上校，他刚刚返回克罗姆塞尔旅馆去了。

那密探惊得目瞪口呆。谜底揭晓了，雷德尔上校，奥地利军方最高情报首脑，就是被俄国总参谋部收买的间谍。他不仅出卖了奥地利的军事秘密和进攻计划，而且，现在也终于能够解释，为什么去年由他派往俄国的奥地利谍报人员先后全部遭逮捕并被判刑。一通惊慌失措的电话之后，最后接到电话的是奥地利总参谋部参谋长康拉德·冯·赫岑道尔夫[①]，当时在场的目击者告诉我，赫岑道尔夫一接电话，脸唰地就白了，好似一块白布一样。电话继续打进皇宫，人们反复磋商。现在怎么办？警方在此期间采取了防范措施，以防雷德尔上校逃脱。当雷德尔上校再想离开克罗

---

[①] Conrad von Hötzendorf，一八五二年至一九二五年在世。

姆塞尔旅馆，还在向门房交代什么事时，一名密探出其不意地靠近他，掏出那把小刀，礼貌地问他："雷德尔上校把这个忘在马车上了吧？"雷德尔在这一瞬间明白自己完蛋了。他无论走向哪里，都见到一张张非常熟悉的秘密警探的脸，他们正监视着他。他再回到旅馆的时候，两名军官跟随他进了房间，在他面前放下一把左轮手枪。因为这时的皇宫已经做出了决定，要不声不响地了结这桩对于奥地利军方相当不光彩的事件。两名军官守候在克罗姆塞尔旅馆雷德尔的房间门口，直到深夜两点，房间里传出一声枪响。

第二天的晚报上刊出了一条简短的讣告，宣布雷德尔上校，这位恪尽职守的军官猝死的消息。在追踪这件事的过程中，有太多人被牵扯进来，以致事情无法保密。人们渐渐了解到这件事的细节，这些细节揭示了雷德尔不少的心理动因。雷德尔上校是名同性恋者，他的上司和同僚对此都一无所知。他落入敲诈者的手中已经长达数年，最终，他们逼他走上这条绝望之路。奥地利军队里出现一片恐慌，大家都明白，一旦开战，成千上万个人的生命将葬送在这样一个人的手上，奥匈帝国也将因为他陷入崩溃的危险境地。只有这时，我们这些奥地利人才恍然惊觉，原来，在过去的一年当中，世界大战已经到了我们的眼皮底下了。

这是我第一次体味到战争的恐惧。雷德尔事件的第二天，我恰巧遇见了贝尔塔·冯·苏特纳[①]，我们那个时代伟大而大度的卡桑

---

[①] Berta von Suttner，一八四三年至一九一四年在世，奥地利女作家，一九〇五年获诺贝尔和平奖。

德拉。她是一位出身最高阶层的贵族，青年时代在故乡波希米亚的家族城堡附近目睹了一八六六年战争的惨状。她以佛罗伦萨夜莺般的热情认为自己毕生的使命就是防止第二次战争的爆发，或者说，是反对一切战争。她写过一部长篇小说《放下武器》，享誉世界，她组织了无数次和平主义者的集会。她一生的成功在于，唤醒了甘油炸药的发明者阿尔弗雷德·诺贝尔的良知，促使他为了世界和平和各民族的互相理解设立了诺贝尔和平奖，以弥补因为他发明的炸药而造成的灾难。她当时激动不已地朝我走来，在大街上就嚷嚷开了："大家没有弄明白发生了什么事！"而她平日是多么娴静和镇定的人啊。"这已经就是战争了，他们又一次对我们隐瞒了真相，他们把真相掩盖了起来。你们怎么不采取行动啊，年轻人？这对你们关系最重大啊！你们要反抗啊！你们要团结起来！不要什么都让我们几个没人理睬的老太太去干！"我告诉她，我就要去巴黎，也许我们这次真地可以发表一份联合声明。"为什么只是也许？"她着急地说，"局势已经恶化了，战争机器已经开动了！"虽然当时我自己也忧心忡忡，我还是极力地安慰她。

然而，恰恰就是在法国，通过我本人亲历的第二件事，我才想起来这位老太太的话，在维也纳没人把她的话当真，而实际上，它们是多么有预见性啊。那是很小的一件事，但是给我的印象尤其深刻。一九一四年的早春，我和一位女友从巴黎来到都兰，准备在那里小住数日，探访列奥纳多·达·芬奇的墓地。我们白天沿着卢瓦河漫步，当时风和日丽，但是一天下来，到了晚上也相当疲倦。于是，我们决定，到那座有点叫人犯困的城市图尔去看电影，我以前曾经到过那里瞻仰巴尔扎克的故居。

那是一家郊区的小电影院，与新时代所建的有着光闪闪的金属和玻璃的豪华影院不能相提并论。它只有一间凑合着改建过的大厅，里面挤满了小人物，有工人、士兵、女商贩等，全是百分百的老百姓。他们一边畅快地闲聊，一边根本不管禁止吸烟的规定，朝污浊的空气里喷云吐雾，抽的都是斯卡费拉蒂和卡波拉尔牌子的香烟。银幕上最先出现的是"世界新闻"，有英国的划船比赛，观众一边聊天，一边发出笑声；接着是法国的阅兵式，仍然没什么人在意；第三条新闻是威廉皇帝在维也纳觐见弗朗茨·约瑟夫皇帝。我突然在银幕上见到丑陋的维也纳火车西站那十分熟悉的站台，上面有一些警察正在等候进站的列车。然后弗朗茨·约瑟夫皇帝出现了，他沿着仪仗队走过去，去迎接他的客人——这是列车进站的信号。当年迈的老皇帝出现在银幕上，图尔的人们看见他驼着背，摇摇晃晃地检阅仪仗队的时候，都对这位白胡子老头发出善意的笑声。接下来，火车进入画面，第一节车厢，第二节车厢，第三节车厢，豪华车厢的门被打开了，从里面走出来身穿奥地利将军制服、高翘着八字胡的威廉二世。

就在威廉二世出现在银幕上的一瞬间，漆黑的电影院里不约而同地响起一阵尖利的口哨声和激烈的跺脚声。人人都在吹口哨和大声嚷嚷，男人、女人、小孩都对那影像发出嘲笑，好像有人侮辱了他们一样。这些善良的图尔人除了当地报纸上登载的政治和世界新闻，对外界便再无所知晓，但是在那一刻，他们就像疯了一般，这情景使我感到彻骨的寒冷。因为我感觉到，年复一年强调敌对的政治宣传在民众之中的危害是多么深，甚至连这样一座外省的小城，这些毫无恶意的市民和士兵，都这样被煽动起对威廉皇帝和德国的仇视情绪，哪怕只是电影银幕上匆匆而过的一个镜头，就能引起这样的骚动。那只是一秒钟时间，短短的一秒钟，当别的镜头出现，一切便被淡忘了。现在，人们对着正在放映的喜剧电影捧腹大笑，高兴得把大腿拍得啪啪直响。虽然那只是一秒钟，但这一秒却让我意识到，虽然我们自己做出了很多努力，想方设法要促进各民族的互相谅解，但是，在真正的紧急关头，双方的民众是多么容易被煽动起来啊。

那天整个晚上，我心绪颓丧，不能入睡。假如这事情发生在巴黎，虽然也会令我感到不安，但对我的震动不会这样剧烈。民族仇恨已经这样深入内地，深入到善良单纯的老百姓的心中，这叫我不寒而栗。在后来的几天里，我把这件事讲给我的朋友们听，他们大多却都没有将此事特别当真："我们法国人以前还嘲笑过肥胖的维多利亚女王哩！但是两年以后，英法就结成了同盟。你不了解法国人，法国人的政治就那么回事。"只有罗兰的看法不同："越单纯的民众，就越容易轻信。自从彭加勒当选总统以来，局势就始终不好。他对彼得堡的访问不会愉快的。"我们还谈论了很久那年夏天在维也纳举办的社会主义者国际大会。罗兰对于这次会议也表现出与众不同的怀疑态度。"一旦政府发布战争动员令，还有几个人能坚守得住呢？这谁能知道？我们身陷的是一个群情激愤、集体歇斯底里的时代，这种集体歇斯底里的力量在战争中绝不可忽视。"

但是，就像我前面说过的，这种忧虑的片刻仿佛风中的蜘蛛网，稍纵即逝。我们虽然时不时想到战争，但好比人也会经常想到死亡一样，觉得虽有可能，却总认为距离自己尚为遥远。在那些日子里，巴黎太美了，而我们太年轻，太幸福。我还记得儒勒·罗曼想出来的那出令人着迷的恶作剧：为了揶揄"诗坛王子"，我们拥立了一个"理性王子"，那是一个老实巴交、有点木脑筋的人，大学生们一本正经地把他领到巴黎先贤祠的罗丹雕塑前①。晚上，我们就像一群中学生一样在滑稽模仿的宴会上胡闹作乐。那时，佳木吐绿，空气甜美，微风徐徐，面对如此良辰美景，谁还愿意去想那些不堪设想的事情呢？当时我们这些朋友的友谊比以往任何时候都要深，而且，我在这异国他乡——在"敌国"——又有了不少新朋友。巴黎这座城市从来没有像当时那样无忧无虑过，人们也无忧无虑地过着自己的日子，并热爱着无忧无虑的巴黎。在法国的最后几天，我陪维尔哈伦去鲁昂做一次演讲。我们在夜晚站立在鲁昂的大教堂前，教堂的尖顶在月光下散发出迷人的光芒，——这样的奇丽美景难道只属于一个"祖国"，难道它不属于我们大家吗？我和维尔哈伦在鲁昂的火车站告别，两年以后，就在这同一地点，一列火车——被他歌颂过的机器之一——从他身上碾过②。他拥抱着我说："八月一日，在我的卡佑基比克再见！"③我答应了，因为我每年都要到他的这个庄园去看望他，和他一起携手翻译他的新诗。那么，为什么这一年不去呢？我又心无牵挂地和其他朋友告别，和巴黎告别，这是漫不经心、毫无伤感的告别，就仿佛只是离家几周而已。我为接下来的几个月制定的计划很清楚，我要先在奥地利乡下某个地方隐居起来，专心写

---

① 此指当时摆放在先贤祠门前的罗丹雕塑作品"思想者"。

② 一九一六年，维尔哈伦在鲁昂火车站跌下站台身亡。

③ Caillou qui bique，比利时乡间地名，维尔哈伦的乡居所在地。

作《陀思妥耶夫斯基》(这篇稿子五年后才出版),进而完成《三大师》这部著作,在这部作品当中,我介绍了三个伟大民族的最伟大的小说家。然后,我就去拜访维尔哈伦,冬天,也许可以实现计划已久的俄国之行,在那里组织一个团体,以增进我们两国人民相互的了解,达成精神上的共识。在我三十二岁的这一年,我觉得一切都将顺利美满,在那个灿烂的夏季,世界美丽而富有意义,丰富一枚成熟可口的水果,令人欣喜。我因此热爱这个世界,因为它的那个现在和更加辉煌的未来。

可是,一九一四年六月二十八日,萨拉热窝的那声枪响将这个世界霎时间击得粉碎。这个充满安全、充满创造性理智的世界,我们生在其中,长在其中,把家安在其中,最终却像一只空空的陶罐,碎成无数片。

# 一九一四年战争的最初时日

一九一四年的夏天,即使没有笼罩在欧洲大地上空的阴霾,对于我们而言,依然是难以忘怀的。我很少经历过那样的夏天,那样繁盛而美丽的夏天,我甚至可以说,那是最富有夏日气质的一个夏天。那时的天空一连数日都如丝绸般碧蓝,空气轻柔却一点也不郁闷,草地上暖融融的,散发出清香,森林郁郁葱葱,吐出新绿。直到如今,每当我说出夏天这个词,我总是不由自主地想到那一年七月明媚的日子,当时我是在维也纳附近的巴登度过的。这个浪漫的小镇,贝多芬经常喜欢选择它作为自己的避暑胜地,而我在那里隐居,为的是集中精力在这几个月的时间内完成那部《陀思妥耶夫斯基》。之后的剩余日子,我就打算去比利时看我那尊贵的朋友维尔哈伦,在他那小小的乡间别墅里度过。在巴登,不用离开小镇,就可以欣赏到美丽的自然风景。那儿低矮的住宅房屋仍旧保持着贝多芬时代的简朴和优雅,丘陵上美丽的森林不事张扬地点缀在房前屋后。到处都是咖啡馆和餐馆,人们都坐在露天喝咖啡或用餐。你既可以和前来疗养的欢快的游客欢聚一处,在疗养公园里聚会,也可以独自在幽静的小径上散步。

六月二十九日一直是信奉天主教的奥地利为纪念"彼得和保罗"而定的节庆日,就在前一天的晚上,已经有许多游客从维也纳来到这里。大家都穿着浅色的夏装，兴高采烈，无忧无虑，在疗养公园里随着音乐起舞。那天的天气晴朗，高大的栗子树上面，一片晴空万里，真是欢庆的好日子。大人和孩子都快放假了，夏季的这第一个节日已经让他们预感到整个季节都会如此美妙，空气清新，绿荫遍地，平日的所有烦恼都抛诸脑后。那天，我坐在远离公园人群的地方，读一本书。——我今天还记得那是一本什么书：梅列日科夫斯基的《托尔斯泰和陀思妥耶夫斯基》。——我读得很仔细，很专心。但是，我也听得见树丛间的风声、小鸟的鸣叫和从公园那边传来的音乐。我清楚地听见那音乐的旋律，但是它并不打扰我，因为，我们的耳朵适应能力非常强，无论是持续不断的噪音，还是喧嚣的街道，或潺潺的小溪发出的声响，我们的听觉都能完全适应，反之，只有当一种节奏戛然而止的时候，我们倒会竖耳谛听。

因此，当音乐突然中断，我不禁停止了阅读。我不知道乐队演奏的是哪支曲子，只是感觉到，音乐骤然中止了。我本能地离开书本抬头望去，刚才像一条亮丽的河流般在树林间穿行的人群也似乎起了变化，他们都突然站定了下来。这真奇怪，平日，公园音乐会一般都会持续一个小时或更长时间，一定是发生了什么事，音乐会才这样生硬地中断。我走近几步，发现乐池前的人们都情绪激动地朝一张显然是刚张贴上去的告示挤去。几分钟后，我打听清楚了，原来那是一份急电，说的是皇储弗朗兹·斐迪南殿下和他的夫人在前往波斯尼亚视察军事演习的路上被暗杀，成为政治谋杀的牺牲品。

越来越多的人聚在这张布告下面，相互传递这意外的消息。

但是，说实话，从他们的脸上，看不出特别的震惊或愤慨。因为，皇储并不受人爱戴。我至今还记得，在我很小的时候，皇帝唯一的儿子，皇储鲁道夫在马耶尔林被人发现自杀身亡的那个日子。那天，整个城市的市民都激动万分，无以数计的百姓涌向街头，想看一眼皇储的灵柩，他们表达出对皇帝的巨大同情。皇帝的独子和唯一继承人鲁道夫在百姓眼中是一位极富同情心、极和善而又进步的哈布斯堡王室成员，人们本来对他寄予了最大的期望，而他却这样英年早逝，令百姓内心很震惊。弗朗兹·费迪南与鲁道夫正相反，他恰恰缺乏在奥地利想受人爱戴而必备的最重要的素质：可亲的性情、个人魅力和待人的风度。我好几次在剧院观察过他，他坐在自己的包厢里，威风凛凛，目光冰冷而呆滞，对民众根本不会友善地看一眼，对于艺术家也不报以发自内心的掌声以示鼓励。人们从来没见过他微笑，照片上的他从来都没有过松弛自然的姿态。他对音乐一窍不通，毫无幽默感，他的妻子也是一副阴沉模样。这两人周围的气氛是冷冰冰的，大家都知道，他们没有朋友，老皇帝对他恨之入骨，因为他迫不及待地想得到皇位继承权，想获得统治权，根本不加掩饰。我曾有神秘的预感，觉得这个脖子像巴儿狗的项圈一样粗、有着一双冰冷僵滞的眼睛的人将来会带来厄运。而且，这根本不是我个人的感觉，而是全体奥地利人的同感。所以，他的死讯没有激起深切的同情。两个小时之后，就再也看不出任何悲伤迹象了。人们又开始有说有笑，晚上，酒馆里又奏响了音乐。这一天的奥地利，有很多人还暗自松了口气，因为，老皇帝的这位继承人完蛋了，这对于比他更受人爱戴的年轻的卡尔大公而言，可是大大有利。

第二天的报纸当然都刊登了详细的讣告，并对刺杀事件表示出了恰如其分的愤慨。可是，没有任何言论暗示出，这次事件会引发针对塞尔维亚的政治行动。对于皇室，这次事件引出的是另一番麻烦，那就是关于葬礼的礼仪规格。由于弗朗兹·费迪南身为皇储，而且又是在为帝国出巡时殉职的，按理说，他完全可以在维也纳的圣方济各教堂墓地，也就是哈布斯堡皇族的传统皇陵占上一席之地。可是，弗朗兹·费迪南身前在与皇室做了长期的激烈斗争后终于娶了他那位肖台克女伯爵，她虽然是大贵族，但是根据拥有数百年传统的哈布斯堡皇族的神秘家规，她与弗朗兹·费迪南仍然称不上门当户对。在举行盛大庆典的时候，那些后代不享有皇位继承权的公爵夫人们坚持要求走在这位皇储夫人的前面。即便对于一个死人，宫廷的傲慢也决不让步。怎么办呢？——让一个肖台克女伯爵安葬在哈布斯堡皇族的陵园里？不，绝对不可以！于是，好一场阴谋策划开始了。公爵夫人们蜂拥到老皇帝那里抗议，一方面，政府要求老百姓在正式场合表示深切哀悼，另一方面，皇宫里正在剑拔弩张地争名夺利。一贯如此，死人总不占理。负责典礼的官员发明了一种说法：是死者自己生前希望被安葬在阿尔茨台滕——奥地利外省的一个小地方。凭着这个假造的借口，诸如公开向遗体告别、出殡和其他一切与此相关的争执得以轻而易举地一笔勾销。两位死者的棺材被悄悄送到了阿尔茨台滕，被并排安葬在那里。生性好看热闹的维也纳人因此失去一个大好机会，而他们也已经开始忘却这个悲剧事件。经历了伊丽莎白皇后的凶杀和鲁道夫皇太子的死讯，以及皇室多个成员的出逃丑闻，维也纳人已经习惯了这种思维：在多灾多难的家族历经磨难之后,那位老皇帝仍将寂寞而坚强地活下去。再过几个星期,弗朗兹·费迪南的名字和形象都将从历史上永远消失。

可是,大概过了一周时间,报纸上突然有了争论,而且各报纸出现争论的时间完全一致,引起了人们的注意。报纸上指责塞尔维亚政府默许了这次刺杀事件,并且半加暗示地说,奥地利对于——据说是十分受百姓爱戴的皇储——的遇害决不会善罢甘休。人们不由得会产生这样的想法:政府正在为某个行动造势,但是谁也没有想到爆发战争。银行、商店和老百姓,谁都没有改变自己的经营和生活。和塞尔维亚的这种无休止的争吵,和我们有什么相干?大家众所周知的塞尔维亚,不就是因为出口生猪的贸易协定才和我们这样吵的吗?我已经准备好行李箱,准备去比利时看望维尔哈伦,我的写作进行得十分顺利,那个躺在棺材里的死了的皇储和我的生活有什么干系呢?夏天从来没有这样美好过,我们大家都毫无忧虑地看着这个世界。我还记得在巴登的最后几天,我和一位朋友走过葡萄园的情景。一位种葡萄的老农对我们说:"好久没有遇到这样的夏天了。假如天气一直这样好,就会酿出绝无仅有的美酒来。人们以后会记住这个夏天的。"

这位穿着蓝色旧工作服的老人,他不知道有怎样的不幸被自己最后那句话说中了。

在像往年一样去维尔哈伦的乡间小别墅做客之前,我先在奥斯坦德附近的海滨小浴场勒考克住了两个礼拜。勒考克也同样是一派无忧无虑的景象。前来度假的人们或者躺在沙滩上五彩的凉棚下面，或者在海水里游泳。孩子们在放风筝，青年人在咖啡屋前的堤坝上跳着舞。这里有来自世界各地的人，大家都和平相处。这其中说德语的人尤其占多数，因为邻近的德国莱茵地区的人每年都最喜欢到比利时的这个沙滩来度假。唯一破坏人们心境的是报童的叫卖声，他们为了卖掉报纸，大声喊叫着巴黎报纸上吓人的标题："奥地利向俄国挑衅！""德国准备战争总动员！"可以发现，人们买报纸的时候，脸色都变得很阴沉，但是，这到底也持续不了几分钟时间。毕竟，对于这些外交冲突，我们多年来已经很了解了，它们总是在最后关头化险为夷。那么这一次为什么不会同样如此呢？半小时之后，那些买了报纸的人重新又高高兴兴地在海滩上踩水玩，风筝还在飞，海鸥也在展翅翱翔。阳光明媚、温暖，照耀着那片祥和的土地。

但是，坏消息越发多了起来，形势变得越来越严峻。先是奥地利向塞尔维亚发出最后通牒，塞尔维亚支支吾吾地搪塞了一个回复，朝野之间电报频繁往来，到最后，终于开始了不加隐瞒的战争动员。我在这座偏僻闭塞的小城再也待不住了，为了打听到更多消息，我每天乘坐小电车到奥斯坦德去，而我听到的消息越来越糟糕了。人们还在海滨游泳，旅馆仍旧客满，度假的客人还在堤坝上散步、欢笑和闲聊。但是，在这样的生活中，头一次出现了新的内容。人们突然见到了比利时士兵，他们本来从来不到海滨来的。机枪安放在小车上，——这是比利时军队的一个奇观——被狗儿们拖着前进。

当时，我正和几位比利时朋友，一位年轻的画家和作家费尔南·克罗默林克[①],一起坐在咖啡馆,我们当天下午是在詹姆斯·恩索尔[②]家度过的。恩索尔是比利时最伟大的现代画家,是一个非常古怪、孤僻和内向的人,他曾经为军乐队作过一些简单的、很差劲的波尔卡舞曲和华尔兹,比起他自己创作的那些富于幻想、色彩斑斓的油画作品,他倒更加以这些蹩脚曲子而自豪。他那天给我们看了自己的作品,实际上,他很不情愿这样,因为,他有个奇怪的想法,希望有人买走自己的画作。朋友们笑着告诉我,他的梦想其实就是以高价卖出自己的画,但同时又可以把它们都保留在自己身边。因为,他既贪图钱财,又舍不得自己的作品,每当他卖掉一幅画,总是失魂落魄好几天。这位天才的阿巴贡有各种各样稀奇古怪的念头,让我们那天很开心。正当这时,又有这样一队用狗儿拖着机枪的士兵从我们面前走过,我们当中的一位站起身,抚摩着狗儿,这让随行的军官大为恼火,他担心这种对于作战工具的亲昵行为会有损军方的尊严。我们当中有人小声嘀咕道:"部队这样傻乎乎地跑来跑去是干啥?"另一个却激动地说道:"必须采取预防措施,就是说,一旦爆发战争,德国人会从我们这里突破。""不可能!"我非常自信地说,因为,在从前的那个世界里,我们还是相信条约的神圣性的。"即便发生什么事,就算德国和法国打得只剩下最后一个人,你们比利时人也不会有事。"但是那个悲观主义者却不让步,他说,比利时采取这些措施,必定有自己的道理,早在几年前,他们就风闻德国总参谋部

---

① Fernand Crommelynck,一八八六年至一九七〇年在世,比利时剧作家。

② James Ensor,一八六〇年至一九四九年在世,比利时画家和蚀刻版画家。

有一项秘密计划，一旦要进攻法国，就抛开各种条约，从比利时突破。但我同样也毫不让步，在我看来，正当成千上万的德国人在这殷勤好客的中立小国悠闲地欢度假日时，说什么在边境线上集结军队随时准备进攻简直是胡扯。"胡说！"我说道，"要是德国入侵比利时，你们可以把我吊死在这根街灯的杆子上。"我真得感谢我这些朋友们，他们后来并没有把我这句话当真。

接着，七月那形势最严峻的日子到来了，每时每刻都传来相互针对的消息，威廉皇帝给沙皇的电报，沙皇给威廉皇帝的电报，奥地利向塞尔维亚宣战，饶勒斯被暗杀。人们感到，事态严重了。一夜之间，一股恐惧的阴风袭过海滩，海滩的人群顿时销声匿迹。成百成千的人纷纷离开旅馆，火车爆满。即便最不容易受骗的人现在也开始急急忙忙地收拾行李。就连我自己，在听说奥地利向塞尔维亚宣战的消息之后，也立刻订了一张火车票，而且订得正巧及时，因为这次奥斯坦德快车已经是从比利时开往德国的最后一班了。我们站在车厢过道上，心情非常焦虑，每个人都在和旁人说着话。没有人能够安静地坐下来，或者看着书，在每一站，都有人冲下车厢，打听新的消息，人们暗暗怀有渴望，希望有一双有力的手扭转这已经脱轨的命运。人们还是不能相信战争已经爆发了，更不相信比利时会遭到进攻，人们不能相信这些，是因为不愿相信这种疯子开的玩笑。列车渐渐驶近了国境线，我们通过了比利时的边境车站韦尔魏耶，德国的列车员上了车，再过十分钟，我们就会到达德国境内。

但是，列车在驶向德国第一个边境车站赫尔倍施塔尔的半途中，突然停在了郊野。我们挤在过道窗口旁向外张望，究竟发生了什么事呢？我看见，黑暗中，一节接一节的货车从我们对面的方向驶来，敞篷车厢上面覆盖着粗帆布，隐隐约约地，我看出它们下面显现出大炮的形状，充满了威胁。我的心顿时咯噔了一下，这肯定是德国军队在向前线开拔。但是，我又自我安慰道，这也许只是自我防卫，只是用军备进行威慑，并不是真正的作战准备。在危急的时刻，人总是还会抱有一线希望，这希望的意志是巨大的。终于，传来了"通行"的信号，火车继续开动，驶进了赫尔倍施塔尔站。我一跃跳下车厢踏板，想去买份报纸，再去打听打听消息。但是，整个火车站都被军队占了。当我想走进候车大厅，一位神色严厉的白胡子职员守卫在紧闭的大门前，不许任何人进入车站大厅。然而，虽然大门的玻璃都被小心翼翼地蒙住，我还是听见了里面传来军刀轻轻的响声和枪托搁在地上发出的声音。毫无疑问，可怕的事情正在进行，德国违反国际法的所有规定，正准备进攻比利时。我感到不寒而栗，重新登上火车。火车继续前行，向奥地利驶去。现在，毫无疑问，我正向战争驶去。

第二天早晨，到了奥地利！每个车站都张贴着告示，宣布全面发动战争总动员。列车上挤满了刚入伍的新兵，旗帜飘扬，军乐队震耳欲聋。我发现维也纳全城的人都头脑发昏，人们最先不要战争，人民不要，政府也不要，这战争原是外交家们用来虚张声势和玩弄政治的假把戏，却不料因为自己笨拙的手腕弄假成真。而现在，当初人们对于这场战争的恐惧突然间变成了满腔的热情。大街上成队的人在游行，刹那之间，到处都是旗帜、丝带和音乐，年轻的新兵列队行军，因为受到人们的欢呼而脸上喜滋滋的，这些平凡的小人物，在平日，谁会这样尊敬他们，冲他们欢呼呢？

为了说明实情，我必须承认，在这最初爆发的群情激奋之中，确实有某些崇高和充满吸引力的因素，甚至还有令人无法摆脱的诱人之处。尽管我对战争非常憎恶，我还是不能在回忆中省却战争爆发的最初那些日子的情景：当时，成千上万的人们体验到了一种从未有过的感受，他们觉得自己是一个整体。他们要是在和平时期有这样的体验就好了。一座拥有两百万人口的城市，一个拥有五千万人口的国家，在那个时刻，大家都觉得自己是世界历史的一部分，在共同经历着一个一去不返的时刻，每个人都受到召唤，要把自己渺小的"我"融化到火热的集体中去，在其中克服一切私心杂念。在那一刻，所有地位、语言、阶级和宗教信仰的差别都被汹涌的手足情谊所淹没。大街上，陌生人相互攀谈，多年彼此回避的人互相握住对方的手，处处都能见到人们精神焕发的面庞。人人都感到自己的自我得到升华，他们不再是以前那个孤立的人，他们现在都是群众的一分子，是人民，他们原先不被重视的人格获得了意义。原先只是从早到晚、从周一至周六不停地为信件分类的邮局职工、抄写员，还有鞋匠，他们在自己的生活中突然都获得了一种富有浪漫色彩的机会：他们可能成为英雄。而且，每个穿军装的人都受到了妇女的青睐，她们怀着崇敬的心情用"英雄"这个浪漫的称谓来提前称呼那些留守的军人。她们承认有一种莫名的力量将她们自己从日常生活中拽了出来，在这最初的热情洋溢的日子里，即使是悲伤的母亲和恐惧的女人，都羞于将自己的真实情感流露出来。也许，在这种眩晕之中还有一种更加深刻、更加神秘的力量在起作用。这股惊涛骇浪是这样突然而猛烈地袭击了人类，将人这种动物自身未意识到的阴暗的原始欲望和本能翻腾到表面上来，——那便是弗洛伊德深刻指出的"对文化的厌恶"，即要求冲破这个有法律和条文的正常世界，要求放纵最古老的嗜血本能。也许，这种阴暗的力量也参与到那疯狂的迷醉中去了，其中混杂着各种成分，有牺牲精神和酒精，有冒险精神和纯粹的信仰，有旗帜和爱国主义言辞具有的古老魔力——这是一种用言语难以描述的令千万人沉迷的可怕的情绪，它在瞬间爆发，为我们时代最大的罪行推波助澜，令它一发不可收拾。

只经历过第二次世界大战爆发的当今这代人也许会奇怪：为什么他们没有这样的体会呢？为什么一九三九年的民众不再像一九一四年那样激情澎湃？为什么他们只是严肃而坚决地服从战争的召唤，默不作声，听天由命？这场战争是一场理念的战争，不仅仅是为了争夺边界和殖民地，难道它所事关的不是比上次战争更加崇高、更加神圣的东西吗？

答案很简单：因为，在一九三九年，我们的世界不再像一九一四年那样，有那么多天真幼稚的群众了。一九一四年的时候，群众对于权威人物还很信任，对他们毫不怀疑。在奥地利，没有人敢有这样的念头，认为最为尊敬的国父弗朗茨·约瑟夫在他八十四岁的高龄，会在没有特别必要的情形下号召自己的人民起来投入战斗。没有人敢认为，是约瑟夫皇帝造成了这场流血牺牲，而不是狡诈凶残的敌人在威胁帝国的和平。而德国人也在报纸上看过他们的皇帝致沙皇的电报，在那些电报里，他一再地争取和平。当时，每个头脑简单的人对"大人物"都满怀崇敬，他们尊崇内阁大臣、外交官和他们的见识以及诚信。假如发生战争，那肯定也是这些高官大人所不愿见到的，错不在这些大人物，整个国家就没有一个人对这场战争负有责任。而挑起战争的强盗肯定是对立的作战国，人们拿起武器是为了自卫，防卫一个卑鄙阴险的敌人，这个敌人在毫无理由的情况下"突然袭击"了和平的奥地利和德国。一九三九年的欧洲，人们这种对自己政府的诚实或至少对政府的能力的近乎宗教般的信任已经消失殆尽了。自从人们愤怒地看到，在凡尔赛，所谓的外交斡旋是如何背叛了可能长久的和平之后，人们对于外交根本就抱以蔑视的态度。人们清楚地记得，外交家们是如何无耻地欺骗了他们，说什么裁军，说什么不搞秘密外交，到头来都是骗局。从根本上来讲，一九三九年的人们不尊重任何政治人物，也没人会将自己的命运信任地托付给他们。在法国，地位最卑下的筑路工人可以嘲笑达拉第；在英国，自从慕尼黑协定以来——张伯伦当时提出"为了我们时代的和平！"的口号——没人再相信他的远见；在意大利和德国，人们恐惧地望着墨索里尼和希特勒，心想：他们又要把我们引向何处呢？当然，人们也迫不得已，不能反抗，因为这战争事关祖国。于是，士兵拿起了武器，妇女们让自己的孩子们出发上前线，但是人们不再像从前那样怀着不可动摇的信念，牺牲势在难免。人们服从命令，但是，他们不再欢呼。人们走上前线，但是已不再梦想当英雄。民族和个人都已经感觉到，自己只是牺牲品，不是世俗的政治牺牲品，就是那无法把握的险恶命运的牺牲品。

一九一四年，人们在享受了将近半世纪的和平岁月之后，对战争还会有什么认识呢？他们不了解战争，他们想都没想过战争是怎么回事。它是一个传说，正是因为岁月久远，反而被披上了一层英雄主义的和浪漫的色彩。人们总是从教科书和美术馆里绘画作品的角度看待战争：盔甲锃亮的骑兵部队激烈地交战，致命的一枪总是悲壮地正中心脏，整个战役就是一场军号嘹亮的胜利行军。——"我们圣诞节就回家了！"一九一四年的八月，新兵们笑着冲着母亲喊。无论在农村还是城市，谁还记得"真正的"战争？至多只有几个参加过一八六六年反普鲁士战争的白发老人才记得起来，而这一次，普鲁士倒成了奥地利的同盟国。但是，那场战争速战速决，流血不多，而且距今也很遥远了。整个战役三周时间就结束，没有多大的死伤，时间之短，让人刚好喘口气。在头脑简单的普通百姓的想象当中，一九一四年的战争好似一次短期的远足，富有浪漫色彩，同时又充满野性，是一场男子汉式的探险。年轻人甚至还真担心自己会错过人生中这件叫人激动的美事呢，所以他们急急忙忙地跑去旗帜飘飘的地方去报名，在将他们载向葬身之地的列车上欢呼歌唱，整个帝国都血脉贲张，陷入癫狂状态。而一九三九年那一代人知道战争是怎么回事。他们绝不会再欺骗自己了。他们知道，战争绝不浪漫，而是充满野蛮。他们知道，战争会一年一年地延续下去，一生当中的这段时间是无法再弥补的。他们知道，自己不是戴着橡树叶冠和彩色绸带朝敌人冲锋，而是浑身长满虱子，口渴得半死地在战壕和营地晃荡一周又一周。他们知道，自己有可能还没看见敌人的踪影就被远处射来的枪炮击得粉碎或打成残废。他们从报纸和电影里事先就知道新的残酷的杀人技术。他们知道，巨大的坦克在前行的时候会碾轧伤员，而飞机能把睡在床上的妇女和儿童炸得粉身碎骨。他们知道，由于毫无人性的机械化，一九三九年的世界大战比以往所有战争都卑鄙、残忍和灭绝人性一千倍。一九三九年的那一代人，谁也不再相信会有上帝所希望的正义战争了。更加糟糕的是，人们根本不再相信世界上有什么正义了，不再相信会有持久的和平，而他们本应为了这和平而斗争的。上次战争带给他们的失望记忆太深刻了，战争带给他们的不是财富，而是灾难；不是满意，而是怨恨，还有饥荒、货币贬值、暴动、市民自由的丧失、国家的奴役、一种令人发疯的不安全感，人与人之间失去了信任。

这使得两次战争有所不同。一九三九年的战争具有一种思想上的意义，它关系到自由，关系到对一种精神财产的保护，这样为了一种信念去战斗，使得人们坚强刚毅。而一九一四年的战争则对真相一无所知，它只是为一种妄想效劳，梦想获得一个更美好、更正义、更和平的世界。叫人产生幸福感的正是这样的妄想，而不是对现实的了解。因此，当年的人们充当了战争的牺牲品，他们脖子上戴着花环，钢盔上绕着橡树叶，喝得醉醺醺的，欢呼着走向屠宰场。大街上，人声鼎沸，灯火通明，好像过节一般。

我本人并没有陷入这种猛然爆发的爱国主义的狂热当中去，这绝非因为我特别的冷静或者洞察事理，而应该归功于我之前的生活方式。两天前，我还身在所谓的"敌国"，所以我可以坚信，比利时的百姓与我们自己的同胞一样热爱和平，一样对战争一无所知。另外，我这样满世界地跑来跑去已经相当久了，我不可能在一夜之间就对一个对我而言丝毫不亚于自己祖国的世界抱以敌意。多年以来，我对于政治已经持怀疑态度，恰恰在这之前的近几年，在和法国和意大利朋友无数次的谈话当中，我们讨论过可能发生的战争的荒谬性。所以，在一定程度上，我在思想上已经有了准备，对那种四处蔓延的爱国主义热情有防御思想。同样，我也准备好面对战争爆发初期的这种狂热，保持自己的坚定，坚信欧洲一体化的必要性，不为这场由拙劣的政客和残暴的军火商引发的同室操戈所动摇。

因此，在我内心深处，从战争最初一刻起，就已肯定自己是一个世界公民。而要想找到身为国家公民的正确立场并不容易。虽然我当时只有三十二岁，但是暂时还不用服任何兵役，因为在所有的兵役检查之后，我都被判定不合格，我当时对此真是感到衷心高兴啊。首先，这样的结果让我免服一年愚蠢的兵役，不用白白浪费时间；另外，在二十世纪去练习掌握杀人的凶器，在我看是罪恶性的时代倒退。在我看来，一个男人正确的态度应该是，在战争中宣称自己是"拒服兵役者"，这在奥地利是要受到最严厉的惩罚的（在英国正相反），而且这要求此人的灵魂具备真正为信仰而献身的那份坚定。而我本性缺乏这样的英雄气概——我今天并不羞于公开承认这个缺点——在所有危险的情形下，我始终发自本能地采取回避态度。我不止一次地受到指责，被斥为不决断，我也许必须接受这指责，鹿特丹的伊拉斯谟，我崇敬的这位大师，在一个我们不熟悉的时代是那样频繁地受到这样的责难。另一方面，在那样的时代，一个还算年轻的人，必须等别人把自己从暗处挖出来再扔到一个他不该去的地方，是不可忍受的。所以，我四处寻找一份好歹能让我出点力的工作，但又不是那种煽动性的工作。我的朋友中，有一位是军事档案馆的高级军官，他帮忙安排我去了那里。我要干的是图书馆的活儿，我的语言知识派得上用场，或者，是对有待公布的告示进行语言润色——当然，我很愿意承认，这不是什么很光彩的差使，但是对我本人来说，这工作很合适，比把刺刀扎进一个俄国农民的肚子要好。而且，对我最重要的是，在做完这份并不吃力的工作外，我还有时间去做那件在我看来在这场战争中最重要的工作：为今后各民族的相互理解而工作。

我在维也纳朋友圈的处境要比在工作单位里的处境糟得多。我们大多数的诗人都没有什么欧洲化的教养，完全生活在德语世界，他们认为，自己贡献一臂之力的最好方式就是使民众的热情愈发高涨，以富有诗意的号召或者科学思想为美化战争打基础。几乎所有的德语作家，以豪普特曼和戴默尔为首的御用文人，相信自己有责任像古日耳曼时代的游吟歌手那样，用诗歌和文字激励奔赴前线的士兵，让他们有赴死的热诚。一时间，诗歌像雪片一样纷纷飞舞，层出不穷，将战争和胜利、灾难和死亡谱成和谐的诗篇。作家们纷纷郑重其事地发誓，再不和任何法国人和英国人进行任何文化合作。更有甚者，他们在一夜之间拒不承认有史以来曾经有过英国文化和法国文化。在德意志气质、德意志艺术和德意志风格面前,这所有一切都微不足道。而更加恶劣的是学者们的作为。哲学家突然之间失去了所有的智慧,只知道把战争解释为能够振奋各国人民力量的"洗礼"。医生也站在他们一边,热切地夸赞自己整形术的优越,简直要让人觉得为了能够用假肢替代健康的腿,截掉自己的一条腿才好。各教派的教士们也不甘落后,参加到这场大合唱中来。我有时觉得自己正在听一群疯子的吼叫,而正是这些人,在一个星期前,一个月前,我们还备加推崇他们的理智、塑造力和人性立场呢。

但这种疯狂的最令人震惊之处在于,这些人的大多数都是诚实的。他们当中的大多数,由于年龄太大或者身体不够格,不能去服兵役,于是他们真诚地以为自己有责任干些辅助性的"工作"。他们觉得自己先前所做的工作有负于语言,有负于人民,所以,他们现在要通过语言为人民效劳,让人民听到他们想听到的声音,即:这场战争中,正义完全站在我们这边,非正义是在对方那边。德国必胜,敌人必将惨败。——他们完全不知道,自己的所作所为完全背叛了作家的真正使命,作家本应是人类一切人性的守护者和捍卫者。当最初的狂热渐渐退去后,其中有些人也很快尝到了苦头,他们感到自己先前说的话非常恶心。但是,在那最初的几个月当中,谁喊得最凶,谁的听众就最多。于是,在一片疯狂的合唱当中,他们全都声嘶力竭地叫喊着。

在我看来,为这种如此真诚却又荒唐至极的狂热树立惊人典型的,是恩斯特·利骚[①]。我和他很熟。他写一些短小精悍的诗,

---

[①] Ernst Lissauer,一八八二年至一九三七年在世。

在我认识的人当中，他的为人数一数二。我今天还记得，当年他第一次拜访我的时候，我是怎样紧抿着嘴唇，不让自己乐出来的。我原本把这位抒情诗人想象成是一个瘦骨嶙峋的年轻人，就仿佛他笔下洗练有力的德语诗，他的诗作极其讲究简练。但摇摇摆摆走进我的房间的却是一个小矮胖子，身材滚圆得好像一只桶，双下巴上面是一张善意的脸，充满了自信和热情。他说话结巴得厉害，而完全沉浸在诗歌之中，总是一再地引用自己的诗句而不能自拔。他虽然可笑之处甚多，大家却很喜爱他，因为他是个热心人，待人亲切，为人真诚，对于自己的艺术有一股着了魔般的奉献精神。

他出身于一个富裕的德国家庭，毕业于柏林的弗里德里希-威廉中学，也许是我认识的最普鲁士化的，或者说被普鲁士彻底同化的犹太人。他不说任何别种语言，也从来没有离开过德国，对他而言，德国就是世界，越是德意志化的事物，他就越热衷。约克[①]、马丁·路德、施泰因[②]是他心目中的英雄，为德国的自由而战是他最爱写的主题，巴赫是他音乐的上帝，尽管他的手指又短又肥，活像海绵，弹起巴赫来却相当出色。没有人比他更了解德国抒情诗，没有人比他更热爱德语，他是那样沉迷于这种语言——像很多犹太人家庭一样，他的家庭也是很晚才进入德国文化的，但是，他比最虔诚的德国人还虔信德国。

---

[①] Hans Yorck von Wartenberg，一七五九年至一八三〇年在世，普鲁士陆军元帅。
[②] Heinrich Friedrich karl Reichsfreiherr vom und zum Stein，一七五七年至一八三一年在世，曾任普鲁士首相。

战争爆发，他首当其冲地赶到兵营，报名当志愿兵。但是我今天仍能想象，当这个胖子气喘吁吁地爬上楼梯时，那些上士和列兵会笑成什么样子。他们很快就把他打发走了。利骚感到很绝望，但和其他人一样，他希望自己至少能用诗歌为德国效力。在他看来，德国报纸和战报所报道的一切都千真万确。就像威廉大街①导演的那样，他的国家遭到了突然袭击，最大的罪犯就是那个背信弃义的英国外交大臣格雷爵士。英国是进攻德国和发动战争的罪魁祸首，他把这种感情表现在一首题为《仇恨英国之歌》的诗中，这首诗——现在不在我手头——以简洁明了、给人印象深刻的诗句将对英国的仇恨提升为一个永远的誓言，永远不原谅英国的"暴行"。不久，出现了灾难性的局面，说明煽动起仇恨是多么容易（这个肥胖、矮小、昏了头的犹太人利骚事先学起了希特勒的榜样）。这首诗就像一枚炸弹扔进了炸药库，也许，在德国，还从来没有一首诗像这首臭名昭著的《仇恨英国之歌》这样迅速地传遍全国，即使是那首《守卫在莱茵河畔》也没有这样红过。德国皇帝深受感动，授予利骚一枚红色的雄鹰勋章。所有的报纸都登载了这首诗，教师们在课堂上将它念给孩子们听，军官们走到前线，把它念给士兵们听，直到每个士兵都能把这部仇恨的经文背得滚瓜烂熟。但是这还不够，这首小诗被配上乐曲，改编成了大合唱，在剧院里上演。在七千万德国人当中，没有人不从头到尾熟知这首诗的，不久，全世界都知道了这首诗，——当然，对它的热情不大。一夜之间，利骚红得发紫，他获得了一名诗人在

---

① 柏林的威廉大街是德国外交部所在地。

这场战争中所能获得的最高荣誉。而这荣誉在事后像一件内萨斯衬衣①一样将他焚毁。因为战争一结束，商人们立即又想重新做生意，政治家们也都真心地为促进互相谅解而努力，人们想方设法要抛弃那首要求大家永远与英国为敌的诗。为了推卸自己的责任，人们把可怜的利骚称为"仇恨的利骚"，对于当时歇斯底里的疯狂仇恨，只有他这个唯一的罪人负有责任。实际上，一九一四年的时候，人人都对当时的情形负有责任。那些在一九一四年赞美过利骚的人在一九一九年都明显不搭理他了。报纸不再登载他的诗作，当他出现在朋友们当中，立刻便出现难堪的沉默。后来，这位遭遗弃的人被希特勒赶出了他一心要为之献身的德国，被世人遗忘地默默死去。他是那首诗的悲剧性的牺牲品，它曾将他高高捧起，为的是最终将他摔得粉碎。

当时所有的人都和利骚一样。我并不否认，那些诗人、教授、那些突然之间冒出来的爱国主义者，他们的情感是真实的，他们真心想要做点什么。但是，事实很快就显现出，他们对战争的赞美和他们放纵的仇恨结出了何等恐怖的恶果。所有加入战争的各国人民在一九一四年都处于亢奋状态，最恶毒的谣言立刻就变成真相，最荒诞的诽谤也有人相信。在德国，几十个人在一起发誓说，就在战争爆发前，他们亲眼看见满载黄金的汽车从法国开往俄国。每次开战后的第三四天，就会出现所谓挖眼、斩臂的谣传，

---

① 希腊神话中染有半人半马怪兽内萨斯的毒血的致命衬衣，比喻会带来灾难的礼物。

充斥各家报纸。唉，这些散播谣言的无知的人啊，他们不知道，这种将敌方士兵说得无比残忍的谣言，也是一种战争伎俩，就像弹药和飞机一样，是为战争服务的。而且，在战争的最初日子里，这些谣言的发源地一般都是报刊杂志。战争是与理性和正常的情感格格不入的，它需要情感的冲动，需要人们对自己的家园充满热情，对敌人充满仇恨。

而强烈的感情不会无限持久下去，这是人的本性。个人如此，一个国家和一个民族也如此。军事当局对此很了解。因此，它需要人为的煽动，需要不断给人兴奋剂，这种煽风点火的工作得由知识分子——不管他们做这项工作时是心安理得还是问心有愧，是出于真心还是例行公事——诗人、作家、新闻记者来完成。他们敲起了仇恨的战鼓，他们使劲地猛敲，直到每一个对敌国不抱偏见的人都双耳轰鸣，心头发颤。无论是在德国，还是在法国、意大利、俄国、比利时，几乎所有的知识分子都乖乖地为"战争宣传"服务，以此来煽动群众的战争狂热和战争仇恨，而不是去消除这些狂热和仇恨。

后果是相当严重的。当时，因为政治宣传在和平时代还没有遭到滥用而变得声名狼藉，各国民众虽然经历众多次的失望，但是对于报纸上登载的一切，他们仍旧确信不疑。所以，战争最初那几天的纯粹、美好、勇于牺牲的热情渐渐演变成了最恶劣、最愚蠢的情感的放纵。在维也纳和柏林，人们在环城大道和弗里德里希大街上"反抗"英国和法国，这当然不费什么力。商店门面上悬挂的英文和法文的招牌要摘下来，甚至有家修道院因为名字叫作"圣洁少女"而必须更名，殊不知，在这里，"englisch"乃

"天使"之意，非指英国，但是，群情激愤的民众已经顾不上这些了。那些老实的生意人在信封上贴上或者盖上"上帝惩罚英国"的字样，社交界的女士们发誓（她们还写信给报纸发表声明）一辈子再也不说一句法语。莎士比亚被赶出了德国的舞台，莫扎特和瓦格纳被赶出了法国和英国的音乐厅。德国的教授们声称，但丁是日耳曼人，法国的教授们则声称，贝多芬是比利时人。人们肆无忌惮地将精神文化遗产当作粮食和矿砂，将它们从敌国抢来。各国的安分守己的老百姓每天成千上万地在前线互相残杀，这还不够，他们还在后方互相辱骂、中伤对方已经死去的伟人，这些伟人在自己的坟墓中已经静静地躺了几百年了。这样的精神失常演变得越来越荒诞。连一个从来没走出过自己所在的城市，毕业后再也没有打开过地图册的厨娘都相信，如果没有桑夏克（波斯尼亚边境的一个小地方），奥地利就无法活下去。马车夫们在大街上争论，应该向法国要求多少战争赔偿，是五百亿还是一千亿，而他们自己连一亿是多少的概念都没有。没有一座城市和社团不陷入这样可怕的歇斯底里的仇恨。教士们在教坛上说教，一个月前还将军国主义指责为最大罪行的社会民主党人现在叫嚣得比任何人都要厉害，为的是遵从威廉皇帝的话，不当"卖国贼"。那是无知的一代人的战争，各国人民都一味相信正义在自己这一边，这恰恰成了当时最大的危险。

在一九一四年战争的最初几个星期内，要想与某人进行理智的交谈，渐渐地已经不太可能。就连最平和、最善意的人都像喝醉了酒一样，充满了杀气。我的朋友们，我一向将他们视作坚定的个人主义者，甚至思想上的无政府主义者，在一夜之间却变成了狂热的爱国主义者,又从爱国主义者变成了贪得无厌的兼并主义者。每次的谈话,都以如下的愚蠢的陈词滥调作结:谁不会恨,谁就不会真正地爱。或者,谈话以无端、粗暴的怀疑告终。这些朋友,多年来我从来没有和他们发生过争执,却很不客气地指责我说,我不再是奥地利人,我应该去法国或者比利时。他们甚至小心地暗示我,他们本应当让当局知道我所持的观点,告诉他们我认为这场战争是罪恶的,因为,"失败论者"——这个漂亮的词是法国人发明出来的——是对祖国犯下的最大罪行。

于是,我只有一条路可走:在别人头脑发热和胡言乱语的时候,退隐到自己的内心,并保持沉默。就算逃亡——我对此有充分的体验——也比孤独地待在祖国要强。在维也纳,我疏远了老朋友,而现在,也不是寻找新朋友的时候。只有里尔克,我有时还能和他谈谈心,彼此能够沟通。他同样在我们偏僻的军事档案馆服役,因为他的神经是如此脆弱,任何肮脏、臭味和嘈杂都会让他产生生理上的痛苦。他是最不适合当兵的人了。当我想起他穿军装的样子,总还是忍俊不禁。有一天,有人敲我的门,一个士兵很畏缩地站在门口,我差点没认出来:是里尔克!里尔克穿着军装!他看上去非常不自在,叫人心疼,他的脖子被领子卡得紧紧的,一想到自己随时必须双靴并拢向随便哪个军官敬礼,他就完全六神无主了。由于他行事一向追求尽善尽美,所以对这些无谓的陈规,也要一丝不苟地去遵守,于是就将自己置于持久的惶然之中。他用他那轻柔的声音告诉我:"自打我上军事学校开始,我就讨厌这军服。我还以为自己可以一辈子都不用再穿它了。可是现在,快到四十岁的时候,竟然又穿上了!"所幸有人热心地保护了他,不久,一次有利于他的健康检查使他被解除服役。他又来过我这里一次,是和我道别,——这次,他已经又穿上便服。他走进我房间的时候几乎像飘过来一样(他的步伐总是那样悄无声息,令人难以形容)。他想向我表示感谢,因为我通过罗兰设法将他在巴黎被没收的藏书抢救了回来。这是他第一次露出老态,仿佛关于这恐怖局面的思索令他精疲力竭。他说:"走吧,如果我们只能往外国走!战争永远是樊笼!"说罢他便走了。我于是重新陷入了孤独。

几个星期之后,为了躲避这危险的大众变态心理,我坚决地迁居到了维也纳郊区,以在这场战争中开始自己个人的战斗:反对将理性出卖给时下这种集体狂热。

# 为精神团结而斗争

隐居本身对此并没有什么帮助，气氛仍旧很压抑，我从而意识到，当对方粗野地发出咒骂时，仅仅采取消极的态度置身事外，是不够的。我毕竟是作家，我有话语权，在审查制度当权的年代，只要有可能，作家就有责任表达自己的信念。我尝试着这样去做。我写了一篇文章，标题是《致外国的朋友们》，在其中，我的观点与其他人的仇恨宣传截然不同，我公开表示，即使现在不可能和他们联络，我也会对外国的所有朋友保持忠诚，为的是以后一旦有机会，我能够立刻和他们一道投入到对欧洲文化的建设中去。我将这篇文章寄给了当时读者最多的德国报纸——《柏林日报》。令我惊讶的是，它竟然毫不犹豫地将这篇文章全文刊发了。只有一句话成了审查制度的牺牲品——"不管谁取得战争的胜利"，因为哪怕只是对德国必胜抱有稍许的怀疑，在当时也是绝不允许的。但即使没有删去这句话，这篇文章也给我招惹来了若干封超级爱国主义者的愤怒信件，他们不明白，在这样的时刻，我怎么还可能与那些卑鄙下流的敌人为伍。这些信并没有令我感到伤心，我一生当中，从来没有企图让别人皈依我自己的信念。将自己的信念昭之天下，对我来说已经足够，何况还是白纸黑字地刊登出来。

十四天之后,我几乎已将那篇文章忘记了。这时,我收到一封信,信封上贴着瑞士邮票,并且盖有审查通过的图章。那熟悉的笔迹告诉我,这封信来自罗曼·罗兰。他一定是看到了我写的那篇文章,因为,他这样写道:"不,我永远不离开我的朋友们。"我立刻明白了,这寥寥几个字是一次试探,是想证实,在战争期间和一个奥地利的朋友通信有没有可能。我立即给他回了信。从这天开始,我们按时相互通信,这种通信后来持续了二十五年之久,直到第二次世界大战——它比第一次世界大战更加残暴——将各国间的联系统统中断。

收到这封信,是我一生中巨大的幸福时刻之一:它犹如一只白鸽,从挤满了乱吼乱踩的疯狂兽群的诺亚方舟飞来。我感到自己不再孤单,终于又和思想一致的朋友联系在了一起。我觉得自己受到了罗曼·罗兰非凡的坚定意志的鼓舞,隔着国界线,我清楚地知道,他在那边是多么令人赞叹地保持着自己的人性!他找到了诗人在那个年代应该选择的唯一正确道路:不参与破坏和谋杀,而是遵照惠特曼的伟大榜样,——惠特曼在美国南北战争期间做过男护士——参加到援助和人道工作中去。罗曼·罗兰住在瑞士,由于身体状况时好时坏,他不能参加任何战地工作。战争爆发的时候,他正好在日内瓦,于是立即报名参加了红十字会,每天都在红十字会拥挤的房间里埋首苦干那伟大的工作。后来,我曾经在一篇名为《欧洲的心脏》的文章里,对罗曼·罗兰公开表示感谢。在最初几个星期残酷的厮杀之后,任何联系都中断了,每个国家的百姓都不知道自己的儿子、兄弟和父亲生死如何,是阵亡了、是失踪了,还是被捕了,一概不知。他们也不知道,去向谁打听亲人的消息，从敌人那边是不会得到任何消息的。亲人下落不明，这是最折磨人最可怕的痛苦了，红十字会就是在那恐怖和残酷的时刻担负起了这项任务，它设法从敌国那里将被俘人员的信件带回故乡，让人们至少可以减轻一些这样的痛苦。当然，这个有着数十年历史的组织没有面对过如此大的幅员规模和数百万的信件数量。每一天，每个小时，志愿者的数量都必须增加，因为，在痛苦的等待中，那些士兵家属真是度日如年。一九一四年十二月底，每天寄来的信函已达三万件，最后，每天竟有一千二百人一道挤在日内瓦的小小的拉特博物馆里为处理和答复邮件而工作。在他们中间，就有作家当中最富有人性的一位：罗曼·罗兰。他完全无私地抛开了自己的工作。

但是，他也没有忘记自己的另一项责任，艺术家的责任，即表达自己信念的责任。即使这样会让他与自己的国家产生对立，甚至与卷入战争的整个世界相悖。在一九一四年的秋天，当大多数作家在仇恨中已经叫嚣得声嘶力竭，相互进行攻击和谩骂之时，罗曼·罗兰已经写出了那篇值得纪念的表明立场的文章《超脱于混战之上》，他抨击了国家之间的精神仇视，要求艺术家即使身处战争之中也依然必须主持正义和人性，——这篇文章史无前例地引发了各种争论，将整个文学阵营分成截然对立的两派。

第一次世界大战有别于第二次世界大战的一点好处是：当时舆论还拥有力量。舆论还没有被"政治宣传"制造的有组织的谎言所扼杀。人们还相信印刷品上的言辞，他们期待读到这些言论。一九三九年，没有任何作家言论，无论是好是歹，能对民众起到任何作用；时至今日，没有一本书，没有一本小册子、一篇文章或者一首诗能打动人民的心灵，或者影响他们的思想；而一九一四年，一首像利骚所作《仇恨英国之歌》这样的十四行诗，一项如"九十三名德国知识分子"的愚蠢宣言，一篇像罗兰所撰写的《超脱于混战之上》的八页的文章，或者一部如亨利·巴比塞[1]所作的名为《火线》的长篇小说，都有可能成为轰动事件。当时世界的道德和良心也没有像现在这样衰颓和干涸，它会以几百年来传统信念的力量对所有公开的谎言，对所有侵害国际法和践踏人道的罪行做出强烈的反应。今天，自从希特勒将谎言变成真理，将反人道变成法律以来，像德国入侵中立国比利时这样违背国际法的事情，就不再受到严厉的谴责，而在当时，这样的事件还能够在全世界引起轩然大波。枪杀卡维尔护士事件[2]，鱼雷击沉"卢西塔尼亚"号事件，都由于激起了道义的巨大愤慨而使德国遭受了比输掉一场战役更加严重的打击。在当时，诗人和作家的发言并不是无济于事的，因为，人们的耳朵和灵魂还没有被收音机里不断传出来的胡言乱语淹没，相反，一位伟大文豪的即兴演讲要比那些政治首脑所有的公开演说厉害一千倍。人们知道，那些政客的演说是针对时局的策略，是出于政治的需要，那些话充其量只有一半可信。那一代人内心挚信诗人是具有纯粹思想的最优秀的公民，对诗人的想法报以无比的信任——当然，他们后来是大失所望了。正因为知晓诗人的这种威望，军方和政府就企图把

---

[1] Henri Barbusse，一八七三年至一九三五年在世，法国著名作家和社会活动家，共产党员。以第一次世界大战为题材的《火线》使他于一九一六年获龚古尔奖。

[2] 伊迪斯·卡维尔护士，英国人，一九一五年，在比利时协助协约国军人出逃而被德国占领军处死。

所有具有道德和精神威望的文坛人物当作为他们的煽动宣传服务的工具：这些人必须声明、表态、证明和发誓，说明非正义和邪恶都在敌对那一方，一切正义和真理都属于自己的国家。在罗兰这里，他们没有得逞。他不认为自己应该去进一步毒化那已经被各种手段推至极端的仇恨气氛，相反，他认为自己的任务是，去净化这充满仇恨的空气。

假如今天再去看《超脱于混战之上》这篇长达八页的文章，人们可能不会理解它当时发挥的巨大影响。假如头脑清醒地去看这篇文章，人们会发现，罗兰在其中阐述的其实是最简单不过的道理。但是，这些话是在一个今天几乎无法再现的集体痴狂的时代说出的。这篇文章一发表，法国的超级爱国主义者们立即叫嚣了起来，仿佛他们不小心将一块烧得发红的铁块攥在了掌心里。罗曼·罗兰立刻遭到交情最老的朋友们的排挤，书商们不再敢在橱窗里陈列《约翰·克利斯朵夫》，正需要用仇恨来激励士气的军事当局已想好了办法对付他。小册子一本接一本地出来，说什么"在战争期间，祖国失去了人类所取得的一切成果。"这种叫嚣不过只是说明，罗曼·罗兰击中了他们的要害。一场有关智性劳动者在战争期间应当持何种立场的讨论已无法阻挡，这个问题无法回避地摆在了每个人的面前。

在写下这些回忆的同时，我感到最遗憾的莫过于再读不到罗兰的那些信件了。一想到这些信可能在这场新的"大洪水"中遭到毁灭或者被遗失，我就觉得自己对它们负有责任，心头沉甸甸的。我是那样热爱罗兰的作品，我相信，有朝一日，人们会将他的这些信当作最美、最富有人性的艺术品看待，在这些信中，他的伟大的心灵和充满热情的理智得以充分展现。它们发自一颗怀有无比同情的灵魂，发自极端的愤慨，写给国界另一边的一位朋友，也就是说，写给官方意义上的"敌人"。在那样一个时代，理智需要付出巨大的力量，而忠于自己的信念则需要无比的勇气，这些信件也许就是最令人震撼的道德记录了。不久，从我们这种友好通信中，产生出一个积极的建议：罗兰提倡，我们应该尝试将各个国家最重要的文化人物邀请到瑞士去，共同举行一次会议，以达成更具尊严的一致性态度，甚至，还可以本着相互谅解的精神，向全世界发表一份见解一致的呼吁书。他从瑞士负责邀请法国和外国的思想界名人，我则负责趁着奥地利和德国的诗人和学者还没有由于公开的仇恨宣传而名誉扫地，去试探他们的态度。我立即就开始着手去做了。当时德国最重要、最具代表性的作家是盖尔哈特·豪普特曼，为了不让他感到为难，我决定不直接和他联络，所以我给我们共同的朋友瓦尔特·拉特瑙写了封信，请他私下征询一下豪普特曼的意见。可是，拉特瑙拒绝了我，——这是否也是豪普特曼的意思，我不曾得知——他对我说，现在不是建立文学艺术界的和平的时候。这样，我的努力实际上彻底失败了。因为当时托马斯·曼站在另外一个阵营，并且刚刚在一篇论述弗里德里希大帝的文章里维护德国官方的立场。里尔克，我知道他是站在我们这一边的，却遵循自己的原则，不参加一切公开行动和联合行动。戴默尔，这位先前的社会主义者，在写信的时候带着幼稚的爱国主义自豪地以"戴默尔少尉"署名。至于霍夫曼斯塔尔和雅各布·瓦塞尔曼，有人在私下告诉我，这两人都不能指望。

这样，德国这边就没什么希望了，而罗兰在法国那边遭遇的反响也不比我这边更好。那是一九一四年、一九一五年，我们这样做是超前了，战争对于后方的人而言还很遥远，我们孤立无援。

我们是孤独的，但是也绝非完全孤独。我们通过信件往来已经有所收益：我们初步了解了几十个人的情况，他们的内心是赞同我们的，无论身处中立国还是交战国，他们与我们有着共同的想法，我们能够不时地相互关注对方的书籍、文章和小册子，在某种程度上，我们是可以得出一致意见的。而且，不断会有新的人加入进来——起初他们虽然犹豫不决，但是，随着时代的压力越来越大，他们变得越来越坚定。这种并非孤军奋战的感觉赋予我勇气，我更加频繁地写文章，为的是通过读者对我文章的回应和反响，将那些与我们有共同感受的人从隔绝和隐蔽的地方找出来。毕竟，我可以在德国和奥地利最大的报纸上发表文章，具有一片相当重要的影响范围。政府当局在原则上是反对我的，但是这并不可怕，因为我从来就不涉及敏感的政治时局。在自由主义的精神影响下，人们对于文学家都相当尊敬。当我今天再浏览一遍当时写的文章，那时我将这些文章悄悄地塞到最广大的读者手中，我不由得要对奥地利军事当局的大度致以崇高敬意了。我竟然可以在世界大战进行阶段热烈赞誉和平主义的创始人贝尔塔·冯·苏特纳，她将战争斥为罪恶中的罪恶。我还在奥地利的一家报纸上对巴比塞的《火线》做了详细的介绍。要在战争期间向广大民众宣扬这种不合时宜的观念，我们当然需要掌握一定的技巧。为了描述前线的残酷和后方的冷漠，我们自然有必要在一篇向奥地利读者介绍《火线》的文章中特别强调一个"法国"士兵的痛苦，但是，几百封来自奥地利前线的信件向我表明，我们的步兵对于自己的命运认识得也相当清楚。有时，为了宣扬自己的信念，我们佯装互相攻击。比如，我的一位法国朋友在《法兰西信使报》上反驳我的文章《致外国的朋友们》，他用这种所谓的论战将我的文章一字不落地统统翻译出来，成功地将它传到了法国，使那里的每个人都能看到（这就是我们的目的）。我们用这样的方法打着闪光的信号灯，它们在我的记忆中熠熠发光。而当时的人们又是多么深刻地领会了这些信号，关于这点我是通过后来发生的一件小事才明白的。一九一五年的五月，当奥地利以前的盟国意大利向奥地利宣战，奥地利国内掀起了一片仇恨的巨浪，关于意大利的一切都受到谩骂。此时恰巧出版了一本由一位名叫卡尔·波埃里奥的意大利青年写的回忆录，他生活在十九世纪意大利统一运动时期，他描绘了自己去拜访歌德时的情景。我为了在那仇恨的喧嚣中证明意大利人和我们的文化早已有过最密切的联系，故意写了一篇文章《歌德家中的一位意大利客人》，由于这本书的序言是贝内代托·克罗切[①]写的，我便利用这个机会，在文章中对克罗切说了几句高度尊崇的话。那个时候，奥地利人压根不允许有人赞扬敌对国家的作家或学者，我对克罗切的高度评价无疑是一种明显的示威，这点连国外的人都能够理解。当时在意大利还是部长的克罗切后来有一次告诉我，他部里一位并不懂德文的属下神色惊慌地对他说，在敌对国的报纸头版上面，有反对他的文

---

① Benedetto Croce，一八六六年至一九五二年在世，意大利著名哲学家，代表作有《精神哲学》。他在一九二〇年至一九二一年任意大利的部长，在此作者记忆有误。

章（他看到克罗切的名字，只可能将它设想这是对他的攻击）。克罗切让人取来《新自由报》，先是吃了一惊，然后又高兴异常，原来，他看到的不是攻击，而是对他的敬意。

我在此根本不想高估这些小小的孤立的努力，它们对于当时的局势自然不会有丝毫影响，但是，它对于我们自己——以及一些素未谋面的读者——是有帮助的。它减轻了可怕的孤立无援的感受，缓解了精神上的绝望，一个真正的二十世纪有血有肉的人当时就是处于这样的绝望当中，——而在二十五年后的今天，这样的情形又出现了，依然是面对强权毫无反抗之力，我对此甚至比以前更加感到恐惧。我在那时就已经清楚地意识到，仅凭这些小小的抗议和小聪明，是根本不能卸除我心头的负担的。于是，我心中慢慢产生了要创造一部作品的计划，这部作品不仅要描述那些个别的事情，而且更要将我自己对整个时代、人民、灾难和战争的看法表达出来。

要想用综合性的文学手法描述战争，我却缺乏一个最重要的条件：我没有亲眼目睹战争。几乎整整一年，我都坐在这间办公室一动不动，而在眼力所不能及的远方，真实的、残酷的战争正在进行。我曾经有好多次去前线的机会，几家大报曾经三次请我担当它们的随军记者，但是，它们的条件是，无论做何种战地报道，都必须本着爱国主义的积极态度。而我已经暗暗发誓——我在一九四〇年也信守了自己的这个誓言——不为战争写一句赞歌，不贬低任何敌国。后来偶然来了一次机会。一九一五年早春，德奥发起强大的攻势，在塔尔努夫突破了俄国人的防线，只用了一次猛攻就占领了加利西亚和波兰。军事档案馆想在奥地利战区的俄国宣传品和告示的原件被撕下或被毁之前,将它们收集到自己的资料室里来。负责档案馆的上校恰巧知道我具备收藏的才干,便问我是否愿意执行这项任务。我当然抓住这个机会立刻行动了。我得到了一张通行证,这样就可以不受任何部门的限制,不直接听命于任何机关或上司,能够乘坐任何一辆军用列车,想去哪里就去哪里。这待遇于是引发了最离奇的情形:我不是军官,只是一个没有军衔的上士,身上穿的军服没有任何特别的标志。每当我出示我的机密证件时,总是引起特别的尊敬,因为前线的军官和公职人员都以为我一定是总参谋部的官员,正在微服私访,或者身负什么神秘使命。又由于我不去军官食堂用餐,只是在旅馆下榻,我得到了另一种方便,即可以置身于这个庞大的军事机构之外,在没有任何"导向"的情况下看我自己想看的东西。

收集宣传品这个任务并不让我觉得很吃力,我每次来到加利西亚的一座城市,塔尔努夫、德罗戈贝奇或者伦贝格,车站旁总是站着一群犹太人,他们的职业是所谓的"代办",你想要什么,他们都能为你弄到。我只消对这些老手当中的一位说,我想要俄军留下的宣传品和告示,他就会像黄鼠狼一样敏捷地跑去把任务通过秘密的方式下达给几十个下属的"代办",三个时辰后,我不费吹灰之力就收集到了最齐全的材料。多亏有这样的杰出组织,为我省却了大量的时间,使我可以多看,而我确实也看到了不少。我首先看到的是平民百姓遭受的可怕灾难,在他们的眼睛里面,对于自己经历的厄运所产生的恐惧仍旧像阴影一样地残留着。

我见到了从来想象不出的犹太人聚居区内的困苦，那里的人们挤在平房或地下室里，一间房间要住上八个或十二个人。我还头一次看见了"敌人"。在塔尔努夫，我遇到了第一批押解在途中的俄国战俘。他们坐在一块被栅栏围起来的四方形的地面上，吸着烟，聊着天，有二三十名蒂罗尔人负责看守，这些看守年纪都较大，而且多半都留着大胡子，看上去和战俘一样衣衫褴褛、无依无靠，与我们在国内画报上所见到的衣冠笔挺、头面齐整的士兵形象大相径庭。但是，他们对战俘的看守一点儿也不严厉苛刻，而战俘们一点儿想逃跑的意思也没有，奥地利的看守们根本不想那样严加防范地看守战俘，他们和战俘们像伙伴一样坐在一起，正因为语言不通，双方都觉得特别有意思。他们相互递烟，互相微笑，一位蒂罗尔人正从一个很脏、很旧的皮夹子里掏出妻儿的照片，将它们拿给"敌人"看，这些战俘轮番欣赏着这些照片，还用手指头比画着问，这个孩子三岁了还是四岁。我不由感到，这些粗野、简单的人对于战争的理解要比我们的大学教授和作家们正确得多，他们认为战争是降临到他们身上的灾难，他们无力抗拒它，而每个被卷入这厄运的人，都是同病相怜的弟兄。在整个旅途当中，这种认识一直陪伴着我，令我感到安慰。我经过弹痕累累的城市，商店被洗劫一空，那些店里的家具就像被肢解的胳膊、大腿和被掏出来的内脏一样，堆积在马路中央。但是，战区和战区之间的那些长势良好的庄稼地又赋予我希望，但愿这所有破坏都会在几年后消失。当然，我当时还料想不到，随着战争的痕迹迅速地从地表消失，人们对于战争恐惧的回忆竟然也会消失得同样迅速。

在最初几天，我还没有真正看见战争的恐怖面目，后来，它狰狞的面目最终超出了我最坏的设想。当时没有常规的客运火车，我有一次搭乘的是运送战炮的敞篷卡车，还有一次坐的是运输牲畜的车，在一片恶臭之中，很多人东倒西歪地昏昏睡去，在这驶向屠宰场的途中，他们就像是已经被屠宰的牲口。但最要命的还是我曾经被迫坐过两三次的运送伤员的车。唉，它和那明亮、清洁又洁白的救护车有怎样的天壤之别啊！战争刚开始，维也纳社交界的公爵夫人和名门淑媛们纷纷扮作护士的模样，在那白色的救护车里让摄影师帮她们拍照片。而我心惊胆战见到的伤员车都只是一般的货车，没有像样的窗户，只有一个狭窄的小通风口，用来照明的是被煤烟熏黑的油灯。简陋的担架一副挨着一副，上面躺着呻吟不止、浑身汗水、面如死灰的伤员，他们在粪便和碘酒的刺鼻气味中拼命地喘气。卫生员们走起路来更是摇摇晃晃，他们已经疲惫不堪了。在那里根本看不见照片上所显示的洁白的床单和被褥的踪影，伤员们躺在草垛上，或者躺在坚硬的担架上，身上盖的毯子早已被血迹浸透。在每辆伤员车里，都有两三名已经死去的士兵夹在这群垂死和呻吟的伤员之中。我和医生交谈，他坦白告诉我，他原先只是匈牙利一个小城里的牙医，已经很多年都没有做过外科手术了，他非常绝望。他告诉我，自己已经事先向七个车站发出电报，要求提供吗啡。而所有的药品都已经用光，连药棉都没有了，干净的包扎用品也没有了，伤员们还要挺过二十小时才能到达布达佩斯的医院。他求我去帮忙，因为他的手下累得再也干不动了。我努力去帮他，虽然笨手笨脚的，但总算还能帮上点忙。我在每站停车的时候都下车帮忙提几桶水，那水又脏又差，实际上只是机车用水，现在却成了清凉佳品，至少可以擦洗一下伤员，将不断滴在地上的血迹擦去。对于来自各个民族、被一道塞进这个带轮子的棺材的士兵来说，还有一个困难，那就是语言不通造成的障碍。医生与护士都不懂鲁提尼人的语言和克罗地亚语，唯独能帮上点忙的是一位白发苍苍的老牧师，——他和医生一样，因为弄不到吗啡而感到绝望——他忿忿地抱怨说，他无法从事自己的圣职工作，因为他没有油去做临终涂油礼了。他这一辈子都没有像这个月一样为那么多的人行临终涂油礼，他说的话叫我一生难忘，他用生硬、愤怒的语调说："我是六十七岁的人了，见识得也不少。但是人这样造孽我可真想不到啊！"

我回维也纳搭乘的运送伤员的火车在凌晨时分抵达布达佩斯，我马上前往一家旅馆，为的是睡上一觉，在那辆列车上，我唯一拥有的座位就是自己的行李箱。我实在太疲倦了，一直睡到大约十一点，然后急急忙忙穿好衣服，准备吃早餐。但是，刚迈出几步，我就不由得想揉揉自己的眼睛，看自己是不是在做梦。那天气候晴朗，早晨像春天，而午时像夏天。布达佩斯是那样美丽，而且显得比以往更加无忧无虑。女人们穿着白色的衣裙，与军官们手挽手地漫步，这些军官与我昨天、前天见到的军人完全不同，仿佛来自完全不同的军队。他们由于昨天运送伤员的缘故，衣服上、鼻子里和嘴巴里还带着碘酒的气味，却纷纷购买紫罗兰向女人们大献殷勤。我还看见，漂亮得无可挑剔的小轿车在大街上驶过，里面坐着头脸齐整、衣服光鲜的同样无可挑剔的先生。这景象可是出现在距离前线八九个小时快车路程的地方啊！但是，我们难道有权指责这些人吗？他们生活着，并且还想过得愉快，这难道不是人类最自然的天性吗？也许，他们正是因为面临失去一切的危险，才尽量地享受可以享受的一切，哪怕只是几件漂亮衣服，几个快乐的时辰！恰恰是因为我认识到，人是多么脆弱、多么容易被摧毁的生物，一颗小小的铅丸能在千分之一秒的时间将人的生命，连同他所有的记忆、认知和情感击得粉碎，我可以理解，为什么在这样一个瑰丽的上午，在波光粼粼的河畔，千百个人会蜂拥而来，去享受阳光，感受自身的存在，感受自身的血液，感受那也许增添了几许力量的生命。于是，我在最初大吃一惊之后，几乎很快就要对眼前的情景释然了。但是，很不幸，那位殷勤的侍者却偏偏在此时送上来一份维也纳报纸。我开始看报，这次，我心底真的升起一股怒火，厌恶之情难以遏止。报纸上通篇全是废话，什么胜利意志不可动摇，什么伤亡人数敌众我寡，那些毫不羞耻的赤裸裸的战争的弥天大谎向我扑来。不！有罪的不是那些散步的人、散漫的人、无忧的人，而是那帮为战争煽风点火之徒！而我们若不去反驳他们，我们便也是有罪的。

此时此刻，我才真正有了动力，感觉自己必须为反战而斗争！我心中积累的素材已经够多的了，但是要动笔的话，我的直感还缺少一种形象的证明。我已经认识到了对手，知道自己要和什么做斗争，即虚假的英雄主义，它更愿意打发别人去受罪和送死；以及那些无知的预言者的廉价的爱国主义，无论是政治上的预言家还是军事上的预言家，他们毫无顾忌地妄言胜利，延长屠杀，在其身后，是一帮雇佣来的帮腔团，正如韦尔弗尔在其优秀诗作中斥责的那样，他们统统都是"战争的鼓吹手"。谁表示怀疑，谁就妨碍了他们的爱国主义事业；谁提出警告，谁就遭到讥讽，被称为悲观主义者；谁反对战争，就被这些根本不受战争之苦的人打成叛徒。古往今来，总是有这样一小撮人，将谨慎者称为胆小鬼，将有人性者称作软弱的人。而当他们的草率导致灾难降临，他们自己也都手足无措了。同样是这样一小撮人，他们在特洛伊讥讽卡桑德拉，在耶路撒冷嘲笑耶利米，在当时与历史出奇类似的情形之下，我对于这两位伟大预言家的悲剧性感受无比的深刻。我从一开始就不相信什么"胜利"，只清楚一点：以无数的牺牲为代价而最终取得的胜利，是不能补偿这些牺牲的。我怀着这样警醒的态度，在朋友当中却始终是孤立的。在第一声枪响之前就发出胜利的狂吼，在战役未打响之前便分配战利品，这些事实都让我疑惑，我不知道自己是不是众多聪明人当中唯一的疯子，还是所谓的"众人皆醉我独醒"。于是，我很自然地选择了用戏剧化的方式去描绘"失败主义者"这特殊的悲惨处境，所谓"失败主义者"这个被发明出来的称谓，指的是那些力求互相谅解的人，他们却因此被强加上"失败"的罪名。我选择了耶利米这个典型形象作为主人公，他是一位徒劳的告诫者。然而我并非意在写一部所谓"和平主义"的戏剧，去编写那些"和平胜于战争"的陈词滥调，而是想描绘那些在激进时代中遭到蔑视的弱者和被人视为胆小怕事之辈的人。这些人在遭遇失败的时刻，不仅证明自己是唯一能够承受它的人，而且还能战胜它。从我的第一部剧作《忒尔西忒斯》开始，关于失败者在灵魂上的优越这个问题，总是一再令我思索。我总是禁不住地想用笔揭示，无论何种权势，都令一个人的内心变得冷酷；而任何一种胜利，都让整整一个民族思想麻痹。此外，我还想将这两种力量与那能痛掘人的灵魂，在心灵深处掀起惊涛骇浪的失败的力量相对比。在战争正在进行的时刻，当别人都迫不及待地相互得意地证明必然取得的胜利之时，我已将自己抛入灾难深渊的谷底，寻找着攀升的道路。

我这样选择了《圣经》当中的一个主题，却在不经意之间触动了我心中至今未曾动用过的部分：我那与犹太命运暗中相连的血脉与传统。那一再遭受众多民族征服的民族不就是我的民族、我的同胞吗？他们一而再，再而三地被征服，却由于一种神秘的力量而经受住了所有的磨难，生存了下来，幸亏有这种力量，使他们具备战胜一切失败的意志。我们的先知难道不是预先就知晓了自己民族永遭驱逐的命运吗？这命运让我们今天又像糠秕一样被赶出家门。而这些犹太先知不是主张忍受这强权的征服吗？他们甚至将这当作通向上帝的救赎之路。而考验难道不是永远有益于大众和个体吗？——我在创作这个剧本的时候，有幸感受到了这一点，在我看来，这部剧本才是我真正创作的第一本书。我今天很清楚，我在战争期间痛苦地预感和感受的一切，如果没有这些，我现在还会和战前别无二致，当一个"令人愉快的"——就像音乐术语所描绘的一样——作家，然而永远不会有震撼心灵的深刻的领悟和理解。而我现在第一次感到，我既要说出自己的心声，也要说出时代的心声。当我那时试图帮助别人的时候，我也帮助了自己，我写出了这部除了《伊拉斯谟》之外（在一九三四年希特勒统治的日子里，《伊拉斯谟》的创作也帮助我摆脱了类似的危机）最具个性的一部作品。从我决定创作它的那一刻起,我因为时代的悲剧而感受到的痛苦也减轻了几分。

我从未想过这部作品会取得令人瞩目的成功。由于汇聚了众多的问题,诸如先知问题、和平主义问题、犹太人问题等,而且最终一幕以合唱的形式出现,失败者为自己的命运献上颂歌,这部诗剧的篇幅超出了正常戏剧,它的舞台演出实际上需要两三个晚上的时间。而且,正当报纸每天都在叫嚣"胜利,或者毁灭!"的当头,这样一部宣扬、甚至称颂失败的作品怎么能够在德国的舞台上演呢?这本书能够出版,在我看来,已经是个奇迹了。而即使它不能出版,这最糟糕的情况对我也不算什么,因为,它至少帮助我度过了最艰难的时光。借助这个诗剧的对话,我将不能对身边朋友说的那些话和盘托出,我摆脱了压在自己心灵上的重负,恢复了自己的本色。在那些日子里,我浑身每个细胞都在对整个时代喊"不!"最后,我终于可以冲着自己,道一声"对!"

# 在欧洲的心脏

当我的悲剧作品《耶利米》在一九一七年的复活节出版时，我经历了意想不到的情形。我是在内心对这个时代深恶痛绝的情形下创作这部作品的，所以，我料想的，也是人们对这部作品的强烈抵触。可是，事实正相反。两万册剧本很快便销售一空，对于一部戏剧而言，这是了不起的数字了。对我的作品公开表示支持的，不仅有像罗曼·罗兰这样的朋友，而且还有像拉特瑙和戴默尔这些先前站在我的对立面的朋友。我当时根本没有将这剧本寄给任何一个剧院经理，——在战争期间上演这部剧是不可能的——这些经理却写信给我，请求我为他们保留这部剧作在和平年代的上演权。就连主战派人士对于我的这部作品也表现得非常有礼貌，并且充满敬意。在此之前，对于这部作品将引起的反应，我已经做好了各种的准备，却万万没有想到会是这样。

为什么会这样呢？原因很简单，因为战争已经持续了两年半，时间残忍地唤醒了人们。战场上血腥的厮杀过后，战争的狂热开始消退。与最初几个月的兴奋相比，人们用更加冷静和锐利的眼光正视战争的面目。原先那种同仇敌忾的精神开始松懈下来，因为人们再也不相信哲学家和诗人们鼓吹的所谓伟大的"道德净化"。人民中间出现了一道巨大的裂痕，整个国家好像分裂成了两个世界，前方是浴血奋战的士兵，因给养和药品的极度缺乏而痛苦不堪；后方是无忧无虑留在家里安然度日的人，他们看戏享乐，还大发战争财。前线与后方的对照越来越尖锐，政府腐败，裙带关系泛滥，用金钱或凭关系就可以为自己谋求利益，这已成为众人皆知的事情，而已经满身枪伤的农民和工人却一再被驱赶进战壕。于是，人人都尽可能地为自己打算，根本不顾及其他。日用必需品因为无耻的二手贩子的倒卖而一天贵似一天，食品越来越紧缺，在劳苦大众的头上盘踞的是那些发战争财的家伙，他们的奢侈生活就好像鬼火在荒凉的沼泽地里闪烁。老百姓的心中渐渐产生各种怀疑，他们怀疑日益贬值的货币，怀疑将军、军官和外交官，怀疑国家和参谋部发出的所有公告，怀疑每一份报纸和上面的报道，怀疑战争本身和它的必要性。我的作品之所以取得那样惊人的成功，并非由于它在文学方面有多么出色，而是因为，我在其中说出了别人不敢公然讲出口的话，那是对于战争的仇恨，那是对于胜利的怀疑。

不过，在舞台上用生动的话语表达这样的情绪看来是不可能的，势必会招致抗议。所以我以为必须放弃在战争期间上演这首部反战剧的打算。但这时，我突然收到苏黎世剧院经理的一封信，他希望立即将我的《耶利米》搬上舞台，并且邀请我去参加首演。我竟然忘记了，德语国家里还有这样一块小小的、但是非常珍贵的土地，——在第二次世界大战中也是如此——它承蒙上帝的恩赐，可以保持中立，那是一个民主的国家，言论依然自由，思想仍很开明。我自然立即就同意了。

当然，我最初只能对苏黎世方面表示原则上的同意，因为还有个先决条件,就是我可以被允许离开奥地利和当时的岗位一段时间。幸运的是,当时所有参战国家都设有一个"文化宣传部",——而现在的第二次世界大战就没有这样的机构了。为了说明第一次世界大战和第二次世界大战在精神氛围上的不同,我有必要指出,当时那些在人道主义传统之下成长起来的国家、首脑、皇帝和国王在潜意识中对于战争还是感到有愧的。假如被指责为"军国主义"或曾经是"军国主义",所有的国家都会起来反驳,说这是卑鄙的诽谤。相反,每个国家都竞相宣扬自己是"文明之邦",纷纷证明和展现给别国看。一九一四年的时候,在人们看来,文明还是高于强权,诸如"神圣的利己主义"和"生存空间"这样的口号会被视作不道德,人们孜孜以求的还是全世界认同的精神绩业。因此,各种艺术演出充斥着每个中立国。德国将它的由世界著名指挥家率领的交响乐团派往瑞士、荷兰、瑞典,维也纳也派出它的爱乐乐团,甚至诗人、作家和学者,而且,他们出访的目的不是宣扬本国的战争行为或赞颂兼并野心,而只是为了用他们的诗句和作品向世人表明,德国人不是"野蛮人",德国人并非只会制造枪炮和烈性毒气,他们也会创造纯粹的艺术,他们的艺术对于整个欧洲都具有意义。我必须一再地强调,在一九一四年至一九一八年,人们还能获取世界的良心,一个国家的艺术创作和道德元素在战争中还能起到一定的影响,成为受人重视的一股力量,各个国家还在谋求人类的善意,还没有像一九三九年的德国那样以非人的残暴将它狠狠践踏。因此,以参加一出话剧的首演为由,申请去瑞士度假,这是一次极好的机会,我可能面临的困难无非起因于,它是一部反战剧,而且身为奥地利人，我在剧中预言了战争的失败——尽管是以象征的形式。我向文化宣传部主管部门的负责人提交了申请，并且陈述了我的愿望。令我极为惊讶的是，他竟然立即答应为我安排一切，并且还异乎寻常地鼓励我说："感谢上帝！您从来没有和那帮愚蠢的人一样为战争呐喊。好吧，请您在外面尽力让这场战争结束吧。"四天之后，我的度假申请获准，并且拿到了出国护照。

在战争进行的过程中，听见奥地利政府部门里的一名最高官员如此大胆放言，我真感到有几分吃惊。由于不了解政治上的秘密行径，我不知道，其实，一九一七年的时候，以新皇帝卡尔为首的政府高层就已经在悄悄酝酿一场运动，要摆脱德国的军事独裁。德国军方违背奥地利的意志，肆无忌惮地将奥地利绑在自己兼并主义的战车上。我们参谋部里的人都痛恨鲁登道夫的残暴专横，在外交部，人们拼命反对不加限制的潜艇战，因为那必然使美国人与我们为敌。就连老百姓也都议论纷纷，抱怨"普鲁士的飞扬跋扈"。但是这些暂时都只是被小心翼翼地规范在人们的弦外之音当中，只是在貌似无意的谈话中流露出来。但几天之后，我就得知了更多的情况，而且意外地比其他人更早地知晓了一个当时最大的政治秘密。

事情是这样的：我在去瑞士的路上，在萨尔茨堡逗留了两天，在那里买了一栋房子，准备在战后居住。在这座城市里，有一个虔信天主教的小圈子，其中有两位，海因里希·拉马施和伊格纳茨·赛佩尔，他们后来在战后奥地利担任过总理，在历史上起过重要的作用。前者是当时最杰出的法学家之一，曾经出席过海牙会议，而后者是天主教神甫，具有惊人的才智，在奥地利君主政体崩溃之后，他被指定担负起领导小小的奥地利的责任，在这个岗位上，他施展了自己卓越的政治才能。这两位都是坚定的和平主义者、虔信的天主教徒、热情的传统奥地利人，在内心深处都激烈反对德国的、普鲁士的和基督教的军国主义，他们认为，这种军国主义和奥地利的传统思想及天主教使命是格格不入的。我的作品《耶利米》在这个和平主义的宗教圈引起了强烈的好感，枢密顾问拉马施——赛佩尔当时恰巧正出外旅行——邀请我去萨尔茨堡找他。这位气度不凡的老学者相当诚挚地向我谈起他对我的剧本的看法，他认为，《耶利米》充满了奥地利人友善的思想，他急切地希望，这部剧将超出文学的意义，发挥更大的影响。令我惊讶的是，他坦率地对我这个初次见面的人吐露了秘密，而这坦率恰恰证明了他内心的勇敢。他告诉我，我们奥地利人正面临一个决定性的转折时刻。他说，自从俄国在军事上遭受挫败，一旦它愿意放弃自己的侵略意图，那么无论对于德国还是奥地利，缔造和平就不再存在真正的障碍，这个良机不容错过。如果德国的泛德意志势力继续抵制和平谈判的话，奥地利就必须掌握领导权，采取自主行动。他向我暗示，年轻的皇帝卡尔已经许诺向他提供帮助，也许就在最近，人们就能看见他本人发挥的政治影响力。而这一切都取决于奥地利是否具备足够的力量去达成交战双方相互谅解的和平，而不是像德国军国主义那样以更多的草率牺牲换取"胜利和平"。因此，在必要的时候，就要采取极端措施：在奥地利被德国的军国主义拖进深渊之前，及时摆脱德国的同盟。他坚决而肯定地说："谁也不能非议我们是背信弃义，我们奥地利死了一百多万人，我们已经牺牲得够多的了，做得也够多了！现在，我们再也不能为了德国的霸权主义去牺牲一条人命了，一条都不行！"

我屏住了呼吸，这些都是我们以前经常默念思想的话，但是没有人有勇气在光天化日之下将它们说出口："让我们及时和德国人还有他们的兼并政策一刀两断吧"，这样的话会被当成对盟友的"背叛"。而现在，一个在奥地利取得了皇帝的信任，在国外也因其在海牙的活动而享有最高声望的人，对我这个几乎还相当陌生的人说出这番话，语气这样平静而坚定，这叫我一下子感觉到，这场奥地利的分离行动已经不再处于准备阶段，而是已经展开了。要么用单独议和作为一种威胁来迫使德国进行和平谈判，要么在紧急状态下将这威胁变为现实，这想法是很有胆识的。历史证明，这想法是唯一可行的方案，可以拯救当时的奥匈帝国、哈布斯堡王朝和整个欧洲。只可惜，这个方案在执行的时候缺乏当初制订时的果敢，卡尔皇帝派他的内弟帕尔玛亲王去见克雷孟梭，实际上带去一封密信，想在与柏林的王宫通气之前试探一下议和的可能性，并且视时机开启议和程序。至于德国是如何得知这趟密使的，在我看，真相至今未被揭示。糟糕的是，卡尔皇帝窘迫不堪，不敢公开承认自己的态度，也许是因为，——有些人这样说——德国以武力入侵奥地利相威胁，也许是因为，身为哈布斯堡王族一员，卡尔皇帝害怕留下骂名，说是他在这个历史的关键时刻，解散了这个由弗兰茨·约瑟夫皇帝缔结的、以那么多的鲜血作为誓约的联盟。反正他没有任命拉马施和赛佩尔为首相，而这两位信奉天主教的国际主义者凭借内心的道德信仰，是唯一有勇气承受背叛德国罪名的人。卡尔皇帝的犹疑最后毁了他自己。后来，在古老的哈布斯堡王朝没有当成首相的拉马施和赛佩尔直到千疮百孔的奥地利共和国时期才成为总理。而在当时，没有人比这两位德高望重的人物更能够为这貌似不义的行动做辩护。如果拉马施当时能够公开以脱离联盟威胁德国，或者脱离行动得以成功，他就不仅能解救奥地利，而且也能解救德国，使它摆脱无限的扩张欲望，这个它最内在的危机。假如这位深信宗教的智者当时对我坦言的这个行动得以实现，而不是因为软弱和愚笨夭折的话，我们欧洲的情形将会好得多。

接下来的日子，我继续前行，越过了瑞士的国境线。现在的人很难体会，当时从一个被封锁的处于半饥饿状态的战争国家进入中立国度，意味着什么。从国界这边的车站到那边的车站只消几分钟时间，但是，在越过国界的最初那一秒，我好像从一种快令人窒息的环境中一下子来到了充满氧气的冰雪世界，一阵眩晕袭来，从头到脚，传遍浑身上下的每根神经和所有感官。多年之后，当我从奥地利再次经过这个车站（我从来不记得这个车站的名字），我又于一瞬间重温了这种叫人豁然舒畅的清新感。我跳下列车，第一个惊喜便是看见食品摊上的食品琳琅满目，我早就记不起来了，这些以前曾是生活中司空见惯的东西啊，金黄饱满的柑橘、香蕉，还有在我们那里只有走后门才能弄到的巧克力和火腿，都敞开了放在市场上卖，买面包不要面包票，买肉也不要肉票。——旅客们就像饥饿的野兽一样，朝这些物美价廉的食物扑去。车站上还有一个邮局，在那里人们可以给世界各地寄信和发电报，无需接受检查。邮局里有法文、意大利文和英文报纸，人们可以购买、浏览和阅读，不会受到任何惩罚。五分钟的路程，在这里，我们那边被禁止的一切都受到允许，而在国界那头，这里被允许的全部都遭到禁止。在我看来，欧洲战争的荒谬通过这个紧挨两国的空间昭然若揭。回头看看奥地利的那座边境小镇，用肉眼都可以看见告示牌上面的内容，每幢小屋和每间草棚里，都有男子被征募去当兵，被运到乌克兰和阿尔巴尼亚去和敌人相互残杀。——而在国界这边，相同年纪的男子却和他们的妻子宁静地坐在悬垂着常春藤的家门前，吸着烟斗。我不禁问自己，在边境线上的这条小河里，是不是同样只有右边的鱼在打仗，而左边的鱼保持着中立？当我迈过国境线的那一瞬间，我的思维就已经不同了，比以前更加自由、兴奋和自尊。在接下来的日子里，我还同样感受到，不仅我们的精神状态，而且连同我们的身体机能在那个战争世界已经衰退到了何种程度。当我应邀在亲戚家做客，在餐后无意间喝了杯黑咖啡，并抽了根哈瓦那雪茄，却突然头晕起来，而且心跳非常剧烈。我的身体和神经表明，在长期食用咖啡的替代品，吸香烟的替代品之后，我已经不再适应真正的咖啡和烟草了。就连身体也需要在经历了战争造成的不自然状态之后，调整到和平氛围下的自然状态。

这种眩晕，这种舒服的昏沉也在精神上起了效果。在我眼中，每棵树都变得更美，每座山丘更显自由，处处的景色都更加可爱。因为，在战乱的国家，在人们阴郁的目光中，一片宁静祥和的草地只说明大自然对人类的冷漠旁观，每一次殷红的落日都让人联想到流淌的鲜血。而在这里的和平的自然状态下，天地神圣的独立存在又显得再自然不过了，我因此比以前更加热爱瑞士。以前，我也很多次地到过这个疆域奇小、却异常丰富的国家，却从未如此体会到它的意义。在瑞士，各民族和平共处，相互尊重，真正实现民主，他们通过这种最明智的生活准则克服了语言和民族之间的差异，使所有人成为同胞手足。——对于我们混乱的欧洲来说，这是多么好的榜样啊！瑞士是所有被迫害者的避难所，几百年来，它一直是和平和自由的驻地，它欢迎各种思想观念，同时也最忠实地保持着自己的特色，——对于我们这个世界而言，这样唯一一个超越民族的国家的存在是多么重要啊！在我看来，上帝赐予这个国家以美丽和富饶，是完全正确的。在这里，人不会感到陌生，在世界的悲惨时刻，一个独立、自由的人在此会比在自己的祖国更有归属感。在苏黎世，我好几个时辰地在大街和湖岸边徜徉，直至深夜。万家灯火显现出一片和平气象，这里的人们还过着泰然宁静的生活。我能感觉到，在那些窗户后面，不会有辗转难眠、思念着自己孩子的女人。我见不到伤员、残疾人和那些明天、后天即将被运上列车的年轻士兵，——在这里，人们有理由生活下去，而在战争国家，生活已经成为一种恐惧，四肢健全、身体康泰则几乎更加是一种罪过。

我觉得最要紧的还不是讨论我剧本的上演问题，也不是去和瑞士以及国外的朋友们见面，我首先想见的是罗曼·罗兰。我知道，他会令我更加坚决、清醒和积极，他在我内心最孤独、最痛苦的日子里给予我支持和友情，我要去向他表示感谢。我要见的第一个就是他，于是我立即前往日内瓦。现在，像我们这样的"敌人"的确处于一种相当复杂的境地。交战国的政府当然不希望见到自己国家的公民和敌国的公民在中立国有私人来往，可是，也没有任何法律禁止这种来往，更没有什么法律条文规定，见个面就要受到惩罚。只有商业往来，所谓"和敌国通商"才是被禁止的，而且和叛国罪相提并论。我和朋友们为了彻底摆脱违背禁令的嫌疑，甚至在原则上都避免相互敬烟，因为，我们身边无疑都有无数密探在进行监视。为了避免受到怀疑，遭到"做贼心虚"或者"图谋不轨"的指责，我们这些国际友人选择了最简单的方法，即事事公开。我们相互写信不用假地址，也不用留局待领，我们不会在深更半夜偷偷地互访，而是一块儿走街串巷，公然在咖啡馆同坐。因此，我一到日内瓦，就立刻向旅馆门房自报家门，并声言我是来拜访罗曼·罗兰先生的。假如德国或法国的通讯社能够报道我的身份以及我前来拜访的对象，岂不是更好吗？在我们看来，两个老朋友，即使他们分属不同的国家，而彼此的祖国正好又在交战，也不会因此而相互躲避，这是很自然而然的。这世界如此荒诞，但我们觉得自己没有义务去附和它。

我终于又站在他的房间里了，——我觉得它几乎和巴黎的那间房间一模一样。桌子和椅子上还是像当年那样堆满了书，写字台上，摊满了报纸、信函和纸张。这还是当年那样简朴的工作室，宛如一间修道士的隐室，却与整个世界相连，无论他走到哪里，他都按照自己的习性将房间布置成这样。我一时说不出问候的话语，我们只是握了握手，——这是几年来，我第一次可以重新相握的法国人的手。三年来，罗兰是我可以交谈的第一位法国人，——但是，在这三年当中，我们彼此贴得更近了。我用外语进行的交谈比自己以母语说的话要坦率和知心得多。我无比清醒地意识到，在我面前的这位朋友是我们当时世界最重要的人物，和我说话的这个人，是我们欧洲的良知。只有到那个时刻，我才认识到他为促进各民族互相谅解这件伟大的事业所做的和正在做的一切。他昼夜工作，始终孤独无援，没有秘书的协助，他密切关注各国的动向，与无数向他请教良知问题的人通信，每日还要记许多页的日记。在这个时代，没有人像他这样具有这种历史责任感，他认为自己必须为后代留下历史的阐述。（可是今天，那些日记都在何处呢？有朝一日，这无数册手写的日记必将揭示出第一次世界大战中所有思想和道德上的问题。）同时，他还发表文章，每一篇都在国际上引起激烈的反响。此外，他还在创作长篇小说《格莱昂波》，——这些都是他为自愿承担的巨大责任而做的奉献，孜孜不倦、充满自我牺牲精神的全力奉献。在人类的疯狂年代，他事事亲力亲为，为人性正义做出表率。每一封来信他都必定回复，每一份报道时代问题的小册子都要阅读。他当时的身体状况正受到严重的威胁，只能轻声说话，而且不断伴以轻微的咳嗽。不戴围巾，他就无法穿过走廊，稍微走快一点，他就必须停下来歇息一下。就是这样一个身体虚弱的人，在当时却贡献出了无比巨大的力量。任何攻击和诡计都不能令他动摇，他清醒地注视着这个动乱的世界，毫无畏惧。我在他身上见到了另一种英雄主义，这是精神和道德上的英雄主义，在一个有血有肉的人身上形成一道丰碑，——即使在我自己撰写的有关罗曼·罗兰的著作中，对他的描述可能都不够详尽（因为人总是不好意思对在世的人称誉过多）。当我看见罗兰在那间斗室中工作，从那里向世界各地投射出一种肉眼看不见的、却给人以鼓舞的光芒时，我是多么感动啊,或者说,我感到自己被"净化"了。若干日子之后,这感受仍旧保留在我的心中。我明白,罗兰当时单枪匹马地,或者说几近单枪匹马地与千百万人丧失理智的仇恨做斗争,这种斗争所产生的振聋发聩的力量是无法衡量的。只有我们这些人,作为那个时代的见证人才知道,他的一生和他那堪称表率的坚定在当时是多么富有意义。正是因为他,染上狂犬病的欧洲才挽救了自己的良知。

在那天下午和接下来几天的谈话中,我感到其中蕴含的轻愁,就好像和里尔克谈到战争时所能感到的忧伤一样。罗兰对于那些政客和那些为了自己民族的虚荣而不惜牺牲他国无数生命的人深恶痛绝,但是同时,对于那无数不知为何意义(实际上根本是毫无意义)而受苦和受难的民众,他总是寄予同情。他将列宁发来的电报拿给我看,——他在离开瑞士之前,在那辆遭到无数非议的封闭列车上发给罗兰这份电报,列宁在电报中恳请他一起前往俄国,因为他很清楚,罗兰的道德威望对于他的事业是多么的重要。但是,罗兰非常坚定,他不参加任何组织,坚持独立地以个人的身份为自己立誓献身的事业效劳,而这事业,是人类共同的事业。正如他从来不要求别人服从自己的思想一样,他也不愿意屈服于任何束缚。他认为,凡是爱戴他的人,必须保持独立,拒绝任何约束,而他自己要为世人做出榜样的无非就是:怎样保持独立,怎样忠诚于自己的信念,即使与整个世界对抗,也毫不动摇。

我在日内瓦的第一天晚上就遇见了一群法国人和其他外国人,他们团结在两张独立小报《报页》和《明日》的周围。他们就是皮埃尔-让·茹弗[1]、热内·阿科斯、弗朗斯·马塞雷尔[2]。我们很快便成为密切的朋友，速度之快，只有昔日年少交友时才有可能。而我们凭直觉感到，自己是处于一个新生活的开端。大多数老朋友都因为受到爱国主义的迷惑而和我们断交了，我们需要新的朋友，站在同一条战线上，在同一个思想战壕里对付共同的敌人。于是，一种充满激情的同志情谊在我们当中油然而生，在二十四个小时之后，我们便熟稔得好像相知数年了一般。而且，像所有在前线共同作战的战友一样，我们彼此都用亲切的"你"来相称。我们——"为数不多、快乐的我们，像兄弟一般的我们"——除了明知有个人风险，也体会到这种交往的大胆。我们知道，在距此五个小时路程的地方，每个德国人都在窥视着法国人，每个法国人也在窥视着德国人，他们随时准备用刺刀把对方刺倒在地，或用手榴弹把对方炸得粉身碎骨，并为此得到嘉奖。敌对双方，成千上万的人都在做着这样的美梦：将对方从地球上彻底消灭掉；敌对双方的报纸也只会相互攻击谩骂。在那成千上万的人当中，只有我们这少数几个人，不仅和气地一道坐在同一张桌子旁，而且彼此都怀着最诚挚的，甚至是自己能够感知到的热烈的兄弟情谊在交谈着。我们知道，我们这样做完全是和官方唱反调，我们知道，我们这样坦诚地公开彼此之间的情谊，对立于自己的祖国，是将自己陷入险境。但是，恰恰是这种冒险行为令我们处于一种几近亢奋迷醉的状态。我们希望去大胆地冒险，我们很享受这冒

---

[1] Pierre-Jean Jouve，一八八七年至一九七六年在世，法国诗人。
[2] Frans Masereel，一八八九年至一九七二年在世，比利时版画家。

险带来的乐趣，因为冒险本身就已经显示出我们抗议的真正分量。我甚至还和茹弗一起在苏黎世联合举办了一场公开朗诵会（这在战争期间可谓是一桩奇闻），他用法语朗诵自己的诗作，我用德语朗诵我的《耶利米》的片段，——我们正是用这种公开摊牌的办法，表示我们在这场大胆的游戏中是严肃认真的。我们根本不去想，自己国家的大使馆和领事馆里的人会对这些活动持什么看法，纵然像科尔特斯①那样破釜沉舟，回家的船遭到焚毁，我们也无所顾忌。因为，我们在内心深处坚信，那些所谓的"叛国者"不是我们，而是那些因一时之机而背叛诗人使命的人。这些年轻的法国人和比利时人，他们有着何等的英雄气概！马塞雷尔将他自己创作的反对战争恐怖的木刻展示给我们看，那是为战争而作的永久的纪念碑，这些令人难忘的黑白画面，其中表现的慷慨和愤怒，即使和戈雅的《战争的灾难》相比，也丝毫不会逊色。这位充满阳刚之气的男子日夜不停地在无声的木块上雕刻出新的人物形象和画面，孜孜不倦。狭窄的房间和厨房里，已经堆满了这些木版。每天早晨，《报页》都要刊登他的新作，它们控诉的不是某个特定的国家，而是我们共同的敌人：战争。我们多么希望，能从飞机上撒下这些即使是文盲也能看懂的揭示战争悲惨的图画，将它们投向城市和军队，而不是炸弹。我相信，它们会提前扑灭战火。但是，遗憾的是，它们只能出现在小小的《报页》上，而它的影响还没有超出日内瓦。我们所说和企图做的一切，都只是限制在

---

① Hernán Cortez，一四八五年至一五四七年在世，西班牙军官，一五一九年，在殖民过程中焚毁所乘船只，以示背水一战，征服墨西哥。

瑞士狭小的范围之内,等到能发挥影响的时候,已经为时太晚。我们大家都暗自明白,和军事参谋部及政府机构那些庞大的机器相比,我们手无缚鸡之力。他们之所以不迫害我们,也许正是因为我们对于他们而言并无威胁,我们的言论是如此悄无声息,我们的影响也始终受到遏制。但也正因为我们知道自己人少势寡、孤立无援,才更加紧密地团结在一起,心连着心。自打我成年以来,我从来没有像在日内瓦的那些日子一样感受到那样热切的情谊,我们彼此建立起来的联系也保持了终生。

从心理学和历史学的角度来看(不是从艺术的角度),在那个群体当中,最引人注目的是亨利·吉尔波,在他的身上,我看到他比其他人更加令人信服地证实了那条颠扑不灭的历史规律,那就是,在翻天覆地的突变时期,尤其在战争和革命的年代,勇气和冒险精神在短时间内往往会比内在的信念更重要,而激进的大无畏精神比品格和韧性更显关键。当时代的波浪滚滚向前,后浪推前浪的时候,那些懂得必须毫不犹豫投身进去的人才能占领先机。当时,时代的浪潮使多少本来只是昙花一现的人脱颖而出,让他们成为风云人物啊,像贝拉·库恩[1]、库特·艾斯纳[2],他们都被时代推到了他们本身的才能并不能胜任的位置。吉尔波,这个能说会道,有着一头金发和一双机灵而不安的灰眼睛的瘦小男人,实

---

[1] Béla Kun,一八八六年至一九三九年在世,匈牙利共产党的创始人和领导者之一。

[2] Kurt Eisner,一八六七年至一九一九年在世,德国新闻记者,巴伐利亚社会党领导人。

际上并没有多少天赋。虽然他在近十年前就将我的诗作翻译成了法文，我还是得诚实地说，他的文学才华并不出色。他的语言才能也没有超过一般的水平，而他的修养根本算不得深厚。他所有的气力都花在辩论上。由于他性格中某种糟糕的禀赋，他属于那种无论对什么事物都一定表示"反对"的人。对于他而言，唯一的快乐便是，像一个真正的浪人那样四处寻衅，去与比自己强大的对手一比高下。虽然他在本性上是个好小伙子，但是在战前的巴黎，他就已经在文学界不断和各种人论争各种思潮，然后又加入了激进的党派，变换来变换去，却没有一个党让他觉得足够激进。如今，在战争期间，作为一个反军国主义者，他终于找到了一个强大的对手：世界大战。大多数人的胆怯懦弱和他在战斗中表现出来的大胆和勇猛，使得他在那世界性的关键时刻成为重要人物，甚至是不可或缺的人物。别人害怕的东西，却深深吸引着他，那就是：危险。正是由于别人都不敢去做，而只有他一人大刀阔斧，这就使得原本在文学界无足轻重的他突然变得很重要了，而把他的宣传和战斗努力夸大到超出了实际的水平——这样的现象，人们在法国大革命时期的吉伦特派的小律师和小法学家身上同样可以看到。当别人沉默的时候，当我们正在犹豫不决，在每次行动前都反复考虑做还是不做的时候，他坚决地出击了。吉尔波不朽的功绩在于，他创办和主持了第一次世界大战中唯一一份具有重要思想意义的反战刊物《明日》。对于每个想真正了解那个时代的各种思潮的人来说，这份刊物都不容错过。他给了我们正需要的东西：他在战争中为我们提供了一个国际主义中心，人们可以在此进行超越国家的讨论。罗兰对他的支持对这份刊物起到了决定性的作用,由于罗兰的道德威望和人际联络,他可以从欧洲、美洲和印度为吉尔波找来最得力的合作者。另一方面,当时正在流亡的俄国革命者列宁、托洛茨基和卢那察尔斯基对吉尔波的激进态度也付以信任,定期为《明日》撰稿。因此,有十二个月或二十个月之久,世界上没有一份刊物比这份报纸更加有趣和独立,假如它能一直维持到战后,说不定会对公众舆论产生决定性的影响。吉尔波在瑞士同时还代表着法国的激进团体,克雷孟梭在法国严禁他们发表言论。在著名的昆塔尔会议[1]和齐美尔瓦尔德会议[2]上,坚持国际主义的社会党人和那些蜕变成爱国主义者的社会党人决裂,吉尔波在这两次会议中扮演了历史性的角色。在整个战争期间,在巴黎的政界和军界,没有一个法国人像这个金发小矮个儿这样叫人惧怕和憎恨,就连那个在俄国变成了布尔什维克的雅克·沙杜尔上尉[3]也不及他。最后,法国情报局陷害他的计划终于得逞。他们在伯尔尼的一家旅馆里,从一个德国谍报人员的房间里窃取了几张吸墨纸和若干份《明日》,当然,这些东西无非是表明德国的一些机构订阅了几份《明日》,——这本身并没什么罪过,这些报纸很可能是德国人出于刨根问底的态度为不同的

---

[1] 一九一六年四月二十四日到三十日在瑞士昆塔尔村举行的国际社会党人第二次代表大会。

[2] 一九一五年九月五日至八日在瑞士齐美尔瓦尔德举行的国际社会党人第一次代表大会。

[3] Jacgues Sadoul,一八八一年至一九五六年在世,法国军官,社会党党员,一九一七年作为法国军事使团成员被派遣至俄国,在十月革命的影响下成为共产主义的拥护者,加入了俄共法国支部。

图书馆和政府机关订购的。而巴黎方面这时却因此有了足够的借口,把吉尔波说成是被德国收买的说客,对他进行了起诉。他被缺席判处了死刑,——这完全是非法的,事实也证明它非法,十年之后,这个死刑判决在一次复审后得以取消。但是此事之后不久,由于他的偏激和极端行动,他与瑞士当局发生了矛盾,遭到逮捕并被拘禁起来。而他的这种偏激也渐渐危及到罗兰和我们大家。后来,由于列宁对吉尔波颇有好感,而且对于在他最艰难的时候吉尔波给予的帮助心怀感激,于是大笔一挥,将吉尔波的国籍改成了俄国,并安排他乘坐第二辆封闭列车前往莫斯科,才这样救了吉尔波。这时,吉尔波应该说是可以发挥自己的创造才能了。因为,作为一个真正的革命者所应该具备的所有:坐牢、被缺席判处死刑等等,他都经历过了,对于他而言,莫斯科是他再次显身手的地方。就像在日内瓦凭借罗兰的帮助一样,他本来可以仰仗列宁的信任,在建设俄国的事业中大展宏图。另一方面,在法国,没有任何人可以指望自己能够凭战时的勇猛态度在战后的议会和政府中扮演重要角色,因为,所有的激进团体都认为吉尔波是真正有勇气、有作为的人,将他认作天生的领袖。但是,事实证明,吉尔波并不是什么领袖人物,和战时很多的作家和革命政治家一样,他只是一个非常时期的匆匆过客,在倏然的盛名之后,最终还是要垮台。在俄国的辩论主义者吉尔波也像在巴黎时一样,将才华都浪费在争吵和是非上,并且渐渐和那些原先尊敬他的勇气的人闹翻,先是列宁,然后是巴比塞和罗曼·罗兰,最后是我们大家。和他当初事业开端时一样,他在晚年,只写了一些微不足道的小册子和无足轻重的争论性文章。在被大赦后不久,他就在巴黎的一个角落悄无声息地去世了。这位战争期间最勇敢的反战者，倘若他懂得善加利用时代赋予他的机遇，可能会成为我们那个时代的伟人之一。而今天，他已被世人彻底遗忘。而我自己，恐怕也是最后几个记得他的人之一了，因为他在战时创办了《明日》，我仍旧对他有所感怀。

数日之后，我从日内瓦返回苏黎世，开始商讨我的剧本排演的问题。我热爱苏黎世，不仅因为它地理位置理想，坐落于湖滨以及群山的浓荫之下，而且还因为它那高雅而略微保守的文化。由于和平的瑞士处于交战国的包围之下，苏黎世也失去了它的宁静。一夜之间，它成了欧洲最重要的城市，各种思想流派在此汇聚，当然，它也成为所有商人、投机分子、间谍和煽动家的聚集地。很自然的是，当地的居民对于以上这些人对他们故乡所突然产生的这份热爱也报以怀疑的目光……在饭馆和咖啡馆，在有轨电车和马路上，处处都能听见各种语言。并且，不管你愿意不愿意，处处都能遇见喜欢的或不喜欢的熟人，随时会陷入无休止的激烈争辩之中。所有被命运冲载到这里来的人，生存都和战争的结局休戚相关，他们有的肩负政府的使命，有的则受到政府的迫害和斥责，大家却都是脱离了原先的生活，被随机抛到这里来。由于大家都没有归宿，所以人人都在不断地寻求同伴，而因为他们对于军事和政治事件都不具备影响力，所以他们整天整夜地争论不休，那份热烈既令人兴奋，又让人疲惫。长年累月在家缄默不语之后，人们确实很难抵抗开口说话的乐趣；当人们的思考和写作不再受监控，就会有一种迫不及待的想写作和发表文章的渴望。每一个人都憋着一股劲儿，想做最大的努力，——在那时，就连资质平平的人也会表现得比先前和以后都更有内容——就像我提到的那个吉尔波。说各种语言、持各种观点的作家和政治家都聚集在这个地方,诺贝尔和平奖获得者阿尔弗雷德·赫尔曼·弗里德①在这里出版了他的《和平瞭望台》;前普鲁士军官弗里茨·冯·瓮鲁②在这里向我们朗诵了他的剧本;莱昂哈德·弗朗克③创作了他动人的短篇小说集《人本善良》;安德列阿斯·拉茨科④创作的《战争中的人们》引起了轰动。弗朗茨·韦尔弗尔曾经前来举办自己作品的朗诵会,我所在的古老的施韦德旅馆曾是当年卡萨诺瓦和歌德下榻的地方,在那里,我遇见过各国人士。我遇见过俄国人,他们后来在革命中纷纷一显身手,而我从来不知道他们的真实姓名;我见过意大利人、天主教教士、社会党的强硬派人士和主战的德国社会党人。和我们站在同一条战线的瑞士人当中,有大名鼎鼎的莱昂哈德·拉加茨神甫⑤和作家罗伯特·费齐⑥,在法语书店,我还遇见过翻译我作品的译者保罗·莫里斯。在音乐厅,我见到过指挥家奥斯卡·弗里德⑦,——那里什么样的人都有,但都是过客。在那里,可以听见各式各样的见解,最荒谬的和最

---

① Alfred Hermann Fried,一八六四年至一九二一年在世,奥地利作家,1911年获诺贝尔和平奖。

② Fritz von Unruh,一八八五年至一九七〇年在世,德国剧作家。

③ Leonhard Frank,一八八二年至一九六一年在世,德国作家。

④ Andreas Latzko,一八七九年至一九四三年在世,奥地利作家。

⑤ Leonhard Ragaz,一八六八年至一九四五年在世,瑞士新教神学家。

⑥ Robert Faesi,一八八三年至一九七二年在世,瑞士作家。

⑦ Oskar Fried,一八七一年至一九四一年在世,德国作曲家、指挥家。

明智的，你会感到气愤，也会兴奋不已。在那里，各种杂志在创刊，各种论战不断展开，矛盾在产生，在激化，各种团体在成立或者解散。在苏黎世的这些日日夜夜，（更确切地说，是在夜晚，因为人们一直要谈论到贝莱菲咖啡馆或奥德翁咖啡馆关灯打烊为止，而在此之后，还常常会有人走到别人家去继续讨论。）我所见识的思想和所遭遇的人群如此纷杂而热情，形式如此集中，气氛如此热烈，真是我从未经历过的。在这个令人入迷的世界里，再没有人游山玩水，沉浸在宁静的湖光山色之中。大家都在埋头读报，在新闻、传闻和各种分歧中度日。奇怪的是，在这里，在精神上，大家对战争的感受比在祖国时更加深切了，因为，人们在这里能够更加客观地看待战争，完全摆脱了胜利或失败所造成的民族利害关系。人们不再用政治的眼光看待战争，而是从欧洲的角度来看它，将它视作一场残忍的暴力，它不仅会改变地图上的几条边界，更会改变我们的世界和它的未来。

在这些人当中，最使我感动的是那些没有故乡的人，或者说，这些人比没有故乡更糟：他们不是只有一个祖国，而是有两三个，他们内心也不明白自己究竟归属何处。——当时的我仿佛已经预感到了自己未来的命运。在奥德翁咖啡馆的一个角落里，经常独自坐着一个蓄着褐色小胡子的年轻男子，他戴着一副很厚的眼镜，十分引人注目，镜片后面的深色眼睛目光锐利。有人告诉我，他是一位非常杰出的英国作家。而在几天之后，当我结识了这位詹姆斯·乔伊斯，他却断然否认自己和英国有任何关系，他说自己是爱尔兰人，虽然用英语写作，但是思维方式并非是英国式的，而且他也不愿意用英国式的思维方式思考。他那时对我说："我想用一种超越一切语言的语言写作，所有的语言都应该为这种语言服务。英语不能完全表达我的思想，我也不会受任何传统的约束。"我当时并没有完全领会他的话，因为我不知道他那时正在创作《尤利西斯》，他只是把他的《一个青年艺术家的肖像》借给我看，那是他仅有的一本样书。他还借给我那部短剧《流亡者》，我当时为了帮助他，甚至想把它翻译成德文。随着我对乔伊斯的了解，我越来越惊讶于他非凡的语言知识。在他那在灯光下显得和瓷器一样光亮的又圆又饱满的额头下面，汇聚着所有可用的词语，而他以最娴熟的技巧排列组合着它们。有一次，他问我，怎样将《一个青年艺术家的肖像》中的一句很难的句子译成德文，我们在一起尝试用意大利文和法文把它的意思表达出来。每个词他都有四五种用法备用，包括方言里的用法，他熟知它们的色彩和语气轻重，对于最细微的差别都了如指掌。他身上总带着一丝愁苦，而我却相信，正是这种多愁善感赋予了他内心的激情和创造力，他对都柏林、英国和某些人物的厌恶形成了他内心的动力，实际上，这些能量只有在文学创作上才能被发挥出来。而他似乎很喜欢自己那副刻板的模样，我从来没有见他大笑过，根本没有见过他开心的样子，他的身上总好像有一股力量在暗暗地凝聚。当我在大街上看见他，他总是紧闭着薄薄的双唇，步履匆匆，好像奔赴某个既定目标。这时，我会比在和他谈话时更强烈地感觉到他那与世隔绝、充满戒备的性格。因此，我后来一点也不奇怪，正是他这个人写出了那部最为孤独的、与一切都没有联系的、仿佛一颗流星坠入我们时代的作品。

还有一个人也这样生活在两个国家,过着两栖的生活,他就是费鲁乔·布索尼。他出生于意大利,在那里接受教育,之后却选择了德国人的生活。从青年时代起,我最热爱的钢琴演奏家就是他。当他专注地弹奏钢琴时,眼睛就会放射出一种奇妙的梦幻般的光芒,而双手则在下面轻松地弹奏着,显现出完美的技巧。他的头颅微微向后仰着,全神贯注谛听着自己演奏的音乐,仿佛总是由此进入一种内心净化的状态。多少次,我都在音乐厅着魔似的凝视他那张神采奕奕的面庞,他的琴声像微微起伏的波浪,闪着清澈的银色光芒,一直深入我的内心。而现在,我又见到他,他的头发已经花白,眼睛笼罩着一层悲哀。"哪里是我的故乡呢?"他有一次这样问我,"当我晚上做梦醒来,我知道自己在梦中说的是意大利语,但是当我写作的时候,我却用德语进行思维。"他的学生遍布全世界,——"也许,现在,我的一个学生正在朝着另一个学生开枪。"因为感觉心烦意乱,他还不敢去碰自己的那部真正作品——歌剧《浮士德博士》。为了排解自己,他写了一部短小轻松的音乐独幕剧,可战争带来的阴云并没有从他头上消散,我再也听不见他那爽朗的笑声了,而我以前是多么爱听他那笑声啊。有一天深夜,我在火车站饭馆遇见他,他已经独自喝了两瓶葡萄酒。我经过时,他叫住我,"来麻醉一下自己吧!"他指着酒瓶对我说,"这不是喝酒!人有时必须麻醉一下自己,否则真受不了啊。音乐不是每次都能麻醉人,创作灵感也只会在心情好的时候才来。"

最艰难的,恐怕要算处于两难境地的阿尔萨斯人了,而在他们当中,最不幸的又要数像热内·席克勒这样的人。他们心向着法国，却又用德语写作，在他们的家乡周围弥漫着战争的硝烟，他们的心被一剖两半。有人把他们往左边拉，也有人把他们往右边拉，逼迫他们要么承认德国，要么承认法国。他们根本不接受"非此即彼"的选择，他们不可能做出选择，他们和我们大家一样，希望德法两国情同手足，用谅解替代仇视。因此，他们为了这两个国家而倍受煎熬。

此外，四处都有一批人茫然无措，他们是混血儿、嫁给德国军官的英国妇女、奥地利外交官的法国母亲。有的家庭里，一个儿子在这边服役，另一个儿子在那边服役，而父母则盼望着两边的来信。还有的家庭，家产在这边被查抄，而原有的工作在那边也没保住。这些家庭被四分五裂的人都来到瑞士避难，无论在故土还是在新的祖国，他们都同样遭到怀疑，他们来此正是为了躲避这样的怀疑。他们因为怕让彼此难堪而避免讲任何语言，这些心灵遭到摧残的人像幽灵一样悄悄地行动，不发出任何声响。一个在欧洲生活的人，越是具备欧洲意识，那一记粉碎欧洲的重拳就越会将他击垮。

在此期间，《耶利米》上演的日子越来越近了，演出最终取得了巨大的成功。《法兰克福报》告密似的向德国报道说，美国公使和协约国的几名知名人士也观看了演出，但这并没有让我感到不安。我们感觉到，战争现在已经进入第三年，德国内部越来越虚弱，对鲁登道夫强行贯彻的作战政策的反对已不再像当初他风头正健时那样危险。到一九一八年的秋天，战争必会见分晓。但是，在等待战争结束的这段时期，我不再想在苏黎世久留。因为，我的眼光渐渐地变得更加清醒和警觉。初来乍到的那份热情让我误以为自己能在这些和平主义者和反军国主义者中间找到志同道合的朋友，找到决心为欧洲和解而奋斗的战士。但不久我便发现，在那些伪装成流亡者和英雄主义理想殉道者的人群中间，混杂着一些阴险人物，他们被德国情报机关收买，为它们卖命，对每个人进行监视和窃听。人们根据自己的经验很快就能判定，这个平静安宁的瑞士已经被两个阵营的谍报人员像鼹鼠打洞似的破坏了。清理字纸篓的女佣、电话接线员，还有那在身边慢吞吞服务的形迹可疑的餐馆服务员，都效劳于敌国的机构，有时，甚至还是一仆二主的关系。行李箱被人偷偷地撬开，吸墨纸被人偷偷照相，邮件在邮政途中不翼而飞，穿着高雅的女子在饭店大堂朝你抛媚眼，一些我们闻所未闻的出奇热心的和平主义者会突然到访，请求你在他们的声明上签名，或者假模假样地索取"可靠的"朋友的地址。曾经有一个"社会党人"请我为拉绍德封的工人们做报告，报酬高得令人生疑，而那里的工人们对此事却一无所知。那时，真得处处小心。我不久就发现，真正可信的朋友实在是少之又少，而因为我不愿卷入政治，所以我的交往范围也越来越有限。但是，即使在可靠的朋友那里，我也觉得很无聊。他们争论起来没完没了，却毫无结果，激进分子、自由分子、无政府主义者、布尔什维克主义者和不问政治的人混在一起，显得很奇怪。我在那里第一次学会了如何去观察一位典型的职业革命家，他总是借助一味的反对态度抬高自己原本无足轻重的地位，并且因为他自己没有任何立足点而死守教条。如果在这种喋喋不休的混乱当中继续待下去，结果便是自己也变得混乱，盲目从众，从而对自己坚信的道义失去信心。因此，我和他们分道扬镳了。其实，这些整日在咖啡馆里策划谋反的人，没有一个敢真正造反。那些凑在一起的政治家当中，在关键时刻也没有一个人懂得如何搞政治。一旦战争结束，积极的重建工作开始时，他们还是抱着那种挑剔而抱怨的消极态度，一成不变。这就像当年反战的作家当中，没有几个人在战后写出像样的作品一样。那个让他们热烈地创作、讨论和谋划政治的时代已经过去了。由那些有才华的人组成的反战团体也消失得无影无踪，因为他们不是为了共同的理想而走到一起，而只是出于一时的相同境遇聚在了一处，一旦战争结束，反战的运动也相继消失。

在距离苏黎世大约半小时路程的吕施利孔，我找到了一个合适的住处。那是一家小旅馆，从山丘上可以眺望到苏黎世湖全貌，还能望见城里的尖塔，它们显得又小又远。在这里，我只需会见自己请来的真正的朋友，他们是罗兰和马塞雷尔。我可以干自己的工作，充分利用那一味无情流逝的时间。凡是眼睛没有被蒙蔽、耳朵没有被本国政府的大话震聋的人都会觉得美国的参战使得德国的战败不可避免。当德国皇帝突然宣布，他从此要实行"民主"的统治时，我们知道，战败的丧钟已经敲响。我坦白地承认，虽然我们奥地利人和德国人在思想和语言同属一源，我们还是变得急不可耐，盼望那已是不可避免的结局快快到来。终于，发誓要战斗到最后一刻的威廉皇帝越境出逃了，而那个为了所谓的"胜利的和平"而葬送了千百万人生命的鲁登道夫也戴上墨镜逃到了瑞典。那一天，真是给我们带来了极大的宽慰，因为我们相信，随着这场战争的结束，世界上不会再有战争，全世界的人也和我们一样相信,那些蹂躏我们世界的野兽都已被制伏和消灭。我们相信威尔逊的伟大纲领,那完全是为我们制定的纲领。而由于当时俄国革命还在欢庆人道主义和理想主义,我们仿佛从东方见到矇眬的曙光。我们当时真是太傻了,我现在明白了。但是,也不仅仅是我们傻,每个经历那个时代的人都记得,每座城市的街道都响彻雷鸣般的欢呼,人们迎接威尔逊,把他当成救世主。敌对国的士兵们互相拥抱亲吻,在和平的最初日子里,欧洲表现出对世界的空前信任。现在,地球上终于有了一个空间,可以去建立人们盼望已久的正义与博爱的王国。现在,正是建立我们梦寐以求的共同的欧洲的时候。我们已经度过了地狱般的日子,还有什么会比它更可怕呢?一个新世界已经开始,正因为我们年轻,我们便这样告诉自己:它将是我们的世界,是我们梦寐以求的一个更美好、更人道的世界。

# 重返奥地利

从逻辑角度来讲，德奥军队溃败之后，在我最蠢的一件事就是：重返奥地利，回到不过是欧洲版图上一块灰暗而无生气地方的奥地利，它前途未卜，还笼罩着专制王朝的阴影。捷克人、波兰人、意大利人、斯洛文尼亚人把自己的领土全部从奥地利割走了，剩下的土地仿佛一具残缺的躯干，四处流淌着鲜血。在那六七百万被迫自称为"德意志-奥地利人"的人当中，有二百万人拥挤在首都维也纳，忍饥挨饿。那些原先为国家致富的工厂现在位于外国领地之上，铁路也只残留下可怜的几段，国家银行的储备黄金已经全被提出来偿还巨额的战争赔款。由于和平会议还未召开，奥地利新的国境线还没有确定，战争债务也没有确定，国内没有面粉、煤炭、石油。看来，一场革命势在难免，要不然，就是灾难性的解决方式。根据各种世俗的预见，这个由战胜国人工制造出来的国家是无法独立生存的——所有党派，社会主义的、教会的、民族社会主义的，喊的都是这同一个腔调，——而且这个国家也不愿意自立。据我所知，这样悖谬的局面在历史上也是第一次，一个国家被迫自立，但它自己却极力拒绝。奥地利希望，或者和先前的邻国重新合并，或者和同根的德国统一，它不愿意在这样被肢解的状态下过屈辱的乞丐生活。而邻国却再也不希望和奥地利结成经济同盟，一方面是因为它们认为奥地利太穷，另一方面是因为它们害怕哈布斯堡王朝复辟。协约国禁止奥地利和德国合并，以免充实强大战败的德国。所以，协约国明文规定，这个德意志奥地利共和国必须存在。对一个不愿意存在的国家下这样的命令："你必须在此！"——这真是历史上没有过的咄咄怪事！

在一个国家最困难的时期，是什么促使我自愿回去的呢？这原因我今天还是说不清楚。但是我们这些在战前长大的一代人无论在什么情况下都有一种强烈的责任感，我相信，在这样的极度艰难的时刻，我们比平日更加属于自己的国家和家庭。贪图安逸，逃避那里必然会有的窘困，在我看来太怯懦了。身为《耶利米》的作者，我尤其感到自己有责任借助话语去帮助人们克服战败所造成的困难。我觉得自己在战争期间是多余的，而在战败之后有了用武之地。并且，由于我反对拖延战争，所以尤其在青年当中，我赢得了一定的道德声望。即使我对什么都无能为力，但作为一种补偿，我至少还可以和人们一道去共担我曾经向他们预言的苦难。

当时，重返奥地利的准备工作简直就像要去极地探险，必须准备好暖和的衣服和羊毛内衣，因为，大家都清楚，国境线那边是没有煤的，——而冬天马上就要来临了。我把鞋底换好，因为那边只有木头鞋底，并且带上足够的储备食品和巧克力，瑞士政府允许带出多少，我就带多少，这样做是为了让自己在拿到第一批面包票和黄油票之前不至于挨饿。尽管保险费用很高，行李还是要上保险，因为，大多数行李车都会遭到抢劫，每丢一只鞋和一件衣服，损失都是无法弥补的。当时这情形，只有在十年后，我去俄国旅行时才碰见第二回。在布克斯边境车站，我还犹豫了片刻，在一年多以前，我曾经怀着喜悦的心情乘车驶入这个车站，我站在那里自问，在最后一刻，自己是不是还是回头更好。我觉得这个时刻是我生命的一个关键时刻。但最终，我还是决定选择艰辛，向困难迎去。于是，我重新登上了列车。

一年前，当我到达瑞士布克斯边境车站的时候，我曾经历了那兴奋激动的一分钟。而现在，当我回国的时候，同样在奥地利的费尔德基尔希边境车站经历了难忘的一分钟。一下火车，就觉察到边境官员和警察身上那种明显的不安。他们对我们这些旅客并不特别注意，过境检查进行得非常草率，显然，他们正在等待一件更加重要的事情。终于，钟声敲响了，表明有一趟来自奥地利方向的列车就要进站，站台上的警察纷纷各就各位，全体工作人员都急匆匆地从木板小屋里走出来，他们的妻子们也涌向月台——显然，她们是事先被告知的。人群当中，有一位身穿黑色衣服、带着两个女儿的老妇人特别引起我的注意，从她的仪态和服饰来看，可能是位贵族。她显得很激动，不时拿手帕擦眼睛。

列车徐徐地、几乎是庄严地驶来。这是一列特别的列车，不是那种被日晒雨淋过的褪色的破旧列车，而是一辆有着宽敞豪华车厢的专列。机车停下了，可以感觉到，列队等候的人群激动起来，而我还一直没明白是为什么。这时，我认出那在车厢的窗玻璃后面的是奥地利最后一位皇帝——卡尔皇帝的挺拔身影，还有他那一身黑衣的齐塔皇后。我惊呆了，奥地利最后一位皇帝，统治帝国长达七百年之久的哈布斯堡王朝的继承人要离开自己的帝国了！虽然他拒绝正式退位，奥地利共和国仍然允许他在离开时享受一切礼遇，或者说，是他强烈要求奥地利共和国这样做的。这位身材高大、面容严肃的人站在窗边，最后再看一眼自己国家的山峦、房屋和人群。这是一个历史性的时刻，我亲身经历了这个时刻，——对一个在帝国传统中长大的人而言，此情此景更是叫人动容。我在学校唱的第一支歌就是对皇帝的颂歌，后来在军队服役时，我曾面对这个此时身穿平民服装、目光严肃深沉的人发誓："海陆空听命于皇帝。"我曾在多次盛大的节庆活动中见过奥地利的老皇帝，那些豪华的场面在今天已经成为传奇。我曾在美泉宫看见他从台阶上走下来，接受八万名维也纳学童的效忠宣誓，他的皇族成员和身穿闪亮制服的将军们簇拥在他周围。学童们整齐地站在绿色的大草坪上，用稚嫩的童声合唱海顿的《上帝保佑吾皇》，歌声叫人感动。我也曾在宫廷舞会上和戏剧预演时见过身穿金光闪闪的制服的老皇帝。在伊施尔温泉，我看见他头戴一顶绿色的施蒂里亚帽子驱车打猎，我还看见他在圣体节的行列中虔诚地低着头，向斯特凡教堂前行。——而在一个雾气弥漫的潮湿的冬天，我终于看见他的灵车。在战争正在进行的日子里，人们把这位年迈的老人安葬在皇家陵园。"皇帝"这个词对我们而言，是一切权力和财富的缩影，永远象征着奥地利。我们从小就学会用崇敬的语气来念"皇帝"这个词。而今，我却目睹他的后人，奥地利最后一任皇帝被驱逐出境。几百年来，荣耀的哈布斯堡王朝的皇权代代相传，但是，在这一分钟终于寿终正寝。我身边所有的人都感受到了历史的存在，在这凄凉的场景中，他们感受到了世界的历史。宪兵、警察和士兵都显得很不自在，他们露出一丝羞愧地将头掉转开，因为他们不知道是不是还可以像原来那样向皇帝敬礼，而妇女们也不敢抬头正视。没有一个人说话。这时，突然听见那位不知从什么大老远的地方赶来的一身丧服的老妇人在轻轻啜泣，她要再看看"她的"皇帝陛下。终于，火车司机发出了开车的信号。机车猛地一动，好像必须这样用力才行似的，缓缓地离去了。铁路职员们充满敬意地目送它远去，随后纷纷回到自己的工作岗位，带着一种在葬礼时人们常有的狼狈神情。在这一瞬间，延续了几乎一千年的王朝才真正告以结束。我明白，自己现在回到的世界是另外一个世界了，是另外一个奥地利。

列车刚刚消失在远方，我们就被要求从洁净明亮的瑞士车厢换到奥地利车厢。只有登上奥地利的列车，你才会在进入奥地利之前事先明白这个国家究竟发生了什么。为乘客们指点座位的列车员，个个衣衫褴褛，面黄肌瘦，走起路来慢吞吞，穿破了的制服挂在瘦削的肩膀上荡来荡去。窗子上用来拉上拉下的皮拉条已被割掉，因为每寸皮货都值一笔钱。就连座位也被人用匕首或刺刀割得不成样子，整块坐垫皮面都被恬不知耻的人野蛮地剥掉了。为了补自己的鞋子，这样的人无论在哪里见到皮革都要顺手弄走。同样，车厢墙壁上安装的烟灰缸也不翼而飞，就因为它含有那样一点镍和铜。深秋的风透过破车窗，从外面呼呼地吹进来，劣质褐煤的烟雾和煤灰一道夹杂着涌进来。现在，火车上烧的都是褐煤，它们的烟灰把车厢的地板和四壁都熏黑了，但是，刺鼻的烟味倒是也减轻了一点碘酒的强烈味道，这碘酒的气味叫人记起这些只剩下骨架的车厢在战争期间曾经运送过多少伤病员。但无论如何，列车仍旧可以向前开动，这就是一个奇迹。诚然，这也是一个折磨人的奇迹，每当没有上油的车轮发出的刺耳声音变得和缓些时，我们都担心这疲劳过度的列车是不是马上就要完蛋。平时只需一小时的路程现在要花上四五个小时，天色一黑，车厢里就完全漆黑一片。电灯泡全都被打碎或被偷走，谁要是想找点东西，就必须划着火柴摸索。车厢里的人之所以不觉得寒冷，是因为在刚上车的时候，人们就已经六人一堆、八人一群地挤在一起了。但是，刚到停靠的第一站，就开始有新的乘客上车。人越来越多，而且大家都因为等候了若干小时而疲惫不堪。过道上挤得满满的，甚至在这接近冬天的寒夜，连车踏板上都蜷缩着人。每个人都紧紧抱着自己的行李和食物包，在黑暗中，谁也不敢松手放开任何一样东西。我又从和平之中返回到了这种被误以为已结束的战争恐惧之中。

机车在快到因斯布鲁克的时候突然喘息起来，尽管喘着粗气，汽笛长鸣，它就是爬不上一个小坡。铁道工人们拎着冒烟的提灯在黑暗里紧张地跑来跑去，一个小时之后，才有一辆救急的机车呼哧呼哧地开来，而到达萨尔茨堡的时间也从原本需要的七个小时变成了十七个小时。车站远远，找不到一个搬运工，最后，还多亏了几位衣衫破旧的士兵自告奋勇地帮我把行李搬到一辆马车旁。但是拉那辆马车的马是又老又营养不良，与其说它拉着马车，不如说它是靠着车辕才站得住。我实在没有勇气再把行李放上马车，让这头可怜的牲口拉着它走。所以，我把行李放在了火车站的寄存处，我这样做当然相当担心，怕再也见不着它们了。

战争期间，我曾在萨尔茨堡买了幢房子。由于和早年的朋友在对待战争的态度上意见相左，我们的关系疏远了，这使得我不再想在大城市里居住，不想混杂在人群当中，而我后来的工作也总是需要这样退隐的生活方式。在奥地利所有的小城市当中,我觉得萨尔茨堡不仅风景优美,而且地理位置优越,所以它成为我的最佳选择。它位于奥地利的边境,乘坐两个半小时的火车就可以到达慕尼黑,乘五个小时的火车可以到达维也纳,十个小时到达苏黎世或威尼斯,二十个小时到达巴黎,是一个通往欧洲各地的名副其实的始发点。当时,萨尔茨堡还没有因为在那里举办的艺术节而成为(在夏日摆出一派自以为风雅派头的)"名流们"的相约之都(否则我不会选择它做自己的工作地点),而是一个坐落在阿尔卑斯山余脉上的古朴、浪漫而带着睡意的小镇。在这里,阿尔卑斯山的山冈与德国的平原和缓地过渡到一起。我居住的那个郁郁葱葱的小山丘仿佛是阿尔卑斯雄伟的山脉最后的一个浪尖。汽车是开不到那里的,只能沿着一条已有三百年历史的由一百多级台阶构成的羊肠小道爬上去。而当你从这山丘的斜坡眺望到塔楼林立的城市的屋顶和山墙构成的迷人图景时,你会觉得刚才攀登的辛苦完全值得。山丘的后面是气势恢宏的阿尔卑斯山脉的全景(当然,也能望见贝希特斯加登附近的萨尔茨山,不久,就会有一个叫阿道夫·希特勒的无名之辈住在我的对面[①])。我的那幢住宅富有浪漫色彩,但是不实用。它在十七世纪是一个大主教的狩猎小别墅,倚靠着坚厚的城堡围墙。到了十八世纪,别墅左右两侧又各扩建了一间房间。别墅内有一幅精美的旧壁毯和一个绘有花纹的九柱戏球,一八〇七年,弗朗茨皇帝访问萨尔茨堡时,曾在我这幢别墅的长廊里亲手用它玩过九柱戏。此外,记载着各

---

① 希特勒从一九二三年开始常常在贝希特斯加登避暑。

种变更的产权的数张羊皮纸,是它往昔辉煌历史的见证。

这座小宫殿——它由于门面宽大而显得很恢宏,但其实,由于它没有什么进深,一共只有九间房间——是一幢古典珍品,这在后来令我的客人们很是惊叹,但在当时,它的具有历史意义的古老却成为累赘。我们发现自己安在这里的家几乎无法居住,雨水滴滴答答地漏进房间,每次下雪之后,门廊里全是积雪。而且,由于木匠没有修房椽的木头,管道工没有修管道的铅皮,当时根本不可能修缮屋顶。我们只能用油毡勉强将最糟糕的几处漏洞堵一下,等到再下雪的时候,唯一的办法是爬上屋顶,将积雪及时清扫干净。电话也常常不管用,因为电话线不是用铜制的,而是用铁丝代替。由于山上没有任何供给,所有的零星物品都必须靠我们自己搬运上山。而最糟糕的当属寒冷了,这里远近都没有煤炭,庭院里的树木还太嫩,当作柴火烧起来只会像蛇一样咝咝作响,没有什么热量,不是在燃烧,而是噼啪乱响。百般无奈之下,我们只好用泥炭来对付,它至少还能产生些热气。有三个月的时间,我只能将自己捂在被窝里,用冻得发青的手指写东西,每完成一页,我就要把手再放进被窝里暖上一阵子。而就连这样的居住条件也还必须珍惜,因为在那灾难的年代,除了食物和燃料普遍匮乏,连住房也很紧张。四年的时间,奥地利没有建造任何房屋,许多房屋已经倒塌,突然之间,大批退役士兵和战俘蜂拥而至,无家可归,在这样迫不得已的情况下,每间可住的屋子里都得住上一家人。管理委员会已经来过四次了,我们也早就自愿交出了两间房间,但是,当初让我们很不舒服的这又冷又破的房子此刻却因为它的恶劣条件保住了自己,再没有人愿意爬一百多级台阶，前来这里挨冻。

　　每次下山进城，我都要遇见令人心痛的事情。我第一次在人们发黄而露出凶光的眼睛里看见饥饿，面包发黑，变成碎屑，发出一股霉味；咖啡是用烤煳的大麦熬出来的汁水；啤酒就像颜色发黄的水；巧克力吃起来好比染了颜色的沙子；土豆是冻坏的。大多数人为了不至于将肉味全部忘掉，自己都养了兔子。有个小伙子跑到我们的院子里来打松鼠，当作礼拜日的一道菜。养得肥一点的猫狗走得稍远一点就很难再回来。人们供应的布料实际上是加工过的纸张，是替代品的替代品。男人们几乎都穿着旧衣服，甚至包括俄国人的制服，那是他们从哪个仓库或者医院弄到的，已经被好几个死人穿过了。而用旧麻袋做的裤子也不少见。大街上橱窗里的陈列品都被洗劫一空，泥灰仿佛疮痂似的从颓倒的房屋上剥落下来。人们明显的营养不良，步履艰难地前去工作。走在这样的街道上，我的心都要碎了。在平原地区，供给情况要好一些。在道德水准普遍下降的情况下，没有一个农民会想到要按照法定的"最高价格"出售自己的黄油、鸡蛋和牛奶。农民都尽可能多地储备食品，藏在自己的仓库里，等待买主上门出高价来买。很快，出现了一种新兴职业，就是所谓的"仓鼠"。那些无业男子背上一两个背包，到农民家挨家挨户地收购，甚至坐火车到有利可图的地方去非法套购粮食，然后在城里以四五倍的价格兜售出去。农民们一开始很是高兴，他们的鸡蛋和黄油换来了这么多的钞票，像肥水一样流进家门，他们把这些钱都攒了起来。但是，当他们带着鼓鼓囊囊的钱包进城买东西时，他们愤怒地发现，他们要买的镰刀、铁锤、锅炉的价格都已经上涨了二十或五十倍，而他们为自己的粮食只多要了五倍的价钱。从这时开始，他们只准备将自己的食物换成工业产品，并要求等价交换，物物交换。自打人类进入战壕而有幸重温了洞穴生活之后，现在，他们又取消了千年之久的货币交易，回到原始的物物交换。全国各地开始出现一种怪异的买卖方式。城里人将农民可能缺乏的物品运到农家，比如中国的瓷花瓶、地毯、剑、猎枪、照相机、书籍、灯具和各种装饰品。因此，当你走进萨尔茨堡一户农民的家中，会惊讶地发现有一尊印度菩萨正凝视着你；或者，你会看见一个洛可可风格的书柜，里面摆放着法国的皮面精装书籍，它们的新主人为它们而感到分外自豪，扬扬得意，"这是真正的皮子！法国的！"他们鼓着腮帮子，炫耀着说。"要物不要钱"，这句话已经成为了人们的口头禅。有些人为了糊口，不得不摘下手上的结婚戒指和身上的皮带。

最后，政府进行了干预，要制止这实际上只对拥有实物的人有利的黑市交易。每个省都建立了关卡，缴收那些或坐火车或骑自行车的"仓鼠"的货物，然后将这些东西分配给城市里的食物供应站。那些仓鼠仿照美国西部的黑道路子组织夜间运输，或者，他们对自己家中也有小孩在挨饿的检查人员进行贿赂，以此来对付政府的措施。有时，他们会真刀真枪地干起来，这些小伙子经过前线的四年训练，已经能够熟练地使用刀枪，在平地上逃跑时，也晓得用军事上那一套技术来掩护自己。人们觉察到，货币每天都在贬值，因此，混乱的局面一天比一天严重，群众的情绪一天比一天激愤。奥地利的邻国用自己的货币代替了原先的奥匈帝国的货币，并且把兑换老"克朗"的负担，或多或少地丢给了可怜的奥地利。群众对国家失去信任的第一个标志便是，硬币都不见了。毕竟，一小块铜或者镍相对于只印了几个字的纸币而言还算是"实物"。国家虽然竭尽全力地大印钞票，想用梅菲斯特①的方法变出尽可能多的货币，但是，仍然赶不上通货膨胀的速度。于是，每座城市、每个城镇，乃至每个村庄都开始自行印刷"救命钱"，而这样的货币到了邻村就会被拒收，后来人们终于认识到它们没有价值，干脆将它们一扔了之。由于这种混乱以越来越奇异的形式出现，假如有一位经济学家能将这先在奥地利，后在德国出现的通货膨胀的每个阶段都清楚地描写出来，我想，其情节的扣人心弦是不难超过任何一部长篇小说的。不久，没有人知道还有什么东西值钱，物价疯狂地飞涨。一家店铺及时抬升了货物的价位，而另外一家店铺的主人老实，不黑心，仍然按照头一天的价格出售货物，那么，在前一家店里出售的一盒火柴，价格要比后一个店铺高出二十倍，而这个老实人得到的回报便是，他店里的东西在一小时之内销售一空。因为，人们都奔走相告，也不管那里的货品自己是否需要，而尽力抢购一切能买到的东西。即便是一条金鱼或者一只旧望远镜，也终归是个物品，人人都想要物，而不是钱。而最荒唐的是房屋租金的不合理，政府为了保护租房人（他们是广大群众）的利益，不允许提高租金，从而损害了房东的利益。不久，在奥地利租一套中等大小的公寓，一年的租金还不抵一顿饭钱。实际上，在整个奥地利，有五到十年的时间，房子或多或少都是让人白住的（后来，连解除租房契约都不

---

① 《浮士德》当中的魔鬼。

允许了）。由于这样混乱的局面，情况一天比一天恶化，道德水准也日渐下降。那些省吃俭用将血汗钱积攒了四十年，又出于爱国热情拿这些钱买了战时公债的人，顷刻间沦为了乞丐。而凡是欠债的人，此时都不用再还债了。谁要是一丝不苟地遵守分配粮食的规定，谁就会饿死。只有那些无耻地超支用粮的人才吃得饱肚子。善于行贿的人总是得到好处，投机倒把分子也发了横财。那些合理按照批发价出售货物的人被人掏空了腰包，而那些精打细算做买卖的人总是上当受骗。在通货膨胀和货币贬值的时期，没有什么规范和价值可言，更没有什么道德可言，只有一条：人必须八面玲珑、滑头善变，并且无所顾忌，才能跳上这匹飞奔的快马，而不是被它踏在脚下。

正当奥地利人由于这价值的倾坍而失去所有准则时，有些外国人也意识到这是在我们这里浑水摸鱼的大好时机。在这次的通货膨胀中，——通货膨胀总共持续了三年，而且膨胀的速度越来越快——国内唯一具有稳定价值的东西就是外币。由于奥地利的克朗像水一样从人们指缝中溜走，所以人人都想拥有瑞士法郎和美元。于是，大批的外国人充分利用这个时机，都想在奥地利克朗垂死的躯体上咬上一口，分上一杯羹。奥地利被"发现"了，它经历了一场外国人蜂拥而至的灾难性的局面。维也纳的旅馆里住满了那些吞食腐尸的秃鹫，他们什么都买，从牙刷到农庄。他们将私人收藏品和古玩店里的古董洗劫一空，事后这些古董的主人才懊恼地发现自己已陷入窘境，那些买主和强盗与盗贼并无二致。瑞士的旅馆看门人和荷兰的女打字员都住进了环城大道上豪华饭店的贵族套间。这样的事情尽管实在让人难以置信，我作为目击者还是想用下面的事实来为它作证：萨尔茨堡著名的欧洲饭店在相当长的时间内全部出租给英国的失业者，他们由于有英国政府颁发的充足的失业金，在这里过着比在老家贫民窟更加便宜的生活。世上没有不透风的墙，奥地利生活便宜、物价低廉的消息不胫而走，越传越远，于是，从瑞典、法国又来了不少新的贪婪客，在维也纳内城的大街上，人们听到的意大利语、法语、土耳其语和罗马尼亚语比德语要多。甚至连德国——它的通货膨胀的速度起初要比奥地利慢得多，但是后来，它通货膨胀的速度比我们要快百万倍——也利用自己的马克来对付我们贬值的克朗。作为边境城市的萨尔茨堡给了我更好的机会来观察那些每天出入奥地利的抢劫队伍。从巴伐利亚与奥地利接邻的村庄和城市，数百乃至数千人涌入奥地利，将这座小城市挤得满满的，他们在这里做衣服、修汽车、买药和治病。慕尼黑的大公司为了利用两地的邮资差价，特地来这里寄发国际信函和电报。后来，德国政府终于采取行动，设立了边防稽查站，以防德国居民不去自己国家的商店，而从便宜的萨尔茨堡购买所有的生活必需品。当时，一马克顶七十奥地利克朗，于是，海关严格把关，没收所有产自奥地利的商品。但是，只有一件东西除外，它没法没收：那就是已经喝到肚子里的啤酒。爱喝啤酒的巴伐利亚人每天拿着交易所行情表算来算去，看看克朗的贬值是否可以让自己用同样多的钱在萨尔茨堡的酒馆里喝上比在自己家多四五升、甚至十升的啤酒。难道还有什么比这个诱惑更大吗？于是，成群结队的巴伐利亚人携妻带子地从费赖拉辛和赖兴哈尔越境进入奥地利，就为了好好享受一下，尽情地往肚子里灌啤酒。每天晚上，火车站成了一个真正的魔窟，酩酊大醉的酒徒狂呼乱叫，打着饱嗝，呕吐不止。有些人实在是喝得动弹不得了，只能被抬上平日拉行李的手推车，送进车厢，火车再满载着这些又吼又唱地发着酒疯的人回到他们的家乡。这些兴高采烈的巴伐利亚人当然不知道，以后会有多么可怕的报复在等待着他们。当克朗稳定下来，而马克以天文数字大幅下跌的时候，同样从这个火车站出发，奥地利人去到德国，在那边痛饮便宜的啤酒，同样的闹剧再次上演，只不过，这次是在那一头。在德奥两国的通货膨胀期间的啤酒大战是令我印象尤其深刻的回忆，因为，它通过小小的细节，也许最透彻地彻底揭示出了那几年疯狂的本质。

而最奇怪的是，我今天怎么也回忆不起来那几年我们在自己家里是怎样生活的。当时在奥地利，一个人单是维持一天的生计就需要几千到几万克朗，后来在德国，则需要几百万马克，我不知道人们是怎样弄到这笔钱的。最奇怪的就是，人们有这笔钱。人们已经习惯了，已经适应了那样混乱的环境。按照逻辑，一个没有经历过那个年代的外国人肯定会这样想，在当时的奥地利，一枚鸡蛋的价格相当于过去的一辆豪华轿车，而在后来的德国，一枚鸡蛋的价格高达四亿马克，——这几乎相当于以前柏林所有房产的总值——在这样的情形下，妇女们肯定是披头散发，发疯似的在大街上疾步穿行，店铺里也肯定是一片荒凉，因为没人买得起东西。而最肯定的是，剧院和娱乐场所必然是空荡荡地不见一个人影。但是，叫人惊讶的是，情况恰恰相反，事实证明，人们要求照常生活的意志比货币的不稳定性更加强大。在经济混乱的情况下，人们日常的生活几乎是不受干扰地照常进行。就个人而言，变化确实很大，富人变穷了，因为他们存在银行里的钱和他们的国债都流失了，而投机分子却富了。但是，生活的飞轮始终在以自己的节奏旋转，它从不关心个人的命运，也从不停顿。面包师烤他的面包，鞋匠做他的皮靴，作家写他的书，农民耕他的田地，列车正常运行，每天早晨老时间，报纸都准时送到门口，而且，恰恰是那些娱乐场所、酒吧和戏院总是座无虚席。正是因为遭遇这样的意外，最最稳定的货币每天都在贬值，人们才更加珍惜生活中实实在在的价值——工作、爱情、友谊、艺术和自然。在灾难之中，整个民族都比以往生活得更加富有情趣和活力了。小伙子们和姑娘们登山郊游，回家时皮肤都被太阳晒成古铜色。舞厅的乐曲一直响彻深夜，到处都新建了工厂，新开了商店，就连我自己的生活和工作，也从来没有像那几年一样富有朝气。我们以前认为重要的东西，在那时变得更加重要了。我们奥地利人对艺术的热爱在那混乱的几年登峰造极，因为，我们感受到了金钱的欺骗性，只有我们内心永恒的艺术才是真正可靠的。

例如，我永远不会忘记在那最艰难的岁月里上演的任何一出歌剧。当时因为缺煤，不得不控制街道的照明，人们在半明半暗的街道上摸着黑走向歌剧院。人们用一大把钞票才能买到一张顶层楼座的票，这么多钱原先足够订一年的包厢。剧院里没有暖气，人们穿着大衣，和邻座的观众挨得紧紧的，好让自己暖和一些。原先的大厅是何等景象，男士们制服笔挺，淑女名媛香鬓云影，相映生辉。而这时，又是多么惨淡和单调啊！谁也不知道，如果货币继续贬值，如果运来的煤仅够使用一周的话，此刻上演的歌剧下周是否还能够继续演出。在这幢充满皇家气派和奢华的剧院之中，一切都显得倍加凄凉。乐团的成员坐在乐谱架旁，身穿破旧的燕尾服，面目憔悴，暗淡无光，由于物资的匮乏而精疲力竭。而在这幢变得阴森森的剧院里，我们自己的样子也好像幽灵一样。但是，当指挥举起指挥棒，大幕拉开，演出却呈现出从未有过的精彩。每位歌手和乐师都竭尽全力地表演，因为，他们都感到，在他们所热爱的歌剧院里的这次表演，也许就是最后一次了。而我们侧耳倾听，全神贯注，精神之集中是从未有过的，因为，我们也觉得，恐怕这是最后一次了。我们就是这样生活的，我们这成千上万的所有人，在这些周周、月月和年年，在毁灭的前夕，我们每个人都做出了最大的努力。我从来没有像这样在一个民族身上，在我自己的心中感到如此强烈的生活意志，当时已经是最紧迫的关头了，事关生存，要继续活下去。

但是尽管如此，我还是不知道怎样对别人解释，当时被洗劫一空、贫穷而不幸的奥地利是如何支撑下来的。当时，它右边的巴伐利亚创建了共产主义的议会共和国，它左边的匈牙利在贝拉·库恩的领导下变成了布尔什维克的天下，我至今仍然不明白，为什么革命没有蔓延到奥地利来。那时弹药是绝对不缺的，街道上到处都游荡着衣衫褴褛的复员士兵，他们都饿着肚子，愤恨不满地看着大发战争和国难财的暴发户们过着可耻的奢侈生活。在军营里，已经有一个"红色卫兵"营准备起义，当时也不存在任何对立的组织。只要有两百名决心坚定的人就可以夺取维也纳和整个奥地利。但是，最终还是没有发生任何严重事件。只有一次，一个无纪律的团体妄图滋事，被四五十个武装警察轻而易举地平息了。所以，奇迹成为了现实，这个能源被切断，工厂、煤矿和油井被毁坏的国家，这个被洗劫、仅仅依靠像雪崩一样飞速贬值的货币维持着的国家，终于维持下来了，挺过来了——或许，正是因为它太虚弱，因为人民的肚子饿得太厉害了，一点气力也没有了，不可能再去进行什么斗争。不过，也可能因为它自身具备的那种极为神秘的、典型的奥地利的力量：它那天生的亲和性。最大的两个政党，社会民主党和基督教社会党，尽管彼此间存在着深刻的矛盾，却在那最困难的时刻共同组成了联合政府。两党都做了妥协，以防止出现殃及整个欧洲的灾难局面。这样，状况渐渐地得到整顿和巩固，并且，连我们自己都倍感惊讶的是，这个被肢解的国家继续生存了下去，甚至，当后来希特勒前来向这个忠诚的、充满了牺牲精神、在贫困中无比坚强的民族索取它的灵魂时，它做好了准备，要捍卫自己的独立。

不过，奥地利只是从表面和在政治意义上没有发生极端的颠覆行动。实际上，在战后的最初几年，一场巨大的革命在内部酝酿产生。有一些东西随着军队的溃败而被摧毁了：那就是在我们的青年时代被培养起来的对权威的绝对信仰，我们曾经谦恭地以为权威是永远正确的。但是，对于那个自己曾发誓要"战斗到最后一息"，最后却趁着夜色和浓雾越境出逃的皇帝，德国人难道还要继续效忠吗？还有那些军队的元首、政治家，以及那些只会用"战争"和"胜利"，"灾难"与"死亡"押韵的作家，德国人还会继续敬佩他们吗？只有当现在，疆土上的硝烟散去，战争留下的疮痍变得清晰可见时，可怕才显现出来。谁还会认为这样的道德观念神圣呢，它借勇敢的名义进行了长达四年的残杀，借合法征用的名义进行了四年的抢劫。国家将对国民应尽的一切责任视作讨厌的负担，竟然宣布废除这些责任，这样的国家，国民怎么还能信任它的承诺呢？而现在，正是这同样一帮人，那些所谓有经验的元老，又干出了比战争这桩蠢事更加愚蠢的事来，签下了混蛋透顶的和约。现在人人都知道——当时只有我们少数人知道——当时的和平曾经为历史提供了即使算不得最好的，但毕竟也是一种道德上的可能性。威尔逊认识到了这点，他凭借不凡的远见，为世界各国实现相互持久的谅解制定了一项计划。但是，奥地利原先的那些将军、国家领袖、利益集团却将这项计划撕得粉碎，将它变成一堆废纸片。国家曾经向千百万人许下庄严而伟大的诺言：这将是最后一场战争，这诺言曾经从那些濒临绝望和崩溃的士兵身上唤起最后一丝力量，但是，它却被那些军火商和政客出卖，这些人表面上赞同威尔逊明智、人道的要求，却在背后故伎重演，秘密谈判，签订密约。那些牺牲了自己孩子的母亲们被欺骗了，回到家乡沦为乞丐的士兵们被欺骗了，所有出于爱国热情买了战争国债的人都被欺骗了，每一个相信这许诺的人都受骗了。我们大家，所有盼望着一个新的更加有序的世界的人都受骗了，我们最后看到，那场将我们的生存、幸福、时间和财富都当作赌注的赌博又开始了。赌徒当中有原来那些人，也有新加入的成员。整个年轻一代人都对自己的父辈投以痛恨和鄙视的目光，这难道奇怪吗？因为他们先是输掉了战争，接着又输掉了和平，他们把一切都搞砸了，毫无远见，将一切都估计错了。新的一代人心中对他们的父辈的尊敬消失得无影无踪，这难道不可理解吗？年轻人不再信任他们的父母，不再信任政客和老师，对于国家的所有法令和公告，他们都表示怀疑。战后的一代毅然决然地无情抛弃了迄今为止的一切观念，拒绝一切传统，决心将命运掌握在自己的手中。他们告别过去，生气勃勃地走向未来。一个崭新的世界，一种完全不同的秩序，都应该在生活的各个领域随着他们展开。当然，开始的时候，一切都过了头。凡是与他们不属于同一年龄层的人都被他们排除在外。十二三岁的孩子不再像从前那样跟随父母出去旅行，而是有组织地，或以性别为划分成群结队地在各地漫游，并自称"候鸟"，他们的足迹直至意大利和北海。学校里，学生们仿造俄国的榜样，成立了监督教员的学生会。校方的"教学计划"被彻底否决，因为，他们认为自己只应该和只愿意学习自己喜欢的东西。他们造一切规矩的反，只是为了造反而造反，甚至，他们违背自然规律，对于两性的分别也要反对一番。女孩子们把头发剪得短短的，弄成男孩头的样子，叫人分辨不出来是男是女。而小伙子们则把胡子剃得精光，为的是让自己显得带一点女气。为了反抗自古以来合法的、正常的恋爱形式，同性恋甚至成为一种时髦，而完全不是出于内在的需求。他们竭力将自己生活的每种表现形式都染上激进和革命的色彩，艺术当然也是如此。新的绘画宣布伦伯朗、荷尔拜因和委拉斯开兹所创作的一切均已过时，光怪陆离的立体派和超现实主义开始尝试。音乐中的旋律、肖像中的相向性、语言中的表情达意，所有这些不言而喻的基本概念处处遭到唾弃。德语中，冠词被废弃不用了，句子结构颠倒了过来，采用"直截了当"和"言简意赅"的电报式风格进行写作，并辅以色彩浓烈的感叹词。此外，各种没有积极意义的文学，即缺乏政治理论的文学全部被扔进垃圾箱。音乐固执地寻找着一种新的调性，并且将节拍分离。在建筑领域，屋子的里外颠倒；在舞蹈方面，华尔兹失去了影踪，而代之以棕色人种和黑人的形象；时装越来越暴露，不断追求新的荒诞；在剧院，演员们穿着燕尾服演《哈姆雷特》，企图创造标新立异的戏剧效果。在所有领域，一个大胆实验的时代开始了，这些年轻人急切地希望一跃而超过以往所有的存在和成就。越是年轻而缺少知识的人，就越是受欢迎，这是因为他显得与传统没有关系——年轻一代终于成功地报复了我们父辈的世界。而我觉得，在这场疯狂的狂欢当中，最地道的悲喜剧莫过于那些老一辈知识分子惊慌失措，害怕自己被超越而变得"落伍"，从而绝望地赶紧装出一副横冲直撞的假面孔，企图迈着笨拙的步伐，一瘸一拐地跟在后面，走入最明显的歧途。那些胡子灰白、老实巴交、一板一眼的大学教授将他们那些现在已经卖不出去的"静物"画涂抹掉，代之以象征性的各种立方体和六面体，因为年轻的画廊经理们（如今，到处物色的是年轻人，越年轻越好。）将其他绘画都视作太"古典主义"了，将它们从画廊中清除出去，送进仓库。几十年来一直用完整而流利的德语写作的作家也跟随潮流将句子写得支离破碎，以"积极精神"破坏语法。大腹便便的普鲁士枢密顾问在讲台上讲授卡尔·马克思的理论，上了年纪的宫廷女芭蕾舞演员裸露着大半个身体，痉挛似的跳着贝多芬的《热情奏鸣曲》和勋伯格的《升华之夜》。老年人惶然地四处追随最时髦的风尚，突然之间，只有一件事是光荣的，那就是要"年轻"，要一天比一天时尚，一天比一天激进，要创造出从来未有的流派。

这是一个多么疯狂、难以置信的无法无天的时代啊！在那些年，随着货币的贬值，奥地利和德国的所有价值观都急剧下滑。

那是一个充满了迷醉的昏天黑地的时代，焦躁和狂热罕见地混杂在了一起。那也是所有怪诞和不可捉摸的事物的黄金时代，诸如通灵术、神秘学、招魂术、人智学、手相术、笔相术、印度的瑜伽和帕拉索斯的神秘主义等。凡是比迄今为止所知的一切麻醉品——吗啡、可卡因、海洛因——更加令人沉醉的东西都在当时有惊人的销路。在戏剧作品当中，充斥着乱伦和弑父题材。在政治方面，只有共产主义和法西斯主义是受人欢迎的极端思想，而任何正常的和有分寸的事物全部都受到批斥。可是，这样混乱的时代，我却也不愿错过，既不愿意我自己的生活错过它，也不愿意艺术的发展错过它。正如每次精神革命在最初发起的时候总是不顾一切地向前猛冲一样，那个混乱的时代荡涤了旧传统的陈污烂垢，将多年的负担终于卸下。无论如何，虽然这些实验令人困惑，但它们毕竟产生了宝贵的推动力。尽管这些年轻人的过分行为使我们难以接受，我们却觉得自己没有权利去责备他们，或者居高临下地否定他们，因为从根本上来讲，他们是想弥补我们这一代人因为谨小慎微和袖手旁观而贻误的一切——尽管他们行动过于急躁和激烈了。从最本质上来看，他们的直觉是正确的，战后的世界是应该与战前不同，它应该是一个更新、更好的时代，——我们这年长的一代人在战前和战争期间不也是这样希望的吗？诚然，我们这些年长的一代人在战后再一次地表现出了自己的无能，我们没有能及时成立一个国际组织，反对世界上新的危险的政治伎俩。虽然还在和谈期间，以长篇小说《火线》赢得世界声誉的亨利·巴比塞就曾经试图本着和解的精神把欧洲所有知识分子团结起来，那个团体将命名为"清醒社"，意为"清醒思考的人",它要把全世界的作家和艺术家团结起来,和所有煽动民族仇恨的行为做斗争。巴比塞委托我和热内·席克勒共同领导德国组,这是一项最艰巨的任务,因为,当时的德国还沉浸在对凡尔赛和约的痛恨当中。只要莱茵兰、萨尔和美因兹的桥头堡仍然由外国军队占领,就没什么希望能争取到几位具备超越民族主义思想的德国名流。尽管这样,如果巴比塞继而没有丢下我们不管,那么成立一个这样的组织还是有可能的,就像高尔斯华绥后来以国际笔会的形式实现了这个目标一样。不幸的是,巴比塞在俄国旅行期间感受到的广大群众对他个人的热情,使他坚信,资产阶级国家及其民主不可能实现真正的民族和解,只有共产主义才有可能设想建立全世界人民之间的兄弟关系。所以,他想悄悄地把"清醒社"变成阶级斗争的一种工具,而我们拒绝接受这种激进做法,它必然会削弱我们的队伍。于是,这项本身很有意义的计划提前失败。在争取思想自由的斗争中,我们往往由于过于热爱自身的自由和独立而不断遭到失败。

这样,我只有一条路可走:隐居起来,埋头自己的创作。在表现主义者和——假如我可以这样称呼他们的话——放纵主义者看来,我这个三十六岁的人已经属于业已死去的老一代作家了,因为,我拒绝像猴子一样巴结他们,投其所好。我自己也不再满意早期的作品了,"唯美主义"时期写的作品,我一本也不让它们再版。这就是说,我要重新开始,我还必须等待,等到各种"主义"的浪潮消退。我觉得自己这样不慕虚荣有利于保持内心的淡泊宁静。正因为这样,我开始着手创作"建造世界的大师"丛书,以使得这几年得以充实。在完全的冷静、不积极的态度中,我写下了《马来狂人》和《一封陌生女人的来信》等中篇小说。渐渐地，我周围的土地和我周围的世界都开始恢复秩序，这样，我也不能再迟疑了。我在其中自欺欺人的那个时代已经过去了，我着手的一切也都只是暂时的。今天，我已经抵达了人生的中途，已经过了光许诺不兑现的年纪。现在必须做的是，要么实现承诺，考验自己，要么就彻底放弃。

# 重返世界

一九一九年、一九二〇年和一九二一年这战后奥地利最为艰难的三年，我是在萨尔茨堡度过的，与世隔绝。实际上，我已经放弃了有朝一日重见天日的希望。战后的大崩溃、世界上对每个德国人和用德语写作的人所抱有的仇恨、货币的贬值，这些都是灾难性的，使人准备好一辈子都把自己封锁在家乡这块狭小的天地里算了。但这时，形势却开始扭转，又能吃饱肚子了，还可以不受任何干扰地重新坐在书桌前。抢劫消失了，也没有任何暴力革命，我又开始了生活，并且感觉到了自己的力量。那么，我难道不应该重拾起年轻时的乐趣，去远方走走吗？

我并没有打算去很远的地方旅行，意大利距离奥地利很近，只有八至十个小时的路程，我应不应该斗胆去走走呢？虽然我自己对于两国的敌对从来没什么感觉，但是在意大利，奥地利人是被视为"宿敌"的。难道我应该自拒于其外，为了避免让老朋友尴尬，而不得不过其家门不入呢？不，我偏要试上一试。于是，一天中午，我乘车越过了边境。

黄昏的时候，我抵达了维罗纳，走进一家旅馆。门房递给我一张登记表，我填好交给他。他浏览一遍，当在国籍栏里看见"奥地利"这三个字时，他吃了一惊。"您是奥地利人？"他问，我心想，他可能要轰我走了。但是，当我回答"是的"之后，他几乎高兴得欢呼起来："啊！见到您很高兴！终于来了个奥地利人！"这是我听见的第一声问候，它再次证明了战争期间我的那种想法，所有的政治煽动和仇恨宣传只会使人们的头脑暂时发热，在根本上，它们是不能让欧洲人民有丝毫改变的。一刻钟之后，这位憨厚的门房还特地亲自到我的房间来看看是否一切都招待到位，并热情地称赞我的意大利语，告别时我们亲切地握了手。

接着，我来到米兰，又见到了大教堂，并且在画廊里闲逛。聆听着意大利可爱的音乐，安然地在街道上信步徜徉，享受着异国的新奇，又感到似曾相识，真是叫人舒心。我走过一幢大楼，看见楼前挂着《晚报》的牌子，我马上想起了老朋友朱·安·博尔杰赛[①]就是这个编辑部的负责人。在柏林和维也纳的时候，我经常和凯泽林伯爵、本诺·盖格尔一道参加博尔杰赛举办的社交活动，度过令人精神激奋的夜晚。他是意大利最优秀、最富有热情的作家之一，对年轻人尤其具有影响。他虽然翻译了《少年维特之烦恼》，并且还是德国哲学的狂热信徒，但是，在战争期间，他强烈反对德国和奥地利，和墨索里尼肩并肩地推行战争政策，但后来又和墨索里尼分道扬镳。在战争期间，我一直有一个奇怪的念头，想在敌方找个老朋友当调解人，而现在，我更想见见这样一个"敌人"。不过，我可不愿意遭到拒绝，于是，我给他留下自己的名片，并在名片上写下我的旅馆地址。然而，还不等我走下楼梯，就有人从后面向我冲过来，一张生动的脸高兴得满面生辉，

---

[①] G. A. Borgese，一八八二年至一九五二年在世，意大利文学评论家、作家。

那就是博尔杰赛。五分钟之后，我们已经像以前那样诚恳地交谈了，也许，比以前更加真诚。他也从这场战争中吸取了教训，我们从敌对的两边出发，殊途同归，彼此更加接近了。

在我的旅行当中，处处都是这样的情况。在佛罗伦萨，我的老朋友——画家阿尔伯特·斯特林加①向我扑上来，一把将我紧紧抱住，以致我的从来没有见过斯特林加的妻子以为这个满脸胡子的男人要谋害我呢。一切都像从前一样，不，一切都比先前更加真诚。我舒了口气，心想，战争终于被埋葬了，战争终于结束了。

但是，战争并没有过去，只是我们不知道而已。在自己的善良愿望下，我们蒙蔽了自己，将自己的思想准备与世界的打算混为一谈。然而我们不必因此感到羞愧，因为，不仅仅是我们受到了蒙蔽，那些政治家、经济学家和银行家也同样受到了蒙蔽。在那几年里，他们同样被经济复苏的虚假繁荣所迷惑，并且还竭心尽力地为国家的安定而奔忙。实际上，战争只是转移了方向，从民族矛盾变成了国家内部的社会矛盾。在战后的最初那些日子里，我目睹了一个场面，后来我才懂得了它的深远意义。当时在奥地利我们不再了解意大利政治，只知道随着战后的失望情绪，意大利出现了极端社会主义的倾向，甚至布尔什维克的倾向。每一堵墙上都能看见用木炭或者粉笔写着歪歪扭扭的"列宁万岁"的字样，而且，我还听说，一个叫作墨索里尼的社会党领袖在战争期间和本党脱离了关系，成立了一个对立的党派。但我对于这样的消息只是抱着无所谓的态度随便听听罢了，这样一个区区小党能

---

① Albert Stringa，一八八一年至一九三一年在世，意大利印象派和现代派画家。

成什么大气候呢？当时每个国家都有这样的帮派；在波罗的海沿岸地区，处处都有游击队；在莱茵兰和巴伐利亚也有分裂派的团体出现，总之，到处都有抗议和暴动，但几乎每次都被镇压下去了。没有人会想到，这些穿着黑衫的"法西斯分子"——而加里波第义勇军①穿的是红衫——对于欧洲未来的发展有至关重要的影响。

但在威尼斯，我对于"法西斯分子"这个词突然有了感性的认识。一天下午，我从米兰来到那座潟湖岛上的可爱城市，却不见搬运工和贡都拉②的影子，工人和火车站的工作人员懒散地四下站着，双手插在兜里，正在罢工。我因为拖着两个很沉的箱子，便四处张望，希望能找到帮手。我向一位老先生打听附近哪里可以找到搬运工，他抱歉地告诉我："您今天来得真不巧。但我们现在经常会有这样的日子，今天又是总罢工。"我不知道罢工的原因，但也没有再问下去。在奥地利，我们对罢工早已习以为常，每当社会民主党人走投无路的时候，就会使出这招自以为最厉害的杀手锏。于是，我吃力地拖着两个箱子朝前走，终于看见一条偏僻的水巷里有个贡都拉船夫偷偷地冲我招手，接着，他把我和两只箱子都接到船上去了。在行驶的途中，好些人对着我的船夫挥舞拳头——他们把他当成罢工的叛徒。半小时之后，我们到了旅馆。我按照老习惯，不假思索地走向集市广场。但广场上却异常冷清，大多数店铺都大门紧闭，咖啡馆里也没有人，只有一大

---

① 一八六〇年，由加里波第率领的义勇军推翻了波旁王朝的专制统治。
② 贡都拉小船，威尼斯特有的交通工具，由船夫负责划桨，运送旅客。

群工人三个一队、五个一伙地站在临街拱廊下，好像在等待什么特殊的事情发生。我和他们一道等着。突然，事情发生了。一队年轻人从一条巷子里齐步走来，或者说，是急急地跑来，他们很有秩序，以训练过的节奏齐唱着一首歌，我并不知道他们在唱什么——但后来，我才知道他们唱的就是那首《青年之歌》。在百倍于他们的罢工群众还没来得及朝他们冲上去之前，他们就已经挥舞着棍棒，从对手面前一路跑了过去。这支组织严密的小队伍如此大胆地穿行于罢工群众之中，的确勇气非凡，他们的行动是那样迅速，等到罢工群众意识到这是对自己的一种挑衅时，为时已晚，他们已经再也赶不上，抓不住那伙人了。工人们愤怒地聚集在一起，握紧了拳头。但是，已经太晚了，那支小小的冲锋队已经再也追不上了。

亲眼目睹的事情总是更具说服力，我现在才第一次知道，自己以前只是耳闻、从不了解的法西斯主义确实存在，而且，具有很好的组织和领导，并令那些坚毅勇敢的年轻人对它产生了狂热的崇拜。于是，我不再同意我那些佛罗伦萨和罗马的老朋友的看法了，他们总是蔑视地耸耸肩，将这些年轻人视为"雇来的暴徒"，并且还讥笑领导他们的"魔鬼老头"。出于好奇，我买了几期《意大利人民报》，我在墨索里尼尖锐、清晰、拉丁式简洁的文风当中感到了与冲过集市广场的年轻人身上同样的坚毅。当然，我不会预料到那场战斗在短短一年之后会达到何种规模。可是，我从此刻明白一个事实，那就是不仅在这里，而且在世界各地，都面临着一场战斗，我们现在的和平还不是和平。

这是对我的第一次警告，告诉我在欧洲貌似平静的表面下实际遍布危险的暗流。而第二次警告随即也来临了。我因为重新受到旅行的诱惑，决定夏天去一趟德国北海之滨的威斯特兰。当时，对于奥地利人来讲，去德国看看还是颇令人振奋的。至今为止，和我们疲软的奥地利克朗相比，马克还是很不简单地挺了过来。那里的恢复工作看来进行得相当顺利。火车都准点驶发和到达，旅馆也窗明几净，新建的房屋和工厂林立在铁路两旁，处处都秩序井然，那无声的秩序在战前遭人厌烦，但人们在一片混乱之中却又知道了这秩序的可贵。当然，那时的空气还是有些紧张，因为德国人都在关注在热那亚和拉巴洛举行的最初几轮谈判，他们拭目以待，看与昔日的敌国享有平等地位的德国能否达成目的，减轻战争赔款，或至少得到对方真正谅解的表示。在这几场欧洲历史上具有纪念意义的谈判中充当德方领队人物的，不是别人，正是我的老友拉特瑙。战争期间，他杰出的组织才能得以充分表现，是他最先认识到德国经济最薄弱的环节，日后正是在这环节上遭到了致命的打击：即燃料供应问题，因此他及时地对全国经济进行了中央调控（在这点上他走在了时间的前面）。战争结束之后，当国家需要物色一个人以外交部长的身份和那些对手中最机智和最有经验者交锋时，重任自然便落在了他的肩上。

我到达柏林之后，犹豫不决地给他打了个电话。我怎么可以去打扰一个正在铸造时代命运的人呢？"是啊，我很难安排时间见面，"他在电话里对我说，"我现在必须为公务牺牲一切，即使友情也不例外。"但是，凭借他那种争分夺秒的超常本领，他还是很快找到了一次会面的机会。他告诉我，他要去几个大使馆做公务拜访，因为从格鲁内瓦尔德出发到大使馆，他的轿车要开半个小时，所以最简单的办法就是我到他那里去，然后我们在轿车里聊半个小时。他集中思想的能力确实很强，能够从一件事情的思维迅速转向另一件，所以无论在火车上还是轿车里，他都能像在自己的房间里一样把话说得准确、深刻。我不想错过这次机会，而且我相信，与我这样一个不介入政治的多年老友谈谈心，也会使他感到愉快。这是一次长谈，我坚信，拉特瑙这个从来都是雄心勃勃的人在接受外交部长这个任命的时候，心情是沉重的，根本不是孜孜以求、急不可耐地想获取这个职位。他事先就明白，这项使命暂时还是一项无法完成的任务，顶多只能争回四分之一的赔偿费，得到一些无关紧要的让步，但还不能指望真正的和平和宽宏大度的和解。他对我说："想做到这一步，也许要等到十年以后吧。但前提是，不光是我们德国人，而是同一辈的所有国家领导人都江河日下了。老一代首先必须从外交界清除掉，至于那些将军，也只剩他们那不会说话的塑像伫立在广场上面而已。"他很清楚自己因身为犹太人而身负的双重责任。这样一个人，内心充满忧虑，满怀着深深的怀疑态度去迎接自己的使命，也许在历史上也是很少见的。他知道这个使命不是自己能够完成的，而只能由时代来完成，他也很清楚这个使命给他个人带来的危险。埃尔茨伯格尔就是由于承担了签署令人不快的停战协议这个棘手任务而遭暗杀，而鲁登道夫却为了躲避这个任务而悄悄逃往国外，从那之后，拉特瑙毫不怀疑同样的命运也在等待着自己，因为他也是谋求相互谅解的先驱。但是，他孤身一人，没有儿女，而且在内心深处也是完全的孤家寡人，所以他认为并没有必要害怕生命遭到威胁，而我甚至都没有勇气去提醒他注意个人安全。拉特瑙在拉巴洛做出的成就相当出色，在当时的情况下，可以说是取得了可能取得的最佳成绩了，这在今天看来仍属历史事实。他所具有的迅速捕捉一切有利时机的杰出才能、他的世界政治家的风度和他个人的声望，从来没有施展得这样成功。

我在城区内的外交部门口和他告别，却没有想到，这一别就成了永诀。后来，我从照片上认出，我们那天一起坐车驶过的那条街正是不久之后暗杀者伏击他的轿车的地点。我没有成为这场历史性的不幸事件的目击者，纯粹是出于侥幸，我却因此为这悲剧的发生更感心痛，难以忘怀。随着悲惨的一幕，德国的不幸开始了，欧洲的不幸开始了。

在这一天我已经到了威斯特兰，成百上千个度假疗养的人在海滨游泳和洗海水浴。就像弗朗茨·费迪南被暗杀的消息传来的那天一样，一支乐队正在为轻松消暑的人们演奏音乐，这时，卖报人像白色的信天翁一样穿过林荫道冲向海滩："瓦尔特·拉特瑙被暗杀！"人群爆发出一阵惊恐，这惊恐震撼了整个帝国。马克一下子猛跌，一直跌到以兆为单位来计算的疯狂比例为止。通货膨胀这时方显它真正的狰狞面目，相比较而言，我们奥地利先前以为荒唐至极的一比一万五千的通货膨胀率只不过是小儿科。要想细述其中细节，描绘出当时令人难以置信的局面，需要写整整一本书，它在今天读者的眼中将是天方夜谭。我经历过那样的日子，早晨买张报纸要花五万马克，到了晚上就得花十万马克。想兑换外汇的人，必须按照钟点来分批兑换，因为，到了四点钟，他换得的钱可能比三点钟的时候多好几倍，而五点钟的时候又比四点钟多好几倍。又比如，我寄给出版商一部完成的手稿，我为此工作了一年,为了保险起见,我要求出版商立即预付我一万册的稿费,但是等到支票汇到,其价值却已不及一周前我邮寄书稿的邮资了。人们坐电车时是以百万计算车票费的,卡车装载着纸币,从帝国银行运往各个分行,而两周后,我看见阴沟里有十万马克的钞票,那是一个乞丐扔掉的,这点钱连他都看不上。一根鞋带比原先一只鞋还要贵,不对,比一家拥有两千双鞋的豪华商店还要贵;修一扇窗户比原先买整幢房子还要贵;一本书的价格要超过原先拥有几百台机器的印刷厂。人们花一百美元就可以在库达姆大街①买上一排六层楼的房子,几家工厂加在一起的价钱换算下来也比不上以前一辆手推车贵。半大的小伙子,在码头拾到装货时被落下的一箱肥皂,只要每天卖出一块,他们就可以一连几个月地坐着轿车兜风,活得好像爵爷,而他们原先富裕的父母却沦为叫花子,四处乞讨。送报人现在盖起了银行,通过各种投机买卖大发横财。他们当中的最大赢家就是那个叫作施廷内斯②的人,他利用市场崩溃的机会,扩大赊购,将所有可以买进的东西全部买进,矿山、工厂、股票、城堡、农庄,实际上,他买这些东西一分钱也未花,因为每笔花销、每笔赊账到头来都变成了零。不久,四分之一的德国已经成为他的囊中之物,德国人一向是以胜者为王,于是,他们冲他欢呼,将他当作天才一般,这情景真是令人作呕。成千上万的失业者四处游荡,他们向坐在豪华轿车里的黑市商人和外国人挥舞着拳头,这些人像买一盒火柴一样买走

---

① 柏林最繁华的商业街。
② Hugo Stinnes,一八七〇年至一九二四年在世,德国矿业巨头。

整条街的东西。每个能读会写的人都做起买卖来，投机倒把，想办法赚钱，同时又在心中暗自感到，他们不仅都在互相欺骗，而且是被一只看不见的手蒙蔽了，正是这只黑手蓄意策划了这场混乱，为的是使国家摆脱所有的债务和义务。我自信对历史非常熟悉，但据我所知，历史上还从未出现过如此疯狂的时代，世界简直近似一座疯人院。不仅在物质方面，而是所有价值都颠倒了，国家的法令遭到嘲笑，人们不再尊重任何习俗和道德，柏林变成了世界罪恶之都。酒吧、游艺场、小酒馆像雨后春笋般冒出来，我们在奥地利所经历的那种混乱局面，相形之下，只是群魔乱舞前的一段温和拘谨的前奏而已，德国人可是将他们所有的热情和理智都完全颠覆了。穿着人造紧身衣的年轻男子，涂脂抹粉地沿着库达姆大街游来荡去，这其中还不仅仅都是专门以此为职业的人；每个中学生都想挣点钱；在昏暗的酒吧里，可以看见政府官员和大金融家们恬不知耻地向醉酒的水手大献殷勤。就算斯韦东[①]笔下的罗马也没有见识过像柏林的异装舞会这样疯狂的放荡场面，成百名男子身穿女性服装，而女子身穿男性服装，在警察赞许的目光下跳着舞。随着所有价值的倾颓，正是那些至今为止生活秩序从未受到过冲击的市民阶层遭到了一种疯狂情绪的袭击。女孩子们以反常的两性关系为荣，在柏林的每所中学里，如果女孩子十六岁还是处女，会被视作有问题。每个女孩子都想公开自己的风流艳史，而且越刺激越好。但是这种病态的色情最要命的就是它可怕的虚假性。从根本上说，德国人随着通货膨胀爆发出来的

---

[①] Sueton，罗马著名传记作家，代表作有《恺撒传》。

这种恣意的纵欲只是一窝蜂地赶潮流罢了,看看这些出身正派市民家庭的女孩子们,她们本来是宁愿梳个简单的分头,也不愿意梳个男人的平板头,本来她们是喜欢用小勺子吃攒奶油加苹果馅饼,而不喜欢喝烈酒的。很清楚,事实上,每天被通货膨胀折磨得快要崩溃的德国人实在忍受不了这样的煎熬了,这个民族已经被战争弄得筋疲力尽,它实际上太希望秩序和宁静,渴望稳定和规范。德国人心底里是仇恨共和国的,这并不是因为共和国压制了那种疯狂的自由,恰恰相反,倒是因为它将这自由放任得太过头了。

凡是经历了这世界末日般岁月的人,尽管当时满心厌恶和痛苦,但是也会感到,以后势必会发生一种反动,那是一种叫人恐惧的反动。而那些将德国人民推入这场混乱之中的那些人,也冷笑地躲在幕后,手里拿着钟表,等待着时机的到来,他们心想:"这个国家情况越糟糕,对我们越有利。"他们知道他们得天下的时机就会到来。一股反革命势力已经明目张胆地聚集在鲁登道夫周围,人数比当时还未掌权的希特勒身边的人要多。那些肩章被人扯下的军官组成了秘密团体,那些眼睁睁看见自己积蓄的钱财被骗走的小市民悄悄地相互走动,随时准备听从任何一声召唤,只要这召唤能够为他们带来秩序。对于德意志共和国来说,再没有比它那理想主义的想法更具有灾难性的了:它要赋予人民自由,就连自己的敌人,它也要赋予他们自由。因为,德国人民是一个讲究秩序的民族,他们获得自由后反而茫然无措,不知如何是好,他们倒是急不可耐地将目光从共和国身上转移开,投向那些正要前来剥夺他们自由的人。

德国的通货膨胀结束的那天（一九二三年）本来可以成为历史上的转折点。这一天，先前疯狂贬值的一兆马克被兑换成了一个新的马克，一种秩序于是产生了。而实际上，随着通货膨胀而泛起的沉垢烂污也迅速消退了下去，酒吧和小酒馆不见了踪影，社会状况恢复正常，每个人对于自己的收益和损失都能计算得明明白白。大多数人，即广大的群众都受了损失。但是，这责任却没有让那些挑起战争的人去负，真正负责的是那些本着牺牲精神承担起新秩序的重担的人，但他们根本没有得到任何感谢。德国人变得如此充满仇恨和痛苦，这样容易受希特勒的蛊惑，完全是通货膨胀的罪过，没有第二个原因——这点我们应当不断提醒自己切勿忘记。因为，即使是战争，即使充满血腥，它毕竟还用胜利的钟声和号角带来过欢呼的时刻，作为一个不可救药的军国主义的国家，德国曾为一时的胜利感到无比的骄傲，相反，通货膨胀带给德国的只是屈辱、玷污和欺骗，整整一代人不能忘记和原谅共和国这段岁月，他们宁愿让那些刽子手还魂。不过，这还都是几年后的事了。从表面上看，一九二四年的时候，那种混乱不堪的局面已经如鬼火般远去，光明的日子重新来临。人们见到秩序重新恢复，随着秩序的恢复，我们已经在迎候长治久安的开始。我们又一次以为，战争结束了，和以往多少次一样，我们又一次当了无可救药的傻瓜。但是，这种骗人的虚妄幻想，却至少带给我们十年的工作、十年的希望甚至安全。

在今天看起来，自从一九一四年开始，我们这代人就见证了一次又一次连续不断的灾难，并为之做出牺牲，而在一九二四年至一九三三年接近十年的期间，即从通货膨胀结束到希特勒攫取政权的这段时间内，我们至少还得以喘息。当然，这并不是说，这段时期就没有任何紧张局势、动荡事件或者危机，——首当其冲的就是一九二九年的经济危机。——但是，在这十年当中，欧洲的和平还是有保障的，这就已经具有了相当的意义。德国在此期间被光荣地接纳进国际联盟，获得了贷款，用于促进经济建设——实际上它是在秘密地扩充军备。英国裁减了军备，意大利的墨索里尼接管了对奥地利的庇护，世界看上去要开始重建了。巴黎、维也纳、柏林、纽约和罗马，无论是战胜国的城市还是战败国的城市，都变得比以前漂亮。飞机提高了交通的速度，办理护照的规定也放宽了。货币之间的比价波动已经停止，人们很清楚自己的收支数额，注意力也不再那样急切地集中在表面的一些问题上了。人们又可以重新开始工作，集中精神，考虑精神领域的问题。甚至，人们又可以做梦幻想了，期盼一个统一的欧洲。这十年仿佛是世界的一个瞬间，我们这代历经了磨难的人又被赐予了一种正常的生活。

在我个人的生活当中，最值得一提的是，在那几年，有一位客人光临我家，并友好地留驻了下来。这位访客我从来没有预料到它的来临，它就是——成功。不言而喻，谈论我自己创作上取得的浅薄成就，对于我本人而言，并不是非常舒服的事情。一般情况下，我根本不会对此做一星半点的暗示，以免被人误解为扬扬得意和自卖自夸。但是，我有一种特殊的权利，甚至是被迫打破沉默，不再尘封自己生命历史当中的这一事实，因为，自从希特勒上台以来的这最近七年，我的这成功已经成为了历史。我出版的数十万、甚至数百万册的作品曾经在书店和无数家庭中占据稳固的席位，但在今天的德国却连一本也买不到了，谁要是拥有一本，就必须小心地将它藏好。而在公共图书馆，我的作品被塞进所谓的"毒草专柜"，只有少数人在得到官方许可后才可以读到它们，用于"学术性"的工作——多半也是为了批判之用。那些曾经和我通信的读者和朋友们，早已不敢再把我这个上了黑名单的人的名字写在信封上了。不仅如此，今天，在法国、意大利以及所有被纳粹奴役的国家里，在那些我的作品被翻译成当地语言并大受欢迎的地方，我的书也由于希特勒的命令而成为禁书。作为一名作家，我今天就像格里尔帕策所说的，是一个"赶着自己的尸体行走的人"。我花费四十年时间在全球建立起来的一切，或者说几乎这一切，顷刻被这样一只拳头击碎。因此，当我说起我的"成功"，并不是指我拥有的某样东西，而是指曾经属于我的一样东西，就像我的房子、我的家乡、我的自信心、我的自由和无拘无束。我日后和很多无辜者同样忍受的这种由盛至衰的猛然栽落，倘若不事先说明昔日盛时的高度，就不能形象地说明这种栽落的深度和挫败的程度，也不能说明我们整整一代的文学工作者是如何猛地一下被彻底灭绝，以及这造成的后果。这些在我看来都是史无前例的。

我的成功不是突然降临，它是缓慢而小心地前来的。但是，它坚持到了最后一刻，始终坚持而忠诚地陪伴着我，直至希特勒的禁令铁鞭将它从我身边赶走。它的影响一年比一年更大，继《耶利米》之后，我出版的第一本书，是我的"建造世界的大师"系列的第一部，即三部曲《三大师》，它为我开辟了成功的道路。

在此之前，表现主义者、唯意志论者、实验主义者轮番上场，现在对于坚忍不拔的人而言，通往大众的道路重新变得畅通。我的中篇小说《马来狂人》和《一个陌生女人的来信》深受读者欢迎，达到了一般只有长篇小说才会达到的受欢迎程度。它们被改编成剧本，它们的片段被人们公开诵读，并且被拍成电影。我还有一本小书《人类的群星闪耀时》——成为所有学校的必读读物——被列入"岛屿丛书"的它在短短时间内，印数突破二十五万册。不消几年的工夫，我就获得了在我看来是一个作家最有价值的成就，那就是，拥有一批读者，一个可以信赖的群体，他们期待我的每本新书，购买我的每本新书，他们信任我，而他们的信任我是不可以辜负的。渐渐地，我的读者群越来越大。我的每本书，在为它登出报刊广告之前，销售的第一天，在德国就卖出两万册。我有时有意识地想躲避这成就，但是它却惊人的固执，始终跟随着我。于是，我出于个人的兴趣写了一本《富歇传》。可是，当我把书稿寄给出版人之后，他写信告诉我，他要立即开机印一万册。我随即回信给他，请他不要印这么多。因为富歇不是一个讨人喜欢的人物，这本书里没有任何关于女人的片段，不可能吸引很多的读者，我劝他最好只印五千册。但在一年后，这本书在德国销售了五万册。就在这个同样的德国，如今却不允许人们读我写下的任何一句话了。类似的情况也出现在我创作悲剧《伏尔波内》时。当时我对自己的这部作品有一种病态的怀疑，我原本打算写一部诗体剧，于是用了九天的时间先用轻松、散漫的散文体写下各场次。正巧德累斯顿的宫廷剧院那几天来信问我有什么新的创作计划，而由于我的戏剧处女作《忒尔西忒斯》是在那里首演的,我总觉得对这家剧院抱有道义上的责任,于是就把散文体的剧本寄给他们,并致以歉意,告诉他们,这仅仅是为计划创作的诗剧所打的第一遍草稿。但是剧院立即发了回复电报给我,他们要求我千万不要再对剧本做任何更改,后来,这个剧本便保持原样在世界各地的剧院上演(在纽约,是由艾尔弗雷德·伦特主演,在戏剧公会演出)。无论我在那几年创作了什么作品,成功始终忠实地陪伴在我身边,而我的德语读者群也持续扩大,越来越多。

我在为人物立传或为外国作品写评论时,一向认为很有必要探究一番他们(它们)在自己那个时代产生影响或默默无闻的原因。因此我不禁时常陷入沉思,反躬自问,我的作品取得了这样意想不到的成功,它们究竟具备哪些特质而促成了这些成功?最后,我得出结论,这原因出自我本人的一个不良习惯,即我是一个没有耐心、容易冲动的读者。在任意一部小说、传记或一场思想辩论当中,任何冗长烦琐、空洞铺张、晦涩生硬、不明不白或画蛇添足之处都让我反感。只有从始至终一直保持着高潮,叫人一气读完的作品才能让我感到充分的满足。而我手中的书籍,十有八九都让我感觉太拖沓,尽是多余的描述、饶舌的对话和不必要出现的配角,因此显得太不紧凑,死气沉沉。就连那些最著名的古典名著,也有很多拖泥带水的段落,令我感到非常不耐烦。我常常向出版商阐述我的大胆计划,有朝一日我要将所有的世界名著彻底缩写,从荷马到巴尔扎克、陀思妥耶夫斯基,直到托马斯·曼的《魔山》,把各个累赘的部分都去掉。毫无疑问,这些作品的内容本身都是超越时代的,经过这样的精简,它们可以在我们的时代产生新的活力,发挥更大的作用。

我对一切冗长拖沓的反感势必会从对国外作品的阅读转移到自己的创作上来,这使我养成了一种特殊的警惕性。出于这种警觉,我自己的创作刻意追求轻快流畅,在写一部作品的初稿时,我总是让自己任意发挥,将心中的想法统统倾泻到纸上。同样,在创作人物传记的时候,我也是首先将一切可以想到的文献资料上的细节利用起来,比如在写《玛丽·安托瓦内特》这部传记时,我为了确定她个人的花销,实际上将她的每笔账目都核对过。我仔细研究了当时所有的报纸和小册子,还将所有诉讼档案从头至尾地查阅了个遍。但是,等到作品最后印刷出来,在书中再也见不到这些研究工作的蛛丝马迹,因为,这未定的初稿刚刚誊清,我的真正工作,即对内容的凝练和对作品的构建,便开始了。这工作对于我没有止境,需要一遍遍不断地推敲,那是去芜存菁的过程,是对作品的内部结构不断进行浓缩和提炼的过程。而很多人做不到这一点,他们无法下决心存而不述,而热衷于在字里行间表现出比自己实际的学识更加深、更加广的内容。而我的雄心却在于,去深入地了解更多的内情,比从表面上观得的更加深入广泛。

这道浓缩提炼、进而使作品更具戏剧性的工序在看校样清稿时还要重复两三遍,最后,它成了一种饶有兴味的捕猎,就是要在不影响作品的准确性,同时又加快作品节奏的情况下,去发现可以删去的一句话,或者哪怕只是一个字词。在我的工作中,其实这样的删减工作最让我觉得有趣。我还记得有一次,我从书桌站起身来,对自己的工作感到心满意足。妻子对我说,今天我显得尤其高兴,我自豪地回答她,"是啊,我又删去了一整段,这样作品更流畅了。"如果人们称赞我的作品紧凑凝练,那么这个特点绝不是出自天生的性急或者内心的冲动,而只是因为我用了这种系统的方法,不断将所有多余的休止符和杂音一概删去了。假如说我有意识地运用了某种艺术方法的话,那就是这舍弃的艺术,因为,如果我的一千页文稿中有八百页被扔进字纸篓,只剩两百页作为经过筛选的精华保存下来,我是不会抱怨的。假如有什么理由可以在一定程度上对我作品的影响力做出解释的话,那么就是我严格遵循的这个原则,宁可缩短篇幅,也一定要字字精粹。而由于我这种创作理念从一开始就面向欧洲和全世界,所以国外的出版商——法国、保加利亚、亚美尼亚、葡萄牙、阿根廷、挪威、拉脱维亚、芬兰和中国——纷纷来和我联系,这真让我感到庆幸。不久,我就不得不买了一个巨型的壁橱,为的是摆放各个国家的版本样书。有一天,我在日内瓦国际联盟的《知性合作》的统计表上看到,自己成了当时世界上作品被翻译得最多的作家(但根据我的脾气,我再次认为这是个错误的统计)。再有一天,一家俄国出版社来信,说他们准备出我的俄文版全集,并问我是否同意请马克西姆·高尔基撰写序言。我是否同意?还是中学生的时候,我就偷偷在桌子底下读过高尔基的小说,多年来,我一直爱戴和敬重他。但是,我从来没有那样的胆量,以为他会知道我,也没有想到他会读过我的一些作品,更没有想过,这样一位文学巨匠会认为有必要亲自为我的作品集作序。接下来的又一天,一位美国出版商带着一封介绍信——好像他觉得自己非要有封介绍信不可——来到我萨尔茨堡的家中,他提出要出版我现在和以后所有的作品。这个人就是维京出版社的本亚明·许布施[1]，从那以后，他成了我最最可靠的朋友和顾问，当其他所有人都被希特勒的铁蹄彻底踩在脚下的时候，是他为我用文字保存了最后的故乡，而我已失去了原先那个真正的故乡，我的德意志的欧洲故乡。

这样表面的成功很容易对人产生一种危险，让人头脑糊涂。先前，这个人只是更多地相信自己的美好初衷，而对本身的才能和自己作品的影响力没有那样大的自信。成名本身意味着对一个人原有的自然平衡的破坏。在正常情况下，一个人的名字不过是雪茄的外层烟叶一样，只是一个表面的、几乎是无足轻重的客体罢了，与真正的主体，与那个真正的自我，没有什么紧密的联系。但在功成名就的情况下，这个名字就马上身价百倍。它脱离开拥有名字的个人，自己成为一种势力，一种力量，一个自在之物，一种商品，一种资本，而且，在强烈的反冲下，它产生一股力量，影响到拥有名字的这个人，统治他，并开始转变他。那些乐天而自信的人便不知不觉地开始习惯于这种力量的影响，并和它产生一致。头衔、地位、勋章，甚至只是自己的知名度，都使他们内心产生一种更强的自信和自尊，并使他们错误地以为自己在社会、国家，乃至时代当中占据特别重要的地位。他们为了让自己的人格达到这外在影响的高度，便情不自禁地自吹自擂起来。而那些天生具备反省能力的人，都会把一切外在成就化为一种自律，他们要求自己在盛名之下尽可能保持本色。

---

[1] Benjamin Hübsch。

我这并不是说我对自己的成功没有感到欣悦,相反,它令我非常幸福。但是,这成功也仅限于那些我制造出的产品,即我出版的书和与此相联的我的虚名而已。当我在德国偶然踏进一家书店,看见一位小个子中学生走进来,他不认得我,而掏出自己少得可怜的零花钱要买一本我的《人类群星闪耀时》,真是深受感动。在卧铺车厢,当列车员在登记姓名之后满脸崇敬地将护照还给我时,或者,当读过我的某部作品的意大利边检人员宽宏大量地让我免检通行时,都能使我的虚荣心得到满足。甚至,当一个作家看到自己对那么多人都产生了影响,这种纯粹数量上的事实也会让他自鸣得意。我有一天偶然来到莱比锡,正赶上当地开始发行我的一本新书。当我看到,自己在三四个月当中写在三百页稿纸上的作品无意间激发起了多少人力时,内心感到无比的兴奋。工人们将书装进巨大的箱子,另一些工人把箱子哼唷哼唷地从台阶上拖下来,装上卡车,然后卡车再把它们送到列车货车车厢,运往世界各地。在印刷车间,几十个姑娘分层码放纸张,排字工、装订工、搬运工和批发商从早忙到晚。我自己计算了一下,如果将这些书像砖头一样排列起来,能够铺成一条壮观的大道。而且,我也不是自命清高,不看重物质利益。在起步的那些年,我从来不敢想,自己可以靠出书挣钱,甚至靠它们养家维生。现在,它们一下子带来可观的收入,而且数额越来越大,仿佛我自此便可高枕无忧了——当时谁会想到我们今天的这个时代呢?我尽可以大方纵情于年轻时候的旧癖好:搜集名人手迹,在那些叫人赞叹的名人遗物当中,有些最精美、最有价值的珍品在我这里找到了归宿,受到了悉心的呵护。从更高意义上来说,我自己的作品寿命相当短暂，而我能够用它们来换取那些不朽杰作的手稿，莫扎特、巴赫、贝多芬、歌德、巴尔扎克的手稿。所以，假如我还故作姿态，硬说这意想不到的外在成功对于我来说其实无所谓，或者说，我内心其实是很排斥它的，那可真就是故作姿态、贻笑大方了。

但是说实话，只有当这成功仅限于我的书和我的文学名望，我才会因为它而高兴。但如果人们将好奇心转移到我本人身上，这成功就会令我非常反感。从很早的青年时代开始，我内心最强烈的本能愿望就是保持自由和独立。我感到，最能破坏一个热爱自由的人的自由的，莫过于四处登载他的照片，而他内心最美好的许多品质都会因此遭到歪曲和破坏。而且，我本来出自爱好而从事的工作，因此也有演变成一种职业甚至生意的危险。邮递员每次都会带来一大沓的信件、请柬、通知和咨询信，都盼望得到我的答复，如果我出门旅行一个月，回来后总要花上两三天时间来清理这些堆积如山的邮件，使"生产"恢复正常。由于我的书很畅销，我迫不得已地被卷入一种事务性工作当中。为了处理好各种琐事，我必须做到有条不紊、全盘考虑、准时和利索，——这些都是令人尊敬的美德，但遗憾的是，它们却一点也不符合我的本性，它们甚至有可能会毁灭我天马行空的纯粹思考和幻想。人们越是希望我参与各种讲座，去出席各种典礼，我越是深居简出。我不愿抛头露面地显扬自己的声名，这种近似病态的畏缩我一生也不能克服。直到今天，我还是有这样的本能，在一个大厅、在一场音乐会中，或观看戏剧演出的时候，我总是喜欢坐在不起眼的最后一排位置。我最受不了的，就是坐在主席台上或在一个显眼的位置，让大家盯着我的脸看。以各种方式隐姓埋名对于我而言是一种需要。还是小孩子的时候，我就总是不明白，为什么上一代的那些作家和艺术家，比如我尊敬的朋友阿尔图尔·施尼茨勒和赫尔曼·巴尔，喜欢穿着丝绒夹克，留着长长的鬈发，还让几绺鬈发覆盖着前额，或者留着引人注目的胡须式样，身穿前卫的奇装异服，希望在大街上引起人们的注意。我坚信，任何以个人形象成名的人，在不知不觉中人格都受到了改变。用韦尔弗尔的话来讲，就成为了一个"镜中人"，与自己真正的人格相悖，一举一动都刻意做出一种风度，随着外表上的这种变化，一个人内在的真诚、自由和率性便一道失去了。如果我今天还能从头开始，我一定会使用另外一个名字，用一个杜撰的笔名来发表自己的作品，这样，我便可以获得双重的享受，一方面是文学上的成功，一方面是隐姓埋名给我带来的自由生活。因为这样的双重生活，本身就充满了魅力，充满了惊喜！

# 日落西山

我经常心怀感激地回想这段时间,从一九二四年至一九三三年的这十年时间,是欧洲相对宁静的时期,没有一个人来破坏我们这个世界。正因为人们曾经历过那样的动荡折磨,我们这代人才将这相对的和平当成一件意外得到的礼物。我们大家都感到,自己必须将那些艰难的战争和战后年月夺去的幸福、自由和精力补回来。我们更加勤奋地工作,但是心情更加轻松了。我们四处漫游,寻找和发现我们的欧洲,再一次发现世界。人们从来没有像在这几年这样大规模旅行过,——是不是因为年轻人都迫不及待地想弥补过去在彼此隔绝状态下错过的东西呢?也许,这是出于一种朦胧的预感?难道我们预感到,在再一次遭到禁锢以前,自己必须及时冲出狭小的天地?

在那几年,我也多次旅行,只是,这时的旅行与年轻时代的旅行已经有所不同。因为,我现在在世界各地都不再是个陌生客了,我到处都有朋友、出版人和读者,无论走到哪里,我的身份都是我那些书的作者,而不再是以前那个好奇的无名小卒了。这给我带来不少好处。我可以更加有效和广泛地宣扬自己的理想:欧洲的精神统一。多年以来,这实际已经成为了我生活的全部内容。我本着这样的理想在瑞士、荷兰发表演讲;在布鲁塞尔的艺术宫用法语演说；在佛罗伦萨的那座具有历史意义的大厅用意大利语演说——这里曾经是米开朗基罗和列奥纳多·达·芬奇曾经就座过的地方；在一次从大西洋到太平洋的讲学途中，我用英语在美国演说。那是一种别样的旅行，走到哪里，我都见到当地最优秀的人物，与他们结为朋友，而不必去找寻他们。那些我在青年时代就相当崇敬的人物，我本来可从来都不敢给他们写一封信，现在却都成了我的朋友。我踏进了那个平日将陌生人高傲地拒之门外的圈子，我见到了巴黎的圣日耳曼城区的华丽建筑，见到了意大利的宫殿，见到了私人的收藏。在公共图书馆，我不必再站在借阅台前请求借阅图书，图书馆的馆长亲自将珍藏的善本拿出来供我参观。我成了像费城的罗森巴赫博士那样的拥有百万美元资产的古董商的座上宾，小收藏家们走过这些古董商的店铺时，总是目光羞涩，不敢踏入。我第一次得以探视这所谓"上流社会"的生活，而且，叫我感觉很惬意的是，我不必向任何人请求什么，这一切都是自动送上门来的。但是，我是不是就因此而对世界有更透彻的认识了呢？不，我总还是渴望像年轻时那样旅行，没有人事先在等待自己，独来独往，一切也因此显得更有魅力。所以，我不愿意放弃以前那种漫游的旅行方式。假如我来到巴黎，就连最好的朋友，比如罗歇·马丹·杜加尔、儒勒·罗曼、杜阿梅尔、马塞累尔等，我都尽量避免在到达当天就马上通知他们。我想像以前做学生时一样，先尽情自在地在大街小巷溜达。我寻访老咖啡馆和小酒馆，回味着当年年轻时的时光。同样，如果我想工作了，我就找一个最意想不到的地方，比如布洛涅、第拉诺或者第戎这样一些外省的小地方，在住过了叫人厌倦的豪华饭店之后，默默无闻地住在小旅馆里，起居活动完全随心所欲，真是太棒了。后来，尽管希特勒夺走了我那样多的东西，但我曾经有十年时间享受了意志和内心都完全自由的欧洲式的生活，这美好的记忆他既不能没收，也不能从我心中磨灭。

在那些旅行当中，有一次旅行对我而言是特别激动和具有教益的，那就是去苏俄的旅行。一九一四年，在战争爆发的前夕，我当时正在创作一本关于陀思妥耶夫斯基的作品，那时我已经开始为此行做准备。可是战争的血腥中断了我的计划，自此之后我又多了一种顾虑，一直未成行。战后，由于布尔什维克的政治试验，俄国对所有知识分子而言都成了一个最具吸引力的国家，大家对它都不甚了解，却一方面热情赞美它，另一方面又狂热诋毁它。由于政治宣传和同样激烈的反宣传，没人清楚地知道那里发生了什么。但是人们知道，那里正进行着某种新的尝试，这种尝试无论善恶，对于我们世界的未来形态都有决定性的影响。萧伯纳、威尔斯、巴比塞、伊特斯拉蒂、纪德和其他许多人都去访问过这个国家，回来后，他们有的热情满怀，有的失望沮丧。要不是想亲眼目睹事实的愿望吸引着我，我是不会成为一个在思想上非常向往新生事物的人的。我的书在那个国家影响相当广泛，不仅是高尔基为我写序的全集，就连价值几个戈比的廉价小版本也深入到了广大群众当中，所以我肯定，自己在那里会受到很好的待遇。但是，令我踌躇不定的原因是，当时任意一次前往俄国的旅行，事先就意味着一种表态，我是个对政治和教条主义最深恶痛绝的人，要我在对一个不可忽视的国家进行几周的概览之前就公开表态，说明自己对这个国家是赞许还是否定，要我对一个尚未解决的问题先发表自己的判断，我是不能接受的。所以，我虽然心中非常好奇，却始终不能下决心，前往苏俄旅行。

但是，一九二八年的初春，我收到一封邀请信，信中希望我作为奥地利作家代表团的成员前往莫斯科参加纪念列夫·托尔斯泰百年诞辰的庆祝活动，他们还希望我在活动当晚发表贺词。我没有任何理由放弃这次机会，因为，这是一次超党派的行为，我的访问因此不带任何政治色彩。托尔斯泰是非暴力主义的信徒，不会被定义为布尔什维克。我显然是有权谈一谈作为诗人的托尔斯泰的，因为我写他的书已经在那里发行了几万册。并且，我认为，如果欧洲所有国家的作家都联合起来，共同纪念他们当中最伟大的人物，那么从欧洲的意义来看，这可谓是一次重要的表态。我于是答应了下来，而且对于自己迅速做出的决定毫不后悔。前往波兰的路程就已经让我大开眼界。我看见，我们这个时代是多么迅速地治愈了自己给自己留下的创伤。那些加利西亚的城市，我一九一五年看见它们的时候还是一片废墟，现在已经焕然一新地矗立在眼前，我又再次认识到，对于个人而言颇为漫长的十年，对于一个民族来讲，是多么短暂的一瞬。在华沙，人们已经再也看不出以前这里曾经有多少次厮杀和流血。咖啡馆里坐着穿着时髦的妇女，光彩照人。衣着笔挺、身材颀长的军官们在马路上散步，他们看上去更像是皇家剧院的杰出演员，在扮演士兵的角色。处处都能感受到一种生机、一种自信和自豪。他们理应自豪，因为新的波兰共和国是从几百年的废墟上昂然崛起的。列车从华沙继续向俄国的边境线驶去，大地越来越平坦，沙土也越来越多。

每到一站，站台上都站满了身穿鲜艳民族服装的整村的村民，因为，当时这里白天只有唯一一趟客车开向这个不许外人进入的封闭国家。所以，有这样一列连接东西方世界的特别快车驶过，在当时是件大事，一定要前来观看它那敞亮的车厢。终于，列车到达边境车站涅格洛尔耶了。在铁轨上方，悬挂着一道宽宽的鲜红条幅，上面的标语用西里尔字母写成，我不认识，有人为我翻译说，那是"全世界无产者联合起来！"在这条火红的横幅下穿过，我们便踏进了无产阶级的帝国，进入了苏维埃共和国，进入了一个新世界。我们坐的这趟列车当然不是无产阶级的，它是沙皇时代的卧车，由于车厢非常宽敞，行驶速度也比较缓慢，它比欧洲的豪华列车还要舒适方便。我第一次坐火车穿越俄国的土地，但奇怪的是，我并不觉得陌生。所有的一切在我看来都是那样熟悉，那带着一丝轻愁的广阔空旷的草原，那些小茅舍，耸立着很多洋葱头形状尖顶建筑的小城，蓄着长胡子，一半像农民，一半像先知的男人，他们爽朗善意地笑着向我们问好，还有戴着花头巾、身穿白短衫，卖着鸡蛋和黄瓜的妇女。我为什么会熟悉这一切的呢？是俄国的文学大师们，是托尔斯泰、陀思妥耶夫斯基、阿克萨克夫和高尔基，他们用伟大的现实主义的手法为我们描述了"人民"的生活。我相信，虽然自己不懂俄语，听不懂人们说话，但是我明白他们要表达的意思。这些身穿肥大的白色衬衫、敦实的男人朴实得叫人感动，火车上年轻的工人们有的下棋，有的看书或者讨论，年轻人那种不安而难以遏制的激情由于受到了某种召唤，迸发出了无比的力量，又在他们身上复活了。不管是不是因为受到记忆中托尔斯泰和陀思妥耶夫斯基对"人民"的爱的影响,反正,在列车上,我已经不由自主地喜欢上了这些民众的孩子气和聪慧,喜欢上了他们动人的和尚未开化的气质。

我在苏俄度过的十四天始终处于高度亢奋之中。我看,我听,有时赞赏,有时厌倦,有时欣悦,有时生气,始终处在冷热交替的冲击之中。莫斯科这座城市本身就是矛盾结合的,那里有宏伟的红场、围墙和洋葱头形状屋顶的建筑,它们有点儿鞑靼式的、东方的拜占庭式的奇异风格,因而也就是远古俄罗斯风格。而另外一边,则矗立着现代化的、超现代的高大建筑,就像一群陌生的美利坚巨人。一切都那样不协调,在教堂里,还隐约能看见被烟火熏黑的古代希腊正教的圣像和镶嵌着宝石的圣徒祭坛,而在距离一百步远的地方,列宁的遗体躺在一副水晶棺材里,遗体穿着黑色的西服,刚刚经过整容(我不知道,他们是不是为了欢迎我们而这样做的)。锃亮的小轿车旁边跑的是瘦小的马匹,胡子拉碴、邋里邋遢的马车夫轻轻吆喝着赶着马车。我们在其中做演讲的大歌剧院里灯火辉煌,仍然以沙皇时代的富丽景象出现在无产阶级的听众面前。在郊区,是一片老朽的房屋,好像无人照顾的肮脏老人,得相互倚靠着才不至于倾倒。这里的一切都太老、太旧,锈迹斑斑,现在都想一下子变得摩登,变得超现代、超机械化。由于这种急切的心情,莫斯科人满为患,到处都显得混乱不堪。商店里、剧院门前,到处都挤满了人,在哪里都必须等待。由于机构臃肿,每个单位的效率都很低下。理应制订出"制度"的新官僚们还热衷于批条子签文件,把每件事情都给耽搁了。本该六点钟开幕的盛会,直到九点钟才开始,当我在深夜三点钟筋疲力尽地离开大剧院时,演说者们还在滔滔不绝地讲下去。在每次接见和约会中,欧洲的客人都早到一小时。时间就这样从指缝里流走,但每秒钟又显得那样忙碌,人们张望、注目、讨论,对一切都表现出极大的热情。我感到了俄罗斯人那种神秘的灵魂感染力和他们难以抑制的乐趣,要将自己鲜活的情感和思想热切地掏出来,这会在不知不觉当中攫住你的心。我在那时很容易激动,也不知道是为了什么原因,为了什么事情,原因可能出自那里的氛围,一种不安分的新鲜的气氛,也许,我已经生发出了俄罗斯的灵魂吧。

还有很多地方非常了不起,首先是列宁格勒,这座由具有胆识的王侯们规划的城市,布局大气,宫殿宏伟,确实是天才的设计。但同时,它也是《白夜》中阴郁的彼得堡,而且还是拉斯科尼科夫[①]的彼得堡。冬宫极其雄伟,而更令人难忘的是其中的景象。我们看见成群结队的工人、士兵和农民,他们穿着笨重的鞋,将帽子谦卑地握在手中,像以前走过圣像前那样,穿过这往日的皇家殿堂,心中暗怀着自豪地观看着冬宫里面的画像。他们心想:现在,这些东西都属于我们了,我们要学会去了解它们。教师领着脸蛋圆圆的孩子们穿过大厅,艺术工作人员向有些拘谨的农民听众讲解伦勃朗和提香。当讲解员指出绘画的某个细部时,他们总是怯生生地抬起沉重眼皮下的眼睛来观看。像在其他地方看到的情景一样,这淳朴而一本正经的努力,要让大字不识的"人民"在一夜之间理解贝多芬和维米尔[②],不禁让人感到有些好笑。而

---

[①] 陀思妥耶夫斯基的小说《罪与罚》中的主人公。
[②] Jan Vermeer,一六三二年至一六七五年在世,荷兰风俗画家。

这努力的两个方面，一是讲解艺术珍品的这方面，要让听众一下就能听懂，一是听讲的那方面，要立即听懂这些讲解，他们都是同样的没有耐性。在学校，老师们让学生画最疯狂前卫的东西，十二岁小姑娘的书桌上，摆的是黑格尔和乔治·索列尔[①]（当时就连我都不知道他是谁）的著作。目不识丁的人手里也拿着书，只是因为它们是书，而书意味着"教养"，这是新的无产阶级的光荣和责任。当人们带我们参观中型工厂，期待着我们表示惊讶，好像我们在欧洲和美国从来没有见过工厂一样，我们多少次都忍不住要笑出来啊。一位工人指着一台缝纫机，非常自豪地对我说："这是电动的。"然后，他用期待的目光看着我，仿佛我应该对此发出惊叹。这个民族因为平生第一次见识这些电动的机器，所以，他们谦卑地以为，是革命和革命之父列宁与托洛茨基设想和发明出了这一切。于是，我们微笑地赞叹一番，暗地里却觉得很滑稽，这个俄罗斯是一个多么聪明和善良的大孩子啊！我们总是这样想，并且问自己：这个国家真的能够像计划中的那样迅速地学会这所有功课吗？这宏伟的计划将越来越宏伟呢，还是会在俄罗斯旧有的奥勃洛摩夫式的怠惰中成为泡影？我们时而相信这计划，时而又抱以怀疑。我见得越多，心里就越没有把握。

但是，这样矛盾的心情难道是我的原因吗，它难道不根源于俄罗斯民族的天性吗？甚至，它难道不存在于我们前来纪念的托尔斯泰的灵魂当中吗？在前往亚斯那亚波尔亚纳[②]的火车上，我和

---

[①] Georges Sorel，一八四七年至一九二二年在世，法国社会哲学家。

[②] 托尔斯泰故居所在地。

卢那察尔斯基谈论了这个问题。卢那察尔斯基对我说:"他究竟是怎样一个人?是一个革命者还是一个反动分子,他自己清楚吗?他是一个真正的俄罗斯人,想在俯仰之间就把具有数千年历史的世界彻底翻个底朝天。——和我们一模一样。"他微笑着补充道,"他和我们一样,想用单一的一个方案改变一切。如果有人把我们俄罗斯人当成有耐心的人,那他就看错我们了。我们的身体甚至灵魂都是有耐心的,但是,我们的思想比任何一个民族都缺乏耐心,我们希望得到所有的真理,希望立即知晓绝对的真谛。这位老人为此受了多少煎熬啊!"确实,当我在亚斯那亚波尔亚纳穿过托尔斯泰的故居时,头脑中只有这句话:"这位伟大的老人为此受了多少煎熬啊!"那儿有他写下不朽著作的书桌,他离开了它,为的是到隔壁的破房间去修鞋,修理破旧的鞋子。门在那里,还有楼梯,他就是通过这扇门和这楼梯逃离了家,希望摆脱他生存的矛盾。那里摆放着一杆猎枪,他在战争中曾用它杀敌,而他本人是反对一切战争的。在农庄这座低矮的白色房屋中,他生命中的所有疑问都强烈而形象地呈现在我眼前,但奇妙的是,在我前往他最后安息地的路上,这种悲凉之感渐渐消散了。

因为,我在俄国见到的最伟大、最震撼人心的景象便是托尔斯泰的坟墓。这块高贵的朝圣地坐落在偏僻孤寂之所,隐没在森林深处。一条羊肠小道通向那山丘,山丘只是一个由土堆积起来的四方形土堆,没有人看守,没有人护卫,只有几棵大树为它遮阴。托尔斯泰的孙女告诉我,这几棵参天大树是列夫·托尔斯泰亲手栽种的。他和他的哥哥尼古拉在童年时候听一位村妇讲过这样一个传说:人们种树的地方将会是吉祥之地。因此,他们游戏般地栽下了一些小树苗，直到晚年，这位老人才想起这个奇妙的预言，于是立刻表示希望埋葬在亲手种的树下。人们按他的意愿照办了。这座坟墓，由于简朴得令人五体投地，成为世界上给人印象最深的墓地。森林之中浓荫下的一小块四方山丘——没有十字架，没有墓碑，没有铭文。这位伟人，再没有人像他那样在生前因为自己的名字和名誉而痛苦了，就这样默默无闻地被埋葬了，就像一个被偶尔发现的流浪汉，或者一个不知名的士兵。他这块长眠之地，任何人都可以前来，它四周稀疏的栅栏从来没有封闭过。守护着这位永不休息的人的最后安宁的唯有人们的敬意。通常人们总是对陵墓的壮观感到好奇，而这里叫人叹为观止的简朴使人着迷，让人一睹为快。风仿佛上帝的低语，在这座无名的墓地上方簌簌作响。除此之外，万籁俱静，人们从此路过，也许根本不知道这里埋葬着一个人，一个俄罗斯人，埋葬在俄罗斯的土地里。无论是巴黎荣军院大理石穹拱下拿破仑的墓室、王侯陵墓中歌德的灵柩，还是威斯敏斯特教堂里的墓碑，都不及这座密林之中的宁静无声的无名坟茔感人。这座坟茔四周，只有风儿的絮语，连一句悼文都没有。

我在俄罗斯逗留了十四天，但我始终感觉到俄罗斯人内心那种急迫的心情和有些盲目的飘飘然。究竟是什么让他们如此激动呢？我很快便找到了原因，因为，他们是人，他们有一股真诚的冲动的热情。每个俄罗斯人都相信自己参与了一个涉及全人类利益的伟大事业，所有的人都怀有这样的信念：他们必须忍受的物资匮乏和短缺，是为了一个更崇高的使命。以前他们面对欧洲怀有的自卑感现在突然被一种狂热的自豪所取代，他们觉得自己领先了，超过了所有人。"光明来自于东方"——他们当中有未来的救世主，他们就是这样想的，率真而简单。他们认清了这"真理"，别人只能梦想的东西，现在已经交付给了他们，由他们来实现。即使他们把最微不足道的东西拿给别人看时，他们的眼睛也炯炯放光地说："这是我们制造的。"而这个"我们"指的是整个俄罗斯民族。载客的马车夫用马鞭指着一幢新盖的大楼，咧着大嘴笑着说："这是我们盖的。"大学课堂里的鞑靼人和蒙古人向我们迎面走来，满怀自豪地指着他们的书本，这一个对我们说："这是达尔文的著作！"那一个也同样自豪地说："这是马克思的书！"看他们的神情，好像这些书是他们自己写的一样。他们迫不及待地要让我们看他们的一切，将一切都解释给我们听，好像他们很感激我们前去参观他们的"事业"。他们每个人——这可是在斯大林统治的年代！——对欧洲人都怀有无限的信任，用善良忠诚的目光望着我们，紧紧地兄弟般地握着我们的手。但是同时，也有极少人表现出来，他们虽然热爱一个人，却未必"崇敬"他。大家本来就是弟兄，就是同志嘛！就连作家也不例外。我们在亚历山大·赫尔岑的故居聚会，在座的不仅有欧洲作家和俄罗斯作家，还有通古斯族作家、格鲁吉亚作家和高加索的作家。每一个苏维埃加盟共和国都为纪念托尔斯泰派出了代表。我和他们中的绝大多数不能交谈，但是彼此都能明白对方的意思。有时，一个人站起身来走到另一个人面前，说出对方写的一部著作的名字，用手指着自己的心说："我非常喜爱它。"然后便握住对方的手，使劲地握着、摇着，好像出于热爱要将对方浑身弄散架为止。更加令人感动的是，他们每个人都带了礼物来。当时还是很困难的年月，大家都没有什么值钱的东西，但是他们每个人都拿出了一点东西给我们留作纪念。一幅不值钱的旧版画、一本我们看不懂的书，还有民间的木刻。这对我当然不费什么力气，因为我可以用俄国多年来见不到的值钱物品对他们进行回赠，比如一把吉列剃须刀、一支钢笔、几沓优质的白信纸、一双轻软的皮拖鞋，这样，我回家时就已经完全是一身轻了。但正是这种无声却热诚的冲动使我们深受感动，我们在此亲身感受到的这种温暖和热烈是欧洲人从来没有见识过的，因为在我们的祖国，人们都还没有达到"人民"的思想觉悟。每次和这些人相聚在一起，都是一种危险的诱惑，有些外国作家在访问俄罗斯时也确实难以抵御这样的诱惑，因为他们看见自己受到如此空前的欢迎，而且受到真正的人民大众的爱戴，既然在这样的政权统治下的老百姓是如此倾心于他们和他们的作品，他们便认为自己对那个政权一定得称赞一番。是啊，礼尚往来，将心比心，本是人之常情。我也必须承认，我自己在俄罗斯的某些时候也几乎要高唱颂歌了，我自己也被那片热情弄得神魂颠倒。

我之所以没有陷入到那种具有魔力般的激情狂热当中去，与其说归功于自己内在的自制力，不如说是多亏了一个陌生人，我不知道他的姓名，以后也不会知道。那是在一次大学生的庆祝活动之后，学生们将我团团围住，拥抱我，和我握手，他们的热情令我感到相当的温暖，我满怀喜悦地望着这些学生充满朝气的脸庞。有四五位同学陪我回到住处，我们一大伙人在一起，其中也有派给我的那位女翻译，她也是一位大学生，将每句话都翻译给我听。直到我关上旅馆房间的房门,我才真正是一个人独处,实际上,这真是十二天以来第一次的独处,因为一直有人陪在身边,被人包围着,被热情的人群拥来拥去。我开始更衣,脱外套的时候,听见里面有窸窣的纸张声响,我把手伸进口袋,发现里面有一封信。这封信是用法文写成的,它不是通过邮局寄给我的,而是有人在和我拥抱的时候或者拥挤的时候将它悄悄塞进了我的口袋。

这是一封没有署名的信,写得非常巧妙,而且通情达理。它虽然不是出自一个"白俄"的笔,但是其中却充分表达了对近年来自由日益受限的愤怒。"人们对您说的话,您不要全部相信。"这位陌生人写道,"您不要忘了,在他们向您展示的那些东西后面,还有很多他们没有展示的内容。请您记住,那些和您交谈的人,他们中的大多数没有说出自己想说的心里话,而只是说了他们被允许说的话。我们大家都在受监视,就连您也不例外。您说的每一句话都由您的女翻译向上级汇报,电话受到监听,您每走一步都有人盯梢。"他为我举了一连串的例子和细节,对于这些,我没有办法去证实。但是,我按照他的意思烧了这封信,——"您不要只是将它撕碎,因为会有人从您的字纸篓里将碎片取走重新拼好。"——第一次开始重新审视一切。我身处这样诚挚的热情之中,在那感人的同志般的气氛当中,我确实根本没有机会和什么人进行无拘无束的私人交谈,这难道不是事实吗?我不懂俄语,所以这阻碍了我和老百姓有真正的直接接触。那么,在这十四天当中,我所见到的其实只不过是这个一望无际的帝国的非常微小的一部分啊!如果我真的不想迁就自己附和别人的观点,我就必须承认，虽然我得到的印象在某些细节上那么令人鼓舞和感动，但在客观上不能说明什么问题。所以，从俄国返回后，当几乎所有作家都很快地出版了著作，或者热情地赞颂俄罗斯，或者尖锐地批评俄罗斯，我却只写了几篇文章而已。后来证明，我这种保留态度是很明智的，因为三个月之后，很多事情与我亲眼见到的已经不同了，一年之后，由于风云突变，当时的那些言论都被事实斥为谎言。但至少，我在俄罗斯那样强烈地感受到了我们时代的汹涌澎湃，这在我的一生当中还是很罕见的。

我离开莫斯科的时候，行李已经相当少了。凡是可以送出去的东西，我都分送给别人了，而我自己只带回两幅圣像，他们后来在很长时间都一直装饰着我的房间。但我带回家的最珍贵的东西，就是和马克西姆·高尔基的友谊了。我在莫斯科第一次和他相见，一两年之后，我又在索伦托与他再次见面，当时，他因为健康原因必须去那里疗养，我在他那里做客，度过了难忘的三天。

我们那一次的会面真是很不平常，高尔基不会任何外语，我又不懂俄文。无论按照什么逻辑来讲，我们只能有两种情形，要么四目相对，默然共坐；要么需要我们尊敬的朋友玛利亚·布德贝格男爵夫人帮忙翻译才得以交谈。但是，高尔基真不愧为世界文学中最具天才的小说家之一，叙述对于他而言，不仅仅意味着一种艺术表现形式，而且是他全部天性本能的表现。在叙述当中，他置身于被叙述的事件当中，将自身转化为被叙述的对象。我无须懂得他的语言，就能够通过他生动的面部表情理解他的意思。

他看上去是一副地地道道的"俄国人模样",——我没法用别的词汇来表达。他的五官没有什么显眼的地方,这样一个瘦高个男人,草黄色的头发,颧骨宽宽的,看见他这个样子,人们很可能以为他是在地里干活的农民、赶马车的马车夫、小鞋匠或者无家可归的流浪汉。——他就是百分百的"人民",是俄罗斯人原型的集中体现。在大街上,人们很可能毫不经意地从他身边走过,不会注意到他有什么特殊之处。只有当你坐在他的面前,当他开始叙述的时候,你才认出这个人来。因为,他不自觉地就成了他自己描绘的那个人了。我还记得,他是如何描述一位他在游历时遇见的驼背、疲倦的老人的,——还没等别人翻译,我就明白了他的意思。他很自然地将脑袋耷拉下来,双肩下垂,他开始讲话时那双明亮有神的蓝眼睛变得阴沉而疲倦,他的嗓音沙哑,他已经不知不觉地将自己化身成那位驼背老人了。而接着,当他开始讲述一些高兴的事情时,他便会放声大笑,他轻松地将身子往后靠着,额角闪烁发光。听他说话真是其乐无穷,他会用到位的有塑造力的动作将景色和人物一一勾勒出来。他身上的一切,无论是坐是行,是倾听还是得意的时候,都是那样自然朴实。有一天晚上,他乔装成一名贵族,腰间别着一把军刀,目光中立即流露出一股威严高贵。他眉头紧锁,威风凛凛地在房间里来回踱着步,好像在考虑下一道严峻的命令。而随即,当他脱下这套衣服时,他那副开心的孩子气模样真像个农家男孩。他的生命力简直是个奇迹,他靠自己那个损伤的肺活着,这实际用医学原理是无论如何也说不通的。他是靠一种强大的求生意志、一种钢铁般的责任感活下来的,每天早晨,他都用清楚的笔迹写他的长篇小说,回答来自他的祖国的青年作家和工人向他提出的数百个问题。和他在一起，对于我意味着和俄国同在，那不是布尔什维克的俄国，不是以前的俄国，也不是现在的俄国，而是具有宽广、强大和深沉灵魂的一个永恒民族的俄国。在那些岁月当中，他的内心依然是犹豫彷徨的。作为一位老革命，他曾经盼望推翻沙皇统治，他本人和列宁也建立了友谊，但是他当时仍很犹豫是不是应该完全投靠党。用他自己的话来讲，就是究竟是皈依"东正教士还是罗马教皇"。在那些年，他始终感到良心上的压力，因为一天又一天，都让他下决心不回到自己的同胞那里去。

在那些日子里，我还凑巧亲耳听他描述了新俄国才会有的典型一幕，它向我揭示出这个国家所有的矛盾之处。有一艘俄罗斯军舰在航海演练中第一次驶入那不勒斯港，那些从来没有来过西方世界的水兵们穿着漂亮的海军服在托莱多大街上闲逛，他们睁大好奇的农民的眼睛，对一切新奇玩意儿总也看不够。第二天，他们之中有一小伙人决定到对岸的索伦托来，来看看"他们的"大作家。他们没有事先通报，按照他们的俄式兄弟观念，"他们的"大作家肯定是随时都有时间招待自己的。于是，他们突然出现在他的家门前，而且，他们想得也没错，高尔基一刻也没让他们久等，马上就把他们请进去了。但是，——高尔基后来自己大笑着对我说，——这些年轻人一开始对他摆出一副严厉的面孔哩，因为他们觉得"人民的事业"高于一切。他们一迈进这幢美丽舒适的别墅就嚷嚷着说："瞧你住在什么房子里！简直像个资产阶级！你为什么不回俄国去？"高尔基只得尽可能详细地向他们做解释。但实际上，这些老实巴交的年轻人也并不真想这样疾言厉色,他们只是想表示自己并不"崇尚"名人,无论见谁都要先考问一番他的信念。接着,他们无拘无束地坐着喝茶,聊天,最后,又一个接一个地和他拥抱告别。高尔基兴致勃勃地描述着这一幕,他相当喜欢年轻一代人的这种轻快自由,对他们的大大咧咧一点也不生气。"我们和他们是多么的不同啊,"他反复这样说,"我们不是畏首畏尾,就是无比激烈,但从来就不是我们自己的真实模样。"那天晚上,他的眼睛一直炯炯放光,当我对他说:"我相信,您肯定很愿意和他们一道回家。"他猛地一怔,目光锐利地盯着我说,"您怎么知道的?说真的,到最后一刻,我都还在考虑,是不是应该把书本、稿纸、工作等等所有都放下,和那些小伙子们一起,坐上他们的军舰,去航行十四天。也许,我这样会重新明白,俄罗斯是什么样子。在远离祖国的地方,人是会荒废掉最宝贵的东西的。在流亡的时候,我们当中没人拿出什么像样的东西来。"

但是,高尔基将自己在索伦托的生活称为"流亡",这是不对的。他随时都能回国,而且实际上,他也回过国。他不像梅列日科夫斯基,书被禁,人被驱逐,——我在巴黎时曾遇见过这个悲惨的愤世人物——也不像今天的我们这样,按照格里尔帕策的妙语,我们是"在异乡和故土皆为异客,没有祖国的人"。我们说着异国的语言,颠沛流离。几天以后,我在那不勒斯拜访了一位真正的流亡者,一位另类的流亡者,他就是贝内代托·克罗切。几十年来,他曾是年轻人的精神领袖,在因为反对法西斯主义而和墨索里尼发生冲突之前,作为参议员和部长的他在自己的祖国享有极高的荣誉。他辞职退隐,但是这还是不能令那些强硬派满意,他们要彻底摧毁他的反抗，在必要时还要对他进行惩戒。和以往完全不同，如今处处充当反动势力急先锋的大学生袭击他的住宅，打碎他的窗玻璃。但是这位有着一双机敏的眼睛、留着一撮小胡子、看上去更像一个安逸的市民的矮胖男子并没有被吓倒。他没有离开自己的国家，尽管收到美国和其他国家大学的邀请，他还是待在自己家里，埋首于自己的书城之中。他以同样的思想继续办他的《批评》杂志，继续出版自己的著作，他的学生和同志完全被封杀了，而他本人的威信如此之高，使得一贯严苛的审查制度在墨索里尼的授意下不得拿他怎样。对于一个意大利人，甚至对于外国人来讲，拜访这样一个人物是需要非凡勇气的，因为，当局很清楚，在他自己的壁垒之中，在他堆满书籍的房间里，克罗切说起话来可是相当直白，不带任何虚饰的。他这样就好像生活在一个密不透气的房间里，在他的四千万同胞当中，他仿佛生活在一个煤气罐里。在我看来，在一个拥有千万人口的国家，在一座拥有百万人口的城市，这样一种个体的封闭式的孤绝可怕又可敬。我当时还不知道，与后来降临到我们自己头上的做法相比，这还算是一种温和得多的消灭思想的做法呢。但我不得不佩服，这个年迈的老者在日复一日的斗争当中保持了怎样的清醒和旺盛的精力啊。他笑着对我说，"恰恰是反抗让一个人变得年轻。如果我继续当我的议员，那日子就很好过，但我在精神上恐怕早就变得懒散和动摇了。缺乏斗志是对一个智性的人最有危害的事情，当我孤立无援，身边不再有年轻人的时候，我就必须让自己变得年轻。"

但是，要等到若干年后，我才明白，只要能经受住，那么考验就是挑战，迫害就是锤炼，孤立就是升华。和生活中一切重大的事情一样，这样的认识从来不能从别人的经验中得来，而必然只能从自己经历的命运中得来。

我之所以从未见过意大利最重要的人物墨索里尼，归因于我不愿意接近政治人物的毛病。就连在我自己的祖国，小小的奥地利，我没有和任何一个国家领导人见过面，比如赛佩尔、多尔富斯①、舒施尼克②等，这其实是我特意要回避的。我从朋友们那里获悉，墨索里尼是我在意大利最早的也是最优秀的读者之一，而且，由于我曾请他帮过一个忙——这是我第一次向政治人物提出请求，而他很快就遂了我的愿，所以，我其实理应去向他亲自表示感谢。

事情是这样的。有一天，我收到巴黎一位朋友的急电，信中说，一位意大利女士有要事想在萨尔茨堡见我，他希望我马上接见她。第二天，这位女士来了。她对我说的事情确实令人震惊。她的丈夫出身贫穷家庭，是一位杰出的医生，由马泰奥蒂资助培养起来。当这位社会党的领导人被法西斯分子凶残暗杀时，早已精疲力竭的世界良知再次对这样的罪行产生了愤怒的反应。整个欧洲都陷于一片激愤之中。当时有六位勇士在罗马的大街上公开抬着被害者的灵柩出殡，他这位忠实的朋友便是其中之一。不久

---

① Engelbert Dollfuss，一八九二年至一九三四年在世，奥地利政治家，一九三二年任奥地利总理和外交部长。

② Kurt von Schuschnigg，一八九七年至一九七七年在世，奥地利政治家，在多尔富斯之后任奥地利总理，曾为反对希特勒而斗争。

之后，他便遭到刁难和威胁，流亡出走。但是，马泰奥蒂一家的命运使他颇为担忧，为了报答自己的恩人，他想把马泰奥蒂的孩子偷偷地从意大利送到国外。在这次行动中，他落到了密探或者特务的手中，遭到了逮捕。由于意大利政府不愿将此事与马泰奥蒂案件联系在一起，所以不可能会对他有很严重的起诉，但是，起诉人却巧妙地将他同另外一起案件联系了起来，那是一次针对墨索里尼的炸弹暗杀。于是，这位曾经在战时获得最高荣誉的医生被判处十年重刑，予以监禁。

他的年轻的妻子当然心急如焚。一定要想办法推翻这个判决，因为她的丈夫是不可能熬过这十年活着回来的。得让欧洲所有的文学界名人联合起来，大声疾呼地共同抗议这个审判，她求我帮忙。我马上劝阻她不要搞什么抗议，我很清楚，自从大战以来，这样的舆论声明早已毫无用处。我努力让她明白，出于民族自尊，没有哪个国家会迫于外界的压力，修改自己的法律，在美国的萨科－万泽蒂案中，欧洲的抗议完全是帮了倒忙。我赶紧让她不要这样行事，否则，她会立即使自己丈夫的境遇恶化，因为，如果有人试图从外界给墨索里尼施加压力，那么就算他有心给犯人减刑，也做不到了。但是，由于被她感动，我还是向她保证一定尽全力帮她。碰巧的是，下周我就要去意大利，而我在那里有一些位高权重的好朋友。也许，他们可以暗中起点作用。

到意大利的当天，我就开始行动了，但是我发现，恐惧已经多么深入地侵蚀了人们的灵魂。不等我说出这位医生的名字，他们已经个个都面有难色了。他们都说，不行，自己没有这样大的影响力，这根本不可能做到。就这样，我问了一个又一个朋友，最后，我满心愧疚地回到奥地利。也许，那位不幸的夫人会怀疑我没有尽全力帮她呢。确实，我是没有尽到全力，还有最后一条路我没有尝试，——那是一个直截了当的方法：给墨索里尼本人写信，生死大权可都掌握在他的手中呢。

我写了，我给墨索里尼写了一封实话实说的信，我在信中说，我不想以谄媚的言辞开场，并且开门见山地对他说，我并不认识那位医生，也不了解事件的详细经过，但是，我见过他的绝望而无辜的妻子，假如她的丈夫要在牢房里待上这么多年，那么这惩罚的枷锁不是也落在了她的头上了吗？我丝毫不想对这判决有任何的指责，但是我设想得到，假如她的丈夫不是去坐牢，而是被遣送到某个流放的小岛，并允许他的妻子和孩子一道随行的话，对于这位夫人，这将是救命之恩了。

我拿起这封致贝尼托·墨索里尼阁下的信，将它投入萨尔茨堡的普通邮筒。四天以后，意大利驻维也纳的公使馆给我来函。他们告诉我，墨索里尼阁下向我致谢，并且，他已经满足了我的请求，准备缩短刑期。同时，来自意大利的一份电报告诉我，我请求的改判已经被执行。墨索里尼亲自大笔一挥，满足了我的个人请求，果真，那位被判刑的医生很快就重获了自由。在我一生当中，没有哪封信这样让我喜悦和满足。假如说我曾因为某项文学上的成功而喜悦和满足过，我就会怀着特别感激的心情想起这封信。

在那最后风平浪静的几年旅行真是一件快乐的事情，但是，返乡也一样令人愉快。在一片宁静之中，发生了一些值得注意的变化。那座拥有四万居民的小城萨尔茨堡，我正是因为它具有浪漫色彩的偏僻地理位置而选择它作为自己的定居地，现在惊人地变了：在夏季，它不仅成为欧洲的，而且成为全世界的艺术之都。在战后最艰难的岁月里，为了救济在夏季找不到工作的演员和音乐家，马克斯·莱因哈德和霍夫曼斯塔尔曾经在此举办过几次演出，尤其是在萨尔茨堡教堂广场上《耶德曼》的露天演出取得了巨大成功。这些演出先是吸引了周边地区的观众，后来，人们又尝试举办歌剧，使演出日益完善臻美。渐渐地，全世界开始关注萨尔茨堡，最优秀的指挥家、歌唱家和演员都满怀雄心地纷纷涌来，他们很高兴能有机会冲出家乡的狭窄天地，可以在来自世界各地的观众面前表演自己的艺术。这样一来，萨尔茨堡的各届艺术节一下子吸引了世界各地的人群，它仿佛成了新时代艺术界的奥林匹克，各个国家都竞相在此展示他们最优秀的艺术。谁也不愿错过这些精彩绝伦的表演。最近几年，王公贵族、美国的阔佬和电影明星、音乐爱好者、艺术家、诗人和附庸风雅之辈都相约萨尔茨堡。欧洲没有第二座城市能像长久遭人蔑视的奥地利的这座小城，成功地让最优秀的表演艺术家和音乐家汇聚一堂，萨尔茨堡因此而繁荣起来。在夏季，人们在街上不时会遇见来自欧美的客人，他们来此寻求艺术的最高表演形式，他们穿着萨尔茨堡的民族服装，男子身穿白色亚麻短裤和短上衣，女子则打扮成阿尔卑斯山村妇的模样，小小的萨尔茨堡一跃成为世界风尚的统领。在旅馆，人们争着订房间。在通往演出大厅的道路上，小轿车竞相炫耀的情景就像过去人们去参加宫廷舞会时的情景一样。火车站始终是人山人海。别的城市企图将这股带来金钱利益的人潮引向自己，却没有一个成功的。在这个世纪，萨尔茨堡成为并始终是欧洲艺术的朝圣之地。

这样，我突然发现自己住在欧洲的中心。命运再一次满足了我的一个连自己都不敢想的愿望，我们在卡普齐纳山上的那幢房子成了一幢具有欧洲性质的房子。谁没到过我们那里呢？我们的会客簿比记忆更好地做了见证，但是，它和房子以及其他很多东西一样，最后都落到了纳粹手里。我们在那里和多少朋友共度了多少美好的时光啊！我们从露台上眺望美丽宁静的风光，根本没想到在对面的贝希特斯加登山上住着一个要毁灭这一切的破坏者。罗兰在我们这里住过，还有托马斯·曼，在作家中，我们曾友好接待过H.G.威尔斯、霍夫曼斯塔尔、雅可布·瓦赛尔曼、房龙、詹姆斯·乔伊斯、盖奥尔格·布兰兑斯、保尔·瓦莱里、简·亚当斯、沙洛姆·阿施、阿图尔·施尼茨勒。在音乐家当中，我们接待过拉威尔、理查德·施特劳斯、阿尔本·贝尔格、布鲁诺·瓦尔特、巴托克。我们的客人还有来自世界各地的画家、演员、科学家和学者。那些年的每一个夏季，都给我们带来多少畅谈文学艺术的美好时光啊！有一天，阿尔图罗·托斯卡尼尼登上了我们那些陡峭的台阶，从此开始了我们之间的友谊，它使得我比以前更加热爱和欣赏音乐，也更加懂得音乐。我于是长年成为他排练演出的最忠实听众，一再目睹他为了追求完美而做出的充满激情的努力。等到公演的时候，这种完美既是奇迹，又显得顺理成章（我曾在一篇文章中描述他排练的情景，他的排练对于艺术家是最好的榜样，每一次都一丝不苟，直到最后的完美无误）。莎士比亚那句话在我身上得以完全应验："音乐是灵魂的滋养。"眼看各种艺术争奇斗艳，我真庆幸自己运气好，能与它们有不解之缘。艺术与迷人的风景交相辉映，这些夏日是多么充实和丰富多彩啊！每当我回首往事，想起战后的那座小城是多么衰颓、灰暗、压抑，想起我们的房子，我们在里面冻成一团，与破屋顶上漏下的雨水搏斗，我内心就感到，那几年祥和的日子对我的一生意味着什么。它使我对于世界，对于人类重新树立了信心。

那几年，有很多受人欢迎的名人来我们家里做客，而即便在我独处的时候，身边也聚集着一群高贵的神秘人物：在我前面已经提及的名人墨宝收藏当中，各个时代最杰出的大师的手迹那时都已成为我的囊中珍宝。通过这个方法，我逐渐将他们的身影和踪迹都召唤到自己身旁。我从十五岁开始这个业余爱好，经由这些年，由于阅历日益增长，收集的门路越来越宽，热情也越来越高涨，它从一个单纯的嗜好转变成了一种有系统有步骤的收藏工作，甚至可以说，它已经成为了一种名副其实的艺术创造。在最初的阶段，我和每个新手一样，只关注姓名，只收集名人的签名。接着，出于好奇的心理，我开始收集手稿——作品的初稿或者片段——这正好也让我了解到受人爱戴的大师的创作方法。在世界上无数的未解之谜当中，最深奥和最神秘的莫过于造物的秘密。大自然从不容窥探，它从来不让人知道它这个最高的艺术技巧。地球是如何产生的，一朵小花儿是如何孕育的，一首诗从何而来，人的生命又来自何方。在这里，大自然无情地、绝不退让地为自己蒙上一层面纱。即使是诗人和音乐家，在事后也不能解释自己灵感迸发的那个瞬间。一旦一件作品被成功地完成，艺术家便再也想不起它是怎样形成雏形，又是怎样完善形成的了。他永远、或者说几乎永远也说不清楚，自己是怎样集中精力把一个个词语组成诗句，单独的音调又是怎样形成千古流传的旋律的。唯一能够为这个不可捉摸的创造过程提供一些猜测证据的，就是这些艺术家的手稿了，尤其是那些涂涂改改、还不准备拿去付印的尚未完全确定的初稿，未来最终的定稿就是从这些初稿中逐步形成的。收集所有伟大的诗人、哲学家和音乐家的这些手稿，这些见证了他们艰苦创作的反复修改的初稿，是我收集名人手迹的第二阶段，也是更加有意识的阶段。对我而言，在拍卖场竞逐这些手稿是充满乐趣的，把它们从隐身之处发掘出来，是一种快乐的付出，也同时是一门学问，因为我在收藏名人手迹的同时，还收藏关于名人手迹的所有书籍和印行的所有书目，在数量上，我的收藏已达到四千多册，这是一批规模特别大的、无人可以比拟的私人藏书，就连商人也不会为了一门独学倾注这样多的时间和心血。可以说，——当然，在文学方面或生活的其他领域，我从不敢这样说，在这三四十年的收藏过程中，我成了名人手迹方面的权威之一，我知晓每一页重要的手稿，知道它在哪里，被谁收藏着，以及它是怎样辗转到它的主人手里的。我也成了一个真正的鉴定专家，一眼就能辨别真假，在估价方面，我比大多数专业人员更有经验。

尽管如此，我收藏名人手稿的兴趣依然有增无减。我已经不再满足于收藏反映了成千种创作方法的世界文学和音乐大师的手稿，单纯的扩大收藏数量也不再能引起我的兴趣，在最后十年的收藏中，我把主要的精力放在筛选方面。假如说，在开始的阶段，我仅满足于收藏一位诗人或作曲家在创作过程中的手稿,那么我后来就把精力逐渐转移到收藏他们创作鼎盛时期的,即获得最大成就时期的手稿。这就是说,我已经不仅仅是收藏一位诗人所写的任何一首诗的手稿,而是他所创作的最美的诗篇的手稿,而且,尽可能是那种不朽的诗篇,它们在诗人灵感迸发,刚一落笔时,便已注定要流芳百世。我就是要从那些不朽人物遗留下来的珍贵手稿中找到他们为这个世界所作的不朽之作。——这真是心比天高啊!

因此我的收集工作实际上从来没有间断过,只要我觅到一页更具价值、更有个性和——假如我可以这样说的话——更具有永久保存价值的手稿,就会把自己藏品中的任意一张低于我那个最高目标的手稿筛除、出售或者与人交换。令人惊讶的是,很多时候我都成功地达到了目的,因为,很少人像我这样具备如此的见识、毅力和知识,去收藏这样重要的手稿。所以,最初只是装满一个皮包,最后,在金属和石棉的防护下,我收集到的属于人类创造力最永恒文献的作品的初稿,装满了整整一箱。由于我今天被迫过着漂泊不定的生活,手头没有那些早已失散了的收藏品的目录,我只能随意列举其中几件藏品,世间天才的风貌在其中被定格在一个永恒时刻。

有一张是达·芬奇工作笔记的手稿,是他用左手反写的素描附注;有四张拿破仑用几乎不能辨认的草书写给在黑沃利的士兵们的命令;有巴尔扎克整部小说的印刷校样,每一张上面都有密密麻麻上千处修改,无比清楚地表明当时巴尔扎克是怎样反复地推敲,艰苦卓绝地进行着创作(幸而这部手稿留有影印件存在美国一所大学）；还有尼采《悲剧的诞生》的鲜为人知的初校手稿，这是他远在这部著作出版之前，为自己仰慕的科西玛·瓦格纳而写的；另外还有巴赫的一部康塔塔、格鲁克的《阿尔西斯特》咏叹调和一首亨德尔的咏叹调，亨德尔的音乐手稿是所有音乐手稿中最珍罕的。我总是搜集那些最具个性的手稿，而且大多时候都有收获，这其中有勃拉姆斯的《吉普赛人之歌》、肖邦的《巴尔卡罗勒》、舒伯特千古流传的《音乐颂》、海顿的《皇帝四重奏》中的不朽旋律"上帝保佑吾皇弗朗茨"。有时，我甚至可以从一件具有独创性的手稿开始，成功地扩展到能够概括艺术家一生创作个性的手稿。就这样，我不仅拥有一张莫扎特十一岁稚气未脱时的手稿，而且还拥有他为歌德的诗作《紫罗兰》谱写的歌曲手稿，这首不朽的歌曲也是他歌曲艺术的代表作。在他的舞曲作品中，我收藏有从费加罗"再也不能"的主题派生出来的小步舞曲，有《费加罗的婚礼》中的凯鲁比诺咏叹调，以及从来没有公开全文出版过的他写给"小堂妹"的有伤风化的奇妙信件[①]和一首轻佻的卡农，最后，还有他在临死前不久写的一首出自《狄托的仁慈》的咏叹调。同样，我收藏的歌德手稿也勾画出他一生的轮廓。第一张是歌德九岁时翻译拉丁文的译稿，最后一张是他在逝世之前八十二岁时所作的一首诗。在这头尾之间，有他的巅峰之作《浮士德》的一大张双面对开页的手稿，有一部他关于自然科学的手稿，以及数不清的诗作，还有他在人生各阶段所作的素描作品。在这十五件手稿当中，人们可以概观歌德的一生。但是，

---

① 此指莫扎特写给其堂妹 Maria Anna Thekla Mozart 的信。

对于我最景仰的贝多芬，我的收藏却没有能够做到这样全面。就像我的出版人基彭贝尔格教授是我在收藏和竞拍歌德手稿方面的对手，有一个瑞士的顶级富豪，在收藏贝多芬的作品方面是我的对手，他收藏的贝多芬手稿无人可以匹敌。但是，除了贝多芬青年时代的笔记本、歌曲《吻》和《哀格蒙特》乐谱的片段之外，我收藏的贝多芬的遗物至少可以完美直观地呈现出他一生当中最凄凉的时刻，这是世界上任意一家博物馆不能做到的。贝多芬去世后，贝多芬房间里的所有遗物都被拍卖，而被枢密顾问布罗伊宁购得，出于好运，又为我所有。最重要的是那张大写字台，写字台抽屉里藏有他的两位恋人的画像：一幅是吉乌丽塔·古西亚尔蒂伯爵夫人[1]，一幅是埃尔德蒂伯爵夫人[2]。还有他直至弥留之际始终留存在自己床边的钱箱，以及那张斜面小书板，他卧床的时候还一直伏在上面写最后的乐谱和信件。此外，还有一绺他临终时剪下的白发、讣告信函、他用颤抖的手签下的洗衣单、拍卖会上可以拍卖的家具物品的清单、他在维也纳的所有朋友为他身后留下的一无所有的女厨萨丽认购遗物的字据。由于一个真正的收藏家总是会碰上好运气，在我得到贝多芬房间里的这些遗物之后不久，我又有缘得到了三幅他的临终素描。根据贝多芬同时代的人的描述，舒伯特的朋友、年轻画家约瑟夫·特尔切尔在三月二十六日那天，也就是贝多芬弥留之际，想把最后时刻的贝多芬画下来。但是，枢密顾问布罗伊宁将画家赶了出来，因为他认为这是对贝

---

[1] Julia Giulietta Guicciardi，贝多芬的《月光奏鸣曲》是献给她的。

[2] Marie von Erdödy，匈牙利贵族，贝多芬的红颜知己。

多芬的大不敬。这几幅素描失踪了一百年，直到在布尔诺举办的一次小拍卖会上，那位名气不大的画家的几十本素描簿被廉价拍卖时，人们才赫然发现其中有那三幅贝多芬的素描。巧事真是一桩接着一桩，有一天，有个商人给我打电话，他问我是否对贝多芬临终素描的原件感兴趣。我告诉他，这些素描已经在我手里了，后来才弄清楚，他打算卖给我的原是后来非常有名的丹豪塞所作的贝多芬临终遗像的石版画。就这样，我收齐了所有这些以视觉形式保留下那个值得怀念的、真正不朽的最后时刻的艺术品。

毫无疑问，我从来不认为自己是这些物品的主人，而只是它们暂时的监护人。吸引我去收集它们的不是那种占有的欲望，而是要把那些珍品汇集到一起的想法，我是将收藏当成了一种艺术性的工作。我意识到，在这种收藏的过程当中，我已经创造出了比自己的著作更具永恒价值的东西。虽然我这时已收藏了不少珍品，却迟迟没能整理出一份目录，因为，我的建构工作仍未完成，也还不够完善，还有几位名人的手稿和几件最完美的手迹我没有得到。再三考虑后，我决定在身后将这些独一无二的收藏品转交给一所能够满足我的特殊要求的研究机构，我将要求它每年拨出一定的款项，按照我的想法去继续完善这些收藏。这样，我的全部收藏就不会变成一堆僵化的东西，而成为一个具有生命力的有机体，在我身后的五十年、一百年内不断得到补充和完善，从而成为一个日益完美的整体。

但是，对于我们这历经磨难的一代人来说，是不可能预测到未来的，当希特勒的时代到来，当我离开家宅，收藏的乐趣也一并消失，而且我当时也根本没有把握能保存住什么东西。相当一段时间，我还将它们中的一部分锁在保险柜里，或者寄放在朋友家里，但是最后，我还是决心听取歌德的告诫：博物馆、收藏馆和兵器库，一旦得不到充实，将变为一堆废品。于是我选择放弃，和这个自己再无力建设的收藏工作告别。临走时，我送了一部分藏品给维也纳国家图书馆，其中大多是朋友们送给我的礼物，还有一部分我变卖了出去，至于最后剩下的那一部分命运如何，我已不再关心了。从此，我的乐趣一直在于自己的创作，而不再是别人创作好的作品。我并不为自己失去曾经拥有的东西而感到痛心。因为，在这些敌视艺术和收藏的年代，我们这些被放逐、被驱赶的人，还必须学会一门新的艺术，那就是，和我们曾经热爱过的、曾经为之骄傲的一切告别。

就这样，在工作、旅行、学习、收藏和享受中，时光一年年地逝去。一九三一年十一月的一个清晨，当我醒来时，已经五十岁了。这一天对于萨尔茨堡那位可怜的白发邮差来说可是个倒霉的日子，在德国有种传统的习俗，当一位作家过五十岁生日的时候，报纸要为他好好庆祝一番，所以，这位老邮差不得不拖着一大摞的信件和电报爬上我们那陡峭的台阶。我在拆阅这些信件之前，停下来思忖着，这一天对于我意味着什么。五十岁意味着一个转折点，我回首往事，心情难以平静，自己已经走了多少路程呢？扪心自问，是否还要继续前行。我回想着自己度过的岁月，就像从我的屋子眺望阿尔卑斯群山和那块和缓下坡的山谷一样，回想着自己的五十年，不得不说，如果我此时还不知感恩的话，那简直就是亵渎了。我最终得到的远远超过期待和希望得到的，我获得了能够发展自己的天性并将它表达出来的途径，那些诗作和小说、戏剧所获得的影响大大超出了我年少时的梦想。岛屿出版社送给我的生日礼物是一部我已出版的所有著作、所有译本的总目录，它本身就是一本书，里面的语种应有尽有，保加利亚语、芬兰语、葡萄牙语、亚美尼亚语、汉语和马拉提语。我的文字和思想借由盲文、速记和各种外国文字传播到人群中去，我无限扩充了自己的存在空间，它已不再局限于我自己居住的咫尺天地了。我赢得了这个时代一些最优秀人物的友谊，我欣赏过最精彩的演出，游览了那些不朽的城市，欣赏了不朽的绘画和风景，一直自由自在，没有公务和职业的羁绊，我的工作不仅是我的乐趣，它还会为别人带来乐趣！那么还会有什么糟糕的事情会发生呢？我的这些书，难道会有人将它们毁掉吗？（这时我是这样认为，完全不知道后来会发生什么）我的房子，难道会有人把我赶出去吗？我的朋友们，难道我会失去他们吗？我毫无惧色地想到死亡和疾病，却从来没有想到我目前面临的这种生活状态，没有想到自己会背井离乡，遭到驱逐，无家可归，从一个国家流亡到另一个国家，漂洋过海，流离失所；没有想到自己的书被焚毁、遭禁止，遭到唾弃；没有想到我的名字在德国会像罪犯一样受到攻击；没有想到我的那些朋友们——他们的信件和电报那时都摆在我眼前的桌子上——有朝一日碰巧遇见我时，脸色会霎时变得煞白。我没有想到自己用了三四十年时间孜孜不倦做出的业绩会被一笔抹杀，不留任何踪影；没有想到自己亲手建立起来的、眼前这看似牢不可摧的生活都会分崩离析；没有想到在自己事业快要接近顶峰的时候，被迫再重新开始，而我已经心力交瘁。说真的，在我五十岁生日那天，我做梦也没有想到以后会发生这样荒唐、这样野蛮的事情。我那时是感到心满意足了，我热爱自己的工作，从而也热爱生活。我无忧无虑，即使我再也不写一个字，我出版的著作也可以保证我衣食无忧。我似乎已经拥有了一切，命运一帆风顺。我童年时代在父母身上得到的安全感，虽然在战争中失去了，但现在，我靠着自己的努力，又将它重新找了回来。我还有什么别的要求呢？

但奇怪的是——正因为我这时不知道自己还需要什么，让我感到了一丝莫名的不快。我心中有个声音在问自己，——这个声音不是我自己的——这样继续风平浪静地过日子，这样有条不紊、舒适安逸、没有新的磨难与忧虑的生活，你觉得确实很不错吗？这种优裕的、完全有保障的生活，不是不符合你的本性吗？我在屋子里踱着步，陷入沉思。这些年，日子变得非常美好，也完全符合我的期盼。可是，我难道要永远生活在这里吗？难道永远坐在同一张书桌前，一本接一本地著述，接受一笔又一笔的版税？难道我要渐渐变成一个尊贵的绅士，用正派和德行来维护自己的作品和名声，与一切意外、焦虑和危险诀别？我难道就这样一直沿着笔直、平坦的大道生活下去，直到六十岁、七十岁？——我心中继续梦想着——会不会出现一些别的事情呢，一些新鲜的事情，让我不安、紧张、让我接受挑战，去进行也许更加艰险的新的斗争，却因此也令我更加年轻呢？在每个艺术家心中，都隐藏着一种神秘的矛盾：如果生活坎坷艰辛，他渴望安宁；但是当生活安宁时，他又渴望回到动荡中去。因此，在五十岁生日的那一天，我内心深处只有一个罪恶的愿望：我希望发生一些事情，将我从这样安稳舒适的生活中再次拽出来,我希望自己不再继续这样的生活,而必须重新开始。这是不是因为我害怕衰老,害怕自己变得疲倦和迟钝呢?或者,这是一种神秘的预感,它让当时的我为了达到内心的发展而渴望另一种更加艰苦的生活?我不知道是为什么。

我不知道是为什么。因为,在这个特殊时刻,从潜意识当中朦胧产生的这个念头并不是一个清晰的愿望,它和我清醒意志中的愿望也绝对无关。那只是一个转瞬即逝的想法,也许,它根本就不是我自己的想法,而是一个来自连我自己都不清楚的幽冥深处的念头。然而,驾驭在我生活之上的那个不可捉摸的阴暗力量,显然是觉察到了我的这个愿望,它以前曾经满足了我那样多的奢望,于是这时,它举起拳头,准备将我的生活从里到外击得粉碎,以迫使我在原有生活的废墟之上彻底重建一种更加艰难、困苦、与先前完全不同的生活。

# 希特勒上台

有一条不可抗拒的历史规律：在决定时代命运的庞大行动开始之初，往往是历史本身阻碍了那个时代的人对它的认识。因此，我也记不清楚自己是在什么时候第一次听说阿道夫·希特勒这个名字的了，而这个名字，这么多年来我们不得不每天、每时甚至每秒都得去听、去想、去说它，拥有这个名字的人给我们这个世界带来的灾难比任何时代的任何一个人都要多。不管怎样，第一次听说这个名字肯定是在很早以前。因为我们萨尔茨堡离慕尼黑只有两个半小时的火车车程，可以说是它的邻居，那边有什么风吹草动，我们这边立刻就能知道。我只记得，有一天，——具体是哪一天我记不清楚了——有个熟人从那边过来，抱怨说慕尼黑又不太平了，特别是一个叫希特勒的家伙在煽风点火，他指挥暴徒大打出手，扰乱会场，用最卑劣的手段煽动人们反对共和国和犹太人。

这个名字进入我的耳朵，没有任何内容和分量，我对它根本没有多想。当时，混乱的德国出现了多少煽动家和暴乱分子的名字，但是都转瞬即逝，今天早已消失得无影无踪。比如带领波罗的海海军的艾哈特上校[①]、卡普将军[②]、政治暗杀分子、巴伐利亚共

---

① Hermann Ehrhardt，德国海军军官，曾参加卡普暴动。
② Wolfgang Kapp，德国政治家，一九二〇年三月发动暴动。

产主义分子、莱茵地区分裂主义分子、志愿军团的头目等等。成百个这样的小气泡在发酵的泥塘里翻滚，并不产生爆炸，只是发出一股恶臭，把德国尚未愈合的伤口里的腐烂暴露得清清楚楚。有一回，我还偶尔看见一份新兴的国家社会主义运动的小报《米斯巴赫报》（它后来发展成《人民观察家》报），米斯巴赫不过是一个小村庄，那份报纸也办得相当粗陋，谁会去关心这些事呢？

但是，接下来，在我几乎每个星期都要去的边境小镇赖兴哈尔和贝希特斯加登，突然出现了穿着长筒靴和褐色衬衫的年轻学生队伍，那些男孩子从矮到高地排着队，每人臂膀上都佩戴着一个鲜艳的铁十字袖章。他们组织集会和游行，齐声唱着歌或喊着口号地穿过大街，他们在墙上贴上巨幅标语，在上面涂上铁十字标记。我第一次意识到，在这些突然冒出来的队列的后面，一定有着一个有经济实力并具有影响的势力存在。希特勒当时还仅仅在巴伐利亚的啤酒屋里发表演说，他一个人不可能有实力将这几千个年轻人武装成一支耗费如此巨大的队伍。必然还有更加强大的势力，在后面推动这场新的"运动"。因为，在那个贫穷的时代，真正的退伍老兵还只能穿着破衣烂衫，而这些从一座城市被派往另一座城市的"冲锋队"，他们的制服竟是崭新的。他们居然还拥有一个叫人吃惊的停车场，里面停着数量可观的崭新轿车、摩托车和卡车。除此之外，这些年轻人显然还在接受军队的正规训练，——或者，像当时人们说的那样，是"准军事训练"。——而且，肯定是德国国防部亲自提供了这些物质条件，并承担了系统的技术训练，希特勒从一开始就是国防部秘密情报部门的密探。一次偶然的机会，我亲眼目睹了这样一次事先演练过的"战斗行动"。在一个边境小城，社会民主党人正在那里举行和平集会，突然有四辆卡车疾驶而来，每辆车上都站满了手持橡皮棍的年轻纳粹党徒，正像我上回在威尼斯圣马可广场上见到的情景一样，他们闪电般地扑向毫无准备的人群，这是法西斯主义者惯用的方法，只是他们更加训练有素，用德国人的话来说，就是每个细节都精确准备好了。随着一声哨音，冲锋队的队员们迅猛地跳下卡车，举起橡皮棍朝路上遇见的每个人抡去，不等警察到来，工人们也还来不及聚集起来，他们就已经重新跃上卡车，扬长而去。让我目瞪口呆的是他们下车和上车的准确动作，歹徒头目只是吹一声尖利的哨音，他们就做完这些动作。看得出来，每个党徒事先都明白自己的位置，他们的每块肌肉、每根神经都配合默契，抓哪个把手、蹬哪个车轮、跳到哪个位置以避免和下一个人碰撞，他们都一清二楚，不会因为自己的失误危及全体。这绝不是个人的机敏能做到的，他们的每个动作肯定在军营和练兵场上演练过几十遍、几百遍了。一眼就能看出来，这支部队一开始就是专门为从事袭击、暴行和恐怖活动而训练的。

不久，我听到关于在巴伐利亚进行这种地下演习的更多的消息。在大家都熟睡的时候，这些年轻人便悄悄溜出家门，集合起来进行夜间的"野外训练"。由国家或者秘密资助人出资，由国防军的在役或退役的军官训练这支部队，而政府各部门对这些奇怪的夜间行动并不太在意。他们是真的睡着了，还是故意睁一只眼闭一只眼？他们是认为这项运动无关大局呢，还是在暗地助长这些人的气焰？不管怎样，那些曾经暗中支持过这个运动的人后来也被他们的残暴手段和迅速崛起的速度吓倒了。一天清晨，当政府部门从梦中醒来,慕尼黑已经落入了希特勒之手,所有的办公地点均被占领,枪口威胁下的报纸只好宣布革命已经胜利完成。不知所措的共和国只是做梦般地抬头望见鲁登道夫将军从云端仿佛救星般出现,许多人都自以为能够战胜希特勒,鲁登道夫将军就是其中第一人,但到最后,他们反倒都被他愚弄了。那次妄图征服德国的啤酒馆暴动上午开始,中午就结束了,这个大家都知道(我没有必要在这里叙述世界历史)。希特勒逃走,不久便被拘捕,于是,这场运动好像消失了。在一九二三年这一年,铁十字标志不见了,冲锋队和阿道夫·希特勒这个名字几乎被人遗忘,没有人会想到他日后还有掌权的可能。

直到若干年后,他才重新出现,这一次,民众对社会现状不满的怒潮将他迅速抬升起来。通货膨胀、失业、各种政治危机,以及外国的愚蠢举动,都使德国人人心动荡,德国所有阶层的民众都强烈渴望获得秩序,对于他们而言,秩序从来比自由和正义更加重要。谁要是开口许诺建立秩序,——就连歌德都曾说过,混乱比一场不义更加令他厌恶——谁就能使千千万万的人追随自己。

而我们却仍一直没有注意到危险已经逼近。作家当中,有少数人确实花了精力去读希特勒的著作,但是他们不去研究他的纲领计划,却只会嘲笑他的散文枯燥无味。那些持民主立场的大报不去提醒人们提高警惕,反而每天安慰他们说,这个借助重工业和冒险借贷得来的钱支撑起来的运动,耗资巨大,明天、后天,反正迟早一天会失败。但是,也许外国人永远也不会真正明白,在那些年,德国人为什么会低估希特勒这个人和他日益增长的权势。原因在于,德国向来不仅仅是一个等级森严的国家,而且在等级观念之外，还有对于"学历"的根深蒂固的顶礼膜拜。除却某些将军，那个国家的所有高级职位都由所谓"受过高等教育"的人担任，而当时，在英国有洛德·乔治①，在意大利有墨索里尼和加里波第，在法国有布里昂②，他们全是从平民走向国家元首的最高位置的。而德国人却觉得，一个还没有读完市立中学、更谈不上读完大学的人，一个曾经在收容所里过夜、不知用什么样的方式长年过着阴暗生活的人，竟然能朝着冯·施泰因男爵、俾斯麦、比洛亲王③曾经担任过的职位哪怕靠近一点，都压根是不可想象的。就是这种对学历的过于看重错误地引导了德国的知识分子，他们以为希特勒只不过是个在啤酒馆煽风点火的小丑，绝不可能有多大的危险性，却不知道，他早已借助幕后操纵者的力量在各个社会阶层赢得了有力的支持。就在一九三三年一月他当选总理的那一天，大多数人，甚至包括将他推上这个位置的人，竟还以为他不过是这个职位的临时人选，他们仍旧将纳粹的上台看成是暂时的插曲罢了。

这个时候，希特勒的枭雄本色才第一次大范围暴露出来，几年以来，他一直向各方面势力许诺，争取到了各个政党的重要代表人物，他们个个都以为可以利用这个"无名小卒"的神秘力量来达到自己的目的。后来，希特勒在重大的政治谋略中也采用了相同的伎俩，他通过发誓和表达德国人的忠心来和他最终要消灭

---

① Lloyd George，英国自由主义政治家，一九二二年任英国首相。

② Aristide Briand，法国政治家和外交家，一九二六年获诺贝尔和平奖。

③ 德国外交家和政治家，一九〇〇年任帝国首相。

和铲除的那些力量结盟。此时，这种伎俩为他取得了初步的胜利。他非常擅长用许诺来欺骗各方面的人，以至于在他上台的那一天，就连最为对立的阵营里也爆发出一阵欢呼。在荷兰多伦的保皇党们认为，他是皇帝最忠实的开路先锋，而同时，在慕尼黑的古老的巴伐利亚维泰尔斯巴赫王族的保皇党们也感到欢欣鼓舞，因为他们也将希特勒当作是"自己人"。德国的国家主义者们希望，希特勒会为他们将柴火劈成小块，为他们生起炉灶。根据协议，他们的领袖胡根贝尔格在希特勒的内阁里占据了最为重要的职位，他相信自己已经站稳了脚跟——当然，几个星期之后，尽管信誓旦旦的协议还在，但胡根贝尔格已经被希特勒赶出内阁。重工业企业主们由于希特勒上台而松了口气，他们觉得自己不再受布尔什维克的威胁了，他们眼巴巴地盼望着自己秘密扶植了这么多年的人早日掌权。而逐渐贫穷的小市民也一样松了口气，因为希特勒曾在上百次的集会中向他们许诺，要"打破利息的桎梏"。小商贩们记起希特勒曾经答应他们要关闭大商店，那是他们最危险的竞争者（而这个承诺从来没有兑现过）。尤其欢迎希特勒上台的，是军方，因为他用军事思维考虑一切，并且臭骂和平主义。甚至社会民主主义者也并非如人们想象的那样对希特勒的平步青云冷眼相看，因为，他们希望，他能够铲除掉拱在他们身后、令他们很难受的共产党人。截然不同、完全对立的政党都把这个曾向各个阶层、各个政党和各个倾向的人群许下诺言、并发誓信守诺言的"无名小卒"当成自己的朋友。就连在德国的犹太人也没有感到什么不安，他们自欺欺人地以为，一个当上部长的雅各宾派就不再是雅各宾了，一位德意志帝国的总理当然是会反对反犹主义的野蛮行径的。再说，在那个法律已经相当稳固的国家里，国会中的大多数人都和希特勒对立，根据庄严宣布的宪法，每个公民都能享有自己的自由和平等待遇，希特勒在这种情况下怎么能够胡作非为呢？

但是，国会纵火案紧接着就发生了，国会不见了，戈林放出他的暴徒，霎时间，德国的所有法律和公正都化为乌有。当人们听说，集中营就设在和平的环境之中，秘密审讯室就设在军营里，无辜的人在那里未经任何法律正规程序就被处死，无不感到毛骨悚然。人们自我安慰道，这只是一时丧失理智的狂暴罢了，这样的事情在二十世纪不会持久下去的。可是，这其实只是一个开端。全世界的人都屏住呼吸，关注着事态的发展，不敢相信那些难以置信的事情。但在那些天，我已经看见了第一批逃难的人。他们在夜间越过萨尔茨堡山地，潜游过界河，面黄肌瘦、衣衫褴褛，眼神惊慌。一场躲避惨绝人寰的迫害的可怕逃亡就从他们开始，这浩劫最终蔓延到了全世界。但当我看见这些被驱逐者时，还没有意识到，在他们苍白的脸上已经预示出我自己未来的命运，我们大家都是那个人所施暴行的牺牲品。

在短短几周之内，一个人很难将自己用三四十年时间培养起来的对世界的信念彻底粉碎。在我们根深蒂固的道德观念中，依然相信德国的良知、欧洲的良知和世界良知的存在，我们坚信，残暴终究是有限度的，它总有一天要被人性消灭。因为我在此力图忠实于现实，所以必须承认，我们所有在德国和奥地利的人，在一九三三年，甚至一九三四年的时候，对于听来的消息总是觉得压根不可能发生，但那些事情总在数周后猛然发生。不过，我们这些自由、独立的作家必将面临困难、麻烦和敌意，这是事先就很清楚的。国会纵火案之后，我马上对出版人说，我的书在德国马上就要成为历史了。我忘不了他当时惊愕的神情，"谁会禁您的书呢？您可连一句反对德国的话都没有写过啊，您也没有干预过政治啊！"他满脸惊讶地问我，那还是在一九三三年。我发现，那些几个月后便已成事实的所有骇人听闻的事情，诸如焚书、滥用酷刑等，在希特勒篡权后的一个月即使对于眼光长远的人而言，仍旧不可思议。这是因为，纳粹惯于使用的那套欺骗伎俩是不会在时机成熟之前轻易暴露自己的目标有多么极端。他们一向小心翼翼地运用着这样的手段：最先只给小剂量，然后缓一缓，每次总是只用一粒药丸，然后等上一小会儿看效力如何，看世界的良知是否承受得住这个剂量。由于欧洲的良知迫不及待地强调自己与这样的暴行"无关"，因为这些暴行都发生在"国界那头"。——这是我们文明的耻辱，也损害了我们的文明——纳粹使用的剂量便越来越大，直到整个欧洲最终被这些毒药毁灭。希特勒最成功的地方就是他掌握了节奏，成功运用了初步试探、逐步升级的战术，来对付一个在道德上、随即在军事上也越来越孱弱的欧洲。消灭一切自由言论、销毁所有见解独立的书籍是希特勒早已做出的决定，他也是用这种事先试探的方法使它在德国得逞。当时并没有颁布一项法令断然禁止我们的著作，——它在两年之后才得以宣布——他们先是小心地试探了一下，看看这个行动能走多远。他们将攻击我们作品的首次任务推给了不用负法律责任的纳粹学生。他们曾经为了贯彻蓄谋已久的反犹行动，导演了一场所谓

"激起民愤"的闹剧。这次，他们也用同样的伎俩，暗中唆使那些大学生对我们的作品公开表示"愤怒"。热衷于表现自己反叛思想，不放过任何机会的德国大学生顺从于他们的教唆，在所有大学集结闹事，将我们的书从书店抢出来，带着这些战利品，举着飘扬的旗帜，走向一处公共场地。在那里，他们或者是按照德国古老的习俗——中世纪的风俗这时突然变成了一种时髦——将这些书钉在耻辱柱上示众，——我自己就有一本被耻辱柱上的钉子钉穿的书，那是一位大学生朋友在执行完任务后从柱子上抢救下来的，他将这本书当作礼物送给了我。——或者，他们把书堆在大堆的木柴上面，口中念着爱国主义的词句，将它们烧为灰烬——可惜当时不能烧活人。虽然宣传部长戈培尔在几番犹豫之后最终还是下决心赞成焚书，但焚书始终是一种半官方的措施，德国公民并没有从大学生的焚书事件和胡作非为之中吸取任何教训。这再清楚不过地表明，德国人当时对这些行为还是多么的无动于衷。虽然纳粹警告过书商，禁止他们把我们的书摆进橱窗，虽然没有一家报纸再提及我们的书，但真正的读者却丝毫没有受到影响。在监狱和集中营还没有设立起来之前，我的书在一九三三年和一九三四年的销量和以前一样多，根本没有因为所受的各种刁难和凌辱而受影响。直到纳粹把冠冕堂皇的"保护德意志人民"的规定变成法令，把印刷、销售和传播我们的作品说成是政治罪行，他们才强行把我们和几十万、几百万德国人分开。而在今天，德国读者仍然喜爱我们的作品，而毫不青睐那些突然冒出来的鼓吹铁血政策的诗人，他们希望忠实地陪伴我们的创作。

能够在德国和诸如托马斯·曼、亨利希·曼、韦尔弗尔、弗洛伊德、爱因斯坦及其他一些同时代的人物——我认为他们的作品比我的重要得多——共同承受被完全剥夺文学创作的命运，在我看来，非但不是什么耻辱，反而是一种荣耀。由于任何一种殉道者的姿态都让我反感，所以我不太喜欢对外宣扬自己与这些人物同命运。但奇怪的是，恰恰是我自己让纳粹分子，甚至使希特勒本人陷入一种非常尴尬的境地。在所有被剥夺了公民权的人中间，唯独我创作的人物形象成为让贝希特斯加登别墅中高层人物恼怒不已、争论不休的问题。因此，在我这辈子的高兴事当中，又增添了一桩让我尤其感到满足的事情，那就是，我让阿道夫·希特勒，这个新时代最强权的人物火冒三丈。

在希特勒新上台的那几天，我被莫须有地扣上一项叛乱的罪名。当时，全德国正在放映一部电影《灼人的秘密》，根据我的同名中篇小说改编，根本无人对此有任何不满。但在纳粹分子企图嫁祸于共产党人却没有得逞的国会纵火案爆发之后，有人聚集在电影院招牌和电影《灼人的秘密》广告前面，挤眉弄眼，哈哈大笑。盖世太保很快就明白了这部电影的名字让人发笑的缘故。就在这天晚上，警察开着摩托车到处巡逻，电影被禁演。紧接着，我的这部小说的名字《灼人的秘密》在所有的报刊广告和海报上都销声匿迹。不消说封杀一句触怒他们的话了，就连将我们的作品统统销毁，对于他们也是再简单不过的事情。当时因为一个特殊情况，他们还不敢对于我本人轻举妄动，因为，我那时正巧和德意志民族最伟大、最著名的当代音乐家理查德·施特劳斯合作一部歌剧。如果纳粹动了我，势必就会冒犯他，而他们那时正极需施特劳斯为他们在全世界面前维护声望。

那是我第一次和施特劳斯合作，在此之前，自从《埃莱克特拉》和《玫瑰骑士》以来，他的所有歌剧的歌词都是出自胡戈·冯·霍夫曼斯塔尔的手笔，而且我也从未见过施特劳斯本人。霍夫曼斯塔尔去世之后，施特劳斯通过我的出版商传话说，他很想创作一部新歌剧，问我愿不愿意为他撰写歌词。他这样的请求让我感到莫大的荣幸。自从马克斯·雷格尔为我的第一批诗歌谱曲以来，我一直生活在音乐和音乐家的圈子里。我和布索尼、托斯卡尼尼、布鲁诺·瓦尔特、阿尔本·贝尔格成为亲密的好友，但是，在我们那个时代，没有一个音乐家像施特劳斯这样让我心甘情愿地为他效力。从亨德尔、巴赫到贝多芬，再到勃拉姆斯，理查德·施特劳斯是德意志血统的伟大音乐家族中延续至今的最后一个后裔了。我立即就答应了他的请求。在第一次会面时，我就建议施特劳斯，用本·琼生①的《沉默的女人》作为歌剧的主题，而理查德·施特劳斯对我这个建议的理解之迅速，思维之清晰，不禁让我惊喜万分。我根本没想到他竟然具备如此敏捷的艺术理解力和如此惊人的戏剧知识。当我还在向他介绍素材的时候，他已经赋予了它戏剧的雏形，而且——更令人惊叹的是，立即将它调适到与自己的才能相吻合，他对于自己的才能真是清楚得要命，完全不用考虑所长所短的分界之处。我一生曾遇见不少伟大的艺术家，但没有一个人能像他这样清醒和客观地看待自己。合作刚开始，施特劳斯便坦诚地告诉我，以七十岁的年龄，他已经不能再具备产生音乐灵感的原初力量。他也许再也创作不出像《梯尔·欧

---

① Ben Jonson，一五七二年至一六三七年在世，英国戏剧家。

伦施皮格尔》和《死神与净化》这样的交响乐了，因为，纯音乐需要的恰恰是新鲜蓬勃的创造力。但是，歌词还始终会令他产生灵感，如果有现成的、已成型的主体思想，他还是能够用戏剧的形式将它们表现出来，因为对于他而言，音乐的旋律会自发地从那些情景和诗词当中产生出来。也正是因为这个原因，他晚年就专门从事歌剧创作了。他自己很清楚，歌剧作为艺术形式已经过时，没有人能够再超越瓦格纳这座高峰。"但是，"他以巴伐利亚人的粗犷风格大笑着补充道，"我找到了一个好办法，那就是绕开他。"

在我们弄清楚剧本的基本轮廓之后，他还另外给了我一些细节的提醒。他希望给我完全的创作自由，因为，一部事先用威尔第的风格剪裁好了的歌词脚本永远不会激发他的灵感，只有富有诗意的作品才能带给他灵感。他说，我如若能创作出能够使音色多变、形式复杂的歌词，那就太令他满意了。"我不像莫扎特，能够创作出那样长的旋律，我的音乐主题总是很短小，但是，我知道以后如何去变奏这个主旋律，装饰它，并将其中蕴藏的所有内涵挖掘出来。我相信今天没人能够做得像我这样。"我再一次为他的坦率而惊叹不已。确实，施特劳斯作品中的旋律长度几乎没有超过几个节拍的，但这短短几拍的旋律——比如《玫瑰骑士》中的华尔兹——是怎样得以升华，并通过赋格最后成为完美华丽的乐章啊！

和这第一次会面一样，以后的每次会面我都对施特劳斯充满了崇敬之情，这位年迈的大师在自己的作品中那般自信，同时又那样客观。有一次，我和他单独坐在萨尔茨堡艺术节演出大厅里观看他的《埃及的海伦》的内部排演，身边没有其他人，四周一片漆黑。施特劳斯专注地聆听着。我突然发现，他的手指正不耐烦地轻轻敲击座椅扶手。他小声对我说："不行，太糟糕了！这音乐太空洞了！"几分钟之后，他又说："我删掉这段才好！哦，天啊，上帝啊，太空洞了，太长，太拖沓！"再过了几分钟，他又说："您听，这段不错！"他评判着自己的作品，如此实事求是，如此客观，好像第一次听到这些音乐一样，好像这音乐不是出自他自己笔下，而是一个他不认识的人写的。他对自己始终保持着这种惊人的客观态度，总是很清楚，自己是谁，自己有多大本事。他并不想拿别人和自己做比较，别人比自己差多少、强多少，他根本不感兴趣，他也不在乎自己在别人眼中的分量，令他高兴的唯有创作本身。

施特劳斯的"创作"是一个非常独特的过程，他没有神灵附身般的灵感，没有艺术家的所谓"癫狂"，也没有我们从贝多芬和瓦格纳的生平故事中所了解到的那种压抑和绝望。施特劳斯工作起来既实际又冷静，他作曲的时候——和约翰·塞巴斯蒂安·巴赫一样，和所有伟大的艺术大师一样——宁静而有规律。早上九点钟，他坐到书桌前，继续昨天的创作。他总是用铅笔打初稿，用墨水笔写钢琴总谱，这样一直不停地工作到十二点或者中午一点。下午的时候，他玩会儿纸牌，誊抄两到三页曲谱，晚上还时常到剧院指挥演出。他不知神经衰弱为何物，他的艺术智慧无论在白昼还是黑夜都一样闪烁。当仆人前来敲门，送来他晚上指挥要穿的燕尾服，他便放下手上的工作，驱车前往歌剧院。他指挥的时候和下午玩牌的时候是一样安详而自信。而第二天一早，他的灵感又在老地方等着他了。施特劳斯是按歌德的话在"指挥"自己的灵感，艺术对于他而言是一种能力，甚至是一种无所不能的能力，正如他自己这样风趣地说道："一个想当真正音乐家的人，就必须具备为一张菜谱谱曲的能力。"困难吓不倒他，反而给他的创作带来乐趣。我还愉快地记得，有一次，他蓝色的小眼睛熠熠闪光，得意扬扬地告诉我说："我给那位女歌手可出了个谜题了！她要想破解，得好好费一番脑筋才行！"在他双眼放光的这样少有的瞬间，我感到，在这个不凡人物的内心深处，是隐藏着某种魔力的。这个人，由于他的守时，他的讲求条理、扎实稳重，他的一丝不苟和看似平淡无奇的工作方法，以及他的长相，孩童般的胖嘟嘟的面颊，大众化的圆脸，不高的额头，一开始会让人感到一丝失望。但是，只要看看他的那双眼睛，那双明亮的炯炯有神的蓝眼睛，就能立刻感到，在这张大众化的面具后面，有一种特殊的魔力。他的眼睛也许是我在音乐家身上见过的最警醒的眼睛了，它没有什么奇幻的力量，却具有某种洞察力，有着这样一双眼睛的人是彻底清楚自己的使命的。

在那次极具教益的会面之后，我回到萨尔茨堡，立即投入工作。两周之后，我就给他寄去了第一幕的稿子。我当时满怀着好奇，不知道他能不能接受我的诗剧。紧接着，他便回了我一张明信片，上面引用了《纽伦堡的名歌手》中的一句唱词："第一首歌唱得好！"接下来，他对第二幕的祝贺更加强烈，回信上写着他这首歌的开头："啊，我终于找到了你，我可爱的孩子！"他的这种快乐，甚至兴奋，给我以后的创作带来了无比的愉悦。理查德·施特劳斯对我的歌剧脚本压根就没有改动一行字，只是有一次因为反向声部的需要，他请我再补上三四行歌词。就这样，一种可想见的最诚挚的关系在我们之间展开，他来我家做客，我也去他在德国的家拜访，在他家里，他用细长的手指为我在钢琴上按照初稿前前后后弹奏了整部歌剧。我们之间没有协议，也没有明文规定的义务，但就像是早就约好了一样，我在第一部作品完成之后，马上就开始了下一部作品的创作，它的基本框架他也早就毫无保留地予以同意。

一九三三年一月，希特勒上台的时候，我们的歌剧《沉默的女人》的钢琴总谱刚刚完成，第一幕的管弦部分也基本完毕。几个星期之后，便有严令禁止在德国上演非雅利安人的作品，以及有犹太人以任何形式参与的一切作品。这项禁令甚至连死人也不放过，莱比锡音乐厅门前的门德尔松的塑像遭到拆除，这个举动引起了全世界爱乐者的公愤。在我看来，这禁令已经对我们的歌剧宣判了死刑。我以为理查德·施特劳斯会放弃和我继续合作，另找一位合作者重新开始。可是，事实和我想的截然相反，他一封接一封地给我写信，提醒我说，他已经开始了管弦部分的配器工作，我则应该着手为他下一部歌剧准备歌词了。他说，他并不想因为某人而终止和我的合作。我必须承认，在合作这件事情上，他自始至终对我一直尽可能地保持着友好的忠诚。当然，与此同时，他也采取了一项防范措施，对此我却不能苟同。他接近权贵，经常和希特勒、戈林、戈培尔会面，而且，就在富特文格勒还在公开对抗希特勒的时候，他竟然接受了纳粹帝国音乐局主席的任命。

施特劳斯公开与纳粹交往的举动对于当时的纳粹而言相当的重要，因为，当时不仅最优秀的作家，而且最杰出的音乐家都愤怒地公开不合作态度，那些与纳粹同流合污者或者前去投奔他们的少数人，在广泛的艺术家圈子里都只是一些无名之辈。在这样难堪的时刻，赢得德国最知名的音乐家的支持，对于一心想遮人耳目的希特勒和戈培尔而言意味着天大的好处。施特劳斯告诉我，当年希特勒在维也纳流浪的时候，为了去格拉茨看一场《莎乐美》的演出，曾经千方百计地想办法筹钱买票。希特勒也公开表示自己对施特劳斯的尊敬，在贝希特斯加登所有的节日晚会上，除了瓦格纳的作品之外，几乎只演唱施特劳斯的歌曲。但是，施特劳斯之所以和纳粹合作，是有着非常显著的目的的。他始终冷静而直言不讳地宣扬自己的艺术中心论，对于他而言，无论何种政权当政，其实都无所谓。他曾经做过德国皇帝的乐队指挥，曾经为德皇的军乐配曲，后来还曾在维也纳为奥地利皇帝服务过，担任奥地利宫廷的乐队指挥。无论在奥地利共和国，还是在德意志共和国，他都受人欢迎。他尤其逢迎纳粹，是另有至关重要的原因，用纳粹的话来讲，他欠了他们一笔巨债。他的公子娶了一位犹太女子，他担心自己视为心肝宝贝的两个孙子会被学校鄙视而拒之门外。由于我的参与，他的新歌剧受到牵连，由于非"纯正雅利安血统"的霍夫曼斯塔尔，他先前的歌剧也受到牵连，他的出版商也是位犹太人。因此，他越来越急切地想给自己找个靠山，并且以最坚决的方式迈出了这一步。他的新主子要他去哪里指挥，他就去哪里，他为奥林匹克运动会谱了一曲赞歌，但同时，他在写给我的无比坦诚的信中，当说起这项任务时，语调颇为冷淡。实际上，在这位艺术家神圣的艺术自我当中，他关心的只有一点：让自己的作品保持生命力，最重要的是，看到那些和他自己的心紧密联系在一起的新歌剧得以上演。

毫无疑问，他对纳粹的妥协让我极其难堪。因为，人们很容易会产生这样的想法，以为我对他的让步暗地予以支持，或者说，在联合抵制纳粹的行动中，我默许了这个极不光彩的例外。我的朋友们从各方指责我，他们公开反对在纳粹德国上演那部歌剧。但是，因为我原则上很厌恶那些公开的过激姿态，而且，我也很不愿意给理查德·施特劳斯这样的天才出难题，他毕竟是在世的最伟大的音乐家，而且已经有七十岁的高龄，他在这部作品上面花费了三年的时间，在这段时间里，他在我面前表现出来的全是友善的情感、正直，甚至勇气。因此，我认为自己应当保持沉默，让事情顺其自然地发展下去。另外，我还很清楚，我只有用这种完全消极的态度才能给德意志文化的新保护人增添更多的麻烦，除此之外别无他法。因为，纳粹的帝国作家协会和宣传部为了让针对这位最伟大的音乐家的禁令得以成立，正在寻找一个绝妙的借口。比如，他们把剧本拿给所有的官员和名人审阅，征求他们的意见，暗地里希望能够找到什么借口。假如《沉默的女人》当中出现了类似《玫瑰骑士》的场景：一名男子从一位未婚女子的卧室走出来，那事情就会好办得多。这样，他们就可以用捍卫德意志道德的名义将其封杀。但是，令他们失望的是，我的剧本里没有伤风败俗的描写。于是，他们又在盖世太保那里把我的所有卡片索引和以前的著作都翻了一遍，结果也没有找到任何一句反对德国的话（或者反对地球上任何一个民族的话），也没有发现我参加过什么政治行动。尽管他们费尽心机，最后的问题还是原封不动地摆在了他们的面前：他们是否应该当着全世界的面剥夺这位年迈的音乐大师上演自己歌剧的权利呢？而当初正是他们自己将纳粹音乐的旗帜塞到这位大师的手里的啊!或者,是否可以让斯蒂芬·茨威格的名字以词作者的名义赫然与理查德·施特劳斯的名字排在一起,像以往多次出现的那样,再一次玷污德国剧院的节目单?——那可真是国家奇耻大辱的日子啊!看到他们烦恼不堪、焦头烂额的样子,我暗自高兴,我感觉到,即使我什么也不做,正是由于自己的这种不置可否的态度,我的这部音乐喜剧会不可避免地发展成具有党政色彩的刺耳的不和谐音。

纳粹党对这个决定一拖再拖,始终下不了决心。但是在一九三四年的年初,他们必须做出最终决定,到底是选择违背自己的法律,还是选择反对当时最伟大的音乐家,时间已经不容拖延了。歌剧的总谱、钢琴配曲的部分和歌剧的歌词都早已经印好了,道具也在德累斯顿的皇家剧院订好了,演员的角色已经安排,各个角色甚至已经研习过了脚本,但是,各方的意见仍然不能统一,各个机构、戈林、戈培尔、帝国作家协会、文化委员会、教育部和宪兵队之间始终存在意见分歧。这听上去虽然非常可笑,但是,《沉默的女人》事件最终发展成为轰动各界的国家大事。没有一个部门敢于打破僵局,承担责任,明确表示"同意上演"或者"禁止上演"。因此,别无他法,这件事情只能交由德国的主人、纳粹党党魁阿道夫·希特勒亲自处理。在此之前,我的作品荣幸地被纳粹党徒们广泛阅读,尤其是《富歇传》,被他们当作政治上毫无顾忌的榜样,一再地加以研究和讨论。但是,我确实没有想到,在戈林和戈培尔之后,竟然希特勒本人还要亲自费心地研读我的那三幕抒情歌剧。对于他来讲,这个决定也不是那么容易做出的。据我后来从各方面得来的消息,纳粹举行了一连串没完没了的会议讨论此事。最后，施特劳斯被召到那位至高无上的掌权者面前，希特勒亲自告诉他，虽然这部戏剧有违新德意志帝国的法律，却破例被允许上演。这个决定也许是被迫采取的权宜之计，并非出自诚实的本意，和希特勒与斯大林、莫洛托夫签署的友好条约的性质是一样的。

就这样，纳粹德国倒霉的那一天来临了，被他们鄙弃的斯蒂芬·茨威格的名字再一次引人注目地出现在剧院的海报上，各大剧院将再次上演他的歌剧。我当然没有出席那场演出，因为我知道，观众大厅里一定挤满了穿褐色制服的人，甚至，希特勒本人也可能出席其中的某场演出呢。这部歌剧取得了巨大的成功，我必须向音乐评论家们表示敬意，因为我知道，他们当中百分之九十的人都兴高采烈地利用了那次大好时机，再一次地，也是最后一次表达出他们内心深处对于纳粹种族立场的反抗。他们对我的歌剧脚本极尽溢美之词，在柏林、汉堡、法兰克福、慕尼黑，德国的所有剧院都立刻预告了这部歌剧下一次的演出时间。

但是在歌剧第二场演出之后，突然间晴空霹雳。一夜之间，所有的演出均遭到禁止，德累斯顿和整个德国都不许再上演这部歌剧。更有甚者，我吃惊地看到消息说，理查德·施特劳斯已经辞去了他担任的帝国音乐局主席的职务。大家心里都明白，一定是发生什么特殊的事情了。而我则过了一段时间才了解到事情真相。施特劳斯曾经再次给我写了封信，在信中，他敦促我马上为另一部新歌剧撰写歌词，而且，他在信中以无比的坦率表述了他自己的态度，这封信结果落到了盖世太保的手里，他们把信放在施特劳斯面前，他不得不立即辞职，而歌剧也因此遭到禁演。在德语地区，它只在自由的瑞士和布拉格上演，不久还在米兰的斯卡拉剧院用意大利语上演，那是因为得到了墨索里尼的特许，当时他还没有投靠到种族政策的阵营当中去。而这部由德国在世最伟大的音乐家晚年创作的颇令人陶醉的歌剧，德国人民自己却一个音符也听不到了。

当这件事情闹得沸沸扬扬的时候，我正在国外，因为我觉得动荡的奥地利令我无法安静地工作。我在萨尔茨堡的屋子距离边境那样近，我用肉眼就能看见贝希特斯加登山，阿道夫·希特勒的住所就在这座山上，这真是一个令人不悦和非常不安的邻居。距离德意志帝国这样近，也让我比维也纳的朋友们有更好的机会判断奥地利目前处境的危险。在维也纳，那些坐在咖啡馆里的人，甚至在政府部门工作的人员，都将"国家社会主义"看作是"那边"发生的事情，和奥地利根本不沾边。但是，难道社会民主党不是拥有了近半数公民的支持吗？他们不是有严密的组织吗？自从希特勒的"德国基督教徒"公开迫害基督教并公开宣称自己的元首"比耶稣基督还伟大"，天主教党派不是就和社会民主党积极地站在了一条战线上了吗？难道法国和英国这些奥地利的民族联盟不是奥地利的守护人吗？墨索里尼不是强调过要坚决担当起保护奥地利的责任吗？他不是保证过要维护奥地利的独立吗？就连犹太人也对局势漠不关心，好像剥夺犹太医生、律师、学者和演员权利的事情是发生在遥远的中国，和他们无关，而不是发生在只距离他们三个小时的火车车程，与他们同操一种语言的地方。他们安闲地坐在家里，或者开着车兜风。此外，当时还有一个自我安慰的口头禅："这样的情况不会持久的。"我却记起了自己那次短暂的俄国之行时在列宁格勒和我当地的出版商的谈话，他告诉我，他从前是多么富有，他曾拥有多么美好的日子，我就问他，为什么不在革命爆发的时候和许多人一样马上离开？"唉！"他回答道，"当时谁会相信，一个由委员会和士兵组成的共和国会拥有超过两星期的寿命呢？"奥地利人和当初的他一样，不愿意承认眼前的现实，自己欺骗了自己。

萨尔茨堡距离边境很近，人们对局势就自然看得比较清楚。狭窄的界河上，开始不断有人来来往往。年轻人在夜晚悄悄渡河过去接受训练，煽动分子或者乘坐汽车，或者拄着登山杖打扮成淳朴的"旅行者"的模样，在奥地利各地建立他们自己的"基层组织"。他们开始招募新成员，并且对人们发出威胁，如果不及时加入进来，到头来就要自食其果。这样的情况令警察和官员们都心惊胆战。我越来越强烈地感觉到，人们已经方寸大乱，人心已经开始动摇。而生活中的小事往往最能说明问题。我在萨尔茨堡有个青年时代的朋友，他是一位颇有名气的作家，我们交往了三十年，关系极其亲密诚挚。我们互相以"你"相称，而且每个礼拜都要见面。有一天，我在大街上看见这位朋友，旁边还有位陌生人，我注意到，这位朋友突然在一个和他毫不相干的橱窗前站住，背对着我，兴致勃勃地指着什么东西给那陌生人看。我心里觉得奇怪，心想："他肯定看见我了呀。"但是，也可能是个巧合吧。第二天，他突然给我来电话，问他下午是否可以过来和我聊聊。我答应了，却有点惊讶，因为我们平日一直是在咖啡馆见面。结果，他虽然好像是紧急来访，其实也没有什么特别的话要说。我马上就明白了,他一方面是想维持我和他的友谊,另一方面,他不想因为是我这个犹太人的朋友而受到怀疑,不想在这个小城和我太亲密地出现在公共场合。这件事情让我警觉起来,我随即就觉察出来,最近一段时间以来,很多以前经常到我这里来的朋友都不见了。我的身边危机四伏。

我那时还没有想到要彻底离开萨尔茨堡,但我还是做了和平日不同的决定,计划到国外去过冬,以避开这里小小的紧张空气。但是我没有想到,一九三三年十月,当我离开美丽的家园时,已然是一种告别。

我原本计划一月和二月在法国工作,我热爱这个有文化的美丽国家,把它当成自己的第二故乡,在那里,我不觉得自己是外国人。瓦雷里、罗曼·罗兰、孺勒·罗曼、安德烈·纪德、罗歇·马丹·杜加尔、杜阿梅尔、维尔德拉克、让·里夏尔·布洛克,这些文学界的领袖都是我的老朋友。我的书在法国拥有的读者和在德国一样多。在那儿,没有人把我当作外国作家,把我当作陌生人。我爱那里的人民,我爱那个国家,我爱巴黎这座城市。在那里,我有宾至如归的感觉,每当火车开进巴黎北站的时候,我都会觉得自己"回来"了。但是这次,因为情况特殊,我出发得比以往要早,但又想在圣诞节之后再去巴黎,那么,我该先去哪里呢?这时我想起来,自从大学毕业,自己已经有多于二十五年的时间没有去过英国了。我对自己说,为什么总是待在巴黎呢?为什么不去伦敦待上十天半个月,在多年之后再去用别样的眼光看看博物馆,看看这个国家和这座城市呢?于是,我没有登上前往巴黎的特快列车,而是坐上了前往加莱的列车。在三十年之后的一个十一月，在一个浓雾弥漫的一天，我又走出了维多利亚火车站。刚下火车，叫我感到吃惊的是，我不再像从前那样乘马车去旅馆，而是坐上小轿车了。那雾还和从前一样，凉凉的，柔柔的。我还没来得及朝这城市看一眼，就马上闻到了三十年前那熟悉的呛鼻味道，又郁闷，又潮湿，将我紧紧裹住。

我带的行李非常少，而且，我对此行抱的期望也不是很大。在这里，我几乎没有什么朋友，我们欧洲大陆的作家和英国作家在文学方面的接触也不多。他们的传统和我们的传统没有多少共通之处，他们生活在自己的传统之中，过着一种封闭的独特生活。我不记得在我书房书架上世界各地的书籍当中，是否能找到一本英国作家作为礼物馈赠给我的书。我曾经在赫勒劳遇见过一次萧伯纳，威尔斯在一次访问萨尔茨堡时到过我的家，我所有的书虽然都译成了英文，但是在英国却不是很有名，英国始终是我的著作产生影响最小的国家。我和我在美国、法国、意大利、俄国的出版商都成为了朋友，但我从来没有见过出版了我的书的英国出版公司的任何人。所以，我做好思想准备，准备和三十年前一样在英国品尝陌生的滋味。

但是，事实并非如此。几天以后，我在伦敦感到无比的愉快。并不是因为伦敦大变样了，而是我自己变了。我的年龄已经增长了三十岁，在经历了战争和战后的那些紧张和过度紧张的岁月之后，我渴望再次宁静地生活，不要再听到任何有关政治的声音。当然，英国也有政党，辉格党和托利党，一个是保守党，一个是自由党，还有一个工党，但是，他们之间的纷争和我无关。毫无疑问，在文学界，也有门户和流派，也有争吵和隐蔽的竞争，但是，我完全置身事外。而尤其让我感觉愉快的是，我终于又感到自己身在一个文明、谦恭、宁静、没有敌意的氛围当中。这些年来，最折磨我的，莫过于笼罩在国家和城市上空的那种仇恨和紧张的气氛，这气氛包围着我，我必须时刻小心提防，以免被卷进那些纷争当中去。而这里的人民没有那样惊慌的表情，在伦敦的公共生活当中，人们有着更高层次的正义感和行为准则，而在我们的国家，因为通货膨胀的大欺骗，人们已经变得失去了道德。这里的人们生活得更加安静和知足，他们更加关注自己的花园和自己心爱的小玩意儿，而不去管邻居的闲事。在这里，可以放心地呼吸、思想和考虑问题。但真正将我留在那里的原因是一份新的工作。

事情是这样的：我的《玛丽·安托瓦内特》刚好已经出版，我正在审校我的《伊拉斯谟》书稿，我在那本书里试图为一位人道主义者画一幅精神肖像，他虽然比那些以改造世界为己任的人更加清楚那个时代的荒谬，可悲的却是，他没有办法用自己的所有理智去阻止这疯狂。在完成这部影射现实的作品之后，我打算创作一部酝酿已久的长篇小说。传记我已经写得够多的了。而就在我到达伦敦的第三天发生了一件事。因为我长久以来对名人墨宝的嗜好，我去大英博物馆参观摆放在公共展厅的收藏品。其中有一份手写报告，记录的是对于苏格兰女王玛丽亚·斯图亚特的处决。我不禁问自己：玛丽亚·斯图亚特究竟做了什么？她确实参与了对她第二任丈夫的谋害计划吗？还是没有参与？那天晚上，我因为没有什么书可供阅读，便买了一本关于她的书。那是一本肤浅愚蠢的书，对玛丽亚·斯图亚特大唱赞歌，将她当作一位圣人般地为她辩护。出于不可救药的好奇，我次日又买了另外一本，它基本上和第一本完全唱反调。这一下，我倒是对玛丽亚·斯图亚特感起兴趣来了。我问别人哪本关于她的著作比较让人信服，但是没人能说得出来，于是，我一边寻找，一边打听，不知不觉地陷入版本比较的工作之中，而且，在无意识的情况下，我自己已经开始写作一本关于玛丽亚·斯图亚特的书了。这工作使我在图书馆一待就是几个星期，当我一九三四年年初重新回到奥地利，已经决心要再次重返伦敦，我已经爱上了这座城市，我要在那里安静地把这本书写完。

在奥地利，用不着三四天的工夫，我就看出这几个月内局势发生了多显著的恶化。从英国宁静安详的氛围中回到弥漫着狂热和斗争气息的奥地利，就好像在七月酷热的纽约，从一间空调房间突然走到火辣辣的大街上一样。纳粹的强大压力已经开始破坏宗教界和市民阶层的神经，他们感觉到经济压力越来越严重，急不可耐想颠覆奥地利的德国势力也越来越强。妄图维护奥地利独立、抵御希特勒侵略的多尔富斯政府一直在绝望地寻找最后一根救命稻草。英法两国离奥地利太远，而且它们实际对于奥地利的态度也很冷淡，捷克斯洛伐克对维也纳政府仍旧抱着宿怨，——所以，只剩意大利了，它当时还在争取成为奥地利经济和政治上的保护国，目的是保障通往意大利的阿尔卑斯山关卡和特里雅斯特的安全。但是，墨索里尼为这种保护提出了苛刻的条件，他提出奥地利应顺应法西斯主义的潮流，解散国会，从而结束民主。这就必然要消灭或剥夺社会民主党的权利，而社会民主党是奥地利最强大、组织最严明的政党。要想摧毁它，别无他法，只能动用凶残的暴力。

多尔富斯的前任，伊格纳茨·赛佩尔，已经为这恐怖暴行成立了一个组织，名字叫"保国军"，从表面看上去，那是一个想有多惨就有多惨的组织，由外省的小律师、退役军官、身份不明分子、失业工程师组成，成员全都是失意的平庸之辈，相互之间还疯狂地仇视。最后，他们终于为这团体找到一位领袖——年轻的施塔勒姆贝尔格亲王，他一度曾投靠希特勒，谩骂过共和国和民主，现在却带着自己的雇佣兵作为希特勒的对手东游西荡，而且宣称"要让很多人掉脑袋"。这些保国军到底想做出什么建树，还不完全清楚。其实，他们的目的只有一个，那就是混饭吃，他们所有的力量也不过只是墨索里尼的拳头而已，是墨索里尼在推着他们往前走。这群打着爱国主义旗号的奥地利人正用意大利提供的斧子砍着自己座下的树墩，却浑然不知。

社会民主党更加清楚真正的危险何在，对于他们而言，公开的斗争并不可怕，他们拥有武器，只需一场总罢工，他们就可以让所有的铁路、水厂和电厂瘫痪。但是，他们也知道，希特勒正等着一场所谓的"红色革命"，好以"救世主"的名义将军队开进奥地利。所以，他们认为更好的方案就是牺牲他们自己大部分的权利乃至国会，以达成一种双方均能接受的协议。当时的奥地利正笼罩在希特勒的威胁阴影之下，大多数理智的人都赞同这个折中的方案，甚至多尔富斯本人，这个野心勃勃、精明强干又绝对现实的人，也倾向于议和。但是，年轻的施塔勒姆贝尔格和他的同伙法伊少校（此人后来在谋杀多尔富斯事件中扮演了重要角色），要求共和国保卫同盟交出武器，并要求灭绝任何民主、平等和自由的苗头。社会民主党拒绝了他们的这个要求，于是，双方阵营剑拔弩张。人们感觉到，一场恶战近在眼前。在这样的紧张气氛中，我不由想起莎士比亚的一句话："若无暴风雨的洗礼，沉闷的天空不会晴朗。"

我只在萨尔茨堡逗留了几日，便立刻动身前往维也纳。就在二月的头几天，暴风雨终于来临了。保国军在林茨袭击了工会驻地，他们猜测有军火藏在那里，他们的行动是为了抢夺军火。工人们用集体罢工做回应，多尔富斯则下令用武力镇压这场人为造成的"革命"。于是，正规部队用机关枪和大炮逼近维也纳的工人住宅区，激烈的巷战打了三天三夜，那是在西班牙叛乱发生之前欧洲的民主和法西斯的最后一次较量，工人们在装备精良的强大武力面前坚持了三天三夜。

在这三天，我在维也纳，因此我是那场决战的见证人，也就是奥地利独立的自我毁灭的见证人。不过，因为我在此想说实话，所以我不得不老老实实地先承认一个看上去自相矛盾的事实，即我本人连革命的一丝一毫都没有看见。假如想尽可能诚实而形象地揭示出时代的真相，就必须有勇气拆穿那些浪漫的想象。在我看来，最体现现代革命技巧和本质的，莫过于这一点：它虽然发生在现代化大都市，却只涉及少数几个地点，因而大多数城市居民都看不见战斗的场景。这事情真是太奇怪了：在一九三四年二月这些具有历史意义的日子里，我本人在维也纳，却丝毫没有看到这些发生在维也纳的重大事件，而且，在这些事件正在发生的时候，我对之还根本都一无所知。大炮在开火，房屋被占领，几百具尸体被运走，——我却一具尸体也没看见。每一位在纽约、伦敦、巴黎读报的人都比我们这些看上去好像是见证人的人更加了解事件的真正经过。后来，我一次又一次地证实了这个惊人的现象：在我们这个时代，距离重要事件发生地十条马路的人所知道的情况远远不及几千里之外的人了解得多。几个月之后的一个中午，多尔富斯在维也纳遭暗杀，我晚上五点半就在伦敦街头看见了这条消息。我马上给维也纳挂电话，令我吃惊的是，电话很快通了，而让我更加吃惊的是，在维也纳离外交部五条街之远的人所知道的消息远不如在伦敦街角的人知道得多。我在维也纳经历的事情只能从反面说明一个问题：今天，如果一个人不是碰巧身处一个关键位置，他是多么难以见到那些改变了他本人的生活和整个世界的事件的真实面貌。我在那场革命的当时所经历的一切便是：我和歌剧院的芭蕾舞女导演玛格丽特·瓦尔曼约好晚上在环城大道的咖啡馆见面。我于是步行去环城大道，正当我毫不在意地想横穿马路时，突然，有几个穿旧军装、袖口高挽的人持枪朝我走来，问我到哪里去。我告诉他们，我要去J.咖啡馆，他们才放心地放我过去。我既不知道这些卫兵为什么突然出现在街头，也不知道他们究竟要做什么。实际上，那时激烈的枪战已经在市郊进行了好几个小时了，但是内城的人还完全蒙在鼓里。直到我晚上回到旅店结账的时候，——因为我打算第二天早晨返回萨尔茨堡，看门人才告诉我，我恐怕是走不成了，铁路已经不通，铁路工人正在罢工，而且，市郊好像也出事了。

第二天，报纸上相当含糊地报道了一场社会民主党人的暴动，据称它已经基本被平定下去。而实际上,战斗在这一天达到了白热化,政府下决心用机枪扫射后再用大炮攻击工人住宅。但是,大炮的轰鸣我还是没有听见,就算当时整个奥地利被社会主义者、纳粹党人或共产党人占领,我也会对此一无所知,就好像当年慕尼黑的老百姓,早晨一觉醒来后,才从《慕尼黑最新消息》报上得知,他们的城市已经落入希特勒的手中。在维也纳内城,一切都照样平静,有条不紊,和平日并无二致,而在市郊,战斗已经相当激烈。我们都愚蠢地相信了官方的报道,以为所有事端都已经得以平息,一切都结束了。在我想查阅资料的国家图书馆,学生们和往常一样在看书学习,店铺全部都在开张,人们的神情也都很平静。直到战斗真正结束的第三天,人们才零零星星得知一些真相。第四天,铁路刚重新通畅,我便一早就赶回萨尔茨堡。在大街上,我遇到两三位熟人,他们都急切地问我维也纳究竟发生了什么事情。而我这个革命的"见证人"却不得不老老实实地告诉他们:"我不清楚。你们最好还是买份外国报纸看看。"

奇怪的是,就在第二天,我就得因为这些事件的关系为自己的生活做出重大决定。我从维也纳回到萨尔茨堡是在下午,一回家便看见一大堆校样稿和信件。我一直工作到深夜,才把拖欠的活儿干完。第二天早晨,我还没有起床,就有人敲门,我那忠厚的老用人一脸惊慌地走进卧室,平日,如果我不事先定好起床时间,他是从来不叫我起床的。他告诉我,楼下来了警察局的人,希望我下楼去说话。我感到几分惊讶,便披上睡袍,走下楼去。来人是四名便衣警察,他们告诉我,他们奉命来搜查,要我立即交出共和国保卫同盟藏在我家的所有武器。

我不得不承认，我一开始惊愕得简直说不出话来。共和国保卫同盟把武器藏在我家里？这事情太荒谬了！我向来不属于任何政党，也从来不过问政治。好几个月时间我都不在萨尔茨堡，况且，将一个武器库建在城外一座山上的我的家里，不是世界上最可笑的事情吗？要往这里运枪支或别的什么武器，在路上谁都会看得见。所以，我只是冷冷地回答说："好吧，请便。"那四名便衣于是穿过房间，打开了一些柜子，在几面墙上敲了敲，但是，他们搜查时那种马虎的表情令我马上明白了，他们这次搜查只是摆摆样子，他们自己也不相信在这所房子里会藏有一个武器库。半个小时之后，宣布搜查结束，然后便消失得无影无踪。

这场闹剧为何在当时令我如此愤慨，我还需要从历史角度加以说明。在最近几十年来，欧洲和世界上的人们几乎已经忘记了个人的权利和公民的自由曾是多么的神圣。自从一九三三年以来，搜查、随便逮捕人、查抄财产、驱逐出境、流放和各种形式的贬谪已经成为司空见惯的事情，我在欧洲的朋友当中，没有一位未曾经历过这样的遭遇。但在一九三四年年初的时候，在奥地利，对公民的住宅进行搜查还是一种莫大的侮辱。对我这样完全脱离政治、多年都没有行使过自己的选举权的人的住宅进行搜查，必须有特殊的理由。而实际上，这也是典型的奥地利做法。萨尔茨堡的警察局长不得不采用严厉的手段对付那些每天夜晚用炸弹和爆炸物骚扰居民的纳粹分子，他这样的严密监控在当时是需要极大勇气的，因为，纳粹已经开始采用了恐怖活动。政府部门每天都收到恐吓信，威吓他们说，如果继续"迫害"纳粹分子，就要为此付出代价。事实上，——纳粹说出的报复总会百分百兑现。——就在希特勒占领奥地利的第一天,那些对祖国最忠心耿耿的奥地利官员就被抓进了集中营。因此,可想而知,他们对我家进行搜查,是想摆明他们对任何人都可以毫无顾忌地实行这种治安措施。但我从这个本身并不重要的插曲后面感到了奥地利的局势是多么岌岌可危,感到来自德国的压力是多么强大。自打这次警察来访,我不再喜欢自己这个家了。有种特殊的感觉告诉我,在这个小小的前奏之后,会有更大规模的迫害行动。在那天晚上,我便开始收拾最重要的文件,并决定以后要长期在国外生活。这种离别不仅仅意味着离开自己的房屋和土地,因为,我的家人将这个住处当作是自己的故乡,他们热爱这片土地,对它充满依恋。但对于我而言,世界上最重要的事情就是个人的自由。我没有将自己的打算告诉任何一个熟人和朋友,两天之后,便重新回到伦敦,到达之后,我做的第一件事就是,通知萨尔茨堡当局,我已经最终决定完全放弃自己的住宅。这是我脱离自己祖国的第一步。可是,自从维也纳发生革命的那些日子,我已经知道,奥地利也已沦陷,——当然,我当时还不知道,自己因此而会失去多少。

# 和平的垂死挣扎

> 罗马的太阳已经沉没了下去。我们的白昼已经过去;黑云、露水和危险正在袭来,我们的事业已成灰烬了。①
>
> ——莎士比亚《裘力斯·该撒》

和高尔基当初在索伦托一样,我在英国的最初几年根本不觉得自己是在流亡。在那场所谓的"革命"之后,纳粹随即对奥地利发动突袭,并且他们谋杀了多尔富斯,妄图以这些行动占领奥地利。但是,奥地利依旧存在着。我的祖国,它持续挣扎了四年。我每时每刻都可以回去,我没有遭到流放,没有遭到驱逐。我的书还完好无损地放在萨尔茨堡的家中。我还持有奥地利护照,它还是我的家乡,我还是奥地利的公民,——一个拥有所有公民权利的公民。那种失去祖国的可怕处境还没有开始,没有真正亲身体验过它的人永远不会明白那种滋味,那是一种令人神经错乱的感情,睁大着清醒的眼睛,却跌跌撞撞地在一片虚空当中摸索,并且心中明知,无论自己落脚何处,都会随时被踢回原地。而我这时才刚处于这种命运的开端。当我一九三四年二月底在维多利亚

---

① 引自朱生豪译《裘力斯·该撒》。"该撒"现译"恺撒"。

火车站下车时，心中就有一种异样的感觉。当你决定长期在一座城市居住的时候，打量它的目光就会和只作为过客停留时不一样。我不知道自己会在伦敦住多久，只有一点对于我是重要的：回到我自己的工作中去，维护身心两方面的自由。由于任何财产都意味着再次的累赘，所以我没有购买房屋，只是租了一套小公寓，大小正好将够装下两个壁橱，可以让我把随身带的少部分不愿失去的书籍放在里面，此外还能放下一张书桌。这样，我其实就拥有了一个脑力工作者需要的一切。这里当然没有多余的空间留给访客，但是，我宁愿蜗居在狭小的房间里，以便可以随时自由地出门旅行。我的生活在不知不觉之中已经变成临时性的了，不能再做什么长期的打算。

在第一天晚上，——那时天色已黑，墙壁的轮廓在黑暗中逐渐模糊了起来——我踏进这个终于收拾好的小小公寓，心中吃了一惊。因为在这一刹那，我觉得自己仿佛踏进了三十年前在维也纳的小房间。同样是狭小的房间，同样只有壁橱上的那些书籍在亲切地问候我，还有墙上那幅始终陪伴在侧的布莱克的画作《约翰国王》，国王那双梦幻般的眼睛凝望着我。我确实过了好一会儿才让自己定下神。多少年了，我一直都没有再想起维也纳的那间小房间。这是否象征着我的生命在经过长途跋涉之后再次退回到原先的位置？我变成了自己的影子？三十年前，当我在维也纳为自己挑选了那间小房间时，我还处于人生的开端。我还没有什么建树，或者说，没有什么重大的成就，我的书和我本人的名字在自己的国家还不为众人知晓。如今，——这真是惊人的相似，我的著作再一次从母语之中消失，我写下的作品在目前的德国已经变得陌生。朋友们都离我远去，原来的圈子被打破，我的房子，连同里面的收藏品、绘画和书籍统统都失去了。和当初一模一样，我现在重新被陌生的一切包围着。这些年当中我尝试着去做、去学、去享受的一切，似乎都随风飘逝，五十多岁的我再次面临人生的一个新开端。我重新回到了学生时代，在书桌前努力学习工作，早晨大步流星地走向图书馆。——只是，我不再那样虔诚，不再那样充满热情，我的头发已经花白，疲惫的灵魂笼罩着一层薄薄的颓丧。

我拿不定主意是否应该多讲述一些自己一九三四年至一九四〇年期间在英国的经历，因为我已经踏入了我们现在的这个时代，而且，我们大家在那时的经历都基本上差不多，心怀着被广播和报纸激起的同样的不安，心怀着同样的希望和忧愁。我们每个人在想起当年政治上的迷茫的时候心情都不会得意，而是怀着一种恐惧，回想那个时代曾将我们引向何方。要想说明过去的人，必定要做出控诉，但是，我们谁又拥有这样的权利呢？这样说吧，我在英国的生活完全是小心守拙。我还没有傻到连自我克制都不懂得，在这些流亡和半流亡的岁月中，我始终断绝一切社交活动，因为我想，在别人的土地上，别人可以讨论时局，但我是不可以对于时局随便说三道四的。我在奥地利的时候尚且对于自己国家的领导人物的愚蠢举动无能为力，更何况在这里？我觉得自己只是这个善良岛国的一名客人，我很清楚，如果我——凭我们知道得更清楚、更可靠的消息——指出希特勒给世界带来的危险，人们只会把这看作是我个人的有趣见解罢了。当然，眼看着那些明摆着的错误却不得不缄口不言，有时是非常难受的。品质诚实，对别人从来不猜忌，是英国人最高尚的美德，当我看到英国人的这种美德竟被精心策划的政治宣传利用的时候，真感到痛心疾首。英国人一再被希特勒的花言巧语欺骗，以为他不过是想将边界地区的德国人弄回德国，然后就会心满意足、知恩图报地为他们铲除布尔什维克。这样的诱饵的确非同寻常，只要希特勒在演讲中说出"和平"这个词，报纸就会报以热烈的欢呼，完全忘记了他所犯下的全部罪行，并且也不再过问德国大张旗鼓地扩充军备究竟目的何在。从柏林回来的旅行者，在柏林受到了大肆逢迎的款待，参观访问都事先经过安排，他们回来后对于那里的秩序和秩序的缔造者大加颂扬，渐渐地，英国人开始默认那位新领袖建立大德意志帝国的"要求"是有道理的，——没有人懂得：奥地利是欧洲的一块基石，一旦将它抽出，欧洲瞬间就会分崩离析。我焦虑地觉察到英国人和他们的领袖的那种天真和高尚的轻信，这使他们受到欺骗，因为我曾在自己的家乡在近距离目睹过冲锋队员的脸，听见过他们唱的歌："今天，德国属于我们，明天，我们拥有全世界。"随着政治形势越来越严峻，我也越来越回避与人的交谈和任何公开活动。在昨日世界，唯有在英国，我没有在报纸上发表过一篇和时局相关的文章，也从来没有在电台做过演讲，没有参加过公开的讨论，我在那间斗室的生活比在三十年前维也纳大学时代的生活更加默默无闻。因此，我没有资格将自己当作见证人，来描述英国，而后来，我也不得不承认，自己在战前从来没有真正认识到英国最深沉、最含蓄、只在最危险的时刻才会表现出来的力量。认识到这一点，我就更没有资格去描述它了。

在英国时，就连作家我也见得不多。我后来开始交往比较多一些的两位作家，约翰·德林克沃特和休士·沃尔波尔，恰恰很早就被死神带走了。较为年轻的作家，我不是经常遇见，因为不幸被身为"外国人"的不安全感压抑着，我避免去俱乐部、宴会厅和公开场合。但是，我还是得到了一次特殊的、尤其难忘的享受，目睹了两位才思最敏锐的人物，萧伯纳和H.G.威尔斯之间的一场表面看来极其文雅得体、实际却成见极深的交锋。那是在萧伯纳家中举行的密友午宴，我当时既感到尴尬，又感到饶有兴趣，因为我事先并不知道他们之间曾经发生过什么，从而产生这样深的成见，但我从他们俩相互问候的方式上就能感觉到他们之间极度紧张的关系。他们像老熟人那样彼此打着招呼，却都带着一股嘲弄的味道，——他们之间一定存在过某种原则性的意见分歧，也许不久前才刚刚消除，或者，是要通过这次午宴来消除。这两位英伦文学巨匠均享有巨大声望，半个世纪前，他们曾在"费边社"[①]为了和他们同样年轻的社会主义并肩战斗过，自那之后，他俩便各自按照自己独特的个性发展，彼此渐行渐远。威尔斯坚守自己积极的理想主义，孜孜不倦地憧憬着人类社会的美好未来。萧伯纳正相反，他越来越用怀疑和嘲讽的目光观察未来和当代现实，以检验自己冷静的"愉快的戏剧"。而且，随着岁月流逝，他们的身形外貌也越来越形成截然相反的对比。萧伯纳，这位精神矍铄的八旬老人，午餐时只吃一些核桃和水果，他身材高大，消瘦，

---

① 英国资产阶级改良主义思潮，萧伯纳是其主要代表人物。

毫无倦意，谈锋很健，不时发出爽朗的笑声，而且比以往更加痴迷于自己的奇谈怪论。威尔斯，这位乐天的七旬老者，比以往更爱享受生活，更追求安逸，他身材矮小，面颊红润，在时而出现的轻松表情后面是极其严肃的个性。萧伯纳善于进攻，他快速巧妙地变换着攻击点，而威尔斯在战术上长于坚守，他像以往一样，像一位教徒，坚持自己的信念，毫不动摇。我马上就看出，威尔斯前来的目的不是为了友好的午宴闲谈，而是为了和萧伯纳进行一场原则性的争论。正因为我不清楚他们思想分歧的背景，我更能感觉到气氛的紧张。他们的每一个表情、每一个眼神、每一句话都表现出傲慢而相当严肃的挑衅，就好像两个击剑手在激烈比拼之前，总要先用小小的探触来试试自己的应变能力。萧伯纳的思维更加敏捷，每当他回答或避开一个问题时，浓密眉毛下的眼睛总是闪烁着机智的光芒。他喜爱风趣地在文字上斗智，并因此而忘乎所以，在过去的六十年里，他在这方面的成就可谓登峰造极。他浓密的白胡须有时在他轻声冷笑时抖动着，他的头略微侧向歪着，好像一直在瞄准自己手中的剑，看是否击中了对方的要害。面色红润、眼神深沉的威尔斯，语言更加犀利直接，他的思路也相当敏捷，但是，他不使用拐弯抹角的手腕，而更喜欢单刀直入。他们的对谈是如此尖锐、迅猛，你来我往，字字都闪着寒光。两人刺来挡去，你来我往，好像其乐无穷，使得一边的旁观者对于这场剑影闪烁、难分胜负的击剑比赛击节不已。但是，在这场始终保持在高水准的敏锐对话后面，隐藏着一股精神的怒火，而这愤怒是以英国人的方式高贵地通过最文雅的辩论形式抒发出来的。那是一种寓严肃于游戏，寓游戏于严肃的精神，——正是它使得这场对话如此紧张激烈——两个极端对立性格如此尖锐冲突，表面上似乎只是由于某件具体的事情引起，实际上出于我不清楚的某种原因和背景已经成为不可调和的矛盾。不管怎样，我看见了英国最杰出的两位人物最优秀的一面。后来，这场论战在《民族周刊》上又继续进行了几个星期，我却对它根本不感兴趣了。文字论战远远不如那次激烈的舌战引人入胜，因为，在变得抽象的论据后面，由于缺失了活生生的人物，问题的本质就变得不再那样显著。我在这场辩论之前和之后，都没有在任何喜剧当中听到过如此精彩的对话艺术。这一次，我目睹了他们在无意之中、非戏剧化地赋予了这种对话艺术最高贵的形式，像这样罕见的高手之间的精神碰撞，真让我大饱眼福。

我在英国生活的那几年，只是具有空间上的意义，它并没有占据我的全部灵魂。对欧洲的忧虑痛苦地压迫着我的神经，正是这忧虑促使我在希特勒掌权至二战爆发的那几年之间进行了这么多趟的旅行，我甚至两次跨越了大西洋。之所以这样做，也许是因为预感告诉我，只要世界还向我敞开，只要轮船还能在海上安全航行，我就应该为以后更黑暗的年代积累尽可能多的印象和经验。也许，还有一种渴望促使我这样做：我想知道，在我们的世界被不信任和相互争斗所破坏的时候，大洋彼岸的世界是如何进行建设的。甚至，我还暗暗预料，我们的未来以及我自己的未来也许在大洋彼岸呢。一次环美演讲给了我极好的机会，让我看到这个强大的国家丰富多彩的生活全貌，看到它内部从东到西、从南到北的团结一致。不过，南美给我的印象也许更加强烈一些，我愉快地接受了国际笔会的邀请，去到那里，在那时，我最深刻地感受到，强调跨越国界和语言的精神大团结是多么重要啊。

临行前在欧洲最后几小时的经历让我带着忧虑和警觉上路，一九三六年夏天，西班牙内战已经打响，从表面上看，这场战争不过是那个美丽而悲惨的国家因为内部不和而引起的，但实际上，它是两个不同意识形态的势力集团为日后的对抗而进行的预先演习。我从南安普敦乘坐一艘英国客轮启程，原本以为，为了避开战区，轮船会绕开以往要停留的第一站维哥。但是，出乎我的意料，我们还是驶进了那个港口，我们这些旅客甚至还被允许上岸待几个小时。维哥当时掌握在佛朗哥的党徒手中，离真正的战区还远。但是，在那短暂停留的几个小时之中，我还是看到了一些情景，不得不心情沉重。在飘扬着佛朗哥党旗的市政厅前面，站着不少年轻人，他们大多由牧师领着，排着队，穿着农民的衣服，显然是从临近的乡村招募来的。起初，我不明白当局对这些年轻人有什么安排。他们是紧急招募来的劳力？还是领取失业救济的工人？但是，一刻钟之后，我看见这些年轻人完全换了一副样子从市政厅里出来，他们穿着崭新的军装，佩着枪和刺刀，在军官们的监视下，登上同样是崭新锃亮的汽车，疾驶过街道，向城外开去。我大吃一惊！这样的情景我曾在哪里见过？首先是在意大利，然后是在德国。崭新的军装、崭新的汽车和机枪又突然在这里出现了。我不禁问自己：是谁提供了这些新军装？是谁付的钞票？是谁组织起这些一贫如洗的年轻人，又驱使他们反对现在的政权，反对选举出来的国会，反对他们自己合法的人民代表机构？据我所知，国库掌握在合法政府的手中，军火库也同样在合法政府的控制下。那么，这些汽车和武器必定是从国外弄来的，毫无疑问，它们是从邻近的葡萄牙越过边境运过来的。但是，到底是什么人提供了这一切，是什么人来付账呢？这是一股新的势力，它希望获得政权，它在为自己的目的四处活动，它喜欢施展暴力，也需要暴力，我们信仰并毕生为之奋斗的和平、人道和友善，在它看来，不过是早已过时的无用玩意儿。这是一个诡秘的群体，隐藏在办公室和商业机构之中，阴险地利用年轻人幼稚的理想为自己的权力欲望和交易服务。他们信奉暴力，企图用诡秘的新伎俩将我们不幸的欧洲置于战争的原始野蛮的统治下。亲眼所见得到的直观印象往往比一千份报纸和小册子更能震撼心灵，在那一刻，当我看到无辜的年轻人在秘密的幕后操纵下被武装了起来，他们即将要和与他们同样无辜的年轻同胞们作战时，我从未那般强烈地预感到我们面临的命运，欧洲面临的命运。轮船在停泊了几个小时之后再次起航，我赶紧上船走进船舱。我不忍再看这美丽的国家，它由于遭到罪恶的蹂躏已经滑向了毁灭的深渊，在我眼中，欧洲由于自己的疯狂已经濒临死亡，欧洲，我们神圣的家园，我们西方文明的摇篮和圣殿，正在走向毁灭。

在这之后，我在阿根廷见到的景象却令人欣慰得多。那里是另外一个西班牙，在一片未曾沾染鲜血、未被仇恨玷污的辽阔的新土地上，它古老的文明得到了保护和延续。那里粮食丰足，财富盈余，那里有无限的空间，那里是未来的粮仓。我感到了一种莫大的幸福和新的信心。几千年来，文化不就是从一个国度传播到另外一个国度吗？纵然树木被斧头砍倒，但只要有种子在，不是永远都会出现新的繁茂和新的果实吗？我们世世代代的先辈创造的一切是永远不会失去的。人们只是必须学会将思考维度放宽，在更加长远的时间里去计划打算。我告诉自己，我们应该不再只从欧洲的角度考虑问题，而从高于欧洲的角度，我们不能把自己埋葬在正在死去的过去当中，而应该共享历史的新生。这座拥有百万人口的新城市里，所有人都对我们的大会表现出满腔热情，这使我感到，我们在这里不是陌生人，在这里，人们依旧信仰精神的统一，这是我们毕生追求的目标，我们曾把一生中最美好的部分奉献给了它，这信仰在这片土地上仍然有它的价值，仍然在发挥着作用。我因此感到，在我们这个具有新速度的时代，即使大洋也不能再将人们阻隔开来。我们于是有了新的使命：在更加广大的范围之内，用更大胆的设想来建设我们梦寐以求的统一大业。如果说，自从我对临近战争的一瞥令我对欧洲已经失去信心，那么，在南半球的星空下，我又重新获得了希望和信仰。

巴西也同样给我留下了深刻印象，同样令我心生希望。那是一片得天独厚的土地，有着世界上最美丽的城市。在这片广袤的土地上，至今还有铁路、公路，甚至飞机未曾涉足的地方。在这里，人们对历史的保护比在欧洲更加精心，第一次世界大战的流毒还没有侵入到民族风尚和精神中去。这里的人们和平相处，即使彼此差异最大的种族间的交往也比在我们欧洲有礼貌得多，根本没有敌意。在这里，没有荒谬的血统、种族和出身论将人们分为三六九等。特殊直觉告诉我，我可以在那里幸福地生活，那里的空间为未来无限的繁荣做好了准备。而在欧洲，为了弹丸之地，国家之间大动干戈，政治家们焦头烂额。这片土地还在等待着人们的开发和利用，期待着人们将它变得更加富饶。欧洲文明所创造的一切可以在这里以新的不同方式得到发展壮大和延续。这一片新天地以它的千姿百态令我赏心悦目，也让我看到了未来。

旅行，持续不断的旅行，从一个星空下到另一个星空下，到另一个世界中去，却并不等于摆脱了欧洲，摆脱了对欧洲的担忧。当人类通过科学技术把大自然最秘密的威力控制在自己掌心的时候，这些技术反过来会扰乱人类的灵魂，这是大自然对人类的报复，这报复可以说是毫不留情！科技带给我们的最糟糕的诅咒，就是它阻止我们逃避现实，哪怕一瞬间也不可以。远古的人类在遭受灾难的时候，可以逃遁到偏僻孤绝的地方去藏身，但现在，不管在地球的哪个角落发生了灾难，我们所有人都不得不在同一时刻知晓和感受到它。我虽然距离欧洲如此遥远，它的命运却始终跟随着我。在佩尔南布戈登陆的那个夜晚，在南半球的星空下，暗肤色的人们在我身边的街道上行走，我突然看见报纸上刊登的关于巴塞罗那受到轰炸和我的一位西班牙朋友遭枪杀的消息。就在几个月前，我还和这位朋友一道度过了愉快的几个小时。在得克萨斯，我正坐在一节飞驰的普尔曼式车厢里，行驶在休斯顿和另一座石油城市之间，突然听见有人用德语疯狂地大喊大叫，原来是一名乘客不小心将车里的广播调到了德国电台。列车在得克萨斯的平原上滚滚向前，我却不得不屏息听着希特勒发表的怒气冲冲的演讲。无处可逃，无论白天还是夜晚，我总是怀着痛苦的担忧思虑着欧洲，思虑着在欧洲的奥地利。东至中国、西至埃布罗河①和曼查那雷斯②的错综复杂的危局之中,唯有奥地利的命运令我尤其挂念,这也许就是我狭隘的爱国心吧。但是,我也明白,全欧洲的命运都和奥地利这个小国休戚相关,而它恰巧正是我的祖国。当我今天回首往事,想指出一战后政治上的错误时,我认为最大的错误就是,欧洲和美国的政治家没有执行威尔逊制定的简单明确的计划,而歪曲了他的本意。威尔逊的主张是,赋予小国以独立和自由,但他也正确地认识到,只有当所有大小国家都参加到一个有约束力的共同组织当中,小国的独立和自由才能得到保障。由于人们没有建立起那种组织——一个真正的、全面的国际联盟——而只是实现了它的纲领的一小部分,即赋予小国独立,人们不但没有得到安宁,反而制造了持续的紧张局面。因为,没有什么比小国的膨胀欲望更危险了。这些小国刚刚成立,第一件事情就是尔虞我诈,为弹丸之地相互争斗。波兰与捷克,匈牙利与罗马尼亚,保加利亚和塞尔维亚,彼此之间你争我抢,而这些小国之中最弱小的奥地利竟然和庞然大物德国干了起来。这个支离破碎、残缺不全的奥地利,它的统治者一度在欧洲颐指气使,现在是欧洲这堵墙体的一块基石——我不得不一再重复这一点。在伦敦的百万人口都不会知道,而我知道,一旦奥地利陷落,捷克斯洛伐克就必定陷落,接下来,巴尔干便会公然落入希特勒之手,纳粹凭借在维也纳的特殊架构,已经将维也纳这根杠杆握在手中,他们会把欧洲整个撬起来,兜个底朝天。只有我们奥地利

---

① 位于西班牙的河流名字。
② 西班牙的城市。

人才知道,是被什么样的怨恨激起的欲望驱使希特勒向维也纳进军,维也纳曾是他穷途末路时的见证人,现在,他要以胜利者的身份凯旋。每次当我匆忙回到奥地利,又越过边界回来时,总要舒口气:"还好,他这次还没来。"然后,我再回头望一眼奥地利,每次都仿佛是诀别。我看见灾难无可避免地逼近,在那些年的几百个清晨,当别人泰然自若地拿起报纸阅读时,我每回总是心惊胆战,害怕看到这样的标题:奥地利沦陷。当我假装自己再也不关心奥地利的命运时,是多么自欺欺人啊!每天,我在遥远的地方比在国内的朋友们更痛苦地和奥地利一道忍受着它漫长而剧烈的挣扎。那些在国内的朋友用爱国主义的游行来欺骗自己,他们每天互相安慰道:"法国和英国不会扔下我们不管,墨索里尼第一个不会答应的。"他们相信国际联盟,相信和平条约,就好像病人相信贴了漂亮标签的药一样。他们无忧无虑、快乐地过着自己的日子,而对时局看得更清楚的我,心都要碎了。

我最后一次回奥地利,唯一的理由就是这日益临近的灾难让我产生的恐惧猛然间爆发了。一九三七年秋,我曾回维也纳看望年迈的母亲,我有相当长的时间没有回去了,没有什么紧急的事情召唤我回去。几个星期之后的一个中午,——那应该是十一月底了——我正经过摄政王大街往家走,在街上买了一份《标准晚报》,那天恰好是哈里法克斯勋爵[①]飞往柏林,试图与希特勒本人进行初次谈判的日子。在报纸头版,——我看到右半边的版面上是

---

① Lord Edward Frederick Lindley Wood Halifax,一八八一年至一九五九年在世,英国政治家。

醒目的黑体字——列举了哈里法克斯与希特勒达成共识的几点内容，其中有一条涉及奥地利。我在字里行间看到，或者说，我早已预料到了谈判的结果，那就是，奥地利被出卖了。和希特勒的谈判，这还能意味着什么呢？我们奥地利人很清楚，在这个问题上，希特勒是绝不会让步的。奇怪的是，谈判的那几项内容在那天中午的《标准晚报》上出现后就再无下文了，在下午和晚些时候的《标准晚报》上，再也不见这条新闻的踪影（我后来听到小道消息，这家报纸是在意大利使馆的帮助下弄到这些消息的，因为，在一九三七年，意大利最担心的就是英国和德国背着它联起手来）。大多数人都没有注意到这条消息，它到底有几分真实性，我也无从得知。但这条消息让我大吃了一惊，一想到希特勒和英国已经为奥地利而进行谈判了，我拿着报纸的手也颤抖起来，不管这消息是真是假，我多少年来都没有这样激动过了，因为我知道，只要它不完全是空穴来风，就意味着毁灭的开始，欧洲的基石即将坍塌，而欧洲也要随之毁灭。我立即回转身，跳上最近一辆开往维多利亚火车站的汽车，朝帝国航空公司驶去，我想打听一下是否还能买到明天早上的机票。我想再去看望一次我的母亲、我的家人和我的故乡。巧的是，我买到了一张机票。我迅速将一些行李装箱，飞向维也纳。

我这样快、这样突然地回到维也纳，令朋友们吃惊不小。但当我说出自己的担忧时，他们都那样嘲笑我，说我还是那个老"耶利米"。他们问我，难道我不知道现在全体奥地利人都百分百地支持舒施尼克？他们不厌其烦地吹嘘"祖国阵线"声势浩大的游行，而我在萨尔茨堡的时候就已经观察到，游行的大多数人都只是把规定的统一徽章别在外衣的衣领上,以防给自己带来危险,与此同时,他们出于谨慎,又早在慕尼黑的纳粹党那里登了记。——我学了太多的历史,自己也写过不少,我很清楚,大多数群众总是墙头草,会倒向势力强大的那一边。我知道,今天呼喊着"舒施尼克万岁"的人明天同样会喊"希特勒万岁"。但是,在维也纳所有与我交谈的人都显得完全无忧无虑。他们相邀聚会,穿着燕尾服,一同在吸烟室吸着香烟(他们完全没有想到,自己不久就会穿上集中营的囚服)。他们奔忙于店铺之间,采购圣诞节的礼品,布置自己漂亮的家(他们根本想不到,几个月之后,所有这些都会被洗劫一空)。古老的维也纳永远怡然自得,无忧无虑,我以前是多么热爱它的这种气质啊,而这样的怡然自得也是我毕生追求的理想。维也纳的民族诗人安岑格鲁贝尔[①]曾经将这种怡然自得概括成这句简练的格言:"你不会有事的。"而现在,它第一次让我感到心痛!但是,也许我在维也纳的所有朋友们在最终的意义上比我有智慧,因为,他们都是在灾难来临的最后时刻才感到了痛苦,而我在大难来临之前已经在想象中感到痛苦了,当它真正降临时,我还要第二次感受痛苦。但不管怎么说,我再也无法理解他们,也不能让他们理解我自己。我何必还要去打扰这些不想被打扰的人们呢?

我在那最后的两天里,将维也纳每条熟悉的街道、每座教堂、每个花园、我出生的这座城市的每个古老的角落都凝望了一遍,心中充满了"永别"的无声绝望。这绝非夸大其词,而是最

---

① Ludwig Anzensgruber,一八三九年至一八八九年在世,奥地利作家。

真实的感受。我拥抱着我的母亲，心中暗想："永别了"。我怀着这样诀别的心情看待这个国家、这座城市的一切。我知道，这是一场最后的告别，是永别，是诀别。火车从萨尔茨堡驶过，这座城市里有我在其中工作了二十年的屋子，火车靠站的时候，我却根本没有下车。我本可以从车厢眺望到自己在山丘上的屋子，连同逝去岁月的所有回忆。但是，我没有朝窗外看。何必还要看呢？——我再也不会回到这屋子里去了。火车越过边境的那一刹那，我就像《圣经》里的罗德一样，知道自己身后的一切都化作了尘土与灰烬，一切都凝结成了和盐一样苦涩的历史。

当希特勒的仇恨梦即将变成现实，当他即将作为凯旋的统帅占领维也纳，这座在他年轻时代穷困潦倒时抛弃过他的城市，我以为自己已经预料到所有可能发生的最可怕的事情。然而，当一九三八年三月十三日①，那反人性的力量爆发的时候，当奥地利和欧洲成为赤裸裸的暴力的战利品的时候，我的那些想象，以及人类所有的想象都显得多么保守、懦弱和可怜啊！面具现在被扯下了，那么多国家都无法掩饰自己的恐惧，残暴对于道德约束根本就毫无顾忌，他们不再需要以在政治上消灭"马克思主义"为借口，英国算什么？法国算什么？整个世界都算得了什么？现在已经不仅仅是抢劫掳掠，而是任由复仇私欲大行其道。大学教授必须徒手洗马路，虔诚的白胡子犹太老人被抓进寺庙，在纳粹暴徒的辱骂中被迫跪下齐声高喊"希特勒万岁"。走在大街上的无辜

---

① 一九三八年三月十二日，德军侵入奥地利，奥地利总统引退。三月十三日，奥地利新内阁通过了奥地利与德国合并的法案，使希特勒的吞并行为合法化。

百姓像兔子一样被抓起来，被押着去打扫冲锋队营房的厕所。在无数黑夜里编造出来的所有病态、肮脏的仇恨妄想，全部在光天化日之下发泄了出来。他们闯进民宅，抢走吓得瑟瑟发抖的妇女的耳饰，在几百年前的中世纪战争中，这样的城市洗劫事件也曾经发生过，但是，这种以折磨别人为乐的无耻欲望，这种对心灵的摧残和花样百出的对人的侮辱却是不曾有过的。所有这一切不是一个人的遭遇，而是由千千万万个遭受折磨的人记录下来。等到一个比较安宁的时代来临，不像我们所处的这个时代这样道德沦丧的时候，人们将会毛骨悚然地读到这些记录，看到在二十世纪的这座文化名城里，一个空前绝后的仇恨狂人犯下了何等的滔天罪行。在希特勒军事和政治的胜利之中，这次是最为可怕、最最恶毒的一次胜利，就是这样一个人，利用不断升级的方法，竟然成功砸烂了所有的法律和秩序。在"新秩序"尚未建立之前，不经任何合法程序，或者无任何理由地处死一个人，都还是伤天害理的大事。严刑拷打在二十世纪还不可想象，人们还清楚地把没收财产称为"掠夺"。而现在，在经过了一个又一个圣巴托罗缪之夜①之后，当每天都有人在冲锋队的营房和铁丝网后面被拷打得死去活来，再谈什么不义？谈什么人间的痛苦？一九三八年，继奥地利之后，我们的世界对于惨无人道、无法无天和残暴野蛮已经司空见惯，那真是几百年难遭遇的状况。要是在以前，维也纳这座不幸的城市发生了这样的事情，国际上必定会对暴行加以谴

---

① 一五七二年八月二十四日，巴黎屠杀新教徒之夜。这天是新教首领法王亨利四世新婚之日，当日前来参加婚礼的新教徒尽遭屠杀，亨利也被拘禁。

责，但在一九三八年，世界良知却沉默不语，它或许只是轻声嘟哝了几句，随即便忘却和原谅了这所有的罪恶。

这些日子，每天都从祖国传来尖利的呼救声，我知道自己最亲密的朋友被抓走，遭到严刑拷打，受到侮辱，我为每个所爱的人担惊受怕，但又无能为力。这是我一生当中最可怕的日子。我今天可以毫不害羞地坦白，——那个时代将我们的心已经变得这样反常——当我的老母亲去世的消息传来，——我们那时把母亲留在了维也纳——我既不吃惊，也不悲哀，反而感到一丝宽慰，她终于从所有的痛苦和危险中解脱出来了。我八十四岁高龄的老母亲，双耳几乎都失聪了，她住在我们家的老宅里，根据新的"雅利安人法律"，可以暂时不被驱逐出境。我们曾经希望，过些日子想办法把她也接到国外来。维也纳第一批新法令之中，有一条法令使她极其痛苦。由于年事已高，她的腿脚已经非常不灵便。她每天出去散一小会儿步，每次艰难地走五到十分钟后都习惯在环城大道或公园的长椅上休息一下。当希特勒成为维也纳的新主人还不到八天，他就下令不准犹太人坐长椅，——想出这样的禁令是为了恣意折磨人的肉体，这只是其中一条。退一万步来说，他们抢夺犹太人的财产，还有自己的强盗逻辑可言，还可以让人理解，因为他们可以将这些从工厂、私人住宅和别墅抢掠来的物品连同空缺出来的工作岗位都赐给他们自己人，也可以用它们奖赏老部下，戈林的私人画廊之所以那样富丽堂皇，主要归功于这大规模的洗劫运动。但是，不许一位老太太或者一位筋疲力尽的老先生坐在长椅上喘口气，恐怕只有二十世纪才会有这样的事，也只有那个家伙才能干出来，而这个家伙，竟然被千百万人奉为这个时代最伟大的人。

所幸的是，我的母亲再也不用忍受那些野蛮行为和侮辱了。维也纳被占领几个月后，她就去世了。这里，我必须说出一件与她的去世有关的小事，因为我觉得这些细节对于即将来临的新时代具有重要意义，类似的事情在今后一定不可能再重演了。一天早晨，我八十四岁的母亲突然昏迷，被请来的医生马上下诊断说，她的生命维持不到明天。于是，医生雇来一位女护工，一个大约四十岁的女人，在我母亲的病床边看护她。我母亲自己的孩子，我的哥哥和我，都不能回到她身边，因为，即使我们是回来看望临终的母亲的，对于德意志文化的维护者而言，我们的行为也是对德意志文化的亵渎。于是，一位堂兄代替我们，那天晚上守在老宅。这样，在母亲临终的时候，起码还有一位家庭成员在场。这位堂兄当时六十岁了，自己的身体也已经不太好，实际上，一年之后，他也过世了。正当他在我母亲房间的隔壁房间搭床，准备晚上在那里过夜时，女护工出现了，——满脸羞愧——她说，很遗憾，按照纳粹的新法令，她不可能在我垂死的母亲身边守夜。因为我的堂兄是犹太人，即使在一位临终病人的床前，她也不可以和犹太人同居一个屋檐下。——在纳粹看来，犹太人的第一个念头，就是要玷污女性的贞操，使她蒙上种族耻辱。当然，她说，这些法令让她感到很难堪，但是，她必须遵守。于是，为了让女护工能够留守在我母亲身边，那位六十岁的堂兄在晚上被迫离开了老宅。也许人们现在会明白，我为什么说自己的母亲幸而不用再活在这些人当中了。

奥地利的沦陷也使我的个人生活起了变化，起初，我对这些变化并不在意，觉得只是形式上的不同而已：我的奥地利护照失效了，我必须向英国当局申请办一张白色的临时证件，也就是一张无国籍者的通行证。以前，在世界大同的幻想当中，我常常这样暗中想象，做一个没有国籍的人该有多美！不用对任何一个国家负责，因此也感到自己其实属于任意一个国家，彼此之间毫无分别。这会多么符合我的本性啊！但我不得不再次承认人的幻想是多么的有限，恰恰是人生最重要的那些感受，只有自己亲身体验过，才能知道究竟是怎样的滋味。十年前，当我在巴黎遇见梅列日科夫斯基，他向我控诉说，他的书在俄国被禁了，当时毫无类似经历的我只是无关痛痒地草草安慰他说，那是世界的大势所趋，再怎样反抗也无济于事的。但是，当后来我自己的书在德语世界消失，只能通过译本，通过缩减和改头换面的方式出版时，我才贴切地理解了他昔日的悲诉！同样，直到我在市政厅的前厅坐了很久的冷长凳，终于被允许迈进英国官员办公室的一刹那，我才突然明白，将自己的护照换成一张外国人的身份证意味着什么。以前，获得奥地利护照是我的权利，每一位奥地利使馆官员或警察局的警员都有义务为作为公民的我填发护照。而现在，要想获得英国政府颁发的外国人身份证，我就必须提出申请。这是一种申请来的照顾，而且这种照顾还可能随时被收回去。一夜之间，我已经低人一等。昨天，我还是一位外国客人，是一位可以在这里支付外汇并为之付税的绅士，今天，我已经成为一个"难民"，成了流亡者。我被降格到一类少数人当中，——即使还不是名誉受损的那类。此外，从现在开始，我必须为在这张白色证件上获得外国签证提出特别申请，因为，所有国家对于失去了法律保护、失去了祖国的这类人——我突然之间也加入了他们的行列——都很不信任。这类人，如果惹人讨厌了，或者逗留时间太长了，随时都可以被驱逐出境或者被遣送回国。我总是不由自主地想起几年前一位俄罗斯流亡者对我说的话："以前的人只有一个肉体和一个灵魂。现在的人还需要一张护照，否则他就不被当成人对待。"

实际上，自从第一次世界大战以来，世界急剧倒退的最明显迹象就是，人们的行动自由受到限制，自由权利也遭到削减。一九一四年以前的世界是属于所有人的。人们想去哪里就去哪里，想待多久就待多久，不需要别人的同意和批准。而当我今天告诉年轻人，一九一四年以前，我去印度、美国旅行时根本就没有护照，连见都没见过，他们露出一脸惊诧的样子，总是让我感到相当得意。当时的人上车下车，不用问人，也没人问你。今天必须填的那一百多张表格，当时一张都不用填。那时候没有许可证，没有签证，没有刁难。今天，由于大家相互之间的那种变态的不信任，边境线已经被海关官员、警察和宪兵队变成了一道铁丝网，而在以前，这些边境线无非是象征性的边界，人们可以像穿越格林威治子午线一样无忧无虑地穿越它们。直到第一次世界大战之后，由于民族主义作祟，世界开始变得不正常。伴随着这个时代精神瘟疫的开始，第一个明显的现象就是：仇视外国人，或者至少是害怕外国人。处处都在抵制外国人，驱逐外国人。原先专门发明出来用于对付罪犯的侮辱手段，现在都用在了准备旅行或正在旅行的人身上。出门旅行的人要上交左侧、右侧和正面的照片，头发要剪短，直到露出耳朵，还要留下指纹，起初只需要拇指指纹，后来十个手指的指纹都要留下。此外，还要出示众多证明：健康证明、防疫注射证明、警察局证明、推荐信、邀请信，还必须出示亲戚的住址，必须有品行担保和经济担保，必须填写表格，一式三份或四份。这一大堆文件之中，你哪怕少了一份，就完蛋了。

这些看起来都是小事，起初，我也觉得这些鸡毛蒜皮的琐事根本就不值一提。但就是这些没有意义的小事，使我们这一代人毫无价值地浪费了宝贵的时间，而且损失根本无法弥补。我根本算不清，这些年自己一共填了多少份表格，每回旅行，我都要填纳税证明、外汇证明、过境许可证明、居留许可证明、离境许可证明、申报户口表、注销户口表等等。我也记不得自己在大使馆和政府衙门的等候室里等了多少小时，记不清自己曾面对过多少友善的和不友善的、无聊的和过分热情的官员，在边境线接受过多少次的搜查、多少次的盘问。把这些都回想一遍，我才真切地感受到，在这个世纪，人类已经丧失了太多的尊严！而我们年轻的时候还曾经将这个世纪梦想成一个自由的世纪，以为它会是一个世界公民的新纪元。这些贬低人格的繁文缛节浪费了我们多少生产力、创造力和思想啊！在这些年，我们每个人花在研究官方规定上的精力要比钻研文艺书籍多得多。我们在一座陌生的城市里，在一个陌生的国家，最先去的地方不再和以前那样是博物馆和大自然，而是领事馆、警察局，为的是去取一份居留许可证明。以前，朋友们坐在一起的时候，常常是谈论波德莱尔的诗或者热烈地讨论一些问题，而现在，我们突然发现自己谈论的都是被盘问的情况、许可证的问题,相互打听是要申请长期签证还是旅游签证。在近十年来,去结识一个领事馆的小小的女工作人员要比和托斯卡尼尼或罗曼·罗兰结下友谊更加重要,因为,她能够让你不用在办手续时久等。有着灵魂的人必须不断告诉自己:人是客体,不是主体。我们没有任何权利,一切都是当局的赏赐。人们不断地受到盘问,被登记、编号、检查、盖章。作为一个从一个比较自由的时代过来的无可救药的人、一个梦想世界主义的公民,我至今还把自己护照上的每一个印章都视作耻辱的标志,将每一次的问话和搜查视作对我的侮辱。这些都是小事,一向都只是小事,我知道,在人类生活的价值比货币贬值更快的年代,它们确实都只是些小事。但是,我们只有将这些小小的症状记录下来,以后才能对精神状况的各种病症做出正确诊断,判断出何为精神正常,何为精神失常。在两次世界大战之间的这些日子里,我们的世界精神失常了。

有可能是我在此之前被惯坏了,也有可能是近年来的激烈变化使得我深受刺激,变得越来越敏感。无论何种形式的流亡,本身都不可避免地会导致一种失衡。人一旦失去了自己的立足之地,就会失却自己的尊严,变得越来越不自信,越来越没有把握。——要理解这点,也必须亲身经历过才行。我坦率地承认,自从我不得不靠外国身份证或者护照生活的那天起,我便再也不觉得我是属于我自己的了。和原本、实质的我相一致的一些天性永远不存在了,我变得比原本的我谨慎克制了许多,我——原先的世界主义者,现在总有这样的感觉,觉得自己每呼吸一次,都应该对一个陌生的民族感恩戴德,因为我呼吸的是他们的空气。我自己当然明白这些想法的荒谬，但是，理智怎样能够战胜情感呢？我几乎用了半个世纪的时间来教育自己的心，让它作为一颗"世界公民"的心来跳动，但是根本无济于事。在我失去护照的那天，五十八岁的我发现，一个人一旦失去祖国，那意味着，他失去的绝不仅仅只是一片有限的土地而已。

有这样的不安定感的并非我一人，渐渐地，那种动荡在整个欧洲蔓延开来。自从希特勒入侵奥地利那天起，政治局势一直都不明朗。原先秘密地为纳粹开路，为的是换取自己国家的和平的一些英国人，现在也变得谨慎起来了。自从一九三八年开始，在伦敦、巴黎、罗马、布鲁塞尔，在所有的城市和乡村，无论人们议论什么话题，无论在一开始这话题多么偏离战争，最终都会回到这个无法避免的问题，即战争是否还能够避免，如何可以避免，或者至少可以推迟。当我现在回顾欧洲战争恐惧情绪不断上升的这几个月，我只能记起有两三天的时间是真正有信心的，在这个两三天里，人们再一次地、最后一次感觉到，乌云最终是会散去，他们还是能像以前一样在和平的环境中自由地呼吸。但反常的是，那两三天恰恰是在今天被认为是近代史上最糟糕的日子，那是张伯伦和希特勒在慕尼黑会谈的日子。

我知道，今天人们很不情愿回忆那一次会谈，在那次会谈中，张伯伦和达拉第毫无回击之力，只得乖乖向希特勒投降。但由于我在此一定要忠于历史真相，我必须说，在那三天，凡是身在英国的人，都确实感觉欢欣鼓舞。到一九三八年九月的最后几天，局势变得令人绝望。张伯伦那时第二次和希特勒见面回来，人们过了几天才知道了事情的真相。张伯伦此次前去，是为了在戈德斯贝格毫无异议地同意希特勒先前在贝希特斯加登提出的要求。但是，几个星期前还能让希特勒感到满足的事情，现在已经不能满足他的欲望了。绥靖政策和"一再争取"的政策彻底失败，英国的轻信时代在一夜之间告以终结。英国、法国、捷克斯洛伐克，整个欧洲只剩两条路可走，要么在希特勒专横的权力意志面前委曲求全，要么拿起武器加以反抗。看来，英国已痛下决心。人们不再对备战保持沉默，而是公开地表示战斗的决心。工人们忽然出现，他们在海德公园和摄政王公园这些伦敦的公园里，尤其是德国大使馆对面筑起防空洞，以对付轰炸的威胁。舰队开始做战时准备，总参谋部的军官们在伦敦和巴黎之间来回穿梭，以制订他们共同的最后应战措施。开往美国的轮船上挤满了希望及时逃往安全地带的外国人，自打一九一四年以来，英国民众从来没有这样觉醒过。人们的表情变得更加肃穆，更加充满思虑。他们望着房屋建筑和繁华的街道，心中暗想：明天，炸弹会不会将这一切夷为平地？人们在屋内围着收音机，或坐或立，等待着收听新闻广播。在每人心中，在每一秒钟，都能感觉到一种可怕的紧张，这气氛笼罩着全国，虽然隐而不见，却分外清晰。

　　接下来召开了那次具有历史意义的国会会议，张伯伦在大会上宣称，他已经再一次地努力，要与希特勒达成协议，并且已经第三次向希特勒提出建议，为了拯救受到严重威胁的和平，他愿意去德国的任意一个地方去和他会谈，而他还没有得到对方的任何答复。就在这个会议期间，对这个建议的回电就来了，——这真是太富有戏剧性了——希特勒和墨索里尼同意在慕尼黑举行会议。

在那一刻，英国国会沸腾了，——这在英国历史上几乎是绝无仅有的事情。国会议员们跳了起来，叫喊着，拍着手，欢呼声响彻整个大厅。多少年以来，这幢庄严的大楼里，从来没有像此刻一样爆发出如此热烈的欢乐。从人性的角度来看，那是一场精彩的表演，它成功地表现了英国人为了和平而爆发出来的纯真热情，他们平日一贯的老成持重被抛在了一边。但是，从政治的角度来看，这份热情却是个巨大的错误。因为，国会发出的热烈欢呼暴露出这个国家对于战争是多么深恶痛绝，为了达到和平的目的，它不惜做出一切牺牲，放弃自己的利益，甚至自己的尊严。所以，这在一开始就预示着，张伯伦去慕尼黑，不是去赢取和平的，而是去乞讨和平。但是，当时没有人会想到，他们将会看到怎样一场投降。所有的人都以为，——也包括我，这我并不否认——张伯伦去慕尼黑是为了谈判，而不是去投降的。接下来的两三天，大家心急如焚地等待着，这个世界都屏住了呼吸。在公园里，工人们在挖防空洞，在兵工厂，人们也忙忙碌碌，防空袭的大炮架起来了，防毒面具也发放完毕。人们正在考虑把孩子们疏散出伦敦的计划，一些秘密的准备工作也在进行，虽然人们不能理解那些准备，却都明白它们是针对谁而做的。一天又过去了，早晨、中午、下午、晚上，人们等着报纸上的消息，等着收音机里的广播。一九一四年七月的那一幕又重现了，人们忧心忡忡、神情恍惚地等待着最后的回答，行还是不行。

突然，仿佛一场飓风吹散了压在人们胸口的乌云，人们的心情变得轻松起来，灵魂又重获自由。消息传来，张伯伦与希特勒、达拉第和墨索里尼达成了完全的一致，还有更好的消息，张伯伦成功地和德国签署了一份协议，这份协议确保了今后解决两国之间一切可能发生的冲突的办法。看上去，这好像是一位本身并不显赫的顽强的政治家凭着不屈不挠的精神取得的巨大的关键性胜利。所有人在这一刻都对他心存感激。人们先从收音机里听到那篇名为《我们时代的和平》的宣言，它向我们饱经磨难的这代人宣称：我们可以再次生活在和平的环境中，我们可以再一次地无忧无虑，可以为建设一个更美好的世界奉献自己的力量。如果有谁事后否认，当时我们是多么如痴如醉地聆听着这些具有魔力的话语，那他肯定是在撒谎。谁会相信，一个吃了败仗的人会准备自己的凯旋仪式呢？如果在张伯伦从慕尼黑返回的那个早晨，伦敦人知道他抵达的确切时间，一定会有几十万人前往克洛伊顿机场迎接他，向他表示问候，朝他欢呼，我们大家在那时都以为，是他拯救了欧洲的和平，拯救了英国的尊严。报纸刊登了张伯伦回国的照片，他平日经常带有类似神经过敏的痛苦表情的木然的面孔现在堆满了笑容，他乐呵呵地站在机舱口，神气活现地挥动着那份具有历史意义的文件，它宣告了"我们时代的和平"，张伯伦将他当作一件珍贵的礼物带回了英国。那天晚上，当电影院里出现这些镜头时，观众们从自己的座位上蹦了起来，欢呼着，尖叫着，互相拥抱，以为全世界新的和睦已经开始，对于那时在伦敦，在英国的每个人而言，那都是一个无可比拟的、动人心魄的日子。

我喜欢在这样具有历史意义的日子里到大街上去四处转悠，为的是更加强烈、直接地感受那种氛围，在最真实的意义上呼吸到那个时代的空气。在公园，人们已经停止了挖防空洞的工作，而是围着它说笑着，高兴地聊着天，既然有了"我们时代的和平"，这些防空洞就没什么用了。我听见两个年轻小伙子在用地道的伦敦话开玩笑说，干脆把这些防空洞改成地下厕所算了，因为伦敦的公共厕所太少了。每个人都放声大笑，他们都好像经过一场暴雨洗礼的植物，显得精神抖擞，容光焕发。他们走路时腰板挺得比原先更直了，肩膀也更加放松。在英国人平日冷漠的眼神里，如今也闪耀着愉快的光芒。自从人们不再担心房屋遭到轰炸后，房屋都变得明亮起来，公共汽车装饰得更加漂亮，阳光也更加灿烂了。千百万英国人的生活因为那个迷人的字眼变得更加活跃而充满活力。我也感觉到自己振奋的心情。我不知疲倦地走着，步伐越来越快，越来越轻松，一股新的信心像浪潮一样有力地、欢快地将我向前推去。在皮卡迪利大街拐角，有个人突然急匆匆走到我跟前。他是一位英国政府的官员，我与他只是一面之交，他是个相当内向、极其稳重的人。要在平日，我们可能只是礼节性地互相打声招呼，他绝不会停下来和我攀谈。但此时，他两眼炯炯有神地朝我走过来，面带笑容地对我说："您如何看张伯伦？没人相信他，但是他却做对了。他没有让步，而且挽救了和平。"

在那一天，所有的英国人都是这样以为，连我也是。第二天仍旧是幸福的一天，报纸上一致欢呼，股市一路疯狂攀升，多年以来，这是第一次从德国传来友善的声音。法国人建议，为张伯伦建造一座纪念碑。然而，这些都是大火熄灭之前火焰最后几下挣扎般的跳动罢了。在以后几天里，灾难性的细节都暴露出来。原来，对于希特勒是毫无保留的投降，对于捷克斯洛伐克是卑鄙无耻的出卖——而英国从前曾经多么郑重地承诺要援助和支持它啊。一个星期之后，真相已经大白，就连投降也满足不了希特勒的欲望了，协议上的签字墨迹还未干，希特勒就已经将它们撕得粉碎。戈培尔无所顾忌地四处公开叫嚣，英国在慕尼黑谈判中毫无反抗之力。希望的曙光破灭了，但是，它曾经照亮过一两天，曾经温暖过我们的心。我不能也不愿忘记这些曾被希望照亮的日子。

自从我们弄清了慕尼黑谈判的真相后，我反而更少和英国人接触了。这责任在我，因为我尽量避开他们，确切地说，是避开和他们交谈的机会，虽然我承认自己比以往更加敬佩他们。他们对于成群结队涌来的难民表现得非常慷慨大度，呈现出高贵的同情心和乐于助人的精神。但是，在他们和我们之间，内心还是筑起了一道墙，我们分别在墙的这面和那面：我们已经遭遇到的事情，他们还没有遭遇到。我们明白，已经发生了什么，和将要发生什么，但他们还不愿意去弄清楚事实——当然，这也有部分是出于违心。他们不顾一切地坚持自己的幻想，以为言必有信，以为合约是必须遵守的，以为自己只要明智，只要充满人性，他们还可以和希特勒谈判。几百年来，由于民主的传统，英国的领导人献身于正义的事业，他们不可能、也不愿意承认，自己身边有一种蓄意的欺世盗名和无视道德的新伎俩正在成形，新的德国在和各个民族交往时只顾及自身利益，无视所有的法律准则，只要认为不合自己的利益，便公然践踏以前签下的合约。对于早已鄙弃了冒险行为，目光长远、头脑清醒的英国人而言，希特勒这个人已经在短时间内如此迅速而轻而易举地达到了众多目的，却偏偏还要铤而走险，真是太不可思议了。英国人总是相信并且也希望着希特勒先攻击别的地方——最好是俄国！——这样，他们会在他进攻俄国的同时与他慢慢搞好关系。我们却不这么认为，正相反，我们清楚得很，最可怕的事情是不可避免的。我们每个人都见过被严刑拷打的朋友，见过被打死的朋友，我们的目光已经变得比较尖锐、犀利和无情。我们这些被鄙视、被驱逐、被剥夺了权利的人，都知道，凡是涉及抢掠和权利，任何借口都不会太荒唐、太虚假。因此，我们这些历经磨难和还准备经受新的磨难的人，我们这群流亡者，和英国人是说不到一块儿去的。假如我今天说，除了很小一部分英国人，我们是当时在英国唯一清醒认识到危险程度的人，我相信这并非是夸大其词。和当初在奥地利一样，我在英国也同样怀着一颗伤痕累累的心，清醒而痛苦地预见到那些不可避免的灾难。不同的只是，我在英国是异客，是一个被收留的客人，无法对他们提出警告。

所以，当嘴唇预先品尝到未来的苦涩时，我们这些被命运打上了烙印的人也只能在自己人当中说说而已。我们为这个友善地收留了我们的国家的命运深深忧虑，内心备受煎熬！不过，即使在最黑暗的年代，和一位在人格和道德上都登峰造极的大师交谈，也会给人以无限的安慰和精神上的鼓舞。在灾难来临的最后几个月里，我有幸和西格蒙德·弗洛伊德度过了美好的几个小时，令我终生难忘。一连好几个月，一想到这位八十三岁高龄的患病老人还留在希特勒占领下的维也纳，我的心情就非常沉重。最后，他最忠实的女弟子，出色的玛丽亚·波拿巴公主终于成功地将维也纳这位最重要的人物解救了出来，将他从囚笼般的维也纳接到了伦敦。我从报纸上得知弗洛伊德抵达英国的那一天是我一生中的幸运日，我原以为已经失去了这位最尊敬的朋友，却没想到能看见他从地狱又回到人间。

西格蒙德·弗洛伊德是一位伟大而严谨的学者，在我们这个世纪，没有人像他这样深入地研究过人的心灵，拥有如此广博的知识。我在维也纳认识他的时候，他被看作是一个我行我素的人，固执而有怪癖，遭到四周环境的敌视。他狂热地追求真理，但同时非常清楚所有真理都有局限性，——他有一回对我说："就像没有百分之百纯度的酒精一样，也没有百分之百的真理！"他曾经毅然离开大学，抛开那种学院派的谨小慎微的研究方式，不可动摇地向至今无人涉足的人世间隐秘的本能冲动世界勇猛开进，当时，这是被庄严宣布的所谓"禁区"，被世人胆怯地回避着。这个乐观的自由世界无意识地感觉到，这位毫不妥协的学者用一种潜意识学说击破了这个世界宣称的用"理智"和"进步"可以逐渐压抑性欲的理论。他无情的揭示手段，使他威胁到了那些避重就轻的方法论者。反对弗洛伊德的可不仅仅是大学和联合起来的老派神经科医生，——他们联手起来反对这个叫人讨厌的"外来户"——而是整个世界，整个旧世界、旧思想，"道德规范"和害怕被它揭去面纱的整个时代。渐渐地，医生们开始排挤他，他失去了自己的诊所，由于他们在学术上驳不倒他的论点和那些最大胆的设想，他们就采取了维也纳的一贯方式来对付梦的解析理论：讽刺挖苦，使其成为庸俗的笑料。在这位孤独者周围，只有一小群忠实的信徒，他们每星期举行一次讨论会，在这些讨论会上，精神分析这门新的学科逐渐成形。早在弗洛伊德为其后来的思想革命做着一点一滴的基础性准备工作时，我就因为他的坚毅和道德上毫不动摇的态度对这个不同凡响的人物充满了钦佩，当时我还不知道他引发的这场精神革命的规模有多么巨大。终于出现了这么一位可以让年轻人引为楷模的科学人物，他在做每个论断的时候都相当谨慎，假如没有最终的证据和绝对的把握，他绝不开口。但是，一旦自己的假设得到了证实，他就会对整个世界的反对采取不屈不挠的态度。他为人相当谦虚，但为了自己学说的每一个信条，他都是一名战士，誓死捍卫自己认识到的内在真理。没有人比他在精神上更加无畏了。即便他自己很清楚，明确而直截了当的表态会造成令人不安和尴尬的局面，弗洛伊德仍然随时都敢于说出自己的观点。哪怕最小的让步——或者只是形式上的让步，他都从来不曾打算过，他根本不想通过这些手段来改善自己艰难的处境。我很清楚，假如弗洛伊德将自己的理论小心地做一些粉饰，把"性欲"说成"性感"，把"性冲动"说成"情欲"，假如他没有那样不容置疑地坚持最后的结论，而只是做一些暗示，他就不会受到学院派的任何抵制，而他的绝大部分理论也可以发表出来。但是，凡是涉及他的信条和真理的领域，他决不迁就。外界对他的抵制越强烈，他的决心就越大。如果我要为道德勇气找一个象征人物的话，——这是世界上唯一不需要别人为自己做牺牲的英雄主义，——我的眼前总是浮现弗洛伊德英俊硬朗、富有阳刚之气的面庞，还有他那双目光宁静、直率的深色眼睛。

他曾经为自己的祖国带来跨越国界和时代的荣誉，现在却从故乡流亡到伦敦。按照他的年龄，他想必早是一个年老体衰、重病缠身的人。但是，他不会是一个丧失了斗志、在命运前卑躬屈膝的人。我暗自有些担心，怕他在维也纳经受了所有痛苦之后，我再见到他时，他已经满心憔悴、疲惫不堪了。但是，我却见到了更加开朗和快乐的他。他将我领进他在伦敦郊区的住宅的花园里，"我住的地方是不是更漂亮了？"他问我，曾经是那样严厉的嘴角边挂着一丝明快的微笑，他向我展示自己心爱的埃及小雕像，那是玛丽亚·波拿巴公主帮他抢救出来的。"我这不是又待在家里了吗？"在他的书桌上，摊着大张的对开纸，那是他的手稿，八十三岁高龄的他每天用清晰的圆体字写作，思维和当初风华正茂时一样机敏，精力也一样旺盛。他强大的意志力战胜了一切：疾病、衰老、流亡。现在，在长期的战斗岁月中一直隐藏着的善良本性第一次从他身上自由地迸发出来。年龄只是令他的态度更加温和，磨炼只会使他的性情更加宽厚。现在，我有时会发现这个原本拘谨克制的人会做出随和的姿态，他会将一只胳膊搭在你的肩头，他的眼睛在闪亮的眼镜片后面更加热情地望着你，这些是我以前在他身上从来没有见过的。多年以来，和弗洛伊德的谈话总是给我带来莫大的精神享受。我受益匪浅，对他充满敬佩之情，在这位毫无成见的伟人面前，我觉得自己的每一句话都能得到他的理解，没有任何表白会令他吃惊，没有任何话语会让他激动。对于他而言，教育别人学会清楚地看和清楚地感觉，早已成为了他生活的本能愿望。但是，最让我充满感激的是在他生命的最后一年，在那黑暗的一年，我们的那次长谈，它是无可替代的。在我踏进他的房间的那一刻，外面世界的疯狂仿佛全部消失了，就连最残忍的现实也变得抽象，最混乱的思维也变得清晰了，眼前再怎样十万火急的事情也谦卑地愿意听从全局的安排。我头一回感受到他是一位真正的智者，他不再将痛苦与死亡视为个人的经历，而把它看成超越个人利益的观察和研究的对象：弗洛伊德的死和他的一生一样，都是充满道德意义的伟业。弗洛伊德当时已是重病缠身，病魔即将把他从我们身边带走。戴着假牙的他说起话来显然相当吃力，听他讲话实在让人内心感到无比歉疚，因为，每吐一个字，他都要耗费很大气力。但是，他不放朋友走，他对自己钢铁般的意志充满了自豪，他要展现给朋友们看，和他的强大意志相比，那些身体上的小小折磨算不了什么，他的嘴因为痛苦而扭曲了，即使这样，他还坚持在书桌前写作，直至生命的最后日子。即使病痛令他在夜晚难以入睡，——八十年来，健康安稳的睡眠一直是他精力的源泉——他也拒服安眠药和注射任何其他麻醉剂。他不愿自己焕发的精神由于这种镇痛的手段受到哪怕一个小时的抑制，他宁愿清醒地受病痛的折磨，宁愿在痛苦中思考，也不愿意放弃思考。他要做一个精神的英雄，要坚持到最后一刻。那是一场可怕的搏斗，延续得愈久，就愈是伟大。死神一次又一次地将阴影投在他的脸上，一次比一次清晰。它使他面颊消瘦干瘪，使太阳穴从额角鼓了出来，它扭曲了他的嘴唇，令他不得发声。但是，对于他那双眼睛，死神终于无能为力了，那是一座永不熄灭的灯塔，他那充满英雄主义的精神就是从这里眺望世界的，他的眼睛和他的思想，它们直到最后一刻都保持着清亮的光芒。在我最后几次的探望中，有一回我带萨尔瓦多·达利一道前往，达利是我认为新一代画家当中最具才华的一位，他对弗洛伊德无比尊敬。当我和弗洛伊德交谈的时候，达利画了一幅素描，我根本不敢把这幅素描拿给弗洛伊德看，因为，达利分明将他身上的死神画了下来。

这场我们时代最强大的意志力和最敏锐的思想与死神的斗争变得越来越激烈了，直到弗洛伊德清楚地认识到，——清醒对他来说就是思考的最高境界——自己再也不能写作，再也不能工作时，他才像罗马英雄一样同意医生结束他的痛苦。那是一个伟大生命的辉煌结束，在这个残杀的年代，在死人的大祭当中，他的死是值得人们纪念的。当我们这些朋友将他的灵柩埋入英伦的土地，我们知道，我们把自己祖国最优秀的部分奉献给了这片土地。

在那些日子里，我经常和弗洛伊德谈论起战争和希特勒世界的恐怖。作为具有人性的人，他对这一切感到非常震惊，但是，作为一位思想家，他对于这野蛮的可怕爆发根本不感到奇怪。他说，人们总是指责他是悲观主义者，因为他否认文化能够战胜人类野蛮的本能。现在，人们看到——当然，这事实并不令他感到自豪——他的观点以惊人的方式得到了证实：人类灵魂中最原始、野蛮的毁灭本能是难以铲除的。也许在未来的世纪里，人们能找到至少在公共生活中遏制这种本能的方法，但是在日常生活中，以及在自然天性的最深处，这种本能是不可能铲除的，也许，作为保持紧张状态的能量，它还有存在的必要。在他生命的最后日子里，他更加关心犹太人的问题和他们面临的悲剧。但是，这位科学伟人并没有想出什么方案，他清晰的思路没有找到答案。在不久以前，他发表了一本关于摩西的科学论著，他在其中将摩西描述成埃及人，而不是犹太人，这个在科学上没有根据的说法既伤害了虔诚的犹太教徒，也伤害了具有民族意识的犹太人。那本书恰恰是在犹太人遭遇最险恶的时候出版的，对此，弗洛伊德深感内疚。他说,"人们抢走了他们的一切,而现在,我又夺走了他们最优秀的人。"我必须承认他说得千真万确。犹太人现在已经比以前敏感了十倍,因为在这场世界性的悲剧当中,他们才是真正的牺牲品,他们在哪里都是牺牲品。在这次打击之前,他们就已经惊惶失措,他们在任何地方都知道,一切灾难来临的时候,总是最先落在他们头上,而且他们遭的殃会远远大于其他人。谁都知道,这个有史以来未曾有过的仇恨狂人要凌辱和驱赶的就是他们,他要把他们赶到世界的尽头,把他们逼进地狱。前来逃难的人一个星期比一个星期多,一个月比一个月多,而且,越来越落魄,越来越颓废。最先离开德国和奥地利的人还能把自己的衣服、行李和家什抢救出来,甚至还能带走些钱。但是,一个人相信德国的时间越长,越是舍不得离开自己可爱的家乡,受到的惩罚就会越重。纳粹先是剥夺了犹太人的工作,不许他们踏进剧院、电影院和博物馆,犹太学者不许使用图书馆。但是,或者出于忠诚,或者出于惰性,或者因为懦弱,或者因为傲慢,他们继续留在德国。他们宁愿在国内忍受屈辱,也不愿在国外乞讨而苟活受辱。于是,纳粹接下来不许他们拥有用人,把收音机和电话从他们家中抢走,然后,再没收他们的房子,强迫他们佩带六角星标志。这样,人人都能在大街上认出他们,把他们当成被扫地出门的人,看成无赖,像避开麻风病人那样躲开他们,嘲笑他们。他们所有的权利都被剥夺了,任何精神和肉体上的虐待都被当成取乐手段强加在他们身上,对于所有的犹太人,那句古老的俄罗斯谚语突然变成了残酷的现实,"在讨饭包袱和监狱面前,没有人有安全。"没有离开德国的犹太人都被关进了集中营,在那里,最傲慢的人也在德意志的管教下屈服了。纳粹将他们剥夺得只剩下最后一件衣服，口袋里只有十个马克，然后把他们驱逐出境，根本不管他们何处可去。他们站在边界线上，在领事馆里苦苦哀求，但几乎都毫无用处，哪个国家会要这些被抢得精光的人，要这群乞丐呢？我永远不会忘记，当我有一次走进伦敦一家旅行社的时候，看到的是怎样的一幅情景。那里挤满了难民，全是犹太人，他们随便去哪里都可以，哪怕是北极的冰窖或者火炉般的撒哈拉沙漠，只要能离开这里就行，因为他们的居留证已经到期，他们必须离开这里继续流浪，带着妻儿老小，去另一片星空下，去另一种语言中，到陌生的人群当中去，到不欢迎他们的人群当中去。我在那里遇见一位以前相当富有的维也纳企业家，他同时也是我们最出色的艺术品收藏家之一。我一开始没有认出他来，他变得那样憔悴、苍老和疲惫。他颤巍巍地用双手扶着桌子，我问他想去哪里。"我不知道，"他说，"今天谁还会问我们的想法？哪里允许我们去，我们就去哪里。有人告诉我，这里大概可以得到去海地或者圣·多明哥的签证。"我的心头不禁一紧，一个风烛残年的老人带着儿孙，战战兢兢地希望到一个以前在地图上从来没有好好看过一眼的地方去，只是为了到那里继续过乞讨的生活，继续成为惶然没有目的的异客。旁边有个人急切地问着，怎样才能去上海，他听说，中国同意收容犹太人。这些以前的大学教授、银行经理、商人、地主、音乐家，就这样一个挨着一个，互相拥挤着，各自拖着自己的破烂儿漂洋过海。他们什么都能做，什么都能忍受，只要让他们离开，离开欧洲，离开！离开！那是一群面貌如鬼的难民，但是一想到，这五十个备受折磨的人只是一支小小的先头部队而已，其后是一支五百万、八百万，甚至一千万人的犹太人大军，已经浩浩荡荡地出发了，我就感到无比的震惊。所有这些先是被洗劫一空，而后在战争中饱受蹂躏的几百万人正等待着慈善机构的接济，等待着官方的批准和发放的路费。这巨大的群体犹如惊弓之鸟，在希特勒的焦土政策实行之前仓皇出逃，他们挤在欧洲每个边境车站里，拥塞在各个监狱里，他们完全是一个被驱逐的民族，人们不承认他们是一个民族，但两千多年来，这个民族最希望的就是不要再流浪，他们最大的渴望就是拥有一块安静和平的土地，能让他们在那里安歇。

二十世纪犹太人悲剧之中，最悲惨的是，他们找不到这些悲剧的意义何在，他们不知道自己有什么罪过。他们在中世纪遭驱逐的祖先至少知道自己忍耐的意义：为了他们自己的信仰和法律。他们始终信仰自己的神祇，这是他们灵魂的护身符，而今天的犹太人早已经将它丢弃。犹太的先人们生活在一种自豪的虚妄之中，并在其中忍受着痛苦，他们以为自己是被造物主选出来的民族，担负着特殊的命运和使命，《圣经》中的话语就是他们的戒律和教规。如果被扔进火焰，他们会把《圣经》贴在胸口，这种内心信仰的火焰会使他们减轻被烈火焚烧的痛楚；如果遭到驱赶，他们还保留了最后一块家园，那就是他们的神，任何世俗的势力、皇帝、国王、宗教法庭都不能把他们从上帝身边赶走。只要宗教将他们凝聚在一起，他们还是一个集体，因此也还是一股力量，倘若有人驱逐和赶走他们，那是他们为自己的过错而受到惩罚，因为他们通过自己的宗教信仰，通过自己的风俗习惯，有意识地将自己和世界上的其他民族隔离开来。但是，二十世纪的犹太人不再是一个集体，他们不再有共同的信仰，他们不再为身为犹太人而感到自豪，而反而感到是一种负担。他们再也意识不到自己的使命。在生活中，他们把以前一度神圣的书籍当中的戒律抛在一边，他们不再使用古老的共同语言，他们越来越迫不及待地渴望融入身边的其他民族，融入到普通的日常生活中去，为的是摆脱无休止的迫害，得到和平，摆脱无休止的流亡，可以停下脚步休息。因此，他们之间已经不再能够相互理解了，他们已经与其他民族融合，已经成为了法国人、德国人、英国人、俄国人，而早已不是犹太人了。但现在，他们又被赶在了一起，被当成大街上的垃圾一样被扫在一起，他们中间，有的是住在华丽宅邸里的银行家，有的是正统教堂的执事，有来自巴黎的哲学教授和来自罗马尼亚的马车夫，有出殡时专门为人哭灵的妇女，有洗尸工人，有诺贝尔奖获得者，有音乐会的女歌唱家，有作家，有酿酒工人，有的家财万贯，有的一贫如洗，有大人物，也有无名小卒，有虔诚的教徒，也有自由主义者，有高利贷者，也有智者贤人，有犹太复国主义者，也有同化论者，有德意志犹太人，也有西班牙、葡萄牙犹太人，有正义者，也有非正义者。除此之外，在他们后面还有一群以为自己早已摆脱了诅咒的人，他们茫然不知所措，他们是改宗的犹太人和混血犹太人。几百年来，这是头一次，又把犹太人早已不再感觉存在的一种共性重新强加到犹太人身上，那是自从出埃及后一再反复出现的遭驱逐的共同命运。但是为什么这样的命运会降临到他们身上，而且，一再降临到他们身上呢？这种无意义的迫害，原因何在？道理何在？目的何在？人们把犹太人驱逐出境，但是又不给他们领土。人们说："不要和我们生活在一起。"但是，他们却没有说，犹太人应该生活在哪里。人们将罪名加在犹太人头上，但又不让他们有任何方法来赎罪。就这样，犹太人在逃亡的路上瞪大焦灼的双眼，相互凝视——为什么我要逃亡？为什么你要逃亡？为什么我要和你一起逃亡？我既不认识你，也不懂你的语言，不明白你的思维方式，我和你之间没有什么关联。为什么我们大家要逃亡？没有人知道答案，就连我们时代头脑最清楚的天才，在那些日子里我时常与之交谈的弗洛伊德，也不知道在这种荒谬当中有什么目的和意义。但是，也许，犹太民族的最终意义正是在于：通过它神秘的长期存在，一再向上帝重复《约伯记》里那个永恒的问题，以使它不被遗忘。

生活当中最可怕的事情莫过于，我们以为早已死去或者装进棺材里的东西，突然以和从前同样的形式和姿态出现在我们的面前。一九三九年的夏天到来了，《慕尼黑协定》连同它短命的"为了我们时代的和平"的幻想早已过去。希特勒这时已经违背了自己的誓言和承诺，攻占了残缺不全的捷克斯洛伐克并吞并了它，梅梅尔被占领，被政治宣传煽动得忘乎所以的德国报纸叫嚣着要拿下但泽和波兰走廊。英国终于从自己真诚的轻信之中痛苦地清醒过来，就连那些没有受过教育的普通人，尽管只是出于本能地厌恶战争，也开始表达他们强烈的愤怒。平日举止矜持的英国人现在个个都会谈论战争，我们公寓的门房、开电梯的服务员、打扫房间的女佣，都边干活边议论纷纷。他们没人清楚到底发生了什么，但是，他们都记得那个不可否认的公开的事实，英国首相张伯伦为了拯救和平，曾经三次飞往德国，但是就是这样的逢迎讨好也没有满足希特勒。在英国国会，人们突然听见这样强硬的呼声："停止侵略！"人们处处都感觉得到备战（或者确切地说是抗战）的工作。浅色的防空气球——它们看起来好像孩子们玩的大灰象玩具一样纯洁无邪——又开始在伦敦上空飘扬，人们又开始修筑防空掩体，并且对已经分发的防毒面具再一次仔细地检查。局势变得和一年前一样紧张，也许比那时还要更加紧张一些，因为，现在，站在政府后面的不再是老实和轻信的人民，而是坚定而愤怒的民众。

我在那几个月离开了伦敦，隐居在巴斯的乡间。我从来没有那样强烈地感觉到这样残酷的现实：面对世界发生的事件，我是多么无能为力。作为一个清醒的、有思想的、远离一切政治的人，我献身于自己的工作，锲而不舍地默默耕耘，将自己的岁月化为作品。而在另一些看不见的地方，有另外一些人，人们不认识他们，人们从来也没见过他们，他们在柏林威廉大街上，在巴黎的凯道赛，在罗马的威尼斯宫和伦敦的唐宁街。这十个或二十个人正为人们所不知道的事情忙碌着，谈话、写信、通电话、订条约，而他们当中只有极少数的人表现出了特别的机智或才干。他们做着决定，人们既没有办法参与这些决定，也不知道其中的细节，但这些人的决定却关系着我本人和每一个欧洲人的生活。我的命运现在不在自己的手中，而掌握在他们的手中。他们或者毁灭或者爱护我们这些无权无势的人，他们或者给予我们和平或者强迫我们被奴役，他们决定千百万人是面临战争还是拥有和平。而我呢，就在关系生死大事的关头，在关系到我的内心和未来，关系到我头脑中正在形成的思想，关系到已有或尚未形成的计划，关系到我的起居、我的意志、财产和我所有的一切的时候，我自己和所有其他人一样，坐在自己的房间里，像一只苍蝇一样毫无自我保护能力，像一只蜗牛一样弱小。我就像被判刑的囚犯一样坐在囚室之中，两眼望着虚空，陷入了毫无意义、无能为力的等待之中。我身边的囚友打听着，猜测着，议论着，好像我们当中会有人知道我们的命运将会如何。一会儿电话响了，一位朋友来问我有什么看法；一会儿报纸来了，它只会让读它的人更加茫然；一会儿收音机的广播开始了，但是里面说的都是自相矛盾的话。我出门走到街巷中去，碰见的第一个人问我这个同样一无所知的人，战争会不会爆发。在不安之中，人们又对自己反问相同的问题，议论纷纷，讨论不休。但是，人们也都非常清楚地知道，自己多年来积累的所有知识、经验和预见的能力，在那十几个陌生人的决定面前都毫无价值。人们很清楚，在二十五年之内，他们第二次地面对命运束手无策，无可奈何，那些毫无意义的想法只会让太阳穴疼痛欲裂。我终于再也忍受不了大都市的生活，因为在每个街角都贴着海报和标语，上面那些刺眼的话语像疯狗一样对我穷追不舍；因为当千百个人从我面前走过的时候，我都会不由自主地想从他们的脸上读懂他们究竟在想什么。我们所有人实际上都在想同一个问题，战争"会"还是"不会"爆发？在这场决定性的赌博中，自己能不能赢？在这场赌博中，我已经将自己的生命当作赌注押上去了，我的仅存的最后岁月、我的那些尚未完成的书，以及我至今视为自己的使命和存在意义的一切，统统都押上去了。

但是，在外交的赌盘上，那颗骰子一直犹豫不决地滚动着，慢腾腾地令人神经绷得快要断了。它一会儿滚向这边，一会儿又滚向那边，滚来又滚去，一会儿红、一会儿黑，时而令人心生希望，时而令人遭受失望，好消息和坏消息接踵而来，而最终的、最关键的决定迟迟不下。"忘记这一切吧！"我告诉自己，"逃走吧，逃到心灵最深的地方，逃到你的工作当中去，在那里，你就是最本性的你，不再是国家公民，不再是可怕的赌注对象，在这个业已疯狂的世界里，你的那一点理智在那里还能正常地发挥作用。"

我并不缺少工作。多年以来，为了写一部关于巴尔扎克及其作品的两卷集著作，我一直在搜集素材，但我始终没有勇气动手开始写这样一部范围如此之广、时间跨度如此长的作品。而现在，恰恰是这烦恼赋予了我勇气。我隐居在巴斯，之所以选择巴斯，是因为以菲尔丁为代表的英国文学的很多精英分子都曾在此写作，这座小镇比英国其他城市更加忠实和强烈地反映出另一个不同的祥和世纪，十八世纪的恬静面貌。而这片幽雅秀美的迷人景色与当时世界日渐增长的不安以及我的思想之间产生了多么强烈的对比啊，这对比真是令人心痛！就和我记忆中一九一四年七月的奥地利一样，一九三九年八月的英国同样美得无与伦比。绸缎般蔚蓝的天空柔美得仿佛是上帝的帐篷，明媚的阳光照耀着草地和森林，鲜花盛开，绚丽多姿。——和当年一样，和平的空气笼罩着大地，而大地上的人们却在紧张地备战。面对那些在静谧中茁壮成长的草木，以及巴斯山谷中令人沉醉的宁静，我不禁想起一九一四年巴登的景色，和当时一样，现在又一次的疯狂显得多么的不可思议啊！

和上次一样，我还是不愿意相信战争真的会来临。于是，又准备做一次夏日旅行。一九三九年九月的第一周，国际笔会代表大会在斯德哥尔摩召开，由于我这个两栖人不再代表任何国家，瑞典同行于是邀请我作为荣誉嘉宾出席会议。接下来的几周时间内，每个中午和夜晚的活动都由友好的东道主安排好了。我早已订好了船票，这时，战争紧急动员的消息接踵而至。按照常理，我应该马上迅速地将自己的书籍和手稿捆扎打包，离开可能成为交战国的大不列颠岛，因为我在英国是外国人，一旦战争爆发，我就是一个敌对的外国人，那么我的自由就会面临一切可能的限制。但是，在我的内心，有种无法解释的感觉反对我离去。这一半是出于执拗，不愿意一次次地逃难，因为无论逃到何方，我的命运依旧；另一半是出于疲倦。我用莎士比亚的话对自己说："我们命该遇到这个时代。"假如它想抓住你，那么你这个快要六十岁的人也不要再反抗了，反正你生活过的那些最美好的时光，它是再也抓不住的。就这样，我在英国留了下来。但是，我事先至少还要把自己的日常生活尽可能地安排妥当。因为我还想结第二次婚，我必须抓紧时间，以免战争爆发后，我因为属于交战国的公民而遭到拘禁或其他意想不到的变故，而和我未来的生活伴侣长期分离。于是，九月一日那天上午——那是个星期五，我们去巴斯的民政局进行结婚登记。那位官员拿着我们的证件，显得分外友好和热情。和这个时代的每个人一样，他很理解我们迫切的心情。结婚仪式打算安排在第二天，他拿起笔，开始用漂亮的圆体字将我们的名字写进他的登记簿里。

就在这一刻，——当时是十一点左右——通往里间套间的房门被打开了，一位年轻的官员冲进来，一边疾行一边穿上大衣，"德国人入侵波兰了，战争爆发了。"他在寂静的房间里大声喊叫着。他的话像锤子一样打在我的胸口，但是，我们这代人的心脏已经习惯了各种形式的打击。"那还不一定就是战争吧，"我真心这样希望，也这样脱口而出。"不，"他愤怒地叫喊起来，"我们已经受够了！我们不能隔六个月就受一次骗！必须结束了！"

这时，那位已经开始为我们填写结婚证书的官员若有所思地放下笔，他考虑了一下对我们说，你们毕竟是外国人，在战争的情况下，我们自然也就成为敌对的外国人。他不知道在这种情况下，是否还应该允许我们登记结婚。他对我们表示歉意，但是，他无论如何也要请示一下伦敦。——于是，接下来的两天充满了等待、期盼和恐惧，我们的心情至为紧张。在星期日的早晨，广播里传来这样的消息，英国已经对德国宣战。

那是个不同寻常的早晨。我默默地从收音机旁走开，刚才从它里面传出的消息将会经历数百年，它必然要改变整个世界和我们每个人的生活。这消息意味着，在屏息聆听它的人当中，将有成千上万的人会死去，将会给我们所有人带来悲伤、不幸、绝望和危险，也许只有过了若干年之后，它才会有另外的含义。战争又降临了，这是一场比世界上原先所有战争都更加可怕、范围都更加广泛的战争。又一个时代结束了，又一个新时代开始了。房间里突然变得鸦雀无声，我们默默地站在那里，互相回避着对方的目光。从外面传来鸟儿无忧无虑的啁啾声，它们在和煦的轻风中轻快地互相嬉戏着，金色的阳光里，树木也都摇曳生姿，它们仿佛想让树叶像嘴唇一样互相亲吻。那古老的母亲——大自然，再一次对发生的一切一无所知，她毫不知晓自己造物的忧愁。

我走进自己的房间，把我的东西收拾进自己的小行李箱。以前一位身居高位的朋友曾经对我说，我们这些在英国的奥地利人将被视为德国人对待，将受到和德国人一样的限制措施，假如他的话当真的话，那么也许我在当天晚上就不能再睡在自己的床上了。自从宣战的消息传来的那个小时，我的身份又降了一级，我在这个国家已经不再仅仅是外国人，而且还是一个"敌国的人"，一个敌对的外国人，我被强行放逐到了一个我搏动的心不愿意停留的位置。一个因为自己的种族和反德意志的思想而早已被驱逐出德国的人，却在另外一个国度里，被一项官僚主义的法令硬性划归在他身为奥地利人从来也不属于的集体之中，还有比这样的处境更加荒唐的吗？某条法令大笔一挥，一个人全部生命的意义便成了一种矛盾。我依旧用德语思考，用德语写作，但我的每个思想、我的每个愿望，都属于所有为自由而战的国家。我的所有其他的联系都被扯断了，过去所有的一切，曾经拥有的一切都被摧毁，我知道，这场战争结束后，一切都必须重新开始。因为，我内心深处的这个愿望，我四十年以来一直全身心致力于的这个目标：实现欧洲的和平统一，已经成为泡影。人类自相残杀带给我的恐惧远甚于死亡带给我自己的恐惧，而现在，战争不可阻挡地再次来临了。我毕生热切追求全人类在人性与精神上团结一致，在此刻，我比任何人都更加需要牢不可破的精神团结，但竟遭遇如此无情的排挤，这时，我感到一生之中从未有过

445

的孤独。

为了再看一眼最后的和平景象，我又一次徒步走向那座小镇。它宁静地沐浴在正午的阳光下，在我眼中，与平日根本没什么两样。人们迈着和往常一样的步伐，走着和往常一样的路，他们并不急匆匆地赶路，也没有聚在一起议论纷纷，他们仍旧是一副休息日安详自若的表情。我不禁问自己："他们难道什么都不知道吗？"但是，他们毕竟是英国人，善于克制自己的情感。他们不需要旗帜和锣鼓，也不需要通过制造噪音和音乐来增强自己的决心，他们的决心本来就已经很坚毅、刚强。这和一九一四年七月的奥地利是多么不同啊！但是，当年那个不谙世事的年轻的我，和现在背负着众多沉重记忆的我，也是多么不同啊！我现在知道，战争意味着什么。当我注视琳琅满目、窗明几净的商店的时候，我忽然在一片幻象中看到一九一八年的商店，它们被洗劫一空，好像大睁着的空洞的眼睛一样瞪着我。我仿佛在白日梦中一般看见憔悴的妇女在食品店前排成长队，我又见到悲痛的母亲、伤员、残疾人，从前梦魇一般的情景又像幽灵一般出现在那个阳光明媚的中午。我记起当年的那些老兵，他们从战场返回家乡的时候衣衫褴褛，面容疲惫。在今天这场刚刚开始的战争中，我跳动的心感受到了它将重复上次战争的全部噩梦，而现在，它的恐怖还没有完全显露出来。而且，我知道：过去的一切成就再一次化为乌有，——欧洲，我们的故乡，我们为之奉献一切的土地，已经遭到了彻底的毁灭，这毁灭已经远远超出我们个人的生活。一个不同的、新的时代开始了。但是，要达到这个新时代，还要通过多少地狱，经过多少炼狱火焰啊！

阳光普照着大地，在我回家的路上，我突然发现自己眼前的影子，我于是也看见这场战争后面上一场战争的影子。在我们的时代，我是避不开这些战争的阴影的。它日日夜夜笼罩着我的每一个念头，也许，在这本书的某些章节中，你也会看见它的暗影所在。但是，任何阴影，到头来也只是光线的孩子，一个人，只有经历了光明与黑暗，战争与和平，兴盛与衰亡，他才算是真正活过。

# 汉译文学名著

## 第二辑书目（30 种）

| | | |
|---|---|---|
| 枕草子 | 〔日〕清少纳言著 | 周作人译 |
| 尼伯龙人之歌 | 佚名著 | 安书祉译 |
| 萨迦选集 | | 石琴娥等译 |
| 亚瑟王之死 | 〔英〕托马斯·马洛礼著 | 黄素封译 |
| 呆厮国志 | 〔英〕亚历山大·蒲柏著 | 李家真译注 |
| 波斯人信札 | 〔法〕孟德斯鸠著 | 梁守锵译 |
| 东方来信——蒙太古夫人书信集 | 〔英〕蒙太古夫人著 | 冯环译 |
| 忏悔录 | 〔法〕卢梭著 | 李平沤译 |
| 阴谋与爱情 | 〔德〕席勒著 | 杨武能译 |
| 雪莱抒情诗选 | 〔英〕雪莱著 | 杨熙龄译 |
| 幻灭 | 〔法〕巴尔扎克著 | 傅雷译 |
| 雨果诗选 | 〔法〕雨果著 | 程曾厚译 |
| 爱伦·坡短篇小说全集 | 〔美〕爱伦·坡著 | 曹明伦译 |
| 名利场 | 〔英〕萨克雷著 | 杨必译 |
| 游美札记 | 〔英〕查尔斯·狄更斯著 | 张谷若译 |
| 巴黎的忧郁 | 〔法〕夏尔·波德莱尔著 | 郭宏安译 |
| 卡拉马佐夫兄弟 | 〔俄〕陀思妥耶夫斯基著 | 徐振亚、冯增义译 |
| 安娜·卡列尼娜 | 〔俄〕列夫·托尔斯泰著 | 力冈译 |
| 还乡 | 〔英〕托马斯·哈代著 | 张谷若译 |
| 无名的裘德 | 〔英〕托马斯·哈代著 | 张谷若译 |
| 快乐王子——王尔德童话全集 | 〔英〕奥斯卡·王尔德著 | 李家真译 |
| 理想丈夫 | 〔英〕奥斯卡·王尔德著 | 许渊冲译 |
| 莎乐美 文德美夫人的扇子 | 〔英〕奥斯卡·王尔德著 | 许渊冲译 |
| 原来如此的故事 | 〔英〕吉卜林著 | 曹明伦译 |
| 缎子鞋 | 〔法〕保尔·克洛岱尔著 | 余中先译 |
| 昨日世界：一个欧洲人的回忆 | 〔奥〕斯蒂芬·茨威格著 | 史行果译 |
| 先知 沙与沫 | 〔黎巴嫩〕纪伯伦著 | 李唯中译 |
| 诉讼 | 〔奥〕弗兰茨·卡夫卡著 | 章国锋译 |
| 老人与海 | 〔美〕欧内斯特·海明威著 | 吴钧燮译 |
| 烦恼的冬天 | 〔美〕约翰·斯坦贝克著 | 吴钧燮译 |

图书在版编目(CIP)数据

昨日世界：一个欧洲人的回忆/（奥）斯蒂芬·茨威格著；史行果译．—北京：商务印书馆，2022（2025.7重印）
（汉译世界文学名著丛书）
ISBN 978-7-100-20696-9

Ⅰ.①昨… Ⅱ.①斯… ②史… Ⅲ.①茨威格（Zweig, Stefan 1881–1942）—回忆录 Ⅳ.① K835.215.6

中国版本图书馆 CIP 数据核字（2022）第 026177 号

**权利保留，侵权必究。**

汉译世界文学名著丛书
**昨日世界**
一个欧洲人的回忆
〔奥〕斯蒂芬·茨威格 著
史行果 译

商 务 印 书 馆 出 版
（北京王府井大街36号 邮政编码100710）
商 务 印 书 馆 发 行
北京通州皇家印刷厂印刷
ISBN 978 - 7 - 100 - 20696 - 9

2022年3月第1版　　　开本 850×1168　1/32
2025年7月北京第2次印刷　印张 14½
定价：68.00元